U0903254

百年甘南实录

༄། ལོ་བརྒྱའི་ཀན་ལྷོའི་ལོ་རྒྱུས་ཡིག་ཆ།

7

中国人民政治协商会议甘南藏族自治州委员会 编

民族出版社

《百年甘南实录》编委会

编辑部组成人员

目录

教育记事

高教园地

人物风采

附 录

教育记事

解放初甘、青藏区首批招生纪实

韩志华[①] 提供资料　　丁玉珍[②] 整理

1949年8月中旬，解放战争势如破竹，全国大部分地区获得解放，兰州战役即将拉开序幕。8月22日，中国人民解放军一野一兵团司令员王震率部解放了临夏，全城人民欢庆解放。随着解放大军的不断挺进，甘南藏区的解放也指日可待。是月下旬，王震司令员派起义人员李福林和曾在夏河经商的临洮商人杨贯一来到拉卜楞，打算同黄正清（藏）商议起义事宜。但由于黄正清与国民党夏河县县长殷裕国等去了阿木去乎，双方未能见面。于是，在地方混乱状态及人心惶惶的情况下，李福林当天会同地方有关人士在夏河县组织召集了有各族各界人士参加的会议，选举了代理县长和副县长［县长李福林（汉）、副县长黄祥（藏）和肖秀山（回）］。同时，在这次会议上还推选韩志华（藏）、苏国仁（回）、阴景元（汉）三人为代表，随李福林前往临夏拜见王震司令员，欢迎解放军前来接管夏河。在临夏，韩、苏、阴三人受到王震司令员的亲切接见和热情款待。随后，王震单独召见了韩志华（时任省立夏河简易师范教员），指示他回到夏河后，即刻动员一批有志向的藏族青年到兰州学习，以提高藏族人民的文化水平，为解放

---

① 韩志华（1921—1994），甘南州教育局原副局长，已故。

② 丁玉珍，中共甘南州委党史研究室原副调研员，已退休。

后的甘南藏区选拔和培养干部人才，但须谨慎从事，千万不可麻痹大意。同时，还让韩给一野副司令员张宗逊捎信一封。临别时，又让他携带一些宣传品回夏河后张贴。

韩志华返回夏河县城后，传达王震有关解放夏河的指示，立即秘密串联了另外9位愿意去兰州学习的青年，他们是：黄培德（藏）、蔡允中（藏）、车永安（汉）、胡培棠（藏）、张敦厚（藏）、胡培珍（藏）、蔡执中、罗承勋（藏）。1949年9月上旬，他们由从卓尼过来的解放军代表刘育华带队，先从夏河城步行前往临夏，然后再奔赴兰州。出发前，黄祥悄悄地送给他们20块银元资补路费。到临夏后，他们10人通过刘育华的介绍，见到了一兵团62军政委鲁瑞林。鲁同刘育华进行了长时间地交谈后，提出临夏地委干校也很急需民族干部，能否留几个人在临夏学习，经过协商，将胡培珍、张敦厚两人留在临夏地委干校学习，其余8人继续前往兰州。

到兰州后，他们被安排食宿在西北大厦。1949年9月18日，解放军副总司令员兼第一野战军司令彭德怀在司令部召见了这批首次来兰学习的拉卜楞藏族青年，大家共进午餐后合影留念。在彭总的指示下，张宗逊、甘泗淇（一野政治部主任）等亲自为这批藏族青年筹办了“藏民问题研究班”，校址起初建在兰州中山林第二新村，后搬迁到兰州市公园路马家花园（现省军区家属院内）。这个班主要由一野政治部联络部和省军管会联络处共同领导。彭总派他的秘书主任张养吾担任班主任，负责指导工作，郑景先、李舒翰两人具体组织学习及负责组织领导工作，另有两人专抓学习和生活，并由政治部派人给他们讲课，学员们在生活上享受干部待遇，伙食享受中灶标准，学习、生活用品全由联络部供给和解决。

“藏民问题研究班”的主要学习内容是：中国新民主主义的革命理论、党的各项方针政策和毛泽东的《反对自由主义》等文章。

采用边学、边议和座谈讨论等方法，一般在上午听报告、听课，下午进行讨论。除了学习这些书本上的理论知识外，研究班学员还给政治部派来参加座谈的同志详细介绍了藏区的政治、经济、文化教育和风俗习惯等情况，并进行共同商讨。

为了让更多的藏区青年掌握革命理论，提高文化水平，以适应甘、青藏区工作的需要，韩志华、黄培德和喜饶三人联名给西北军政委员会与一野政治部写了一封“建议书”，建议尽快吸收和组织更多的藏区青年来兰州学习。建议书拟好后，恰逢张宗逊和甘泗淇来看望学员，喜饶趁机把建议书呈交给两位首长，并请求他们批准。没过几天，建议书就被批准了。西北军政委员会和一野政治部、联络部完全赞同他们的想法。于是，在联络部的主持下，当即组成西北人民革命大学藏区招生工作组，组长由喜饶担任，组员有韩志华和黄培德二人。1949 年 10 月 18 日，他们三人带着一野政治部联络部的介绍信和西北人民革命大学藏区招生工作组的印章，以及 700 块银元与部分油印粮票、草票、料票等，从兰州出发，奔向甘、青藏区。他们一路骑马而行，每到一地都组织召开群众会，宣传党的各项民族政策，宣讲学习文化知识的重要性，动员有志青年到兰州去学习。这次招生的对象主要在藏区，但由于长期以来甘、青藏区的封闭和落后所造成的偏见与陋习，一些藏族群众不让子女上学，更不愿让其离开家乡到外地去学习。因此，在招生工作中，他们常要忍受一些持守旧意识人的嘲讽诅咒而去耐心说服动员群众，启发家长们支持自己的子女到兰州学习。在赴临夏途中，他们还收缴了 4 包大烟和 1 支步枪，交给夏河县政府并函报西北军政委员会。此外，他们三人在青海省同仁县经历了三次小战斗，在去循化县的途中，曾两次遭土匪的袭击包围，均被当地藏族群众和寺院的僧侣解救脱险，为避免一些不必要的麻烦，他们将原来的军装改换为藏衣，装扮成一般的藏族群众，晓行夜宿，逐县招生。途中，他们严格遵守“三大纪律、八项注意”，所过之处，都主动给群众交付粮票、银元、草票和料票等。从招生工作组出发到1950年元月中旬结束返兰，经过了4个月的时间，途经洮沙、临洮、会川、岷县、卓尼、临潭、夏河、临夏、同仁、循化、化隆、乐都、民和、贵德、湟中、湟源、大通、互助18个县（原计划赴22个县招生，因土匪活动猖獗有4个县未去），共招生250余名。在青海藏区，他们还招收了两名活佛入学。

随着招生工作的深入开展，一批批新招收的学员，源源不断地到兰州报到，赴兰学习的青年日益增多。1949年11月，“藏民问题研究班”改扩为藏民学校，由一野政治部联络部部长范明兼任校长，并于11月16日举行了开学典礼。到1949年底，新旧学员共达118人。

由于招生工作组的人员少，招收范围广，跨县多，加之当时交通不便，社会治安混乱等原因，新生入学的时间参差不齐，早者有1949年11月就到校的，迟的有1950年4月才来兰州的。因此，学校对所招学员分两期进行学习培训。第一期学员于1950年3月4日毕业（这时，藏民学校已改为西北人民革命大学兰州分校第三部）。一野副司令员张宗逊和分校副校长马济川等首长参加了毕业典礼。这期的毕业学生共有58人，其中藏族38人，汉族15人，回族4人，蒙古族1人。他们当中除有7人留校工作外，其余全部分到夏河县拉卜楞工作。第二期学员1950年3月5日开学，至7月5日毕业。在第二期的学员中除招生工作组招收来的以外，还有35人是由西北野战军派来学习藏文的。

解放后，党和政府在甘、青藏区的首次招生，由于工作人员的吃苦耐劳，克服种种困难，在历经4个月后，终于圆满完成了任务。仅从甘南藏区的卓尼、临潭、夏河3个县所招的学员就达50余人，占招收学员总数的三分之一。这批学员经过短期培训学习后，积极投身到甘南藏区的社会主义革命和建设中，在各条战线上发挥了骨干作用，成为解放初期党在甘南藏区开辟工作的一支重要力量，他们为甘南的繁荣昌盛奉献了青春年华。至今，有许多人走上了省、地、县领导岗位。如现任青海省人大常委会主任尕布龙（藏）、现任甘肃省民委主任杨应忠（藏）、现任甘南藏族自治州州长胡培珍（藏）、现任甘南藏族自治州政协副秘书长张述恭等。这次甘、青藏区的首批招生，为解放后甘南培养少数民族干部创造了一个良好的开端。

本文选自中共甘南州党史资料征集办公室：《甘南党史资料》，第三辑，1991年4月。

朱宣人、安振支持甘南藏族自治州向各大中专院校选送代培生

杨应忠[①]

自1977年恢复高考制度以来，甘南藏族自治州（以下简称甘南州）由于教育基础差，加之“文化大革命”的破坏，高考生源缺乏，录取的大多系外来干部子女，他们的户口在甘南，就有条件到原籍家乡就读，到了高考时回甘南参加，录取率较高，这当然是好事。但到了毕业时，都不愿回到甘南工作，这样就形成了甘南干部队伍中人才缺乏、年龄老化等问题。面对这种状况，我借到兰州参加会议的机会，向甘肃农大校长朱宣人、党委书记安振请教，正好他俩也从黄羊农大到兰州开会，于是就在1980年8月底的一个晚上，我按约定直接去了他俩住的兰州饭店西楼。见面后，我首先简要地介绍了甘南人才缺乏、高校生源缺乏、录取率低等情况和问题，接着谈了想从近两年高考落榜的考生中择优选送代培生的想法，请他俩指教。因为他们都是我的熟人，所以，我对他们两人汇报、谈问题比较轻松。他们两人由于搞学校教育工作，听了我的汇报表示非常的理解和支持。朱宣人同志说：“应忠同志，甘南是甘肃重要的牧区，我们农大是培养农牧业专业人

① 杨应忠，中共甘南州委原书记、甘肃省民族事务委员会原主任，已退休。

才的，我还不知道这些年培养了多少甘南的学生。”他顺便向在座的农大梁教育长说：“今年不知我们录取了多少？”梁教育长回答：“今年共录取了10个少数民族学生，都是回族或其他少数民族的，没有一个是甘南藏族学生。”朱宣人进一步说：“送代培生培养的办法是好办法。”我又补充说：“送去的学生上几年学，能合乎毕业文凭，就发毕业文凭，否则就发肄业文凭。”朱宣人说：“学校有责任加强培养，给他们吃偏饭，要不学制可以延长一点，甘南来的基础课差，可以多学一年基础课，其他人四年，你们的可以学五年，这样多数就可以领到毕业文凭了。其中有强一点的，四年能领到文凭，就少学一年。”安振同志说：“朱校长说了，你的想法很好，我们应该支持，今年按计划招生已满，宿舍都比较紧张，今年给你们安排10个怎样？明年适当增加。”我说：“10个也很好，只要农大开了口，我们还要向别的学校请求帮助。”我接着说：“学校支持我们，我们也要支持学校。甘南穷，就是有一些畜牧业和林业。学校需要时，我们尽力支持。”他俩都表示，培养学生是学校的职责，我们不能向地方有什么要求。我说：“支持学校也是我们地方应做的事。”讲完后，我再三表达了对他俩的支持和指教的感谢。回到住处后，我久久不能入睡，总觉得送代培生受到了学校教育专家的认可，培养人才有一个好的门路了。第二天，省政府机关一上班，我就去找主管文化教育的副省长李屺阳同志，将向朱宣人、安振同志讲的情况向她作了汇报。李副省长听了以后赞不绝口，说这是好办法。她立即打电话给文办的陈主任，让他立即和省级大专院校联系，征求意见，并将情况于当日下午告诉她。李副省长让我于下午上班后去找她，下午文办陈主任就已和各大中专院校联系征得了意见。陈主任向李副省长说：大部分大专院校同意接受代培生，数额可到学校商量。师大、医学院、农大、教育学院、工大、中医学院都表了态，同意接受。兰大提出同意，但怕送来的学生质量差，跟不上，提出选送中学教师进行培训，提高师资人才。民族学院表示同意，但要等去北京的蒙院长回来再定。送代培生的设想，大部分学校都有明确态度了。李副省长指示，赶快回去，由州上写汇报先给省委、省政府，讨论后正式给各学校发文。我回到州上后，很快向州委常委汇报了情况，大家异口同声认为是一件好事，并当即决定：①组成一个有关部门负责人参加的工作班子着手落实；②立即以州委、州政府名义向省委、省政府写报告；③很快派人到省上、到各学校登门协商培训人数及其他具体问题；④代培生经费补助由计委、财政作预算，提出实施意见。

为执行方便，州委、州政府发出了纪要，省计委、省民委、省教育厅发了联合通知。甘南州从9月上旬开始向省上16所大专院校、中专联系选送了228名高中毕业生，这批学生的选送工作于10月25日结束。

这次向省大、中专院校选送代培生，是州委、州政府为了加快培养少数民族各方面人才而采取的一项特殊措施。因为甘南州少数民族经济文化基础差，加上林彪、“四人帮”长期干扰破坏，藏族干部特别是科技人员成长很慢，各方面的专业人员严重缺乏，而很多少数民族学生上不了学。1980年，甘南州参加大、中专预考学生2644名，统考后淘汰32名（多数是藏族学生），统考加照顾分数线以后正式被录取到大专的只有91名。

州委、州政府派人前往兰州各大、中专院校联系，得到省委、省政府的重视和支持。杨植霖书记听取汇报后说：“我完全赞成这种办法，甘南非采取这些办法不可。国民党时，在南宁办了蒙藏学院，张治中在北京办了一所民国大学，我们有好多地下党员在那里学习，难道我们不如国民党吗?”李屺阳副省长亲自主持召集师大、兰医、工大、教育学院负责人会议，要求各培训学校大力支持。省文办派两位同志陪同州派人员到各大专院校，积极帮助联系。

在各校联系时，各校领导提到中共中央关于转发《西藏工作座谈会议纪要》的通知精神都说："发展少数民族地区的文化事业，是我们共同的事业，责无旁贷。"

联系结束后，李屺阳副省长又召集了办公会议，对我们选送的228名代培生的具体问题作了讨论，由省计委、省教育局、省民委联合下发《关于我省高等学校为甘南藏族自治州培养少数民族学生的通知》。

向7所大专院校选送学生131名，其中兰州医学院8名，学制四年，插班学习；省中医学院5名，学制五年，插班学习；教育学院4名，学制四年，插班学习；农业大学10名，学制四年，补习一年；甘肃工大20名，学制四年，补习1～2年；师大40名，学制四年，补习1～2年；西北民族学院44名，学制四年，补习1～2年。

向9所中等专业学校选送学生97名，其中省水利学校10名，学制三年；省供销学校10名，学制两年；省财贸学校18名（财政、商业、银行各6名），学制两年；兰州市工业学校5名，学制三年；兰州市卫生学校10名，学制三年；省邮电学校20名，学制三年，补习一年；省气象学校10名，学制三年；省中医学校6名，学制三年；省卫生学校8名，学制三年。

选送的原则是：州委、州政府《纪要》和省计委、省教育局、省民委"从甘南藏族自治州今年参加高等学校统一招生考试被初选而未被录取及未被初选等考生中择优选送"的精神。在州人民政府和招委会的统一领导下进行了这项选送工作。

这次选送代培生的办法是由各县招办申报选送名单，经核实后，提交州招办研究审定。在政审、体检合格的前提下，从高分到低分分段择优选送，少数民族选送分数线是40分以上，同时对玛曲、碌曲、夏河三个县的纯牧区的藏族群众子女优先照顾。甘南工作的职工子女，选送大专的汉族子女一般在180分以上，中专一般控制在160分以上，为了能跟上班里的学习进度，选择成绩较好的17名直接插班学习。在选送的228名大、中专院校代培生中：

藏族160名（占总数的70.18%），回族11名（占总数的4.82%），藏族和其他少数民族合计177名（占77.63%），基本符合州委、州政府《纪要》中藏族学生占58%和省计委、省民委、省教育局联合通知中藏族和其他少数民族占80%的要求。

汉族51名，占总数的22.37%，甘南工作15年以上的25名，占49.02%。

城镇户口147名，占总数的64.47%，农村户口79名，占总数的34.65%。各县选送所占的比例是：

玛曲县2人，占0.88%；碌曲县12人，占5.26%；迭部县27人，占11.84%；舟曲县32人，占14.04%；卓尼县70人，占30.71%；临潭县14人，占6.14%；夏河县25人，占10.96%；合作46人，占20.18%。

为了加强对代培生思想和生活等方面的管理，州教育局、畜牧局向师大、农大派了带班干部3人，以抓好学生的教育和管理。

在省内17所大、中专选送代培生工作结束后，我们又按照上述原则，根据甘南州实际情况，分别向甘南州4所中专学校选送了50名代培生，其中师范学校11名，卫校6名，民族学校8名，桑科畜牧学校25名。

在本省高等院校和中等学校选送的学生全部入校后，州委、州政府又派出工作组在11月19日至12月3日，12天内前往兰州16所大、中专学校向他们表示感谢，了解学生学习、生活情况，及时、妥善地解决了代培生的学制、学习办法和生活经费上存在的问题，并召集了兰州所在院校210名代培生会议，转达了州委、州政府对所有代培生的希望。要求他们遵守校纪刻苦学习，力争赶上各系、班学习水平。

保送这些学生共需经费27.4万元，经过各方面联系，并报请省人民政府研究同意，省教育局解决了 5 万元，州上从地方财政拿出了 10 万元，省民委给了 4 万元，省政府从省财政局解决了 8 万元。

1981 年 4 月

本文选自《杨应忠文集》，青海人民出版社，2004。

丁明德与夏河教育事业

索代[①]

丁明德（1899—1958 年），字俊吾，兰州市榆中县人。西北大学蒙藏专科毕业。1927 年，经甘肃省政府教育厅厅长水梓推荐，黄正清邀请，到夏河创办藏区学校，开展藏区教育，从此定居夏河。

丁明德抵夏河后，任拉卜楞藏民文化促进会附小教育主任。1928 年，任中山小学校长。

夏河县创办学校教育伊始，办学条件十分艰难，丁明德为此做了大量工作。1927 年，初建的藏校没有校舍，他将学校搬到私宅。1928 年，“河湟事变”[②]祸及夏河，学生或遭祸身亡，或逃亡他乡，人数大减，学校经费又无着落。但他仍坚持办学，提出了“宁少毋停”的主张，同黄正清及全体教职工一道，采取拉卜楞藏民文化促进会附小与中山小学合办等措施，克服困难，使萌芽中的夏河教育得以生存下来，并不断发展。

1931 年春，丁明德筹建夏河县教育局，并任局长。1932 年，丁明德入拉卜楞番兵司令部任副官长。1935 年，藏民文化促进会

① 索代，夏河县政协退休干部。

② 河湟事变，又称“河州事变”，是指 1928 年 5 月地方军阀马仲英（马麒堂侄）率部反抗驻甘国民军，围攻河州以后所产生的一连串战乱，历时六载，祸及甘、青、宁、新四省，死伤数十万人，是民国时期甘肃最大的一次动乱。

改组后，丁明德任理事、常务理事等，协助理事长黄正清筹建新会舍及附设小学校舍，并创办拉卜楞藏民文化促进会巡回施教队，赴草地开展社会教育。1937年6月12日，丁明德出任夏河县县长。在任县长的一年中，他对奸商采取措施，给予严厉打击。他对拉卜楞地方商务颇有研究，曾撰文《拉卜楞之商务》[①]《拉卜楞之商业》[②]，以翔实的论据，论证修筑拉卜楞地方交通的必要性，以开发拉卜楞地方商务。这些文献都是研究夏河商业的珍贵资料。

丁明德为开明人士，曾与中共地下党员牙含章等多有往来。1949年，夏河解放前夕，他以参议会秘书身份协助黄祥维持社会秩序，并积极与解放军联系，迎来了夏河的和平解放。之后，丁明德曾担任县人民政府一科科长、夏河县初级师范学校校长等职。

2005年

本文选自《夏河史话》，甘肃文化出版社，2005。

① 丁明德:《拉卜楞之商务》，载《方志》，1936年第九卷3、4期。
② 丁明德:《拉卜楞之商业》，载《方志》，1945年第四卷9～12期合刊。

回忆20世纪80年代初期的甘南教育工作

马昕民[①]

1980年，我从碌曲中学调到甘南州教育局工作，从一名普通干事干起，经历了副科长、科长、合作二中副校长、甘南州教育局副局长的任职经历，最后由甘南州教育局党委书记提任为甘南州政协副主席。在甘南州教育局工作的日子里，我亲历了“普初”（普及初等教育）十年、“普九”（普及九年义务教育）十年的全过程。在与广大教育工作者一道努力工作、艰苦奋斗的岁月里，我曾被甘肃省人民政府任命为两届教育督学，也受过教育部、甘南州委的表彰奖励。从参加工作到退休，我几乎没有离开过自己钟爱的教育事业，现在回想起来，内心充满了喜悦和荣耀，感觉自己一生无愧于事业、无愧于时代。

艰难发展的甘南教育

从20世纪80年代初起，甘南州的教育曾经历了一段极其艰难的发展历程。

这一时期对甘南州初等教育有这样一种说法，即“起步晚、底子薄、基础差”。究竟到怎样的一种程度呢？1982年，

① 马昕民，甘南藏族自治州政协原副主席。

甘肃省初等教育入学率为80.58%、巩固率为38.72%、合格率为19.74%。而甘南州的初等教育入学率为50.8%、巩固率为28.05%、合格率为9.64%。全州入学率最低的玛曲县仅为36.8%。1983年，甘南州的初等教育入学率为24.8%（农村为16.7%），巩固率最低的临潭县为17.34%，合格率最低的玛曲县为0.88%。甘肃省的入学率在全国是倒数第三位，而甘南州又是甘肃的倒数第一。

造成甘南州“三率”低的原因是多方面的。一是折腾了若干年，教育是重灾区。有人称牧区多少年没培养出一名合格的小学毕业生，教师不懂藏语，学生听不懂汉语，而教材都是汉语教材，如何去教与学，可想而知，这种聋子教哑巴的教学模式，能教出合格的毕业生?

后来情况有了新的变化，五省区有了藏文协编教材，同时，甘南州也相应制订了十二年制藏族中小学课时计划，也培养了一批藏文教师，要求他们“一通一懂”，即通晓藏文懂汉语，然而在实际教学中问题不少。有一年，州教育局派员去检查乡上学校教学情况，在一所临近公路的村校，当检查组的同志让校长拿学生花名册时，女校长拿出藏文花名册，当向她要汉文花名册时，校长说：没有汉文的，不会用汉文写。后来在检查组同志的一再追问下才知道校长一通还是通的，一懂确实难以做到。其他几名教师有民办转正的，也有聘请的。这样的情况在牧区学校普遍存在，要想教出一个合格的毕业生实属不易。本来牧民群众受传统经院教育的影响不愿送子女入学，学校若教不好，那就更麻烦了。二是办学条件差。1986年，我到夏河县阿木去乎乡中心小学调研，乡党委书记徐强陪同，当我走进一间教室时发现学生的课桌凳参差不齐，有的是一个单独凳子，有的是几块砖头垒起来，上面放着一块木板，两个学生坐在上面，在靠后墙的一排桌子后面有一个学生坐的是张木靠背椅，后来询问后得知，那是乡上一个乡长的孩子，没凳子，把他父亲办公室的椅子搬到了教室。像这样无课桌凳的学校是普遍现象，我见到的仅是冰山一角。后来提出的解决“一无两有”，即学校无危房、班班有教室、人人有课桌课凳，就是针对普遍存在的这种状况提出来的。办学基础设施差，也是影响入学率、巩固率、合格率的直接原因之一。加之，学生家长普遍存在送孩子念书不念书都一样，只要能爬上马背，就会放牧的固有观念，原始、传统的生产方式，需要的是劳动力的数量，不要求质量，不送子女入学，入学率自然上不去，无教育对象，教育概困之于教育对象之缺乏。

办学条件差的根本原因是，这一时期，国家对教育的整体投入不足，加上过去欠账过多，致使基础教育几乎到了难以正常运转的程度，像甘南州这样贫困、边远的民族地区，更是难上加难。

按世界各国教育经费所占国民收入及国家预算所占的比例，发达国家我们没法比，一些发展中国家的教育经费支出占国民收入的6%以上，有的国家高达8%～9%。而我国据国家统计局《1981年国民经济计划执行结果的公报》公布，1981年的国民收入初步计算为3880亿元，而我国这一年的教育经费仅100亿元，即占国民收入的2.6%左右，这不能不说是很低的。

甘南州当时总财政收入也只有1000多万元，我估算，当时全州教育系统的总支出也需1000多万元，可以想象地方能拿出多少钱用于教育呢?

传统观念和极差的办学条件严重制约着甘南州基础教育的发展。党的十二大报告指出:“普及教育是建设物质文明和精神文明的重要前提。”党中央和国务院在1980年就已经做出决定，全国要在1990年以前以多种形式基本实现初等教育的普及，经济比较发达、教育基础较好的地区，要争取提早实现。党中央关于普及初等教育划出了明确的时间表，各地区的任务就是要千方百计力争在1990年前完成“普初”任务。甘肃省是全国教育落后的省份，而甘南州又是全省最差的地区，摆在甘南州面前的任务也很明确，必须按时完成普及初等教育任务，否则就会拖全省乃至全国的后腿。为此，州上大体的设想和具体步骤是：

第一步，到1985年，全州县镇以上学校及临潭、卓尼、舟曲三县30%的乡镇基本达到普及。

第二步，到1990年，临潭、卓尼、舟曲三县的所有乡、镇及夏河三分之二，迭部、碌曲两县三分之一的乡基本实现普及。玛曲县乡以上的学校基本达到普及。

其余地区力争在1995年左右基本普及小学教育。

探索发展教育的五条路子

1981年，甘南州教育事业费的基数占全州各项事业费的10%，其中用于工资、民办教师补助、人民助学金等个人部分的占60%以上，公用部分实际只占30%。

为了改变教育经费严重不足、办学条件极差的状况，州上出台了一系列措施，其中包括给学校划拨学田和“三荒地”，办小牧场，大力开展种草种树和勤工俭学活动，以增加学校收入、改善办学条件。同时，提出了各县要成立普及初等教育基金会，做好集资办学的宣传动员工作，发动社会力量集资办学。在随后的一段时间，各县及教育部门把捐资助学作为头等大事来抓，提出为解决“一无两有”动员一切力量捐资助学，投工献料，在这期间涌现出了不少社会团体、企事业单位、干部职工个人、宗教界人士等积极捐款的先进典型。

全州的捐资助学活动，推动了为教育出力捐款的热潮和良好的尊师重教的社会氛围。江苏无锡团委得知甘南州情况后，在无锡市团员青少年中开展了为甘南州捐款活动，他们提出“少抽一包烟、少喝一瓶酒、为贫困地区教育做贡献”的口号，筹集几十万元，为甘南州博拉修建了一所希望小学。全州涌现出一大批为改善办学条件出力捐款的先进集体和个人。宗教界人士积极参与动员学龄儿童入学，在集资办学方面发挥了无法替代的作用。玛曲县曼尔玛乡尕秀寺院活佛担任曼尔玛学校名誉校长后，不仅入学率、巩固率逐年提高，社会认知度不断上升，由于他的感召和努力争取，在省、州、县各级领导的重视下，修建的曼尔玛学校，成为乔科草原深处一道靓丽的风景。全州 79 名名誉校长在动员学生家长送子女入学、捐资助学、举办扫盲班、参与学校管理等方面做了大量的工作。

通过几年的艰苦攻关，全州中小学校舍中危房比例从 1982 年的 30%下降到 1988 年的 6.1%。“黑房子、土台子、泥孩子”的办学状况得到了改变。由于办学条件的逐步改善，入学率、巩固率、合格率都得到了提高。记得在 80 年代初，我们在制定入学率目标时曾估计，如果每年提高一个百分点，到 20 世纪末就能达到 95%以上（实际的发展，比我们预期的好得多）。

从 20 世纪 80 年代初到五省区藏族教育研讨会召开的几年时间里，省教育厅、省民委派出工作组多次深入甘南州的边远牧区进行调研指导（有一年州教育局派员去玛曲不下 10 次），和县乡一道开展工作。

1987 年 6 月，时任甘肃省副省长的刘恕带领省教委、民委的同志，再次来甘南州调查了解工作进展情况。与州、县同志一起，研究总结了符合实际的藏族教育发展路子和成功经验。同年 8 月，省人大常委会听取了省政府关于甘南民族教育情况汇报，充分肯定了甘南州结合牧区特点积极发展牧区教育的“五条路子”（一是探索牧读小学与寄宿制小学相衔接的办学形式；二是采取牧区职业技术教育与基础教育早期结合的措施；三是加快乡寄宿小学教育改革的步伐，逐步把学校办成当地文化、教育、科技推广中心；四是搞好“双语”教学，逐步形成民族语文教学体系；五是调动民族宗教界人士办教育的积极性）。依靠广大群众和社会各界办学，努力做到教育为当地经济、社会发展，为广大藏族群众脱贫致富服务。这些路子，是甘南州广大干部群众、社会各界辛勤工作、不断探索，省上领导关心总结的结晶。如果说1980年省委、省政府召开的甘南州干部大会拉开了新时期发展藏族教育序幕的话，那么1986年省政府甘南州教育工作座谈会则是加快发展藏区教育的总动员，而五省区藏族教育研讨会和全州教育会则将甘南教育推向了一个稳步发展的新阶段。

没有“五条路子”，就不可能有五省区藏族教育研讨会在甘南召开。会议的召开不仅体现了党和国家对民族教育的关心重视，也是对40年来特别近10年来甘南藏族教育实践的检验和总结。为甘南州的初等教育的普及写下了辉煌的一页。同时，也为后10年的“普九”打下了坚实的基础。

通过这一时期的工作，我个人深切地体会到：20世纪80年代的广大教师、干部职工，心无杂念，心往一处想，劲往一处使，尽其所能搞好自己的本职工作；各级领导更是认真贯彻上面的政策指示，他们清廉为民，工作作风朴素扎实，深受群众的拥戴，所以各项工作推进顺利，工作成效显著。今天，当甘南教育事业得到很大提升和发展的时候，人们不会忘记党和国家的关怀，不会忘记曾经为之探索了半个世纪、奋斗不懈的几代人，他们锲而不舍的摸索，找到了一条适合藏族教育发展的路子。

甘南为民族教育发展所做的努力

1980年7月，甘肃省委、省政府在甘南召开全州干部大会，省委第一书记在会上就藏族地区教育作了专题讲话。主管文教的副省长李屺阳向大会报告了为期一个月的甘南教育调查情况。并与州县同志一起，通过对现状的分析，共商民族教育的大计，根据民族地区“条件差、质量低、经费不足、结构布局失调”的共同点，提出了意见建议，商定了办法措施，并指示各级教育部门和学校要把普及小学教育作为重点方向来抓。

1981 年 10 月，省政府召开全省民族教育工作会议，总结了过去正反两方面的经验教训，提高了对发展民族教育重要性的认识，讨论了在新的历史时期如何积极稳步发展民族教育等问题。甘南州委、州政府认真贯彻省上的精神，州教育局召开了各县文教局长和部分中小学校长座谈会，统一了对发展自治州民族教育的认识，明确了任务，并从本州实际出发，制定了《甘南藏族自治州发展民族教育的试行意见》。1982 年 4 月，州委、州政府召开民族教育工作会议，作出了《关于积极稳步地发展教育的决定》，其中第四条指出：由于历史的原因，一部分藏族群众对学习文化科学知识重要性认识不够，不能积极送子女入学。各级党委、政府和教育部门要大力做好宣传教育，提高这一部分群众的思想认识，动员他们送子女入学。在宣传发动的基础上，有些地区还要采取一些必要的特殊措施：要建立“社队包所辖范围，学校包片，教师包户”的责任制；要吸收当地有声望、热心于民族教育的各地方人士，组成类似“劝学委员会”等群众性组织，或聘请名誉校长，承担动员儿童入学的任务。该决定对教育经费也作了规定。

办好甘南教育的思考

省委、省政府对甘南教育事业的发展一直很关心。就目前教育而言，从国家教育层面上讲，教育改革的步伐缓慢，跟不上时代发展的节奏，中小学素质教育收效甚微，学制、教材的改革更是步履沉重，对教育本质和目的的探讨一直没有明确的定论，还处于摸着石头过河的阶段，离办成人民满意的教育差距还很大。就布局而言，各地各区域间存在着明显差异，虽然提出了均衡发展，但不见措施。“双语”教学的民族地区的学生的出路在哪里，特别是以母语为主的学生，如何在高考中竞争？就中小学而言，问题也不少，一些校长谈起“工程”，头头是道，被师生称为“包工头”，谈起教学管理张口结舌，心不在教学上；个别教师，给学生调个座位也要家长送礼，师德严重滑坡，在社会上造成不良影响。所有这些问题都在不同程度地制约着教育的健康发展。过去的若干年，我们为之奋斗的是如何搞好和解决初级教育的问题，而现在要普及高中教育甚至更高一级的教育。那么，我们民族地区教育面临的问题将更大，仍然需要探索前行。

作为教育战线上的一名老兵，期待着能有更多、更优秀的热爱教育事业的人们，为甘南教育的明天去再探索、再努力、再奋斗！

2016年8月

玛曲草原上的第一所学校

常学智[①]

玛曲县城关九年制学校的前身是玛曲县城关小学，始建于1956年，是玛曲县历史最悠久，也是唯一一所普通类九年制学校。1956年，玛曲县文卫科派杨德祥同志在县城创办小学，支起了一顶牛毛帐篷作为校舍，招收了6名儿童入学。没有教材，自己编写，大地当黑板，树枝代粉笔。玛曲县第一所学校在草原上诞生了。

六十年来，在县委、县政府的正确领导下，在历届校领导和教师的共同努力下，在县内外创造了许多成绩，为玛曲赢得了良好声誉。从1964年首届高小毕业，至今共毕业54届3000多名毕业生。毕业生中有许多已成为州县各行各业的领导干部，为州县的政治、经济、文化教育事业的发展做出了巨大贡献，成为玛曲人民的骄傲。可以说城关九年制学校过去的六十年就是玛曲县历史上普通类教育的六十年，也是玛曲县教育发展历程的见证。

在现任校长刘旺庆的主持下，我们前往临夏访问了三位曾经在玛曲城关小学奉献了青春的老同志，当我们见到他们时，老人们都已年过花甲，但他们十分健谈，对城关小学的往事如数家珍。

范有源：我是1958年毕业于甘南师范，同年被组织分配到玛

① 常学智，甘肃省玛曲县城关九年制学校教师。

曲县的。我们一起来到玛曲的有四位同学，都被派到乡下，我派到阿万仓乡。那时是帐篷学校，条件十分艰苦，用挖出的长方形草皮土块做书桌，没有凳子，学生就跪在地上。教师的办公桌是两边垒砌起来的土块上搭一张木板。一到夏天办公桌两边的土块上就长满了小草，小花盛开在桌面两边。1972 年我调到玛曲县城关小学。城关小学的发展和其他乡的学校发展十分相似，都经历了漫长的帐篷学校时期，然后才有土坯搭建的房屋。我到城关小学时，学校已经初具规模，校舍有两排土坯房，一半是教师的宿舍，另一半是学生教室，教室极度紧缺。学生大多是干部职工的子女，教师有二十几位，课程我们都开足开齐了，教师的教学任务相当重。

当时，我们的学校没有围墙，校园里行人随便往来，还有三轮拖拉机来来往往，严重影响学生的安全。因此，我向县教育局和县政府领导汇报协商，经上级领导研究决定修建了围墙。那时的围墙是用土垒起来的，虽然简陋，但总算学校有了围墙，学生的安全有了很大的保证。在学校美化方面，我们发动学生、老师和家长移植柳树。经过几年的不懈努力，校园里有了绿色。

1992 年，我担任了城关小学的书记，在教师管理和思想教育方面做了大量的工作。我是一个直脾气，教师哪里有错误，我会毫不留情地指出来，加以教育。在我担任书记的十二年当中，学校没有出现大的事故，发展较为平稳。我觉得抓教师的思想工作一要细致入微，二要长期坚持，三要以身作则。

鲁家芸：我是 1977 年参加工作的，刚到玛曲县时，是民办教师的身份，在欧拉学校工作了七年，后来调到玛曲县教育局工作十年。1991 年，教育局派我到城关小学担任校长职务，一直到 2003 年退休。在十四年的校长生涯中，我见证了玛曲县城关小学的发展。

玛曲县城关小学在这一时期发展是相当快的。教师队伍得到了很大的充实，由原来的二十几名教师壮大到四十几名，大多是甘南师范和其他地方的师范院校毕业的专业教师。师资力量有了较大改善，教学质量也得到了很大提高。一所学校，教学质量是它的生命线。许多教师牺牲自己的休息时间，给同学们进行课外辅导。在我校上学的学生中，有相当一部分学生刚入学时不懂汉语，学习起来相当困难。为了赶上懂汉语的学生，任课老师只有加大辅导力度。后来我针对学校一部分学生不懂汉语这一实情，与教育局领导共同协商，办起了学前班，在学前班的一年时间里，许多孩子有了学习汉语的充足时间，扫除了语言上的障碍，到了一年级基本上没有不懂汉话的学生。这一举措是正确的，得力的，在提高教育教学质量上起到了至关重要的作用。那时，我和书记都带课，这样无形中起到了模范带头作用，对其他教师无形中形成一种紧迫感。许多教师在晚自习上你争我抢地来上课，老师们在教学上非常积极、认真，教学质量也突飞猛进，双科合格率都在 90%以上。

我在管理教师方面以身作则，要求教师做到的，自己先做到，要求教师完成的，自己先完成。这样全校教师在教学上向领导看齐。全校上下形成团结紧张、严肃活泼的局面。

陈明远：我是 1974 年到玛曲县城关小学的。我从临夏师范毕业，在临夏当地工作了七年之后，听到玛曲县教师紧缺，自愿来到玛曲县。当时从临夏到玛曲县要走四五天，那时交通不便，路程遥远，十分辛苦。我当时想，既然选择了支援玛曲的教育事业，再苦再累也要坚持下来。在当时，临夏和玛曲的教育条件相比，临夏的教育条件比较好。这是因为玛曲地处偏远，教育起步较晚，加之是民族地区的纯牧业县，当地牧民对教育不够重视，因此教育相对滞后，发展缓慢。有一个事例可以说明当时玛曲牧民对孩子教育的不重视：那时，许多牧民不愿送子女入学，我们老师和政府机关单位的同志们每学期开学都要下队催学生入学。我们到达牧民帐篷时，牧民有将学生藏在帐篷里的皮袄下的，有藏在背篓下的……当时我们也很无奈。我们学校的大部分生源是当地干部职工的子女，少部分是一些思想开明有远见的牧民子女。教育的发展极为缓慢，也与当地牧民对教育的认识与重视不足有相当大的关系。到2003年我退休时，玛曲的教育已有了很大的发展，首先当地牧民对教育的重视有了明显的改变，他们积极响应国家九年义务教育政策，主动送子女入学。有的乡村人家，还会选择到县城就读。在县城就读要花费很大的人力、财力，但他们宁愿花费很大的人力、财力，也要让孩子到教学条件、教学质量好的县城学校来上学。这就是牧民在思想上的转变，也是教育的一大成果吧！

玛曲县城关小学经过六十多年的风雨历程，现如今以“以人为本治校，以德为首育人，绝不让一个适龄儿童少年掉队”为办学宗旨；以“坚持社会主义办学方向，全面贯彻‘三个代表’重要思想和党的教育方针，遵循教育教学规律，依法治校”为办学思路；坚持“育人是根本，质量是生命，校风是灵魂，教学是中心，教师是关键”的办学理念，把“树校风，抓教风，促学风，上规模，创特色，争一流”作为奋斗目标，以“真真做人，事事用心，天天进步，人人成功”为校训，力求全校师生“立德、强身、博学、发展”，创建“快乐校园、绿色校园、无纸屑校园、安全校园、文明校园”，使教育教学质量逐年提高。争取朝着三年整章建制迈入科学管理轨道，五年内建成全州“管理规范、质量较高、家长放心”的学校，谱写新的篇章。

2017年5月

甘南藏族自治州“双语”教学发展历程

杨东戈①

望着一座座林立而起的教学楼，一双双渴望知识的眼睛，一张张高校录取通知书，总是回忆起当初办学的艰难。甘南州的“双语”教学经历了“初创期—兴办期—发展期—提升期”四个阶段，这个过程得到了党和国家的高度重视和大力支持。我作为一名从事教育行政管理者和参与者，有幸目睹了甘南民族教育从小到大、由弱变强的发展之路。

一

风风雨雨，坎坎坷坷，承载了甘南州“双语”教育几十载艰辛历程。回溯历史，那一段段的艰难岁月，依然让我们难以忘怀。

新中国成立前，甘南境内牧区只有寺院教育而无学校，半农半牧区只有几所小学，农区有为数不多的官学和私塾。新中国成立后，甘南教育得到快速发展，党和国家制定了一系列法规和政策，使少数民族“双语”教学有了制度保证。1953 年建州后，经教育部批准，率先在夏河和卓尼等县的藏族小学高年级增加了藏文教学。1954 年，甘南州第一届文教工作会议贯彻全国第一次少

① 杨东戈，甘南藏族自治州教育局副局长。

数民族教育会议精神，提出了发展甘南民族“双语”教育的措施。1955 年，全省第四次教育会议确定，在牧区和半农半牧区学校的语文课应当以当地大多数群众在日常社会生活中的通用文字为主，纯牧区学校教学以本民族语言为主。1956 年，甘南州第二次文教工作会议，讨论了藏语文教学及培养民族师资问题，在夏河和卓尼两县的小学四年级开设藏文课，以后逐年推进。1956 年底，全省牧区教育会议召开，确定了牧区教育任务。1957 年，甘南州制定了农区、半农半牧区和牧区三类地区不同的教育指导方针。1959 年，甘南州因陋就简大办学校，同年 10 月，全省民族教育座谈会在合作镇召开，会议批判了民族教育事业中的右倾松劲情绪，提出了进一步发展民族教育的规划及培养师资的方案。1962 年，甘南州召开教育行政会议，会议提出“牧区乡至少要有一所小学”。“文化大革命”期间，停止编写藏文教材，停止开设藏文课程，在牧区、半农半牧区和农区实行普通类教学模式，同时降低或取消了助学金和一些免费待遇，刚刚起步的甘南民族“双语”教育马上又止步了。

二

1978 年，改革的春风吹遍祖国大地，甘南州的民族教育也迎来了良好的发展机遇期。1980 年起，甘南州先后成立玛曲县藏族中学、碌曲县藏族中学、夏河县藏族中学、舟曲县贡坝藏族中学、卓尼县藏族中学、迭部县藏族中学。当时全州实施“双语”教学的藏族中学达到 6 所，民族教育蓬勃发展，办学热情空前高涨，农牧民送子女上学的积极性也逐年提高。一批又一批偏远农牧乡村的孩子陆续离开村寨，走出草原，步入县城寄宿制学校；一批又一批的毕业生迈进了州内外中专学校。在此基础上，经过不懈努力，创办了“双语”高中，一届届高中生陆续考入全国各民族院校，成为新一代“双语”优秀人才，结束了甘南州“报考人数为零、录取人数为零、参加工作人数为零”的历史。

“双语”教学的实施，打开了农牧民送子女上学的新局面，在州委、州政府正确决策和社会各界呼吁支持下，1993年，甘南州合作藏族中学成立，给全州“双语”教学带来了新的生机和活力。

三

人类的美好理想，都不可能唾手可得，都离不开艰苦的奋斗。在甘南州“双语”教育的发展历程中，涌现出众多栉风沐雨、砥砺前行的创业领军人物。合作民族师范高等专科学校原副校长赛仓·罗藏华丹·确吉多杰、玛曲县藏族中学原校长李彦章、碌曲县藏族中学原校长于国良、夏河县藏族中学原校长贡保才旦……他们的事迹从未被时间所湮没，他们的精神犹如星光，在逝去的岁月中熠熠生辉。他们用深邃的思想、超凡的智慧和不懈的追求，在甘南教育历史中留下了浓重的色彩。

赛仓·罗藏华丹·确吉多杰，系夏河县德尔隆寺寺主第六世活佛，1979年受党和政府的邀请参加工作，先后任教于甘南民族学校、甘肃民族师范学院（原合作民族师范高等专科学校）。多年来，他不辞辛劳穿梭于中国藏语系高级佛学院、中国社会科学院、中央民族大学等各大高校，孜孜不倦传授知识。他严谨的治学态度，实事求是的科学精神，精益求精的工作作风，凡是向他求过学的人都是有口皆碑的。

赛仓教授特别关心年轻教师的成长。无论什么时候，不管多忙，他始终不辞辛劳，一丝不苟地为他们的新作撰写序跋，鼓励他们的创作热情和科研精神，培养他们的文学创作和藏学研究能力。记得几年前，我抱着试试看的态度，将几篇诗歌习作寄给他，希望能给予指点，没几天赛仓教授就寄来了回信，除了密密麻麻的修改稿之外，还有一番鼓励的话语，他的博学与师德令我由衷敬佩。

赛仓教授始终坚持“振兴民族的希望在教育，提高民族整体素质只有依靠教育”这一崇高信念，利用一切机会宣传教育广大农牧民群众，让更多的农牧民子女走出农舍牧场，走进校园接受现代教育。他笔耕不辍，坚持不懈地潜心于藏学研究，著书立说，硕果累累。如今，虽然退出了教学一线，但他仍然心系民族教育，积极筹措资金，在甘肃民族师范学院设立了多个助学项目。

李彦章，藏族，甘肃天祝县人，1968 年毕业于西北民族学院，1980 年玛曲藏族中学建成后，担任第一任校长。针对学生入学率、巩固率、合格率不高问题，他大胆进行改革尝试，确定了除汉语文以外，其他学科用藏语授课的教学模式。1984 年，首届初中班 25 名同学在全州统考中全部考上中专，取得了开门红，这种教学模式得到了成功的验证。后建学校纷纷到玛曲藏族中学学习、借鉴和观摩，有力地推动了甘南“双语”教学的快速发展。1984 年，在学校资金不足、取暖困难的情况下，建起了甘南州首例利用太阳能采暖理化生实验室、办公室。随着牧民群众送子女入学积极性的高涨，他在玛曲藏族中学破例建起了附小，之后发展成为玛曲藏小。

于国良，藏族，碌曲县人，1968 年毕业于西北民族学院，1982 年调往碌曲县藏族中学任教。他凭着对党的民族教育事业的一片忠诚，先后争取资金 200 多万元，用于校舍和教学设施建设，先后建成 4 幢教学楼和 1 幢太阳能采暖餐厅，并且建成了电化教学系统。为增加学校收入，先后办起了校办牧场、养猪场、蔬菜基地和商店，每年为学校创收 2 万多元。1998 年 8 月，于国良担任甘南藏族综合专业学校校长，获中专高级讲师职称，经过 7 年努力，使甘南藏族综合专业学校的硬件建设得到大幅度提升。

四

随着国家“二期义教”“危房改造”“援藏项目”“农村寄校”等项目工程的实施，甘南州“双语”类学校硬件建设实现了跨越式发展，一座座新建的校舍拔地而起，以前的“土院子、破房子、烂桌子”已不见踪影，取而代之的是现代风格的教学楼，设施齐备的实验楼，计算机房、图书室、阅览室、综合楼等“四化一新”装点着校园。

1980 年，全州能教一二年级藏文的教师只有 406 名，平均 2.8 所学校拥有一名藏文教师。现在，专任藏语教师达到 2441 名，校均达到 17.3 名。同时，州教育局协同省厅民教处，组织了具有丰富教学经验的优秀教师组成编译小组，参照教材内容和教学实际，编译出版了藏族小学一至三年级《寒暑假作业》，并在全州双语类小学中使用；合作藏中根据中考、高考应试要求和学生需求，组织从事藏语文教学的优秀教师，编译印制了与普通类教材同步的课外资料试题集和课外教辅读物，目前已有 9 门初中“双语”课程教辅资料投入教学，缓解了“双语”教学资料的不足。

扎西是一名合作藏中的学生，家在距学校十几公里外的美武乡。他说，学校的生活辅导老师像妈妈一样，细心照顾他，教他洗衣服、洗被子，督促他养成讲卫生、懂礼貌的好习惯。“两免一补”、学校免费寄宿的优惠政策，让他和同学们在健康成长的同时，享受到现代教育的优质资源。宿舍窗明几净，食堂饭菜质优价廉，在这里处处都能感受到家的温暖。

五

经过几十年的努力奋斗，现如今，甘南州“双语”教育已经有了新的突破，全州“双语”教学的管理水平实现了大幅度的提升，“双语”中小学的办学成绩有了新的提高。2012 年，全州中小学在校学生中，藏族学生 77204 人，比 2003 年增加了 53551 人；全州实行“双语”教学的中小学 143 所，比 2003 年的 211 所减少了 68 所，在校生达到 51363 人，比 2003 年增加了 24585 人；藏族适龄儿童入学率为 98.80%，比 2003 年增加 3.34 个百分点。“双语”教学基本走上了良性循环的轨道，藏族学生学业完成率和高考升学率有了明显提高。

多年来，在州委、州政府和各级教育行政部门的正确领导下，全州“双语”教学已初步形成从幼儿园、小学到中学（中专）、大学等较为完整的教育体系。“双语”教学的发展不仅为甘南州经济社会发展培养了一大批民族干部和应用型人才，为改变经济文化落后的局面、缩小甘南与内地的发展差距做出了贡献，还比较完整地保留了民族文化和地域文化的多样性，继承和发展了藏民族优秀传统文化，同时也赢得了广大农牧民群众的支持，提高了民族整体素质。

在探索中求提高，在改革中求发展，是甘南州“双语”教学发展的基本经验。当前，甘南民族教育已全面达到“两基”目标，实现了历史性跨越。在新的历史起点上，广大“双语”教学工作者正在以开拓创新的精神、求真务实的作风，推进“双语”教学全面的改革发展。

2014 年 7 月 23 日

我亲历的五省区藏族教育研讨会

马昕民

1988年7月14日，国家教委、民委在甘南州合作召开了西藏、四川、甘肃、青海和云南五省区藏族教育研讨会。

中央政治局委员、国务委员兼国家教委主任李铁映，国家民委副主任江家福，国家教委副主任柳斌，五省区教育部门、相关部门负责同志，部分州、县市的代表共60人出席了会议。青海省副省长班玛旦增，甘肃省委副书记卢克俭、副省长刘恕，甘南州州长胡培珍、副州长赵振业参加了会议。甘肃省列席会议的还有省政府文教办主任韩克茵、省民委文教处处长梁明远、省教委民教处处长巴建坤及甘南州七县分管县长、文教局长共38名同志。时任甘南州教育局局长的杜世昌等教育局多名干部全程参与了会议的筹备和大会服务工作，笔者也作为其中的一员亲历了会议始终。这次会议范围之广、规格之高，在甘南州前所未有。

会议由国家教委副主任柳斌主持。会上，省委副书记卢克俭、副省长刘恕代表省委、省政府讲话，州长胡培珍、副州长赵振业分别致欢迎辞和介绍全州教育概况。会议上，国家民委副主任江家福和国务委员、国家教委主任李铁映先后发表了重要讲话。

会前的7月13日下午，李铁映到合作后去合作寺院看望了名誉校长赛仓活佛，15日上午，前往夏河藏中视察，并书写了“办学兴藏”的题词。

这次会议历时七天。会议采取大会发言交流、座谈等方式进行，与会代表还到玛曲曼日玛、碌曲双岔、夏河科才等寄宿制学校和扫盲点等地进行了参观考察，并在科才召开现场交流会。国家教委民教司司长朴胜一同志分别在玛曲曼尔玛小学、碌曲藏中、碌曲双岔乡九尼村扫盲点、科才寄宿小学发表讲话。

会上玛曲县曼尔玛寄宿制小学名誉校长尕藏成来、碌曲县双岔学区名誉校长依拉久美、卓尼县尼巴寄宿制学校校长、夏河县科才乡政府负责人卡布才让、曼尔玛小学学生哇合才、科才小学管护员拉老等分别在会上或参观现场作了交流发言。

李铁映、江家福、柳斌、朴胜一等领导在讲话中充分肯定了甘南州在发展民族教育中探索出来的五条路子。会议还产生了《五省区藏族教育研讨会纪要》。

《五省区藏族教育研讨会纪要》对甘南州藏族教育所取得的成绩给予了高度评价：“会议充分肯定了甘南藏族自治州在甘肃省委和省政府的领导和支持下，为发展藏族牧区教育所作的努力和提供的宝贵经验。甘南藏族自治州所辖七县，牧区县占四个，全州一百零八个乡（镇）中，牧区乡占五十四个，从甘南州的情况看，普及教育的难点在牧区。他们在认真总结以往经验教训的基础上，从藏族牧区地广人稀、居住分散、冬春定点放牧、夏秋逐水草游牧、牧区缺乏现代教育传统以及牧民大多数通用藏语等实际出发，积极探索符合牧区特点的教育发展路子，提出了‘实事求是、因地制宜、量力而行、讲求实效’的教育发展方针。确定了第一步实现一户有一名脱盲人；第二步实现一户有一个合格的小学毕业生；第三步力争在本世纪末基本普及初等教育，继后普及初中教育的牧区教育发展目标。同时，根据牧区特点，利用学校阵地，在十分重视全面提高学生品德、文化科学素质的同时，把传统的文化科学知识的教学与当地生产、生活的实际结合起来，注重开展有益的文化活动，学习实用技术，把学校办成教育、文化、技术培训中心，促进了牧区的‘两个文明’建设。集中办学与分散办学相结合，以寄宿为主，辅以牧读小学，在探索符合当地实际的办学形式方面进行了有益的试验，取得了明显的效果，在双语教学、勤工俭学、群众集资办学等方面也取得了显著成效。”

《五省区藏族教育研讨会纪要》同时指出：“甘南发展牧区教育的经验，最重要、最突出的就是各级领导重视教育，层层落实、并有一套有力措施，使分级办学，分级管理落到了实处。同时依靠广大群众和社会各界办学，特别是充分发挥宗教界热心教育、关心民族振兴的人士办教育的积极性，努力做到教育为当地经济、社会发展，为广大藏族群众脱贫致富服务，从而受到群众的拥护和支持。在办学指导思想上坚持实事求是，一切从实际出发，讲求实效，给与会代表很大启示。甘南的这些经验和做法，部分地回答了藏族地区教育应该走什么路子的问题，对藏区发展教育有普遍的借鉴作用。”

2016 年 8 月

甘南藏族自治州藏族教育基金会创办30年回顾

丹正嘉[1]

甘南州藏族教育基金会，是曾任全国政协常委、甘肃省政协副主席的拉卜楞寺第六世贡唐仓·丹贝旺旭大师发起倡议创立的。贡唐仓大师于1987年9月全省少数民族自治州（县）经济开发会议期间，倡议成立甘南藏族自治州藏族教育基金会，并率先在合作地区教师节座谈会上当场捐赠人民币2万元作为基金会的原始基金。州委、州人民政府对这个倡议给予了高度赞赏。1988年5月，州上决定成立以贡唐仓大师为组长、赛仓活佛和龙日桑盖活佛、副州长赵振业为副组长，教育局长杜世昌、统战部长才项、宗教局长旦正加为成员的甘南州藏族教育基金会筹备领导小组，下设办公室（设在州宗教局）。筹备领导小组于5月15日向全州发出了《致全州藏族同胞的倡议书》。倡议书发出后，州委、州人民政府率先召开了四大班子领导成员及州直机关干部参加的捐资助学动员大会。州委书记李德奎、州长胡培珍作了动员讲话。基金会及倡议书受到了全州各界人士的关注和响应。州直教育系统

---

① 丹正嘉，第九届甘肃省政协常委、民族和宗教委员会副主任，曾任中共甘南州委副书记、州政协主席、州人大常委会主任等职。

及碌曲、夏河、迭部、舟曲等县开展了宣传动员和捐资助学活动。州委统战部长才项、宗教局长旦正加带领工作人员深入各单位宣传动员，1988 年甘南州“两会”期间，时任政协主席的金巴和副州长赵振业召开藏族教育界代表和委员座谈会，并作宣传动员讲话，得到了积极地评价和支持。截至 1989 年底，除了贡唐仓大师原始资金 2 万元外，收到州直各部门捐资 2.2 万元（16 个单位捐资 1.1 万元，280 余名个人捐资 1.02 万元），各县也收到数万元捐资（各县收到的捐资款除碌曲县 1.4 万元上交入账之外，其他县均没有上交到筹备小组账户）。

1990 年 8 月，省委调整甘南州领导班子，李德奎书记调省上工作，郝洪涛接任州委书记。1991 年 5 月 8 日，州委决定由我分管宣传教育工作，因忙于州庆筹备和合作藏中筹建工作，未顾上这件事情，再加上筹备领导小组副组长赵振业副州长在北京丰台挂职，因此这段时间基金会的工作处于停顿状态。

1992 年 11 月 18 日，甘肃省“两会”期间，我和杜世昌副州长代表州委、州政府给贡唐仓大师送捐资助学匾时，大师提到基金会的事情。晚上我向州委郝洪涛书记汇报贡唐仓大师关于基金会的意见。郝书记指示，基金会以民间为主，贡唐仓大师任会长，叫我和杜世昌具体负责，恢复基金会筹备工作。1992 年底，我开始负责基金会筹备工作。1993 年初，北京丰台区与甘南州结为友好区州，给甘南州捐资 20 万元。我向州委、州政府主要领导建议，将北京丰台捐的款主要用于民族教育，用于基金会和合作藏中，得到州委、州政府领导支持，同意给藏族教育基金会和甘南州教育基金会园丁奖各划拨 6 万元，给合作藏中划拨 8 万元。1993 年 2 月开始，我着手基金会正式成立的准备工作，一是与有关人士商量组成人员，二是根据国家《基金会管理办法》和《社会团体登记管理条例》起草新的基金会章程、注册银行账户等。三是向州民政局呈报基金会登记申请。同年 4 月 15 日，完成了甘南州藏族教育基金会社团注册登记手续，并在《甘南报》发布注册登记公告，与州宗教局办理了挂靠手续。至此，筹备多年的甘南州藏族教育基金会成为合法的社会团体组织。本想同年6月或7月举行基金会正式成立仪式，但因贡唐仓大师正准备出国事宜，没有时间来甘南，故推迟成立；1994年春节后本打算召开成立大会，又因贡唐仓大师赴京出席全国政协会议，再次推迟。

1994年5月25日，甘南州“两会”期间，我主持召开了基金会正式成立仪式及第一次理事会议。州上四大班子领导、各县领导及出席两会的教育界代表、委员等出席了成立仪式。成立仪式由杜世昌副州长主持，我代表筹备领导小组作了工作报告。会议首先通过了基金会理事组成人员。接着进行了第一次理事会议，通过了基金会章程，理事长、副理事长及秘书长名单，会议一致同意贡唐仓大师任理事长，赛仓、德哇仓、龙仁桑盖等10位任副理事长，我为常务理事；会议还通过了《致全州藏族同胞的倡议书》。会后起草了基金会资金使用细则和奖励办法，并制定了财会制度。为了便于协调，1996年，基金会办公室由州宗教局转到了州政协办公室。

基金会章程规定，基金会的宗旨是促进藏族教育事业的发展，主要是利用本基金利息，或通过资金经营获得的收入，对为本州藏族教育做出贡献的部门、团体和个人给予奖励。任务是联络社会各界、国际友好人士、组织、团体及国内外藏族同胞为发展藏族教育筹措资金。基金会正式成立后，首要工作是募集资金，积极开展捐资活动，扩大基金规模。1994年5月，基金会收到甘肃省人大常委会嘉木样副主任捐资3000元。同年8月，贡唐仓大师在桑科草原举行时轮大法会时，给基金会捐牛100头（实际收到92头牛），由基金会秘书长仁青才让负责接收处理，实际变价收入3.6万多元。

1995年3月7日，我主持召开常务理事办公会议，总结了

1994年基金会工作，通过了1995年工作要点，建议1996年州“两会”期间召开第二次基金会理事会议。

1996年9月，州“两会”期间，在“两会”主席团支持下，我主持召开了第二次理事会议。随后，基金会举行了“捐资仪式”，39位代表、委员当场捐资2.8万多元。我个人捐资1000元。1996年，基金会收到玛曲县委、县政府等5家单位捐款5.6万元。另外，通过我的工作，兰州市榆中一建筑公司（经理徐兴科）捐资5万元，迭部县政府（县长虎英海）捐资3万元，州工商局捐资1万元，合作市牧工商公司经理东代捐资1万元，中华慈善总会（桥梁基金会）捐资8.7万元。1996—1997年底，共募集到资金13.6万元。为了基金会基金增值保值，我建议基金会投资不动产，购置商铺，得到了其他理事的支持。在州工商局长卓玛加的支持下，基金会在新建的东二路市场购置商铺20间。1995年铺面开始出租，基金会有了稳定的收入。1995年教师节，基金会首次举行了奖励活动，奖励以“突出藏族教育，突出第一线”为原则，奖励了20名优秀教师和优秀教育工作者。此后，基金会每年拿出1万多元奖励优秀教师和优秀教育工作者。至2000年为止，先后奖励了近200名优秀教师、优秀教育工作者，发放奖金近10万元。至2009年8月，基金会基金总收入达到872886.03元，商铺增值至100多万元。

2004年，国务院颁布了《基金会管理条例》，把基金会分为公募基金会和非公募基金会两类，按资金来源，我们这个基金会属于非公募基金会。《基金会管理条例》规定非公募基金会注册资金不低于200万元注册资金，算上房产我们是达到规定标准的，但按账面资金未达到标准，没有通过社团年审，自此后基金会没有进行募集活动。2005年开始，合作市改造东二路商场，部分商户退房，租金减少三分之一。2010年，基金会商铺被拆除，双方协议商铺以房产置换的方式补偿，但商场建设工程一拖再拖，完工后不兑现协议，房产补偿问题没有得到解决，基金会受到很大损失，许多工商户的利益也受到损失。

2009年10月，我专程去甘南。16日，由我主持召开了第四次基金会理事会议，理事会听取了我作的工作报告和副秘书长斗格嘉作的财务报告。会议修订完善了《基金会章程》及财务制度，补选了理事会成员。会议选举甘南州政协副主席赛仓·罗桑华丹却吉多吉活佛为理事长，原副州长南考，州政协副主席旦正加、仁青才让、卓玛加，甘肃民族师范学院副校长道周，州工会主席豆格嘉，州委常委、统战部长王扎东，州政府分管教育的杨卓玛副州长等为副理事长，南考为常务副理事长，具体负责基金会日常工作。在赛仓活佛的关怀和南考副理事长的主持下，基金会的工作有了新的起色，特别是募集资金工作取得了新的进展。

这个基金会成立已经20多年，连筹备时间算上近30年。30年来，在贡唐仓大师的关怀下，在州委、州政府及社会各界关心支持下，有了较大的发展，已经成为一个有较高知名度、比较规范的基金会，在支持民族教育方面发挥了一定的作用，但募集资金不够理想。基金会起步资金很少，募集资金难度很大，从筹备到正式成立7年，勉强凑够当时的注册标准10万元；成立后发倡议书，筹措到的钱也没有多少。后来给我熟悉的人做工作，争取到20多万元。基金会收入主要是银行利息（61396元）和铺面房租费收入（596940元）。开始那几年的银行利息还可以，进入2000年后利息越来越低。另外，基金会届内人员变动很大。2000年我们尊敬的理事长贡唐仓大师圆寂后，12位副理事长中9位先后离开甘南。因此，理事会议及理事长会议没有办法召开。2003年，我离开甘南后几次向有关人员提出召开理事会，选举新的理事长，但因为主要理事大都不在合作，未能召开。这期间，秘书长仁青才让，副秘书长豆格嘉，做了大量工作，认真管理收缴铺面租金，积极与有关方面沟通，确保了资金的安全，还救济了部分特困学生。

我认为，基金会是一个引导个人和组织的财产流向社会，特别是流向弱势人群的有效形式，是企业家和富有阶层献爱心、回报社会的有效平台，也是财富实现再分配的一种途径，可以最大限度地调动更多的社会资源从事公益事业，使公益事业的资金来源多样化。因此，国家是鼓励发展的。现在国家进一步降低了社团门槛，民间社团出现了新的发展势头。基金会要加强与企业的联系，并提供服务。努力探索募资有效渠道，建立起长效募资机制，要千方百计做大基金，要管理好、使用好基金会资金。要强化自律机制，以增强基金会的公信力。要严格按照《基金会管理条例》的要求，进一步完善各项管理制度，自觉接受社会监督。透明度是基金会的生命力，只有提高社会的公信力，才能提高公众参与热情。尤其在财务收支上，要有一套完整、严密操作程序和制度，特别是财务信息、支教项目信息都要向社会公开。

我深信，经过若干年的努力，我们这个基金会一定会建成一个有一定规模，有较高的社会知名度，运作规范透明，各项制度健全，大家信得过的社会公益团体，一定会为发展甘南州民族教育事业做出贡献。

2017 年 8 月

放飞梦想聚会宁

袁兴荣[①]

2006年10月6日，在会宁县城著名的红军会师广场东侧，一个住宅小区的8号楼2单元，来会宁就读的部分藏族学生正进行着一场别开生面的“庆中秋佳节　祝才让扎西同学生日愉快”主题晚会。

青春年少的孩子们，面色是那样健康、红润，神情是那样开朗、纯真，衣着是那样鲜艳、醒目，生龙活虎的精气神韵是那样自然、清爽，真是幸福得像花开样绽放着。桌上放满了各种水果，头顶上拉着彩纸和彩灯，学生、老师载歌载舞，国庆中秋双节专程从大草原拉运着牛肉、羊肉看望远在会宁就读的索南吉、才让卓玛、格桑嘉等10余名中小学生的家长贡保甲、卓玛、才伯等，也欣喜地参加了传递歌声与微笑的主题晚会。击鼓传花开始了，画鼻子、写纸条，管理老师英木周和生活老师才让夫妇深情朗诵“明月几时有，把酒问青天……”掌声一次次响起来；歌曲接龙比赛悠扬飘逸，猜谜比赛才能和智力双双开启，唱生日歌、吹蜡烛，10岁学子生日主角才让扎西同学表演的小品《烤羊肉串》《好久不见》等精彩节目将主题晚会再一次推向了高潮。

同一时刻，在会宁县东关小学对面的花苑小区，另一处藏族

① 袁兴荣，陇南市地方志办公室（陇南市委党史研究室）副主任。

学生的住处里，由管理老师贡去扎西和生活老师尤晓玲夫妇精心安排组织的“天涯共此时同庆中秋”主题晚会，在35名学子和赴会宁看望子女近10名家长的欢声笑语中，高潮迭起……

尕藏成来活佛的心愿

甘南藏族自治州的玛曲县地处青藏高原东部边缘，甘、青、川三省结合部，牧民居住分散、交通不便、信息闭塞，民族教育事业起步较晚，致使玛曲县民族教育事业相对滞后。这一现状，深深地牵动着一位活佛老人的心弦，也成就了一位活佛30年如一日热心民族教育事业的佳话。

年近耄耋之年的尕藏成来是一位慈祥睿智的活佛，多年来既潜心研究藏族文化，又对现代科学文化知识情有独钟。作为民族宗教界人士、甘肃省政协委员、甘南州政协常委、玛曲县政协副主席，他几十年如一日，呕心沥血，关心和支持玛曲县民族教育事业。20世纪80年代初期，尕藏成来看到牧民不愿送自己的子女入学，心急如焚，他利用自己在群众中的威望，入牧村、进帐篷，挨家挨户，动员牧民送子女入学。从马背小学、帐篷小学到今天的寄宿制学校，他为此付出了艰辛的努力。距玛曲县城近70公里的曼日玛乡九年制寄宿制学校，就由他担任名誉校长。

进入新世纪，随着社会经济的快速发展，尕藏成来活佛越来越认识到民族地区的民族学校学习汉语言的重要性。每逢外出，他都十分留意各地中小学教育方面的情况，并及时反馈给由他担任名誉校长的曼日玛学校。2002年，他结合牧区教育的实际，首先在曼日玛学校小学部成立了以汉语为主的示范性双语班。同时他还亲自前往西安、兰州等地考察学校的办学情况，并打算将双语班同学送往外地，插班转学就读。

2003年秋季，正在曼日玛学校和玛曲县城及部分乡镇学校就读小学三四年级的罗藏求彭、索南吉、华尔旦扎西、卓玛拉毛、拉姆珍等 24 名藏族男女同学，成为玛曲县送往西安同仁学校、兰州新亚和科建等私立学校的第一批玛曲籍赴外地求学的幸运儿。草原的儿女告别了父母，走出了牧区帐篷，来到千里之外新奇陌生的大城市求学。据统计，2004 年前，玛曲县先后向省内外几所学校输送了玛曲籍藏族学生 50 余名。转眼间一年过去了，这些藏族学子经过曼日玛学校组织的考试检验，成绩普遍提高，学子们看到了外面精彩的世界，感受到了大城市的时代脉搏，观念转变了，思想开放了，几乎都能说一口流利规范的普通话。但存在的问题也是不容忽视的，高昂的学费，缺少统一协调，松散型的管理，等等，并不切合玛曲籍藏族学子的家庭承受能力。

开弓没有回头箭。天大的难事，也难不住尕藏成来活佛让千万个牧民子女有知识、有文化的心愿。位于甘肃中部的会宁县，牢牢吸引住了尕藏成来的眼睛。会宁县是历史文化古城，特别是高考制度恢复以来，会宁更是因高升学率而成为全国教育名县、全国高考状元县。这一切坚定了活佛让藏族学子到会宁就读的决心和信心。2004 年 4 月，活佛多次实地考察并通过省市有关部门与会宁方面联系，得到了当地党委、政府的全力支持。

有朋自远方来，不亦乐乎！会宁县教育局明确表示，真诚地欢迎藏族牧区学生来会宁就读，并尽最大可能提供一切方便。为了帮助同学们更好地完成学业，同时照顾藏族学生的生活习惯，尕藏成来和曼日玛学校商量决定，在会宁县城购买了一处房产，专门派遣两名藏族教师负责学生的日常管理和藏语文的辅导，他本人则来往于会宁、兰州、玛曲之间。而 1997 年毕业于合作师专藏数系现任曼日玛学校校长的扎西才让，也成为筹备送牧区藏族孩子到会宁就读最忙碌的人。联系住处、看望孩子，为孩子们送牛肉、羊肉，送家乡特产。3 年过去了，他每学期都要去看望孩子们，关心孩子们的学习生活。

在各方人士的翘首祈盼和忙碌的身影中，2004年秋季开学的脚步悄然临近。

会宁：教育名县让藏娃放飞梦想

2004年9月3日，在会宁县东关小学操场隆重举行了“欢迎玛曲学生来会宁就读仪式”。牧区藏娃来会宁就读，这在高原古镇引起了不小的轰动。首批牧区玛曲藏族学生来会宁就读共有21名同学。其中小学生20名，中学生1名。这21名同学分别就读于会宁县东关小学、北关小学和枝阳中学的19个班。21名藏族学生中，年龄最小的只有6岁，最大的13岁。每位学子每学期缴2000元左右的学费，由管理老师统一管理，集中使用。

2005年4月底，玛曲、会宁两县就培养藏族学生达成共识。从2004年始，会宁每年接收玛曲县藏族小学三年级学生20名到会宁就读，直到高中毕业，每位学生在会宁读书时间为10年。截至目前已有71名玛曲籍藏族学生在会宁县城的会师中学、枝阳中学、东关小学、北关小学和教场小学5所中小学就读。10年后在会宁就读的玛曲藏族学生将达到300余人。在会宁县就读的玛曲籍71名藏族学生中，小学生44名，初中生27名；男生36名，女生35名；年龄最大的16岁，最小的仅6岁。

这些在草原生活惯了的孩子们，这些骑骏马、吃手抓羊肉、喝惯了奶茶的藏娃们，已在会宁度过了两三年的美好时光，他们喝会宁的窖水、吃会宁的洋芋蛋、经会宁的风雨，一口原本地道的玛曲话中，夹杂着会宁的方言。来看望孩子的家长开玩笑说，你们除会说玛曲话不算，还要学四种语言呢！孩子困惑不解，家长解释说，一要学汉语，二要学英语，三要学藏语，另外还要学会宁土语。

会宁枝阳中学初一七班的岳芳老师，谈起就读的藏娃学生说，这些从牧区来的藏族学生，男同学个个帅气，女同学人人漂亮。都挺有个性，好学上进，同学关系处理得好，尤其写作文，平时善于观察，写得细腻动人有真情实感。

2005 年来会宁就读枝阳中学初一八班的扎西道吉的会宁同学这样评价："扎西同学上课认真听讲，作业仔细认真，平时阅读与学习有关的课外书还做摘抄笔记，乐于帮助同学，懂礼貌讲卫生，上课举手发言，积极与同学交流，就像我们的大哥哥一样。"

洛藏求彭的老师这样评价他的学生：洛藏同学刚到东关小学一年级二班时，是个性较内向不善交际特别爱打篮球的同学。为了弘扬个性，培养孩子积极向上的进取精神，班上特意成立了篮球兴趣小组，让洛藏同学担任组长。经过一段锻炼学习磨合，洛藏同学生龙活虎地活跃在篮球场上，上课认真听讲，踊跃举手发言，学习也有了长足进步，同学们都非常喜欢他，他也有了很多的知心朋友。

三十五个孩子和一个爹

1998 年毕业于甘南藏族中专民师专业的贡去扎西，是个沉稳严谨的管理老师，毕业后分配到玛曲曼日玛乡九年制寄宿制学校，2004 年 9 月首批陪读玛曲 21 名藏族学生，来到会宁已有 3 个年头了，他见证了牧区孩子到会宁就读的点点滴滴。他动情地说："会宁不愧是全国高考状元县，教师苦教、学生苦学、家长苦供的精神常使我泪湿眼眶。请远在家乡的各级领导和藏族同学家长放心，有这样良好的育人环境，我们的藏娃一定能够学有所成。"

每天傍晚，管理老师贡去扎西像中国很多家长一样，站在东关小学或北关小学大门口，准时来接刚到会宁就读的最小的同学。新来的小同学人生地不熟，早上贡老师先安排中学生 6 时吃完早点到学校后，又安排小学生 7 时吃早点。小学生们像雏鸡一样聚在贡老师身旁叽喳着，贡老师清点好学生后，组织他们排着整齐的队伍有序地走过斑马线。

尤晓玲是4位陪读老师中仅有的一个汉族老师，2004年秋季来会宁前，曾在玛曲县城经营一家生意还不错的饭馆，她是为了丈夫安心陪读，来到会宁的。尤老师笑着说，给草原上藏族人做妻子，光会挤牛奶、煮奶茶、放羊、晒曲拉、晾皮子、煮手抓还不行，还得当汉语翻译。一些女同学陆续进入青春期了，尤老师自然成为女同学的“知心姐姐”。就这样，夫唱妇和，一家三口转眼间到会宁陪读了三个年头。

尤晓玲忙碌着给孩子们做饭。平时的饭菜有花卷稀饭、豆浆、油条、西红柿炒鸡蛋、白菜炒粉条、青椒土豆丝、煮炒煎牛羊肉、臊子面等，每周保证给同学们做一次家乡的糌粑，煮一次奶茶，包一次藏包，尽量让同学吃得舒心满意。周末时，男同学早早帮着买菜、提菜，女同学则围着灶台，挽起衣袖成了小厨师。贡老师夫妇同孩子们一道吃着饭，小女儿拉毛仲早同30多个大朋友、小朋友玩成了一片。

夜色悄然降临，住在两处的孩子们赶着做作业，复习功课，作业做完的同学，自然地聚集在一起，用汉语、英语相互交流、沟通着。到了休息的时间，孩子们洗脚之后进入了宿舍。有的孩子趴在床头上给亲人、同学写信，想家的孩子躺在床铺上打开“随身听”，听听歌唱家乡的藏歌。

灯下，两位老师在整理着家访日记、工作记录，清点着每位同学的开支账页……

四十个孩子的一个妈

“同学们，弄明白了没有？”管理老师英木周的丈夫才让，也来到远在千里之外的会宁陪读，当起了孩子们的生活老师，给孩子们洗衣服做饭，每周兼上一次藏文课。上藏文课真是新媳妇上轿头一回，既紧张，又新鲜，到10月初，已给同学们基本上完了藏文第一册。

“老师，再讲一遍。”小同学们举手发言。

“我们藏民族有自己的语言文字，属汉藏语系藏语族藏语支。藏文按字体不同可分为两大类，即‘有头字’和‘无头字’。‘有头字’常用于印刷、雕刻的正规文书，相当于汉字的楷书，即同学们常说的正楷；‘无头字’主要用于手写，相当于汉字的行书，就是同学们常说的草笔字。”才让老师边讲解边在黑板上板书示范着。

大客厅改成的教室里座无虚席，前后墙壁上贴满了奖状和荣誉证书。笔者粗略统计了一下，墙上张贴的优秀作文奖、优秀学生、优秀少先队员、三好学生、进步奖等荣誉证书、奖状，到2006年9月底就达24张之多。

今年秋季刚到会宁的11岁女孩达娃央宗，就读会宁北关小学四年级。刚开学那几天，由于是插班生，书本、桌凳一时还没衔接好，人生地不熟，语言沟通有障碍，孩子显得很落寞孤单。那天家里大人来了电话，接电话时说着什么都好，可放下电话，哭得很伤心。英老师知道了这件事，立刻组织同学和达娃央宗一起做游戏，让她主持小节目，孩子的情绪慢慢调整了过来。现在那些小学生都把英老师叫妈妈。

老师和同学间过去都十分陌生，从牧区到高原古镇，什么都不习惯。大家就在这个远离家乡的地方相互了解，相互磨合着。英老师夫妇和上三年级的儿子是年初来到会宁的，一切从头开始，如何计划着买菜、做饭、洗衣服、家访等都由茫然转入有序。他们夫妇性格开朗，能歌善舞，大家庭的氛围也是活跃而热烈。学时认真学，玩时尽情玩，办图书角，买体育器材，开展写作、书法、摄影、数学、英语等知识竞赛，节假日经常组织活动，每月对每个同学家访一次，每周末晚上组织来会宁就读的玛曲籍学子

(包括贡老师那里的学生)在会师广场跳锅庄舞。买来了理发推子，学着给同学们理发。成立了学生会，安排大同学一对一照顾小同学，下雨雪接送学生。学生有病了，有时一天往诊所跑好几趟，上学期嘉洋吉同学因急性阑尾炎住院，英老师在床前守护了四天四夜，直到康复出院。床头上针头线脑一应俱全，随时给同学缝补。

快人快语的英老师动情地说："到了会宁陪读管理这些孩子，辛苦不说，负担重、责任大，生怕管理出问题。家里因有年迈的母亲和公婆，不想来会宁了，又怕辜负了领导和家长的厚望。但组织上没换人，也就毫无怨言地来了，活佛信任，我肯定能干好。上学期，省上洛桑书记看望同学们，我正系着围裙做饭，洛桑书记笑着说，这样干好得很，既要当老师，又要当妈妈，有这样的老师和妈妈我放心。"

播种了爱的种子，收获了爱的金秋。前几天，英木周老师感冒严重，坚持了几天，那天早上实在起不来给孩子们做早点了，由才让老师张罗着吃早点。孩子们听说英老师病了，都噙着泪水来到床前问候，小学生趴在床头抹着泪"妈妈、妈妈"地叫个不停，把快人快语、性格特直爽的英老师感动得眼泪直流。

桃李无言，下自成蹊。

转眼间3个年头过去了，71名藏族学子已经融入会宁这个新的环境中，汉语水平普遍有了显著提高，并顺利地完成了学业。

2005年9月17日，中共会宁县委、县政府在给省市有关部门《关于玛曲县藏族学生来会宁县就读情况的汇报》中这样描述："根据学校反馈和摸底调查，来我县就读的这些藏族学生有如下特点，一是他们能很快适应我县学校的学习生活环境。学习习惯基本形成，并且表现出非常刻苦的一面。除了能认真听讲，按时完成作业外，还能用节假日，休息时间，认真学习，深受社区居民的赞扬。从考试成绩看，绝大多数学生成绩良好，从日常行为来看，他们都能遵纪守法，尊敬师长，团结同学。二是部分学生在德、智、体各方面表现突出，如在东关小学就读的扎西道吉等6名同学，在北关小学就读的东知等3名学生被评为2004—2005级学年度‘三好学生’，北关小学就读的德吉卓玛、旦正吉等学生，在学校举行的英语演讲比赛中，分别获得了‘二等奖’和‘三等奖’……”

2006年11月

本文原载《甘肃日报》，2006年12月21日。

在筹办合作藏中的日子里

召玛杰[①]

20世纪90年代初，甘南州共有藏汉“双语”寄宿制小学41所、中学6所。面对快速发展的甘南民族教育，当时全州6所藏族中学均已出现了校舍紧张、师资紧缺的突出问题。为进一步促进民族教育事业发展，1991年，甘南州委、州政府决定在州府合作兴建一所寄宿制完全藏族中学，并作为州庆四十周年的献礼工程。我被任命为合作藏中筹建领导小组常务副组长，负责学校的具体筹建工作。

难忘的筹建工作

1991年7月，合作藏中筹建工作正式启动。校址位于合作南郊，建设用地绝大多数是那吾乡安高娄村群众的青稞地和牧场，地段好，土地肥，价值高，当地群众都不愿意出让土地。为了征地，我带领筹建组工作人员，下帐圈、进牧户，苦口婆心做群众思想工作。征地工作持续了将近一个月，群众不为所动，并提出每亩5000元的高昂补偿费、解决村内青壮年工作等要求，否则，土地出让免谈。为此，我请活佛，发动亲戚朋友，有针对性地组

① 召玛杰，甘南州政协第十四届委员会副主席。

织开展动员说服工作。同时，为了减少群众后顾之忧，我想方设法，协调有关部门顶着压力调减了该村的牧业税，并解决了人畜饮水困难等问题，满足了群众的部分额外要求，最终征收建设用地 80 亩，并以每亩 2000 元的价格签订征地协议，节约藏中建设资金 24 万元。

经过数月紧张的前期工作，1992 年 5 月，合作藏中基建大幕拉开，我吃住在工地，和建设方一同平整场地，排泄积水，联系钢材、水泥、沙石，风里来，雨里去。每每入夜，浑身油汗，遍身酸疼，难以入眠。但硬是凭着一股干劲和闯劲，以及强烈的敬业精神，高效优质完成了全部建设项目。

基建过程，枝节横生。由于地质复杂，80 多个挖好的井桩基础严重塌陷。深探、回填、加固，多次尝试返工，均告失败，工程停止。但我没有气馁，购买大量建筑书籍，刻苦钻研，调整思路，另辟蹊径，经过一系列试验、攻关，最终采用钢筋混凝土筏板基础这一方法解决了工程难题。1993 年初，在教学楼主体大半完工的关键时刻，又遇到原材料大幅涨价，施工方一夜之间陷入亏损。为挽回损失，工程建设方以停工等方式相威胁，向我逼要工程涨价款。我没有妥协，想办法挽留了一些技术过硬工人，10 天后复工，并抓紧时间自行购材，义无反顾担负起总指挥与施工员的责任，夜以继日，一鼓作气，教学楼如期竣工，并被评为当年甘南州优质工程。随后两年，学生宿舍楼、大灶、实验电教图书综合楼、教职工住宅楼及其他附属工程相继建成，建筑面积达 1.3 万平方米，创全州基础教育基建之最。

回顾往昔，在合作藏中筹建过程中，我身体力行，为之倾注了大量精力和心血，在短短两年内，顺利完成了征地、搬迁、规划和设计、立项与投资、建设与管理、资金争取、捐集资、配套设施建设及招生开学准备等一系列繁杂而艰巨的工作。这个过程有苦、有累，有喜、有乐，但更多的是因民族教育事业发展而产生的成就感。

学校的诞生与管理

1993 年 9 月 13 日，甘南州合作藏族中学成立。学校首次招收初一新生 250 余人，共分 5 个班，其中一个为补习班。抽调各科教师 29 名，新分配优秀大学毕业生 18 名，并从州县其他学校抽调骨干力量，组建完成校领导班子。州委、州政府正式任命我为合作藏族中学校长兼党支部书记。

20 世纪 80 年代末、90 年代初，“双语”教学在甘南尚处于“摸着石头过河”的探索阶段，一些基层学校陷入了“教育质量低—学校缺乏吸引力—学生流失—办学效益差”的恶性循环怪圈。由于民族类学校尚未开设藏语类物理、化学、生物、政治、历史、地理、音乐、体育、美术等专业，造成了民族类高校和中学只有藏语文、藏数学专业教师，无其他藏语类专业教师的局面，这些藏语类专业课只能由非专业教师边学边教。加上藏语教材编译不规范、参考资料少、高中开设英语课，采取的是藏、汉、英“三语”教学模式，因此，教学难度很大。结合自己多年教学管理经验，我将藏族传统教育中的优秀成分与普通教育的关键元素有机结合，对学校建设和管理工作进行了深入的理论探讨和整体规划，研究拟定了《合作藏中三年办学规划》，制定了“勤教、苦学、育‘四有’新人，超县、赶州、创‘四优’学校，力争跻身全藏区名校行列”的奋斗目标，有针对性地研究提出了“初一补差抓‘三桩’(藏语文、汉语文、数学)，初二巩固防分化，初三提优抓质量，初中强化‘双基’打基础；高一补差抓会考，高二巩固抓过关，高三提优抓高考，高中突出能力抓质量”的分层教学思路，一直沿用至今。

我意识到，要打造品牌学校，就必须强化管理，向管理要质量，而抓管理就要从教师抓起。为此，有针对性地提出了教师成才目标：一年合格、三年过关、六年成熟、十年名师；在学校开展教师“五比”（比学教学理论、比当班主任、比课堂教学、比带学科兴趣小组、比遵守纪律）活动。一是抓激励机制。实行竞争上岗，落实奖惩，每年从有限的工作经费中挤出一部分资金予以兑现。二是抓分块管理。强化年级组、教研组、伙管组、住宿生管理组、财物组等小组的职能作用，使其充分发挥制度管理、教育教学管理、教师队伍管理、学生管理、育人环境管理、校舍校产管理等作用，学校日常管理有序推进。三是抓寄宿管理。合作藏中学生大多来自农牧村，住宿生占总数的70%以上。学校专门成立了宿管组，负责男女生宿舍楼的纪律、卫生、财产管理和安全保卫工作。寄宿生管理员对学生的生活起居、饮食保健、矛盾纠纷、衣服被褥拆洗、心理健康、身体健康、舍风建设等诸多琐事全盘负责，做到学生住宿管理规范有序。同时，在全校组织开展学生告别“三室一厅”（台球室、录像室、游戏室、歌舞厅）教育，坚决杜绝了学生进“三室一厅”的现象。在全州首推寄宿月假制，即每周上六天课，月末放一周假，做到集中上课、集中休息。为进一步改进学校食堂管理，我们通过积极探索，形成学校大灶管理新模式，解决了师生的后顾之忧。合作藏中寄宿生管理工作成为广大藏区寄宿制学校管理的样板，并得到推广。

办学质量的稳步提高带来学生数量猛增，从而增加了学校的工作量，加之新建学校，头绪繁杂，工作繁重，无暇顾及家庭和孩子，自己4岁的儿子一时无人照看，意外坠楼身亡。不久后，年迈的母亲突发心脏病，我因学校工作晚去了，竟未来得及见她最后一面，这至今是我锥心的伤痛。

在办学过程中，我觉得改革创新学校的德育教育模式非常重要，就将藏民族尊老爱幼、乐善好施、爱才惜德等传统美德与爱国守法、明礼诚信等时代精神相结合，开展德育教学。利用清明节扫墓缅怀革命先烈，利用新生军训进行国防教育，通过义务打扫卫生、义务植树，培养服务奉献意识。通过“崇尚科学、反对邪教”“热爱生命、远离毒品”“远离‘三室一厅’”等宣誓签名活动，明辨是非，培养遵纪守法意识。将锅庄舞与校园广播体操、健身健美操相结合，培养兼容并蓄的精神。深入推进“五育”：教书育人、管理育人、环境育人、活动育人、服务育人。其中活动育人成效卓著。如课外兴趣小组活动（安排特长教师，在下午课外活动期间，对学生开展音乐、舞蹈、健美操、球类运动、美术、天文、历算、因明学、计算机、文学欣赏、英语会话、数理化兴趣辅导），周末趣味活动（周六晚上，或由年级组轮流举办文艺晚会，或由团委、学生会播放电影、录像），定期文艺会演（5月举办庆“五一”“五四”文艺演出，6月学校运动会开幕式文艺演出，7月庆祝党的生日文艺演出），举办各类竞赛（演讲、讲故事、知识竞赛、辩论、作文赛等），创办校刊、校报，刊登学生习作，扶持学生写作，有多篇学生散文、诗歌、小说等作品在《刚坚少年报》《达赛尔》《甘南报》《格桑花》上发表。

日益凸显的社会效益

学校开办以来，通过不懈努力，校初中毕业会考成绩、升入中专人数、高考升学率等主要指标长期保持全州同类学校第一。短短10年里，学校发展成为拥有20个班级、1100余名学生、850余名寄宿生的甘南州及周边最大的寄宿制完全藏族中学。先后获得“全国先进基层党组织”“全国中小学德育工作先进集体”“全国开展群众体育运动先进集体”“甘肃省先进基层党组织”“甘肃省教育系统先进集体”等30多项奖励和称号。我也先后荣获“甘肃省青年五四奖章”“甘肃省星星火炬奖”“甘肃省青少年科技活动先进组织者”“甘南州十大杰出青年”“甘南州骨干校长”等称号和奖励近20项。2001年建党80周年之际，我作为甘肃省获奖代表，在北京人民大会堂参加了“全国先进基层党组织”表彰大会，并受到江泽民、胡锦涛等党和国家领导人的亲切接见。

合作藏中在筹建中，得到了社会各界的大力支持和帮助。全国政协原副主席阿沛·阿旺晋美、赵朴初为学校题词并题写校名，省人大常委会副主任嘉木样大师、省政协副主席贡唐仓大师先后为学校建设捐款。国家民委原主任司马义·艾买提、副主任图道多吉，省上领导宋照肃、顾金池、卢克俭、阎海旺、张吾乐、杨复兴、陈绮玲、洛桑灵智多杰及90高龄的省政协副主席黄正清等曾莅临学校施工现场视察。州上原领导郝洪涛、杨镇刚、罗笑虎、贡保甲、丹正嘉、傅九大、赵振业、杜世昌、陈建华、梁明远、沙拜次力、杨志红、马建华等，都以各种不同的方式，指导藏中办学工作，关心师生，解决实际困难。州政协副主席赛仓活佛利用个人特殊身份和威望，不遗余力发挥了名誉校长作用，对合作藏中的建设给予了多方关心和支持。州人大常委会主任原丹正嘉同志，在合作藏中发展壮大的十余年中，从多方面给予了热情关怀和大力支持，他经常抽出时间，亲临学校指导工作，倾注了大量心血，做出了重要的贡献。国家、省、州有关部门也从人力、物力、财力上对学校建设给予了大力支持。

无悔人生路

2003年9月，我调任甘南州教育局局长。回顾12年来在合作藏中的筹建及办学历程，有汗水中的无悔与坚守，有收获后的喜悦与欢乐，更有对民族教育的一片赤诚。

一本清楚账，一颗清白心。跑省城、进北京，向有关部门面陈巨额资金缺口等困难，全力争取上级援助。在项目建设中，自己始终严守财经纪律，坚持收支两条线，拒绝承包商的厚礼、红包，打消了他们提高承包价、扩大承包项目的企图。

不懈探索，集腋成裘。工作之余，我还写出了50余万字的工作笔记，多篇教育、教学、管理论文在省级刊物发表，多次获得“甘肃省基础教育教学优秀科研成果奖”。多篇德育、思想政治、学校管理等教育实践类论文在州级教育工作会议上交流、推广。

值得慰藉的是，在我大胆革新和真抓实干下，合作藏中各项工作取得了突破性进展，创下了甘南州办学史上和甘肃省民族教育史上的多项纪录，成为全国民族地区办学成绩显著、办学特色突出的窗口学校和甘南民族教育的一面旗帜，得到了社会各界的肯定和好评。

2017年5月

我在合作一中的三年半

伏俊琏①

我是恢复高考后的第一届大学生。1978 年 3 月，进入甘肃师范大学（现西北师范大学）中文系学习；1981 年底，完成了学业，准备毕业工作。1982 年 1 月 15 日，我们的分配结果出来了，我被分配到甘南藏族自治州。17 日，我们几位分到甘南州的师大学生乘班车去合作。合作距兰州有 270 多公里，但当时路况不好，班车整整走了一天，加之有的同学不习惯酥油味，一路上呕吐不止。隆冬时节，天气很冷，过了土门关，就进入了大夏河河谷地带，两面山势挺拔高峻，森林密布，就像我曾背诵过的古人的词："孤峭摩天路漫灭，双岸奇特，群峰四旁森列。"大夏河古名离水，是黄河上游较大的支流，到了冬天河水全部结冰，冰凌峥嵘，晶莹剔透，像是镶嵌在山谷中的水晶带，又像是蜿蜒蠕动的玉龙。"冰峰撑空寒矗矗，云凝水冻埋海陆"，可用唐人的诗形容当时的感觉。那一天又是阴天，快到合作的依毛梁上，先是满山的乌鸦，见汽车开来，"哗"的一声腾空而起，顷刻间遮掩了天空，"嘎""嘎"的叫声异常凄厉。这是我平生见到的最大的乌鸦群。又走了不多远，又是一大群秃鹫盘旋在高空。我的心里几乎要哭，我不知道等待我的是什么。

① 伏俊琏，西华师范大学国学院院长。

在合作的甘南州政府招待所住了几天，分配结果就公布了，我被分到合作一中，当时是甘南州的重点中学。合作，过去的名字叫“黑错”，是夏河草原上的一个小盆地。1956 年 6 月，甘南州政府从夏河县城搬到合作镇，据说当时周围原始森林密布，到 1982 年，这里已是一个 3 万人口的小城镇，森林后退了几十里。

攒了几个月的工资，我终于买了一辆自己向往多年的加重“飞鸽”牌自行车。星期天，我偶尔骑自行车到周边草原上游玩，采一束幽香的苏鲁花回来。几位藏族牧民成了我很好的朋友，他们经常把香喷喷的酸牛奶送到我的单身宿舍，每逢重大节日，他们还要送来煮好的牛羊肉。藏族同胞的热情和真诚深深地感动了我，初来草原的孤独感渐渐消失了。

1982 年，合作一中的高一有四个班，我教两个班的语文。我备课非常认真，上课也得到学生好评。记得我讲授陶斯亮《一封终于发出的信》时，有好几个同学哭了。

2004 年初，我收到一封来自某大学的信，中间夹着一张复印的文章，是 1984 年我教过的一个藏族女同学卓玛发表的散文，在复印件的上端有一行秀丽的字：“伏老师，这是我写你的短文。”内容如下：

那样的记忆是永不会泯灭的。二十年了，距离初识老师的那个早晨已走过了二十年的岁月，当年少不更事的我们如今步入中年，日日沉没在远离诗歌和散文的尘俗生活中。可当我们每每回首年少时光，感动和沉醉便带着最初的质地和光泽穿越二十年的岁月破空而来，弥漫那曾经的芬芳。那是一幅永不褪色、历久弥新的画面，镌刻在我们的心版上：老师走进高一（1）班的教室。老师开始讲第一课《荷塘月色》。老师朗读课文。老师讲析课文。在老师的声音中，窗外初升的朝阳不知不觉间变成了课文里那轮美轮美奂的满月。我们感觉着“月光如流水一般，静静地泻在叶子和花上”，也泻在我们身上。我们不再是我们，我们沉醉在荷塘月色中，每一个的眼中都仿佛“笼着轻纱的梦”。而老师沉静地微笑着，像一个祥和的智者，又像披一肩苍茫月色潇洒出尘的诗人，他语言的月光清泉涓涓地安抚着我们躁动懵懂的心灵。

就那样被他征服，从此，班里最爱逃课的几个男生都爱上了语文课，而对于我，与文学一生的爱恨痴缠就那样发生了。开始读一部部小说而忘了完成数学物理作业，开始学写一首首小诗而忘了背英语单词。开始陷入无可名状的疼痛与喜悦，感伤与憧憬。

日子一天天过去，最初的惊鸿一瞥被更多真实的了解所代替，老师是一个才华横溢的人，他对文学有着真正的热爱和理解，尤其是对古典文学有着很深的造诣。他更是一个朴素踏实的人，他用真挚的情感熏陶我们，用自己寒窗苦读的精神引导我们。他从来不用死板的条框束缚我们。他注重语文基础知识的学习和基本技能的训练，但绝不停留在字、词、句、段的机械教学模式中。他习惯用生活印证理论，他的课是活泼的，唐诗宋词、中外典故，信手拈来，旁征博引。他的传道授业解惑是春风化雨，润物无声，而我们每一个人是那么欣喜地看到了自己的进步，一篇篇难懂难背的古诗文在不经意间变成了我们口中的警句妙言，老生常谈的作文题目开始写出了清新自然的新面貌。我的第一次投稿就是老师亲自去邮局投寄的，我至今记得他字斟句酌为我修改习作的认真，记得他说“好！这个句子写得好”时那眉飞色舞的样子。我们何其有幸，在最迷茫无知的时间遇到了一位爱我们、启迪我们的好老师！我何其有幸，高原寒冷的夜晚里蚕吃桑叶般狂喜地捧读着老师借给我的书。语言文字的美，人类情感的美，我还来不及理解太多，体悟太多，我只是扑上去把每一朵花、每一枚果都抱在怀里，感受着繁花满枝的欣慰、喜悦、踏实和满足。那金子般的八十年代啊，我永远的年少时光！

后来，老师走了，老师考上某大学的古典文学研究生，开始了他一生的学术科研道路，而我们已习惯了做他的学生，愿意是他的田园里一片欣欣向荣的青禾，在他的耕耘中快乐地生长。可他走了。我们的世界一下子空了。但似乎又变得更开阔明朗了。他已将梦想培植在我们心中，他的远走高飞又为我们昭示是一条通向无限可能的人生道路。他从未离去，他留给我们的点点滴滴一直伴随着此后的每一步成长，没有人可以搁置那样的记忆，没有人会忘记流淌在心底的那一片荷塘月色。无可比拟的永恒的月色。

其实就个人喜好而言，太华丽、典雅的美并不是我之最爱，而朱自清的《荷塘月色》正是这种风格。用笔过于精致，文字几近完美，其情景交融的意境并非天籁，而是人力所致，像一幅工笔画，美得密不透风。我并不十分喜爱它，可事实上，就是它为我打开了观照文学世界的第一面窗户。《荷塘月色》是我的文学启蒙课。我永难忘记心灵第一次的强烈悸动。也许有人会说我夸大了一节语文课的魔力。但那样一种纯粹极致的美确实是永存在心里了，从此在我的书写习惯里，用“如沐月光”代替了“如沐春风”。我常想，也许打动了我并影响了我一生的并非朱自清先生写出来的《荷塘月色》，而是伏俊琏老师讲出来的《荷塘月色》。是的，事情肯定就是这样。

再后来，知道老师成了某大学中文系的教师，而自己已无缘聆听老师的教诲，实为平生憾事。常想如今的老师该是怎样风采飞逸，字字珠玑，神思浩邈，博大精深又保持着浑然忘我的天真。而他的课堂里那些如花的青春面容上可否写着我们当年的感动和沉醉？时代不同了，但一个好老师给学生的精神感召是永远的，无穷的。我想老师肯定是把那灵光一样的月色铺在更多人的心里了。

见到了老师的许多部学术著作。唯有敬仰与叹服，我是读不懂这些极专业的学术成果的。我一次次想，他本是极富激情、才情华茂的一个人，为什么却选择了古典文献学、敦煌赋校注这样枯燥、这样艰辛的研究领域？如此语必溯源，事必数典，既要有大智慧更需要死用功坐板凳的学问，该是经历了多少个长夜不眠的求索，付出了多少自我生命孤寂苦闷的代价才做出来的呀！也许，老师需要这样的证明，让自己的灵慧在无止境的刻苦钻研中淬砺成金，在远离功利喧嚣的宁静致远中达到纯粹的至高的学术境界。

今天，老师已是博士生导师，卓有建树的学者了，他已桃李满天下。而我作为二十年前他曾寄予厚望的一棵小苗，蹉跎半生，两手空空，至今无力回报他喜爱的一片颜色，一枚果实。我愧对老师。我唯有远远地注视着他，祝福着他。我知道我该用“高山仰止”这类的词语来表达我对他的感情，但事实上我更愿意用月色形容他，澄清深邃的月色，倾国倾城的月色。“人生代代无穷已，江月年年只相似”，可那样的月色日后再不会有了。那样的情境已定格成永恒，镶进了我们的今生：朝阳如火，而老师站在自己铺就的满室月光里，美好沉静的光芒笼罩着他，他诵读的声音静静地传扬开去，虽不十分抑扬顿挫，“但光与影有着和谐的旋律，如梵婀玲上奏着的名曲”。

我的上课对她产生了这么大的影响，我有点不相信，我很激动。我不知道用什么语言表达我读了这篇文章后的心情，在当晚的日记上，我只抄录了一联古诗：“小楼一夜听风雨，深巷明朝卖杏花。”这位藏族才女散文写得很好，我是知道的，我曾读过她好几篇发表在《民族文学》《现代妇女》上的散文，但从未想过她会写我——我只教过她一个学期。1999 年，卓玛的几位文友曾拟在一个小杂志上为她的散文办一组笔谈，向我征文，我说我不读现代散文已多年了，已经没有资格评论她的散文了，所以只提交了一首诗：

碧玉年华足怨思，生花妙笔写别离。
瓣香我为临川爇，掩面倾听幼妇词。

因为我读过的她的几篇散文都是写离愁别恨的，情调比较忧伤，张爱玲、琼瑶的味道很浓。瓣香，一炷香；临川，指明代文学家汤显祖，他主张文学写真情，甚至认为真情可以“生死而肉白骨”；“幼妇词”除了字面语外，还暗用了《世说新语》中杨修的典故：“幼妇，少女也，于字为妙。”因为不能写出评论，只得如此文饰一下自己。

合作一中有一个不小的图书室，除了一般的教学参考书外，还有一些学术性著作，比如赵荫棠的《等韵源流》、王力的《汉语诗律学》、北京大学中文系编的《先秦、两汉、魏晋南北朝文学史参考资料》、王夫之的《读通鉴论》、范文澜的《文心雕龙注》等，这些“文化大革命”前出版的书，自从进入合作一中的图书室，翻阅过的人很少。

当时合作一中的教师中有好几位“文化大革命”期间分配来

的名牌大学毕业生，那几年他们相继考研究生走了，这件事，促使我也开始准备考研究生。我的英语很差，因为中学没有学过英语，天水师专只有一个英语教师，但给我们教课时经常牙齿疼得无法终场。后来全班同学给学校建议，考试有个成绩，英语课就结束了。所以过英语关，是我最大的障碍。当时中央人民广播电台有陈琳英语讲座，我每天准时跟着收音机学习陈琳英语。同时，我买来了一套《英汉对照世界名著小丛书》，有《天方夜谭》《安徒生童话》《茶花女》等，我连蒙带猜，囫囵吞枣地硬啃，渐渐地，我基本能读懂大意，并从中感受到英语的美妙。1984 年，我订了一份 *CHINA DAILY*（《中国日报》），既看新闻，也学英文，感觉其乐融融。

刚到合作一中，住的是学生宿舍。后来搬到西南角的两层旧楼，那是一座 20 世纪 50 年代修建的土木结构的小楼，一楼是员工宿舍，二楼学校堆放杂物。春天，草原上老鼠很多，早上醒来，地上是老鼠打的土堆，最多的一次我清理了一架子车。我后来曾在地上放老鼠夹，半夜一声响，接着是老鼠声嘶力竭的鸣叫，拉开电灯，老鼠足有小猫大，尾巴更是长得可怕，有 20 厘米，带着铁夹满地跑，幸亏有煤铲，打开门，赶老鼠出门，然后在门外打死它，以免屋内流太多的血。屋顶的泥土经常小面积掉下。有一次半夜，一声巨响，中间一大块半厘米厚的泥巴全部掉了下来，打在我身上，满屋子尘土呛人。我弄清楚是屋顶泥土后，用被子包住头，一觉睡到天明。后来回想起来，真有些后怕。

1985 年，我报考了母校郭晋稀教授的硕士研究生，以总分第一的成绩顺利通过考试。那年 9 月，我便离开了我教了七个学期的合作一中，投身到西北师范学院郭晋稀教授门下攻读硕士学位。湖南籍的郭晋稀教授是国内知名的音韵学专家，古代文学研究的杰出学者。从此，我走上了艰辛的学术研究之路。

2002 年 6 月，我陪复旦大学骆玉明教授去甘南观光，抽空去看了看我生活了四年之久的合作一中，校园变化不大，和相邻的甘南民校（现甘南藏族综合专业学校）相比，显得很破旧。我住了多年的那座危房，还没有拆除。当晚曾写了一首《重访合作一中》：

故居门巷已栖鸦，杨柳扶疏影尚斜。
归来淄右远役客，难忘河阳镜里花。
杜鹃此日空啼恨，烟月春宵忆驻车。
泥落可怜孤独燕，低飞犹傍莫愁家。

合作师专给骆玉明教授和我安排了学术讲座，讲的什么题目已经忘记了，只记得见了很多朋友，尤其是十多年没有联系的学生，终于联系上了。这一年深秋，我又陪我的老师赵逵夫教授到甘南考察。有一位我的学生拿了她当年的听课笔记让我看，18年前合作一中的往事，记得那么详细，每一节课的内容，讲的重点，甚至批评学生的情节，都没有放过。回到宾馆，我久久不能入睡，往事如电影般在脑海浮现。21岁到25岁，我青春灿烂的时光是在合作度过的。那里有蔚蓝的天空，有洁净的白雪，有碧绿的草原，有黄灿灿的菜子花，有纯朴厚重的苏鲁花，有我青春的欢乐、青春的孤独和寂寞……

时至深秋叶已凋，小城重聚雨潇潇。
长醒才觉人依旧，愚钝初明我寂寥。
秋照红枫燃似火，中年块垒酒难浇。
清风一缕知吾意，伊梦伊人引迢迢。

凝眸远眺倚危楼，秋色苍茫眼底收。
今夜义山明月意，当年务观锦书愁。
眼青尚喜人情在，憔悴漫伤岁月稠。

望断青青山外草，山南山北梦悠悠。

为问君还念我么？我心犹自苦吟哦。
一书问语音犹在，两瓣黄花香未磨。
光禄无才赋离恨，智琼有意荐清波。
萋萋碧草如前事，一曲蒹葭作长歌。

休问冰花旧桌台，碧云日暮尚徘徊。
闲翻钟雨难忘记，孤负莺期第几回？
秋水已催人早别，鲁花又怨我迟来。
春心莫共花争发，一寸相思一寸灰。

当年，我曾用这样朦胧的诗记录我那时的心情。

2015年暑假，我和家人到郎木寺旅游，路过合作，专程到合作一中去：变化真大，原来的房子全都没有了，都是新盖的楼房。门房大嫂同意让我在院子里走了一圈，我努力追寻30年前的踪迹，我上课的地方，我提水的地方，我居住过的地方，我捡煤渣的地方，我挥洒了青春和爱的地方。整个院子里，没有遇见一个认识的人。

卓尼师范学校的创建与发展（1951.8—1962.4）

范学勇[①]　杨春融[②]

一、学校的创立与发展

（一）学校的创立与发展

卓尼地区地域辽阔，资源丰富，山清水秀，以藏族为主的各族人民世世代代在这里辛勤劳动，繁衍生息。然而由于历史的原因，这一地区的经济及文化教育长期处于落后状态。20世纪20年代开始创办学校，在新中国成立前的二十多年中，学校最昌盛时期全县（包括迭部、舟曲）仅有初高级小学24所，教职员47人，学生1420人。到1948—1949年，蒋家王朝土崩瓦解，贪官污吏乘机搜刮勒索，物价一日三涨，学校经费月月拖欠，校舍破烂不堪，教师少而质量差，大多数是小学毕业教小学，且工资甚微，难以养家糊口，使许多学校被迫停办。到新中国成立前夕，全县高初级小学减到20所，在校学生减到680多人，民族教育面临着严重的危机。

---

① 范学勇，卓尼县柳林中学教师。

② 杨春融，卓尼县政协文史资料委员会原主任。

新中国成立后，卓尼实行了民族区域自治，建立了自治政权，人民开始当家做主。发展民族教育，培养建设人才，尽快改变“一穷二白”的面貌，是摆在党和政府面前的当务之急。

为此，自治区政府根据《共同纲领》中规定的教育政策，于1950年开始，采取了几项有力措施：一是对全县境内的小学进行了整顿和恢复；其次从陇西、武山等地招聘了一批有文化、有实际教学经验的教师来卓尼任教，有的担任了校长职务，他们为新中国成立初期的卓尼教育事业做出了积极的贡献；三是为了更多地培养师资，壮大教师队伍，加快民族教育事业发展步伐，报经甘肃省人民政府批准，于1951年秋创办了“卓尼简易师范学校”。

“卓尼简易师范学校”成立后，校长和教导主任由柳林小学的赵文炯和马海涛代理，抽调的教师有周波、张我勋、刘鹤龄和姬建鼎四人，外加两名临时职员，便是当时“卓尼简易师范学校”全部教职工的阵容。学生入学后，除自带行李外，全部经费都由国家供给，学生所缴的只不过是2000元旧人民币（合新币2角）的报考费（初师以后按1元收取）。

9月初正式开学，首批招进的55名学生编为一班，开始在借自柳校的一栋东西走向的教室里（址处今农行院内）上课。开设的课程及教师任课状况如下表：

1952年教师任课表

姓名	科目	周节数	备注
赵文炯	政治常识	2	代校长
马海涛	语文	6	代主任
周　波	数学	6	班主任
张我勋	动物、植物	2	任课教师
刘鹤龄	音乐、体育、美术	6	任课教师
姬建鼎	语文	6	事务主任

到1952年底，在校学生为两级两班95人。教学设施上，将另一栋平行的教室也借用了过来。1953年2月，省政府为统拨经费而统一全省校名时，将学校定名为“甘肃省卓尼初级师范学校”。

1953年夏，鉴于所借校舍紧张，秋季又要招生，特别是借宿于洮河林场（今文化馆院内的几间闲置房子里）的学生难以管理等问题，征得区政府的同意，与设在木耳桥安息日会教堂（今进修学校）内的“地方干部培训学校”作了对调，遂移址于木耳桥处。此处有东西向和南北向的两排平房供师生居住，介于二者门前的“飞机房子”除“机头”处有一间作为办公室外，其余均做上课的教室用。大灶、球场和附属小学设在河沟右边。至此，学校的教学与管理才算有了像样的环境。

1953年底，在校学生123人，其中少数民族学生28人，女生2人，学生来源于本区、临潭、岷县和会川等地，学生入校后按四等制计分的形式将助学金落实到伙食费上。教职工人数也增加到11人，其中专职教师就有7人。教师的薪水在1953年前是按工资分的形式（分值的高低由市场物价决定，每分约合新人民币0.4235元）计取的。当时执行的月薪水标准是：校长225分，教育主任210分，教员195分，职员150分，工友100分。1953年币制改革后，由旧级换新级，工资额的高低按学历区分，大致状况是：中专生划为第十级，月工资63元3角6分；大专生为第九级，月工资为70元×角×分；本科生为第八级，月工资为80元8角4分。这种局面一直维持到师范改建后的中学阶段。

自1955年7月起，学校送出两届三年制毕业生后，经请示甘南藏族自治区文教科后，于1956年初将学制改为四年，并在办好师范教育的前提下，还招收了一个44人的初中班（卓尼初中生伊始）。由于学制的延长、体制的扩大，在校学生越来越多，师生住房不但紧张，而且由于年久失修出现了因塌房而压伤常联民等2

名学生的恶性事故。为此，经学校申请，县人委决定在马莲滩建新学校，省文教厅也拨来了5万元的建校费。经校委会研究，由李玉文、许振业和张林程负责修建工作。在许、张二人的实地勘测下，确定了东至卡什山根，西邻兽医站，南达马路，北抵楞坎的学校区域。1956年底，经河南籍工匠施工的新校舍正式建成。1957年8月初，全校师生终于搬进了杨柳成荫、马兰吐芳的新校园。

新建的学校盖有土木结构的瓦房八栋，厕所一处。其分布状况如下图。东面是生活区，设有平行对开着的灶房（处北）和饭厅（处南）各一栋，紧挨灶房的西北部是操场；西面是教学区，对称建有六栋教学用房，西三栋是教室，东三栋的前排是教师办公室兼宿舍，后排是学生宿舍，中间一栋是仪器室和贮藏室（每排十间），中间的开阔地是原设计建学校礼堂用的，终因经费不足而未能如愿。

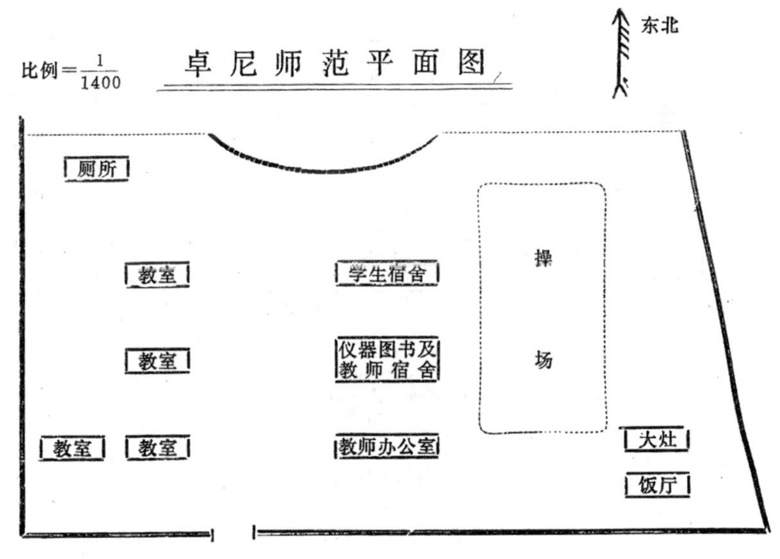

初师校域平面图

(二) 校名沿革

卓尼初级师范学校是由教育部门主办的初等师范专业教育机构。它坐落在卓尼县柳林镇东南的马莲滩上，东北横枕卡什山，西南濒临洮河水，占地35亩，直至1962年4月转变校体时，已有10年的校史。10年之间校名演变如下：

1951年8月成立时，定名为“甘肃省卓尼简易师范学校”。

1953年2月全省统一校名时，改称为“甘肃省卓尼初级师范学校”。

1959年1月卓尼并入临潭后，改称为“甘肃省临潭师范学校”。

1962年1月两县分立后，又改称“甘肃省卓尼师范学校”。

同年4月，校名改为“卓尼县初级中学”后，师范建制停止。

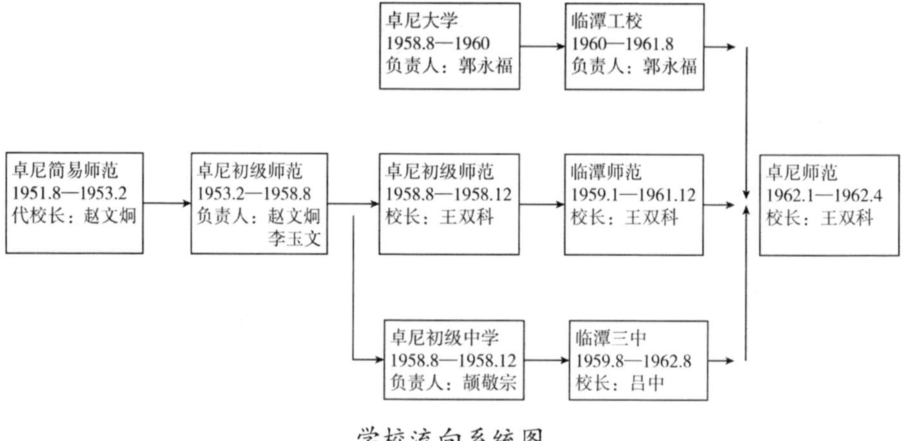

学校流向系统图

二、全面发展的学校教学

自1957年起，学校的各项工作已步入健康发展的轨道。师资力量已趋雄厚，教学设备基本齐全，图书资料相对丰实，校风校纪日益严谨。至年底，全校已有四个年级两个类别六个班级，共280多名学生，教职工人数也由建校初的6人增加到21人。无论从校体的健全或教学事业的成就方面而言，学校都呈现出欣欣向荣的勃勃生机。

（一）校体建设

1. 教育机构

学校自成立起，就实行校长负责制。1952年经省文教厅批准，赵文炯正式调入“卓尼简易师范学校”任代理校长。1955年8月赵文炯调升文卫科长后，县上又指定由李玉文代行校长职务，直至1958年8月调来正式校长王双科后，李玉文才卸职专任自马海涛、胡云汉后的教导主任职务（一直到师范停止后的中学阶段）。在教育处之下，还设有教研室机构。1958年前是分科合组集体办公，组长由教育主任代理，自1958年起，才将语文、政史、数理、音体美、民族语文五个教研室分开设立。语文组由段子杰任组长，1960年改由李贞祥任组长；数理组由张维业任组长；政史组由王双科任组长，1960年改由李玉文任组长；音体美组由李鸿才任组长；民族语文组由李贞祥任组长，1960年民族语文教研组撤销。

事务处原称事务室，1955年8月前由会计兼教师的姬建鼎同志负责，同年秋由文教厅专派的张林程老师管理。1958年后，一直由王殿选代管到建制停止。事务处下设有事务室、会计室和校医室三个机构，具体负责人变迁如下：

事务室：姬建鼎—汪流珠—张林程—王殿选

会计室：姬建鼎—山生贵—王殿选

校医室：董世俊—李贞祥—王建国—李自清

历任校长、教育及事务主任表

机构	姓名	任职时间	籍贯	学历	职别	备注
校长室	赵文炯 李玉文 王双科 吕　中	1951.8—1955.8 1955.8—1958.8 1958.8—1961.11 1961.11—1962.4	甘肃临潭古战乡 甘肃兰州城关区 河南灵宝县 陕西三元城关	大专 大专 大专 初中	代理 正职 正职	无正职 负责 延任
教育处	马海涛 胡云汉 李玉文	1951.8—1953.8 1955.8—1957 年底 1958.1—1962.4	甘肃陇西城关区 河南汝南王纲乡 甘肃兰州城关区	 本科 大专	正职 正职 正职	 延任
事务处	姬建鼎 张林程 王殿选 申景贤	1951.8—1955.8 1955.8—1958.8 1958.8—1961.8 1961.8—1962.4	甘肃卓尼柳林镇 甘肃兰州 甘肃岷县堡子乡 甘肃临潭古战乡	中专 初师 中专	负责 主任 代理 主任	 延任

2. 政务机构

学校成立初期尚无党支部建制，党员的组织生活是合在县级机关支部里过的。1957 年成立了由李玉文负责的党小组，1958 年秋季，根据县委指示，集“卓尼农业技术大学”“卓尼初级中学”和“柳林小学”三单位于一起，在学校成立了由王双科任书记，李玉文、尹志民为委员的县教育系统的第一个支部（1960 年后校独立建成支部）。属于支部领导下的群众组织有随校成立的“团队工作委员会”，1952 年秋季成立的学生会和 1959 年秋成立的“教育工会”等机构，其组成状况如下表：

党支部及所属机构组成表

<table>
<tr><th>机构</th><th>负责人</th><th>成员</th><th>任职时间</th><th>备注</th></tr>
<tr><td rowspan="3">党支部</td><td>李玉文</td><td></td><td>1957.8—1958.8</td><td>小组长</td></tr>
<tr><td>王双科</td><td>李玉文、尹志民、颉敬宗</td><td>1958.8—1961.8</td><td>书记</td></tr>
<tr><td>吕中</td><td>李玉文</td><td>1961.8—1962.4</td><td>书记</td></tr>
<tr><td rowspan="3">团工委</td><td>董世俊</td><td>杨国栋、胡云汉</td><td>1951.8—1955.8</td><td>负责</td></tr>
<tr><td>李玉文</td><td>杨国栋、胡云汉、乔世雄</td><td>1955.8—1959.8</td><td>书记</td></tr>
<tr><td>尹志民</td><td>方汝菖、张锋</td><td>1959.8—1962.4</td><td>团总支书记</td></tr>
<tr><td rowspan="5">学生会</td><td>周正刚</td><td>王德全、李俊德、蒙世隆、方忠良</td><td>1952.8—1954.7</td><td rowspan="5">学生会负责人称主席，成员一般由 5～7 人组成
王国良任副主席</td></tr>
<tr><td>李学良</td><td>张新民、乔世雄、杨继舜、王殿选、杨寿山</td><td>1954.9—1955.7</td></tr>
<tr><td>王殿选</td><td>杨永清、乔世雄、曹增厚、杨继舜</td><td>1955.9—1956.7</td></tr>
<tr><td>王殿选</td><td>王国良、程富中、李学正、乔世雄、唐作斌</td><td>1956.9—1958.7</td></tr>
<tr><td>程富中</td><td>李学正、张进忠、杨文蔚、张万鹏</td><td>1958.9—1959</td></tr>
<tr><td>工会</td><td>李玉文</td><td>李宏才、寇学恭、李祯祥</td><td>1959.8—1962.8</td><td>负责人称主席</td></tr>
</table>

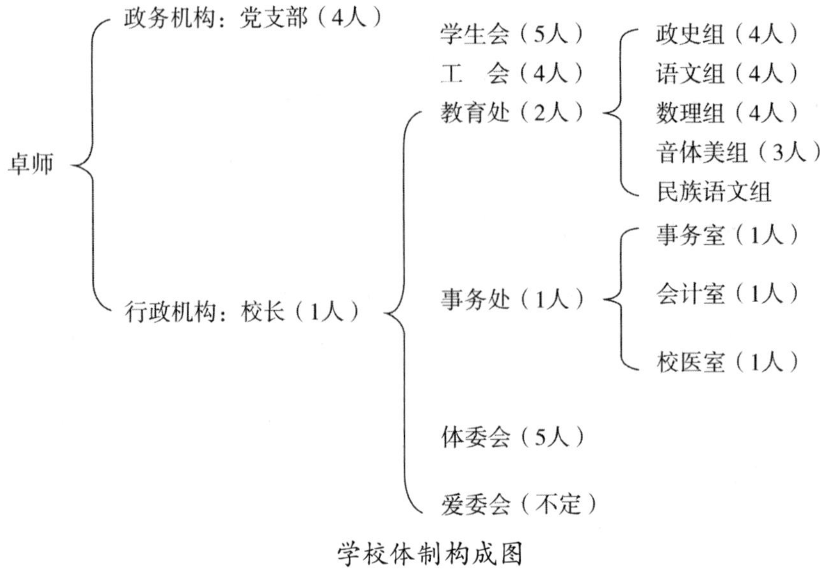

学校体制构成图

（二）学校教学工作

1. 教学计划的实施

学校成立初期，执行的是中央人民政府制定的“五三三”式新学制，自1956年改为四年制后，一直沿用到师范建制结束。在此学制的前提下，学校实行了相应的初师式教学计划。体现在学年编制上，实行秋季招生，秋季升级（毕业）制；体现在学科编制上，将所开的课程按如下编排程序施授：

一年级 语文 算术 自然地理 植物 藏文 音乐 体育 美术

二年级 语文 代数 几何 物理 藏文 动物 中国历史地理 生理解剖 音乐 体育 美术

三年级 文学 汉语 代数 几何 物理 化学 政常 世界历史 地理 藏文 音乐 体育 美术

四年级　文学　汉语　代数　几何　化学
教育学　心理数　政常　语文教学法
藏文　算术教学法　音乐体育　美术

为适应少数民族地区教育的需要，卓尼师范除开设一般师范应设课程外，从建校伊始就开设了藏语文课，到三四年级，逐渐增加藏文课的比重，并定期开展藏语会话，提高藏语言能力，为搞好民族地区的教育工作打下了坚实的基础。师范学生毕业后，在纯藏区工作，可以教授初小藏文课，并能和当地居民及学生进行日常的藏语会话，为搞好教学创造了良好条件。

无论是学校的教育行政和所属机构，或是每个教师的日常教学活动，都有学年、学期的书面工作计划和总结，有些教师的教学计划还是用毛笔写成的。

这一时期的夏季作息时间表如下：

活动	时间	活动	时间
起床	6：50—7：00	午餐	12：00—1：30
上操	7：00—7：30	午休	1：30—3：00
早餐	7：30—8：10	第五节	3：40—4：25
第一节	8：10—8：50	第六节	4：35—5：20
第二节	9：05—9：50	课外活动	5：30—6：30
课间操	9：50—10：20	晚餐	6：30—8：30
第三节	10：20—11：05	晚自习	8：30—10：30
第四节	11：15—12：00	熄灯	10：40

2. 课堂教学

学校教工在献身党的教育事业的过程中，涌现出了如许振业、胡云汉、李宏才等许多优秀教师，他们以严谨治学、宽以待人的高尚师德在课上课下影响着即将接班的师范学生。他们为上好每一门课，不惜牺牲假期预先备教案，周前备教具，以使所上的每节课都达到保质保量的要求。他们在遵循教育规律的前提下，大胆进行新教法的尝试。如青年教师许振业首创的“订计划，提要求、改后评讲”的作文教学法，深得学生的欢迎。他讲的《小二黑结婚》一课在校内外传为佳话，由于他在课堂教学等方面的贡献卓著，因而被县人委推荐为参加“全国中小学优秀教师代表大会”的代表。

学校除高度重视日常课堂教学外，还注重学生成绩的考核和档案装订工作，自 1957 年，学校每期都在评选学习及其他方面的标兵。为了将师范教育与毕业后的教学工作顺利而稳固地结合起来，学校除听取社会反映外，每级都在一定的时间内去柳林小学及前附校（木耳学校）实习（1957 年前，师生都依省文教厅的安排去兰州、临夏等地参观、学习）。所有这些办法和措施的运用，才使落后地区的办教育、抓质量的工作落到了实处。

3. 文艺活动

学校除了正常的文化课教学外，还从未放松过利用文学艺术这一直接的典型形象来教育学生和影响社会的主要环节。1957 年初，以油印本的形式创办了以《卓师青年》为名的校刊。1958 年秋又在前排教室右山墙上辟出了定期壁报——《文艺擂台》，从不同的侧面歌颂着党的方针政策。

此外，文艺演出也是当时颇具特色的活动之一。1952 年前后，学校以简短犀利的活报剧形式，宣传中苏友好关系，揭露美帝国主义侵略朝鲜的野心。后来，还以《梁秋燕》的艺术形象宣传过党的新婚姻法。“大跃进”过程中，还学习推出了《兄妹开荒》《夫妻识字》和《十二把镰刀》等剧目。除了具体活动外，学校还在每期的教学计划中订出了该学期内文艺活动的内容和应达到的程度。

4. 体育活动

学校刚成立时，体育课的内容由一身兼三科（音乐、体育、美术）的刘鹤龄老师自定，“两操一课”每日进行（学生做的是第一套广播体操）。从 1954 年起，学校实行“劳卫制”锻炼标准。1955 年 5 月，学校组成了以赵文炯为主任委员，胡云汉、刘鹤龄、张我勋和董世俊为成员的体育运动委员会，在贯彻同年由教育部颁发的《中学体育大纲》的前提下，大力开展体育竞赛活动。当时学校建有男女篮球、排球、乒乓球、足球、体操和田径等九个代表队，利用课余时间坚持锻炼，在“四红”运动的促进下，学校的教工、学生两支篮球队成为卓尼地区首屈一指的强队。

1957 年暑假，卓尼初师第一届体育运动会召开。同年 8 月，学校代表队参加了全州中学生运动会。同年秋，学校代表队在县直机关运动会上，夺得篮球、排球两项冠军，张云汉夺得象棋冠军，杨春融夺得乒乓球冠军，歹大荣取得跳高第一名，张明炯取得跳远第一名，成国珍在铅球、铁饼和标枪三项上都破了县纪录而获得“三球大王”的称号。

1959 年暑假，学校召开了第二届运动会，马怀云夺得乒乓球冠军。同年冬天，学校代表队在县直机关球类运动会上夺得篮球亚军，成国珍夺得摔跤第二名。

5．学校卫生工作

学校的卫生工作是由师生卫生保健和爱国卫生活动构成的。学校专职校医时有时无，师生的保健工作主要是由学校指定教师去做，如董世俊、李贞祥等。由于医疗条件差，1957 年 3 月校内发生“流感”后，因未得到应有的重视和控制，以致蔓延到了学校几近停课的地步。爱国卫生工作是从建校后就抓起的。1952 年 6 月建立的以赵文炯为主任委员，由马海涛、周波、姬建鼎、周正刚、李俊德、王德权、范学典等九人组成的“学校防疫委员会”就是后来出现的爱委会的原型。此后组成人员虽有变动，但组织名称未变。1959 年 4 月经县爱委会统一改建后，始称“爱委会”之名。当时在“学校防疫委员会”的领导下，学校卫生工作是分片承包打扫，各班室专人负责，定期检查评比，遇到节日时，有的甚至包段到街。

（三）学校各类教学设备

学校发展到1958年前后，图书资料和教学仪器也丰富起来，体育场地和教学器材在上级的规划发放和广大师生的努力下，日臻齐全。自1957年学校定址后，上级每年都有一定数量的拨款用于购买图书和各科教学器材。据不完全统计，截至师范建制停止时，学校拥有各类藏书15000多册，教学挂图和实验仪器基本齐全。有大小两种规格的电影机和幻灯机各一台，单是用于音乐课教学的脚踏琴就有40多架。在配套购置各类乐器的前提下，学校建有一支经常用于各类文艺演出的乐队，鼓号、服装等用于仪仗和扭秧歌的器具更是完备。

用于体育教学方面的设备，有师生平出的三个篮球场、一个足球和排球场；篮球架、排球杆、足球门、乒乓球案子、单双杠、爬绳、吊环、平衡木、浪桥、平梯和平台都是在体育教师寇学恭的指导下，学校自制的；此外，还购置了鞍马、跳箱、各类垫子和滑冰鞋等用具。自此，学校的体育教学才得以全面展开。

（四）勤工俭学

学校定址前夕，勤工俭学活动侧重于对校容校貌的整理工作，特别是新校舍建成后，在院内平整人行道、修建操场、开地种菜、圈打围墙等事成了唯一活动内容。据载，当时的围墙东西南三面共长68.3丈，是1958年7月才由学生打成的。仅此一项，就为学校节约了上级拨款341.5元。1958年起，在“大跃进”运动的背景下，学校的勤工俭学主要致力于开荒地方面，在卡什山、大操场及操场南边的马莲滩中，共开了200多亩荒地。1958年除一般耕种外，还另列出10亩土地做农场，种小麦2亩、种洋芋8亩，这年光洋芋收了8万多斤，折合人民币3200元。除了开种荒地外，还办起了动物养殖（兔子6只、鸽子8只、鸡17只、猪12头）、文具制作（教具、粉笔、信封纸）、绿肥、油漆、雕刻、竹器编制、木器制作、石灰、泥工和副食加工等15个小型场子，制出各种图表、器械150件，模型20种，尤以太阳灶、水车、脚踏鼓风机和风箱为最佳。这年还上山背柴4次，卖掉后收入395.19元。

进入1959年后，又扩大了这项活动的规模。扩建农场35亩（其中种小麦10亩、洋芋15亩、蔬菜10亩）。设立小麦、洋芋卫星田各1亩，新建化工厂1家（周产化肥3000斤，兼制粉笔、墨水和墨汁等教学用品），筹建造纸厂1家。

三、建校十年的成就

（一）工作成就突出的毕业生

1. 走上中高级领导岗位者

姓名	毕业时间	届次	职务
胡国鼎	1954年7月	第一届	卓尼县政协主席
杜世昌	1955年7月	第二届	甘南州副州长
张新民	1955年7月	第二届	卓尼县检察院检察长
李学良	1955年7月	第二届	临潭县副县长
杨登元	1955年7月	第二届	临潭法院院长
陈秉衡	1955年7月	第二届	甘南州志办副主任
杨永庆	1958年7月	第四届	临潭人大常委会主任
魏国民	1960年7月	第六届	临潭纪委书记
王国平	1961年7月	第七届	临潭县委书记

卢仲勇 1961年7月 第七届 甘南州人事局长
赵永昌 1964年7月 第十届 甘南州宣传部副部长

2. 科技战线取得中高级职称者

张俊德 1954年7月 第一届 高级医师 卓尼防疫站
苏怀礼 1954年7月 第一届 农艺师 徽县科委
方忠良 1954年7月 第一届 农艺师 卓尼县农科所
严肃敬 1954年7月 第一届 主治医师 省人民医院
刘建礼 1955年7月 第二届 主治医师 卓尼中医院

3. 教育战线获得荣誉称号者

石惠英 1958年7月 第四届 甘南州先进教师
魏效贞 1962年7月 第八届 全国小学特级教师
刘凤菊 1963年7月 第九届 全国优秀教师
雍素珍 1963年7月 第九届 甘南州优秀园丁
王爱菊 1963年7月 第九届 全国模范班主任

(二) 历届师范毕业生名录

第一届 (三年制，共29名，1954年7月毕业)

马祖武 范学典 俞文俊 周正刚 王克强
牛耀斗 郑明俊 曹世贵 鱼生辉 王建国
曹希敏 苏怀礼 朱箴训 卢生元 严肃敬
金　章 王德全 张俊德 魏士斌 梁荣华
方振国 万骥祺 罗炳仁 王　衡 王尚武
方忠良 李志英 胡国鼎 蒙世隆

第二届 (三年制，共31名，1955年7月毕业)

陈自强 刘建礼 宋增寿 张胜年 王启贵
李宝元 同上达 杨顺程 吴占荣 李生福
阎士超 杨寿山 李学良 郭珍瑜 孙兆元

季耀珍　赵文煜　张新民　乔国器　王德仁
丁熵乾　杨世荣　丁　鹤　杜亭鹤　尹和善
朱永智　杜世昌　杨登元　汪承晏　雷耀祖
张耀奎

第三届（四年制，共28名，1957年7月毕业）

苏　政　杨继舜　牛占彪　谈安生　奚国屏
敏思源　陈秉衡　乔世雄　胡国华　虎兴国
李希圣　奚步云　王　选　梅　肌　王国珍
樊成道　姜维新　李克昌　赵文秀　祝启云
邱德辉　路耀辉　赵文烈　卫东生　范学礼
奚昌发　张国祯　尤华芳

第四届（共45名，1958年7月毕业）

杨永庆　王殿选　褚儒才　杨鼎选　歹大荣
周秉义　文国华　王明权　王如梅　张云汉
魏启贤　成国珍　王　文　张国灿　曹增厚
王　忠　王世琦　刘国鑫　吴琢英　李育发
马永修　吴正民　豆学祖　程孝魁　杜毓仁
阎廷勋　马育民　敏希麟　邱　岚　王德懋
石慧英　包　礼　赵国俊　何进礼　石国礼
靳　忠　王建勋　李定华　杜文尉　蒲世忠
包世荣　马安仁　杨永恒　赵文锦　乔国栋

第五届（共37名，1959年7月毕业）

夏士杰　刘永新　赵彦杰　李秉民　史尚仁
师启文　吴登煜　张生荣　王正明　宁永隆
张秀兰　宋　鼎　赵文魁　石国镛　谢安民
丁炯乾　陈国治　海起龙　孙显宗　牛万吉
张文孝　魏占鼎　杨春融　陈士俊　张映荣
王永福　包廷瑞　程富中　杜文忠　李学正

谈京生 杨文蔚 肖永清 陈树权 彭居乾
吴国藩 王文明

第六届（共50名，1960年7月毕业）

朱雪红 李文秀 杨树德 杨月英 邱巧英
刘学义 马怀仁 孙善昌 张敬忠 朱守信
李春泰 李素琴 赵德贵 吴必高 徐文谟
杜光宪 吴必超 来玉琛 王国良 魏国民
杜树魁 宋继宗 王庭智 李英才 杨永安
马怀云 吴必遴 杨映栋 王国樑 赵绍儒
王庭元 杨进财 唐佐斌 董郁时 刘德仁
丁培元 张振声 王克胜 张炯明 徐发荣
杨　森 牛世俊 徐建功 孙学仁 张万鹏
张富生 杨鼎锡 徐守科 杨兆元 李国荣

第七届（共42名，于1961年7月毕业）

杨国俊 王国平 梁玉英 雷　耀 马明芳
沙学文 杨玉英 张殿奎 刘开元 陈文俊
李含景 蒙希圣 杨济源 马国财 孙克贤
徐廷祖 武芝生 张少簿 李维虎 马启荣
邱玉堂 卢仲雄 卢仲勇 李凤鸣 张发荣
金有库 宁　昌 刘连芳 赵启云 愈耀龙
卢文焕 王纪荣 刘振中 吴士英 王凤林
张佐汉 马登弟 王全寿 李含荣 王宗文
宁荣华 陶效忠

第八届（共55名，1962年7月毕业）

雍生珍 王巧生 苏富荣 姜世荣 党贞吉
李鹤鸣 李生兰 李希圣 安兆龙 陈婉珍
杨新民 赵怀仁 杨世新 李　秀 王俊民
张汉杰 吕一琪 文桂莲 焦香瑞 寇振邦

何　玉　杨永业　山生华　杨秀兰　杨耘程
李发春　魏效贞　阎素花　周耀文　宋乾元
陈桂珍　郑怀玉　张映明　杨志远　李发科
马永奎　李治国　宁学义　杨兰英　杨玉芳
杨慧芳　丁世荣　余运祺　冯辅民　丁　鸣
李永祥　武碧玉　李维新　徐文学　孙亚谋
杨育才　陈居荣　薛德毅　曹莲英　褚含娥

第九届（共 20 名，1963 年 7 月毕业）

马登峰　胡文义　石秀梅　褚文炳　杜生荣
雍淑贞　赵永泰　林金凤　王爱菊　李占荣
刘惠兰　徐玉梅　刘凤菊　宋迎香　张　玫
郑成莲　王国杰　田竹亭　李存发　徐文义

第十届（共 17 名，1964 年 7 月毕业）

陈化隆　刘兰梅　唐占鳌　房全凤　李贺秾
李春景　赵永昌　魏佩凤　武万英　阎士汉
阎桂芳　沙启元　李天文　辛占荣　王建功
王淑兰　李爱英

卓尼师范教师训练班（1959 年入学，1960 年 7 月毕业，学制一年，招生 21 人，毕业 19 人）

杨振华　李德龙　李绪奎　王士俊　祝志芳
齐桂枝　张贻正　赵鸿礼　王怀仁　杨学荣
张立芳　王　斌　张菊英　史贵邦　王恩祥
卜庆云　朱世荣　翟延窦　付红湖

四、附　录

（一）历年教职工人数

年份	总数	专职	年份	总数	专职
1951 年	6	4	1957	19	14
1952 年	7	5	1958	14	12
1953 年	9	7	1959	23	21
1954 年	11	8	1960	25	18
1955 年	13	10	1961	34	16
1956 年	16	12	1962	34	26

（二）历年拨款情况表

项目 年度	总经费	工资	公务费	助学金	备注
1954 年	31000				分项不明
1955 年	35859	12470	3215	18900	
1956 年	103237				分项不明
1957 年	62196.7	18298.06	3663.17	30796.48	
1958 年	55428.13	13905.18	3556.67	34244.7	
1959 年	725403.5	12147.18	3431.47	37839.79	
1960 年	108609.95	21977.85	5494.47	51455.57	
1961 年	74409.73	31139.56	5696.64	31891.25	
1962 年	56474.07	34673.81	9439.2	13687.28	

（三）历年各类学生数

类别 年度	招生数	在校生	班级数	毕业生数	备注
1951 年	55	55	1		
1952 年	40	95	2		
1953 年	55	150	3		
1954 年	91	212	3	29	三年制毕业
1955 年	60	241	4	31	
1956 年	50	291	5		
1957 年	40	288	5	28	四年制毕业
1958 年	121	366	6	45	
1959 年	110	393	7	37	
1960 年	167	510	11	50	
1961 年		314	6	44	师范停止招生
1962 年		130	3	55	初师改为中学
1963 年		40	1	20	
1964 年				17	师范毕业完

本文选自政协卓尼县委员会文史资料委员会编：《卓尼文史资料》，第四辑，1993 年 10 月。

教育，点亮牧区发展的希望

卢雪梅[①]

我是一个牧民的孩子，从小伴着牛羊长大。如果没有上学，我可能和祖辈们一样，还在玛曲草原上放牧、挤奶、捡牛粪、打酥油，过着与现在不一样的生活。教育成就了我的今天，也成就了我们这一代人今天的幸福生活。教育，犹如一盏明灯，照亮了我的心灵，更像一座草原的灯塔，点亮了牧区发展的希望。

听老人们讲，新中国成立前玛曲没有一所学校，牧区的教育基本上靠寺院传承。除个别富有人家为培养子女聘请造诣较高的喇嘛进行家庭教育以外，牧民子女接受教育除了进寺院别无他途。据玛曲最早的统计显示，全县受教育人数不到3%，文盲率高达97%，妇女受教育程度几乎为零。那时寺院作为民族文化的传播中心，也为玛曲早期教育培养出了一批人才，如曼日玛学校名誉校长尕藏成来（活佛），县藏中原语文教师次知木，齐哈玛学校原校长尕藏久美（活佛）等。

新中国成立后的1956年3月，当时的玛曲县人民委员会在办公所在地卓格尼玛滩（现在的玛曲县城）创办了玛曲有史以来的第一所学校——玛曲县城关小学，当时只有1名教师，招到6名儿童入学，以一顶黑牛毛帐篷为校舍。1958年，各乡人民委员会成

① 卢雪梅，玛曲县人大常委会主任。

立后，又相继开办了卓格尼玛、乔科、阿万仓、欧拉、藏科（1960年甘青边界协议后返还原住牧地青海甘德县）5所乡级小学，到1963年全县建立起城关、尼玛、欧拉、阿万仓、曼日玛（原乔科）、采日玛、齐哈玛、群强（后改为木西合）8所小学。“文化大革命”期间，经历了轰轰烈烈的“全民办教育运动”，全县每个生产大队，甚至有的生产队都开办学校，截至1976年，全县有小学54所，其中乡级小学8所、村办小学40所、场办小学6所。但由于师资、财力和草原上游牧的生产生活方式的影响，特别是违背教育规律即纯粹用汉语生搬硬套的授课方式，不为群众所接受。党的十一届三中全会之后，在党中央和省州的大力关怀和支持下，玛曲县委、县政府总结20多年的办学经验和教训，根据牧区民族、交通、地理、经济、文化等特点，制定出“集中为主、寄宿为主、公办为主、全日制为主、藏语授课为主”的办学方针，玛曲的民族教育事业，从小到大，从弱到强，从行政强制到个人自愿，始在富饶美丽的大草原上蓬勃发展。

我的小学教育就是在曼日玛学校开始的。让我觉得幸运的是，我的父亲当时是曼日玛小学的老师，对教育的理解不同于一般的牧民群众。因此，我们姐弟三人才有幸成为较早接受现代教育的牧民子女之一。尤其作为女孩子，在那个物质条件相当匮乏、生活条件相对艰苦的年代，能够上学确实非常难得。为此，我非常感激我的父亲，感激党和政府给了我不一样的人生，给了我如今的幸福美好生活。

在曼日玛学校，那时（1974年前后）正是大办牧民教育、牧读帐篷小学的时代。据了解，当时仅曼日玛乡就有小学6所，共有学生400多名，基本上一个大队1所小学，我上的是曼日玛小学。因为地处偏远，物资非常缺乏。我们上学的时候一般都是自带干粮，吃的主要是糌粑，偶尔吃点干肉，只有春节的时候才吃几天好的。病了也只有靠自身的抵抗力抵御疾病。住的就更简陋了，都是四面透风的帐篷，教室也是设在帐篷里，记得当时学生也不多，全校学生 80 多人，我们班有 16 人，老师大概有 9 人。无论教师学生，大家穿着都很破烂，基本上穿的都是打着补丁的衣服，而且学生们的衣服都是用大人穿烂的衣服改小的。冬天的时候，尤其下雪天，上下学交通不便，大家只有骑马，人坐在马背上冷得直打哆嗦。那个年代，取暖用的都是土炉灶，烧的是干牛粪，烟熏火燎，不似铁皮炉子那样温暖。

这样艰难的求学岁月我坚持了 5 年。因为年幼，也不知道什么叫苦，不知不觉就在父母的鼓励、老师的教导下坚持了下来。那时候的老师都非常敬业，我学习中遇到的疑惑和难题，他们都不厌其烦，反复多次地耐心解答，在学业上也给了我很多的鼓励和帮助，使我从一个懵懂的小牧童变成了心怀梦想的少女。

1979 年春，我顺利考入玛曲县中学，那时学校初中共有 6 个班，我们班有学生 40 人。当时的校长是谢玉杰，教导主任刘崇智，我们的班主任是王万华。经过 3 年努力，1981 年我完成初中学业，以较好的成绩考入了当时的甘南民族学校。

经过甘南民族学校的四年历练，我完成了从牧民子女到国家干部的转变。1984 年 7 月毕业后，我如愿以偿成为一名光荣的人民教师，分配到学校工作。又经过多年努力，我逐步走上了今天的领导岗位，其间还担任过县政府副县长，县委常委、宣传部长等重要职务，都分管教育工作，与教育工作结下了深厚的渊源。亲历了玛曲教育改革、两次集资助学、教师住房保障等重大教育事件。

一是为“希望工程”捐资。1994 年 3 月，在县委的决策倡议下，全县干部职工为“希望工程”开展了捐资助学活动，共捐资百余万元。该资金主要用于修建县藏中第一栋教学大楼，工程总投资 110 万元，建筑面积 1663 平方米，工期 370 天，于 1996 年 12 月竣工。二是建设“教师新村”。1997 年 6 月开工建设的教师“康居工程”（现在的教师新村），总投资 241 万元（省教委投资 36 万元，州教育局投资 10 万元，县财政投资 120 万元，住户自筹 31.8 万元），共建住房 60 套，建筑面积 4860 平方米。三是成立“教热”教育基金会。2005 年初，全县干部职工和社会各界响应县委、县政府的号召，纷纷慷慨解囊捐资助学，共筹集资金 650 多万元，县政府以此设立了“教热”教育基金会，用于资助家庭贫困生及考入大中专院校的贫困学生。四是教育人事制度改革。为解决教育系统人浮于事、教育发展整体滞后等制约教育发展的机制性障碍，2003 年 3 月，县委、县政府在全州率先实施了以校长公选、教师聘用为主要内容的教育人事制度改革，共有 41 名干部和 263 名教师参加了领导岗位和教师岗位的竞聘，参加人数占全县教师总数的 71%，充分调动了广大教师的积极性、创造性，合理配置了教育资源，加快了玛曲教育事业的发展。

为了探索玛曲民族教育发展的新途径，进一步拓宽教育发展环境，2005 年 4—5 月，我以县政府副县长身份和县四大班子分管教育的领导一起，先后多次赴白银市会宁县、兰州西北中学、合作藏中、青海省玛沁县吉美坚赞学校考察学习，与当地政府和相关部门协商并达成异地办学协议。10 余年来，在这些协议学校就读过的学生累计超过 1000 多人，其中不少学生品学兼优，受到校方表彰，并有不少学生考入大专院校，成为建设家园、报效国家的有用之才。

回顾玛曲教育，61 年来从无到有，从弱小到发展壮大，从全民分散办学到集中规模办学，经历了帐篷小学、牧读小学、寄宿制小学三个阶段的艰难历程。随着经济社会发展，学校从无到有，学生从少到多，教学质量从低到高，呈现良好发展势头。

学校创办初期，有的以帐篷为校舍，有的以寺院房屋为校舍；无课桌凳，学生全部走读，教师以招聘为主。学校从 1980 年的 11 所增加到 2016 年的 27 所，在校学生由 1980 年的 1790 名增加到2016年的10138名，教师由1990年的209名增加到2016年的793名。经过几十年的发展建设，这些学校都建起了多幢大楼，教室、宿舍、图书室、阅览室、实验室、兴趣活动室、健身器材、电教设备、实验仪器、大灶、卫浴、餐厅等配套设施一应俱全，在玛曲草原，“最好的建筑是学校，最美的环境在校园”已成为不争的事实。

教育经费投入也有极大提高。学校经费1958—1990年共计投入1279万元，2008年教育事业经费总投入4916.27万元，2013年以来教育经费连续突破亿元大关，2016年达到13662万元。教师工资由最初的25元增加到现在的平均7000元左右。学生不收取学杂费，还给学生发放补助。2016年，寄宿生每生每年发放生活补助2200元、义务教育阶段学生营养餐补助每生每年800元，高中阶段学生在免收学杂费的基础上每生每年发放生活补助700元，学前教育幼儿营养早餐补助每生每年600元。

社会各界对教育工作倾注了大量心血。玛曲教育自起步以来，动员入学问题始终困扰着学校和教育部门，县、乡、村各级干部采取多种办法，其中最有效的办法是通过宗教界人士动员适龄儿童入学。曼日玛小学于1979年9月在全县最早聘请曼日玛夏秀寺董仓·尕藏成来（活佛）为名誉校长，深受群众欢迎，其他学校纷纷效仿。1980年，齐哈玛小学聘请哲贡巴·尕藏久美为名誉校长。1982年，阿万仓小学聘请第五世开仓·罗桑嘉华加措为名誉校长。各学校还聘请了一批懂藏文的僧人担任教员，群众十分满意，纷纷送子女入学。1982年10月，全国人大常委会副委员长班禅·额尔德尼·确吉坚赞在副省长黄正清、第六世嘉木样·图丹却吉尼玛、第六世贡唐仓·丹贝旺旭的陪同下视察玛曲，并给县民族中学捐资1万元，给曼日玛小学捐资5000元，极大地促进了玛曲教育发展。国家民委、省教育厅（省教委）、州委、州政府、嘉木样大师、贡唐仓大师、赛仓大师、副省长刘恕、洛桑灵智多杰都对玛曲教育工作给予了极大关心和帮助。副省长刘恕于1978年6月亲临玛曲，乘船渡过黄河前往曼日玛学校视察教育工作，并为学校拨款70多万元修建了三层带暖廊的教学楼，曼日玛学校成为当时全县最好的学校，被人们称赞为“草原上的小布达拉宫”。嘉木样大师先后4次亲临曼日玛学校，给予学校大力支持和捐资帮扶。尤其县政协副主席、玛曲县藏族中学名誉校长、曼日玛夏秀寺董仓·尕藏成来（活佛），对曼日玛学校和玛曲县的民族教育事业倾注了无数心血，做出了巨大的贡献。

今天，我们建设富强、民主、文明、和谐的社会主义现代化强国，建设幸福美好新甘肃，建设和谐美丽新玛曲，实现中华民族伟大复兴的中国梦，更要高度重视教育，全民支持教育。因为，只有教育，才能成就一个人、一个民族、一个地区、一个国家的梦想；只有教育，才能让我们活得更加幸福，更加有意义、有价值、有尊严。

2017年7月

我在临潭一中度过的高中时代

陈克仁[①]

20 世纪 70 年代末 80 年代初期，我在临潭一中度过了自己的高中时代。离开临潭一中已经 30 多年了，虽说往事如烟，但求学的艰辛却历历在目。

六十里艰辛的求学路

临潭一中地处何处？我的家乡又在何处？不了解情况的人是很难明白这中间是有何必然联系的。

我的家乡地处古铁州，在名垂史册的“铁城四寨”的梨园村。那是一个具有数千年历史的古村落。有人会问：“有多古？”确切的我也说不清，你只要浏览一下国家重点文物保护单位——甘肃磨沟遗址的历史就明白了。“铁城四寨”很古老，也很有名气。史料记载，唐朝时期，这一带就是汉藏间的商贾通道，是有名的驿站。北宋时为加强军事防御设置铁城，元代升格为铁州，明清以后地位渐渐消失。据可靠的考证史料，铁城的中心就在梨园，村

① 陈克仁，甘肃省甘南藏族自治州政协文化文史资料和学习委员会主任，甘南州《百年甘南实录》编辑部主任、主编，著有新闻作品集《甘南记忆》、文史资料集《话说铁城》《我的甘南》等。

西的“殿底下”就是驻地长官办事的府衙所在。

临潭一中不在临潭县城，而在明洮州卫城新城镇，那是一个历史文化名镇，也是国家重点文物保护单位。一般来说，一个县的一中大多设在县府所在地。新城镇曾是临潭的县城，20 世纪 50 年代县城迁址城关镇，但设于民国时期的临潭一中却保留了下来，名字也一直沿用着。

故乡铁城梨园距离新城镇走捷路大约 30 公里，民间的说法是 60 里路。这中间全是山路，路不仅坑坑洼洼，而且崎岖难行，行走十分艰难，中间尚有两座大山，人称庙山和李岐山，成为我们莘莘学子求学路上难迈的坎。

我是 1979 年春节过后来到临潭一中的，以前在陈旗九年制学校读初中，属于转学。同年 7 月，考入本校高中，1981 年 7 月高中毕业。1981 年 9 月至 1982 年 7 月复读后考入西北师范大学（时为西北师范学院）中文系汉语言文学专业学习。

当时“文化大革命”已经结束，学生的口粮由国家保障供给，每人每月 30 斤口粮，其中 70% 为主粮（小麦面），30% 为杂粮（玉米面），另外还供应几两食用油，对长期习惯于食用粗粮的农村孩子而言，已经算得上是相当地改善了。问题是做饭用的烧柴、平时饭里掺和用的洋芋等还得从家里带。条件好一些的家庭，可以从新城营（相当于集市）上购买。我的家境贫困，兄弟又多，虽说那时已经包产到户，但生活依旧不富裕。所以，我每两周就得耗费两天时间徒步往返 60 公里去老家筹备伙食。

高中时期，不像现在执行双休日，每周只有一天休息时间。因为路途遥远，我们的年龄又大多在十五六岁，也不适合承担繁重的背负任务，每次回家只能带些力所能及的生活用品，而这些生活用品充其量也就够用两周，所以，每两周往返一次老家成为铁定的安排。

我们一般是在周六的下午第二节课后离开学校回家，大约在次日凌晨 1 时到家里。每次回家的时间基本是固定的。回到家里，母亲都会准备好饭等候，急忙吃一点充饥，然后打个盹，天蒙蒙亮时又得离家踏上返程，星期日中午后，艰难地回到学校。

回家的路很长，每每想及回家，惆怅便填充心胸，压得人喘不过气来。有时回家是结伴同行，有时得独自前往。独自回家途中，尤其是冬季，天高风厉，夜色朦胧，行走在狭窄的山间小道，胆小的我经常是魂不守舍，显得那么的孤独和无助。有时路旁乱窜的野物，或是身旁不经意间飞出的尖叫声，都会使我惊出一身冷汗。

最好的办法就是结伴而行。记得有一次，我们大约六个人顺公路行走，当行走到白土坡梁时，其中的一位不小心呛倒（摔倒）了，大家急忙将他扶起，随后才知他是睡着了。顺公路走比走捷路要多出 10 余公里，为了节省体力，一般是不选择走这条路的。为了减轻疲劳，也为了使漫长的旅途增加快乐，有时同行者会自觉不自觉地讲故事，一般是并不考虑故事的感人度，意在不断地增加声响，活跃气氛，提醒大家安全往前走，实际上是起警示作用。

最难耐的时光是从家里往学校走。那段路在那时显得极其漫长。尤其是走到庙山和李岐山时，体力已经基本耗尽，肚子也有点饿了，两个腿肚子酸疼酸疼的，感觉到挪动一步都十分艰难，恨不得将背负的东西甩掉。有时因为背篼不平整，上路不久，背上会磨出一个疙瘩来，行走到半路时，疙瘩往往会被磨破，血流不止不说，还得忍痛继续前行。

兴许会有人问：“何不坐大巴？”问者无意，答者伤感。那时陈旗还非常闭塞，交通并不如现在这样通畅，从乡上至新城也并未通行班车，更不要说有如现在这样宽敞豪华的大巴了。那个时代，回家期间，如果顺路能遇到一辆拉运粮食的卡车或运货物的四轮拖拉机，在千般恳求万般讨好之下容许你搭乘，那已经是十分奢侈的享受了。

回家的艰难路程必走，而且不容商量。但有便车搭乘的美事，在那个年代确实是不会经常发生的。

简单而艰苦的生活条件

临潭一中的学生食宿条件，当时可谓十分艰苦。那时候，一个单间宿舍住宿六人，全部睡通铺。宿舍靠里面位置整间打通铺，一般睡四人，靠门的地方除留出人行通道外，也设置通铺，一般住两人。为防备被褥弄脏，一般白天都将床铺折起，晚上顺势铺展睡人。当然，空出的床板白天还可以供人坐。正常情况下，沿床边还得摆放各自的“百宝箱”，既解决了相关物品的储放，也不至于使宿舍显得杂乱无章。

当时学生的被褥相对都比较简单。靠床的底层大多铺垫草包，有极少条件好一点的同学使用毛毡和狗皮褥子，之上大都是一个单人褥子，再罩一个简单的床单或单子什么的；被子通常很薄，晚上再将各自的衣裤压在上面用以御寒。草包是当时那种特定环境里极经济的取暖选择，因为，一般条件下，缝制草包用的两条麻袋是很容易找到的。那时候，计划经济仍未完全取消，统购统销粮食的政策还在实行，想弄一两条麻袋应该不是问题。尽管生活不是怎么很富裕，但花很小的代价买点干草也是能够办到的。将干草装入两条麻袋缝制的草袋内，睡在上面既舒服又暖和，在那个食刚充饥衣刚遮体的时期，这是极其难得的享受。

每天晚上，晚自习一下，我们这些住宿的学生会像候鸟一样从教室来到宿舍就寝。但是“布衾多年冷似铁”。我们大多是先和衣钻入被内，待被子有点温度了再脱去衣服，这样方可度过漫长的冬夜。待第二天天亮起床，衣服又冰冷异常。穿上衣服，很长时间身体冰凉冰凉的，总也暖和不起来。找出洗脸盆，敲打敲打昨晚存放在铝茶壶里用来洗脸的冰水，用凉水洗脸。很多非亲历者并不知道，当时的单间宿舍窗子上是没有玻璃的，也许曾经有过，但被人破坏了，再也就无人去安装了。有时会在窗子上糊上报纸什么的，但时间一长，经过风吹日晒雨淋，窗纸破了，先是补补贴贴，此后也就无人去理会了。秋天，风从窗空里刮进来并不是觉得很冷，但冬天就非同寻常了，确有剔骨刮皮的感觉。那时，宿舍的顶棚大多糊点报纸，时间一长，报纸破了，整幢房子顶棚是互相通的，风在顶棚间自由流动，有时还会弄出巨大的响声来。

再说说做饭。学校为住校生在宿舍外搭建了一排简易厨房，夏天我们大多在那里集体起炊。每位学生都自备了锅灶。灶一般是用两个废旧洗脸盆搭建，用铁丝将两个废旧洗脸盆口对口连接，在一旁掏出一个适宜的洞子用来添加烧柴，另将一个洗脸盆的底部掏空，用来放置锅子。前面我已经有叙述，柴火常是从家里带来的，做饭用的锅一般也就是铝锅，凑合着用，没什么特别的讲究。

夏天大家一起做饭时，厨房内烟雾缭绕，严重时互相之间看不见对方。一顿饭工夫，个个眼睛红肿，眼泪直流。有时下午上课时红肿的眼睛并未完全消退，别人还会以为遇到了什么伤感事。冬天厨房太冷，一般是搬到宿舍内做饭，自己的床铺位置就是起炊之地。虽说这样暖和些，但非常拥挤，也极不卫生。一个冬天下来，不经意间洒出的污水，众人频繁往来夹带的垃圾，地上会堆积一层极厚的污泥，走起路来坑坑洼洼不说，不小心还会摔跤。当然，床铺位置也显得极不卫生，长此以往，床板的油渍沾到铺盖上，显得脏兮兮的。

这样的生活我过了三年又半，那曾经拥有的经历，我作为一份珍贵的现实主义教育题材，现在经常用来作教育孩子保持艰苦朴素传统的范例。

诲人不倦的教师和苦中求学的学生

在临潭一中读书，时间不是很长，但弥足珍贵。很多任课教师诲人不倦的传道授业解惑的师德，诸多莘莘学子勤于学习乐于求问的学习态度，朝出暮归风雨无阻孜孜不倦的求学精神，至今让人无法忘怀。

我到临潭一中时，学校没有一幢楼房，当时的瓦房，都是土木结构，年代也比较久远。除一进两院的原民国临潭县府外，在背面靠近山体的较高位置，修建了两排教室。记得当时一中只有四个年级：初一、初二、高一和高二，每一年级也只有四个教学班。其实，那仅有的两排教室已经囊括了所有学生。在西边靠近操场的地方坐北朝南整齐有序地修建了数排土木结构的瓦房，前面几排分派给教工做宿舍，后面几排供学生居住。教室的南面是水房，大多情况下，我们的生活用水均取自那里。

当时临潭一中的教室里没有暖气，取暖常用火盆，用柴草点燃，周围堆置些燃煤。燃煤种类较多，若是无烟的，教室里尚且干净些，若是有烟煤，则整个教室烟雾笼罩，非常呛人，咳嗽声和打喷嚏的声音此起彼伏不绝于耳。当然，火盆取暖热量有限，教室里是热不起来的，同学们不停用口喷出热气，两只手来回搓着，脚也在课桌下跺个不停，声音很响。有时，任课教师会停下授课，无可奈何地朝同学们笑一笑。

尽管如此，教师的敬业精神和学生的学习态度可不能小觑。我求学的几年，前后担任过教学任务的，语文老师有赵剑峰、吴建伟、张永旗、马玉梅，数学老师有王守德、刘尚文、丁铭，英语老师有包文魁、杨浓，理化老师有李肇业、李生才、宁世隆，政史地老师有陈宗器、陈耀宗、付翔宇等，他们虽年龄较大，但教龄长，教学经验丰富，教学中勤钻研、肯吃苦，都希望把自己的所学毫无保留地传授给学生。这些老师大多住在学校，学生一有什么问题，随时都可以到老师的宿舍去问。学校的学风和校风也是相当不错的，在校几年，我很少听到学生弃学、厌学甚至去校外滋事的，学校的高考升学率也一直名列全州前茅。就我们那几级同学而言，当时考出去的很多，现在在州直单位工作的也有数十人，并且在不同岗位都做出了自己应有的成绩。

那几年，客观点说，学习上我是下了苦功夫的，老师的宿舍也就成为我经常光顾的地方。我的脑子反应比较迟钝，有些慢，理科基础较差，所以，我倾向于学文科，自然，文科教师那里我就相对去得多些。有时，个别问题几次三番去问也不怕老师烦，有点死乞白赖的感觉。

那个年代，学生除教科书之外，很少能阅读到课外读物，有时，偶尔从同学那里借阅到《高考课外辅导》，抑或是《时事政治问答》之类的书籍，总是爱不释手的，有时为了尽快阅览，甚至为摘抄其中的部分内容，连饭都顾不上吃，担心时间太长贻误了别人的备考时机，心里觉得十分的愧疚。记得高中几年，因为家庭经济拮据，也因为能见者寡，所以，我购得的辅助读物是十分有限的，仅有的几本读物也总是视为心爱之物，读了又读，勾画了又勾画，到最后，书皮基本上都磨掉了。这一经历至今在偶尔相聚时还会有同学提及。

一中的任课教师，健康活到现在的已经不多了。离开一中的最初几年，我与部分老师还是有频繁书信往来的，因为自己懒惰，也因为忙于为生活奔波，以后渐有疏淡，以至于“两耳不闻母校事”了，每每想及，心里不免生出淡淡的愧意来。

难忘那片小树林

临潭一中的校园后边，也就是最北端，有一片郁郁葱葱的小树林，只要曾经就读于临潭一中的学子，是断然不会忘记它的。那里是我们这些乡下孩子的乐园，无论春夏秋冬，也无论艳阳高照还是刮风下雨，这里都是我们必去的地方。因为，在不太大的校园里实在寻不出第二个可以背书的幽静场所了——它是我等求知的绝佳环境，也是它促使我步入大学走上了工作岗位，我打心底里怀念它、感激它。

20 世纪 80 年代中，刚走出大学校园步入工作岗位时，我曾写过一篇《怀恋那片小树林》的散文以示我对它的忆念，现特转录于下，聊表我对它的那份特殊的感激。

怀恋那片小树林

夜夜都有甜美的梦，但梦得最多的莫过于中学时母校校园里的那片小树林。说起小树林，人的心中陡然会生出许多说不清道不明的温馨来。那是片多么令人眷恋的小树林！冬天披一身雪被，素素雅雅；夏天裹一身浓荫，郁郁葱葱，而不管是严冬还是酷暑，小树林始终是我们这些学生的极好去处。每每清晨，不足一万平方米的小树林便弥漫着此起彼伏的朗朗晨读声，融注着清爽的晨风在它的上空飘曳。中午至夜幕降临前，在这里，每一棵树下，几乎都能见到孜孜不倦的男女学生；而只有上早课时，小树林才能恢复固有的静谧，舒缓着校园整日喧闹的氛围。

可以毫不隐讳地说，我命运的转机一半功绩应归功于这片小树林。高中三年，朝夕相随的小树林为我倾尽了爱心，甚至于这里曾有的风雨霜降都在我的记忆深处镂刻着印记。在这里背古文、诵名篇，在这里记历史年表、忆巴拿马和撒哈拉的地况地貌，还有多少人生哲理、醒世恒言，诸多人生重要的感悟无不从斯得来。

而今，我已从小树林里走出，也走出了知识高层建筑的高等学府，在一个极与专业吻合的领地耕耘，这一艰辛的过程凝结着同仁的器重和领导的厚爱，但对小树林的眷恋将终生与我相伴。

想及小树林，我又情不自禁地想起那给予过我们谆谆教诲的辛勤园丁。那如同讲故事般颇具诱人讲解魅力的数学王老师在吗？那因支气管炎而常常不得不中断讲课的地理陈老师在吗？那利用课余不遗余力为毕业生讲时事的历史老师呢？……还有那墙壁剥落、玻璃残缺的教室——听说近几年新盖了教学大楼，教学条件也得到极大改观，可我终因公务在身无法重睹母校风采。

小树林，您是一片幽静的景观，一副装饰精美的名画，将浓郁随意施舍却无索取，为人类创造了美的享受自己仍旧清淡如水；您如蜡烛，似春蚕，似蜜蜂，终其一生使我一样的青年受益！我多想来看您一次，也好尽自己的微薄之力为您写点记叙性的文字。

我真诚期待这一天的到来！

本文最早发表在1992年4月30日《甘肃工人报》“教职工园地”栏目；《甘南报》第205期“小草”栏目又进行了刊载。对于曾经给予我特别关爱的小树林我也有特别的牵挂。

2015年10月

本文原载《甘南政协》，2016（1）。

临潭县高考四十年回顾

马喜林[①] **魏梅**[②]

从 1977 年恢复高考，到 2017 年高考，临潭县高考已经走过风雨 40 年。恍然 40 年已过，高考对每一个经历者而言意味着什么？不同年代的考生，有着不同的答案。当一批又一批年轻人告别青涩的岁月，开启新的人生征程时，高考总能勾起很多人似曾相识的感慨与追忆。高考是一种经历，经历之后才会明白，无论成功与否，那份煎熬、紧张、忙碌、拼搏、期盼、兴奋……都是一样的刻骨铭心。

1977 年——竞争最激烈一年！录取比例 29：1

1977 年，关闭了 10 年的高考考场再次开放，全国 570 万考生重拾课本，即使有的人孩子都已经几岁了，但知识的号召让他们再次燃起斗志。

这一年，全国有 570 万人参加考试，但只录取了 27.3 万人，是高考历史上竞争最激烈的一年！ 29 个人中只有一个人能被录取。

---

① 马喜林，临潭县教育局招生办主任。
② 魏梅，临潭县县志办干部。

1978 年，临潭全县有 271 名学生高中毕业，只有 5 人考入本科院校，有 61 人被各大中专院校录取。当时高中是两年制，在校期间只是学习工农兵建设，没有人想过还要参加高考，因此要高考就要从头开始补习，没有课本，条件极其艰苦。当时的高考题现在看来非常简单，但是对于那时候的学生们来说是非常难的。

1984 年——考上大学就是有了铁饭碗

对于 1984 年的考生来说，能参加高考的人十分幸运，因为那时候必须通过预选才能报名。应届高中毕业生通过毕业考试（往届毕业生参加的则作为预选考试），按一定指标划定分数线，凡总分在分数线以上者方可报考高等学校。很多人在预选中就被刷了下来，连参加高考的资格都没有。当时临潭共有 247 名学生高中毕业，大学本科录取 12 人，大专录取 23 人，高中中专录取 37 人，在那个年代，人人信奉“知识改变命运”，尤其对于农村学生来说，考入一所好大学不仅个人可以吃到商品粮，有铁饭碗，甚至还会影响到整个家族的命运。

1994 年——学费增加，国家不再“全包”

自 1983 年的 10 年之后“铁饭碗”开始被打破，1994 年开始国家逐渐实行自主择业，全国 37 所重点院校实行并轨制收费。学生上大学需要自己缴纳费用，从这一年开始，学费也越来越贵了。1994 年，临潭有 391 人参加高考，其中文科 186 人，理科 205 人，普通类院校录取 11 人，民族类院校录取 55 人，录取率 8.44%，当年形容高考用得最多的一句话就是“千军万马过独木桥”，难度可想而知。此后很长一段时间里，虽然招生计划一直在增加，但是由于高考人数的持续递增，高考录取率虽有提高，但是上大学一直不是件容易的事。

1999年——扩招惠及临潭考生

恢复高考40年以来，如果有哪一年能够称得上是很重要的转折点，那一定就是1999年了。1999年开始扩招和开始实施新的“3+x”方案。

1999年，临潭县共有226人参加高考，11人考入本科院校，50人考入大专院校，87人考入中专。

2008年，临潭县共报考生815名，有528名考生被高校录取，录取率为64.78%（其中本科录取180名，专科录取348名）；2009年，全县共报考生1118名，有569名考生被高校录取（其中本科录取152名，专科录取417名），宁林喜同学高考成绩名列全州理工类第三名；2010年有报考生1296名，报考人数比2009年增加178名，共录取824名，录取率63.58%（其中本科录取269名，专科录取555名），石慧峰同学以642分的优异成绩被北京大学录取，取得自恢复高考以来最高佳绩，实现了临潭县高校录取历史上的新突破。受扩招之惠，临潭县高中升学率创历史新高。很多同学因为政策而改变了命运，有的人进一步到高等学府深造，实现了人生的华丽转身。

2012年——临潭县高考录取率再创历史新高

2012年，临潭普通高校报考人数1235名，其中文史类840名（文史770名，艺术文64名，体育文6名）；理工类395名（理工389名，艺术理5名，体育理1名）。实际参加普通高校招生考试的考生是1225名。本科上省定线人数139名，上线率11.4%。各类院校共录取本专科新生1071名，录取率87.43%，高于州录取率85.41%达2个百分点，再创历史新高。其中本科院校（独立学院）共录取327名（文科197名、理科130名），录取率26.69%。其中，提前批录取24名（文史2名，艺术文19名，体育文1名，理工2名）、本科一批录取12名（文史2名，理工10名）、贫困地区专项计划录取3名（均为理工考生）、本科二批录取170名（文史91名，艺术文15名，理工62名，艺术理2名）、独立院校本科录取118名（文史66名，艺术文1名，理工50名，艺术理1名）。专科（含高职）录取744人。

2015年——报考人数猛增

2015年，临潭县报考普通高等学校的考生有1352名，其中理工类考生398名，文史类考生822名，艺术类考生93名（艺术文88名，艺术理5名），体育类考生39名（体育文37名，体育理2名）。按考生类别分，应届生1281名，其中城镇应届147名，农村应届1134名；往届生71名，其中城镇往届16名，农村往届55名。

该年本科上省定线人数107名（含本科三批），上线率11.43%。其中，普通本科一批上线8名（文科1名，理科7名），普通本科二批上线人数25名（文科14名，理科11名），民族院校民族班（聚居少数民族）上线人数55名（文科27名，理科28名）。共录取本、专科新生1240名，录取率91.72%。

如今，对临潭县的高考生来说，考上大学并不难，但想考个好大学依旧很难。

现在想上大学不难，难的是上好大学。上本科甚至上一本都不难，但想上“985”“211”这类重点大学，依然很不容易。虽然临潭高考录取率年年攀升，但考生和家长的压力并没有因此而减小。好学校的门槛一直在提高，竞争依然很激烈。

这几年一本院校也在不断“扩容”，前些年只要达到一本线，报考一个一般的“211”大学还不很难，这几年，报考一般的“211”高校，也得高出一本线几十分才有把握，“985”和“211”高校的录取门槛越来越高，让考生和家长都很吃惊。一本不断“扩容”，一些新挤入一本的院校，质量到底提升了多少？这对考生来说，到底是不是好事？如今，一般的本科文凭已很普遍了，许多用人单位要看是不是“985”“211”高校毕业生，否则免谈。这样的社会现实，反过来刺激着学生和家长，为了考出好成绩能录取到好大学，“减负”成了愿景，学生们年复一年仍在负重前行。

2017年——回顾高考40年

到了2017年，回顾过去的40年风雨高考路，改革、扩招、自主命题、网上报名……这些词依然在很多人的脑海里挥之不去，也是社会发展的缩影。虽然现在的高考已经不是考生们唯一的出路，但一进入6月，全国都弥漫的紧张气氛仍然显示出它对国人来说有多重要。

临潭县高考40年，有多少农家子弟跳出了龙门，有多少贫寒子弟改变了命运。虽然辛劳，但也公平。虽然艰辛，但只要努力就会有收获，高考40年且考且行。

附 录

临潭县 1978—2012 年普通大中专招生录取情况统计表

项目 数据 年度	录取总数大中专考生（包括初中中专）	普通高校										
		报考总数	录取总数	占报考总数的	本科	累计	专科	累计	高中中专			
									报考总数	录取总数	占报考总数的	累计
1978	100		5		5	5				61		61
1979	111		4		2	7	2	2		67		128
1980	106		16		6	13	10	12		72		200
1981	75		4		1	14	3	15		52		252
1982	67		13		5	19	8	23		42		294
1983	97		35		12	31	23	46		37		331
1984	103		14		5	36	9	55		63		394
1985	110		20		7	43	13	68		35		429
1986	111		39		13	56	26	94		43		472
1987	127		43		14	70	29	123		32		504
1988	112		31		11	81	20	143		31		535

续表

项目 / 数据 / 年度	录取总数大中专考生（包括初中中专）	普通高校										
		报考总数	录取总数	占报考总数的	本科	累计	专科	累计	高中中专			
									报考总数	录取总数	占报考总数的	累计
1989	150		51		14	95	37	180		20		555
1990	105	313	22	7	13	108	9	189	313	22	7	577
1991	147	355	41	11.5	19	127	22	211	355	39	11	616
1992	167	302	56	18.5	16	143	40	251	302	31	10.3	647
1993	165	343	55	16	20	163	35	286	343	43	12.5	690
1994	195	391	66	16.9	17	180	49	335	391	56	14.3	746
1995	188	350	70	20	17	197	53	388	350	42	12	788
1996	221	318	64	20.1	18	215	46	434	318	59	18.6	847
1997	250	283	59	20.8	10	225	49	483	283	67	23.7	914
1998	308	292	63	21.6	11	236	52	535	292	81	27.7	995
1999	370	226	61	27	11	247	50	585	226	87	38.5	1082
2000	445	153	83	54.2	9	256	74	659	153	8	5.2	1090
2001	430	147	124	84.4	37	293	87	746				
2002	425	182	167	91.8	98	391	69	815				

续表

项目 数据 年度	录取总数大中专考生（包括初中中专）	普通高校										
		报考总数	录取总数	占报考总数的	本科	累计	专科	累计	高中中专			
									报考总数	录取总数	占报考总数的	累计
2003	371	172	163	94.8	117	508	46	861				
2004	415	258	208	80.6	85	593	123	984				
2005	589	468	349	74.5	92	685	257	1241				
2006	691	690	440	63.7	114	799	326	1567				
2007	904	825	533	64.6	128	924	405	1972				
2008	698	816	528	64.7	180	1104	348	2320				
2009	803	1118	569	50.9	152	1256	417	2737				
2010	1027	1296	824	63.6	269	1525	555	3292				
2011	1229	1219	1022	83.84	270	1795	752	4044				
2012	1263	1225	1071	87.43	327	2122	744	4788				

临潭县1991—2006年普通高校招生录取情况一览表

年份	报考人数			录取人数				升学率%	
	合计	文科	理科	文科		理科		文科	理科
				普通类	民族类	普通类	民族类		
1991	355	175	180	2	15	5	19	9.7	13.33
1992	302	142	160	4	16	5	24	14.08	18.12
1993	343	170	173	3	19	3	29	6.41	9.33
1994	391	186	205	2	31	9	24	8.44	8.44
1995	350	199	151	1	40	10	19	11.71	8.29
1996	318	160	158	1	34	7	22	11.01	9.12
1997	283	152	131	0	33	2	24	11.66	9.19
1998	292	151	141	1	31	2	29	10.96	10.62
1999	226	102	124	0	35	1	25	15.49	11.50
2000	153	66	87	1	35	1	46	23.53	30.72
2001	147	68	79	9	48	19	48	38.78	45.58
2002	182	94	88	18	66	40	43	46.15	45.60
2003	172	80	92	21	54	48	40	43.60	51.16
2004	258	104	154	19	64	61	64	32.17	48.45
2005	468	202	266	60	93	98	98	32.69	41.88
2006	690	293	397	51	143	70	176	28.12	35.65

临潭县 1993—2006 年普通高校招生考试文科第一名考生名录

年份	姓名	性别	民族	毕业学校	高考成绩	录取院校
1993	敏昶	男	回	二中	414	中央民族大学
1994	王维翔	男	藏	二中	480	中央民族大学
1995	李莹	女	藏	兰州一中（借读）	496	中央民族大学
1996	何志文	男	回	二中	425	北京师范大学
1997	敏伟	男	回	回中	396	西北民族学院
1998	杜成生	男	汉	一中	374	兰州师范专科学校
1999	丁恒华	男	回	二中	412	西北二民院
2000	吴永琪	男	回	二中	449	甘肃政法学院
2001	吴永琪	男	回	二中	526	兰州大学
2002	李强	男	藏	二中	531	北京林业大学
2003	崔艳梅	女	汉	一中	522	兰州大学
2004	马富春	男	回	二中	572	中央民族大学
2005	俞凯民	男	藏	一中	502	西北师范大学
2006	王彦辰	男	藏	一中	566	中央民族大学
2007	朱炎龙	男	汉	一中	521	甘肃政法学院

临潭县 1993—2006 年普通高校招生考试理科第一名考生名录

年份	姓名	性别	民族	毕业学校	高考成绩	录取院校
1993	王欣荣	男	汉	二中	380	甘肃农业大学
1994	冯小凌	女	藏	二中	450	陕西师范大学
1995	汤晓春	男	回	二中	412	西北师范大学
1996	赵青	女	汉	一中	421	甘肃政法学院
1997	敏俊华	男	回	二中	523	西安交通大学
1998	刘新弟	男	汉	一中	506	空军工程学院
1999	丁玉奇	男	回	一中	490	中央民族大学
2000	孙景云	男	汉	二中	441	兰州师范学校
2001	王伟宏	男	汉	一中	593	浙江大学
2002	牛军	男	藏	二中	601	上海外语大学
2003	敏云馨	女	回	二中	483	西北师范大学
2004	闫锡鹏	男	汉	二中	637	西安交通大学
2005	雷焱	男	汉	二中	611	兰州大学
	邢永平	男	汉	二中	611	兰州大学
2006	何志翔	男	藏	二中	615	北京理工大学
2007	敏健	男	回	一中	621	兰州大学

2011—2016 年大中专录取情况统计表

项目 数据 年度	普通高校						
	报考总数	录取小计	占报考总数%	其中			
				本科		大专（高校）	
				录取数	占报考总数%	录取数	占报考总数%
2011	1219	1022	83.84	270	22.15	752	61.96
2012	1225	1071	87.43	327	26.69	744	60.74
2013	1190	1140	93.67	304	25.00	836	68.69
2014	1331	1193	91.07	224	17.10	969	73.97
2015	1356	1240	91.72	171	12.65	1069	79.07
2016	1445	1292	93.96	272	19.78	1020	80.22

2011—2014年甘南州普通高考文理科状元临潭考生统计表

年份	类型	科类	姓名	性别	民族	类别	毕业学校	成绩	录取院校
2011	普通类	文史类	常秀娟	女	汉族	农村往届	临潭一中	531	天津外国语大学
2011	普通类	理工类	冯鹏	男	藏族	城市往届	兰州市五十一中学	539	兰州大学
2012	普通类	文史类	海秀芳	女	藏族	农村往届	临潭二中	514	兰州大学
2012	普通类	理工类	张嘉颖	女	藏族	城市往届	西北师大附属中学	553	华中科技大学
2013	普通类	文史类	杨文菊	女	藏族	农村应届	临潭一中	523	北京中医药大学
2013	普通类	理工类	刘忌思	女	汉族	农村应届	临潭一中	561	东北大学
2014	普通类	文史类	杨文	男	汉族	城市应届	临潭二中	578	兰州大学
2014	普通类	理工类	王勇	男	藏族	城市应届	西北师大附中	624	南京大学

卓尼县柳林中学成立经过

姜国钰[①]

2008 年 5 月 12 日汶川特大地震，波及卓尼全境，使卓尼县 2 所完全中学、8 所九年制学校、106 所小学 460 栋校舍受到不同程度的损坏。

卓尼县委、县政府根据灾后重建工作与学校布局调整相结合，逐步实施初、高中分离办学，初中向县城和柳林镇集中、小学向乡镇中心学校集中的学校布局调整的思路，确定新建一所中学——卓尼县寄宿制中学，解决县一中学生多、班额大、校舍缺的问题，实现扩大办学规模、优化教育资源配置、降低办学成本、提高教学质量的目标，从而巩固和提高“普九”成果，以达到集中办学、共享优质教育资源的目的。

学校选址在距县城西 2.5 公里的叶儿滩，于 2009 年列入重建项目，县政府安排中央重建资金 2076 万元。为了使该项目取得最大效益，真正确保优质教育资源共享，在重建资金 2076 万元的基础上，整合中央二期寄校资金 2100 万元，学校占地 71930 平方米（约 108 亩），规划建设综合教学楼一幢、学生宿舍楼一幢、餐厅一幢、拟建教师公寓楼一幢，总建筑面积 32055.03 平方米（不包括教师公寓楼）。由兰州煤矿设计研究院进行地勘，兰州煤矿设

① 姜国钰，卓尼县柳林中学教师。

计研究院设计，武威市金羊建筑工程公司（第五项目部）承建，定西市陇中建设监理有限责任公司监理，2009 年 9 月开工建设。建成后服务半径内人口 10 万人，服务对象为全县约 3000 名高中生，配备约 150 名教师。

2011 年 5 月，县委、县政府组建了以杜育民为书记、张建炳为校长、许光明、郝荣、王哲、袁喜平为副校长的学校领导班子，并命名为卓尼县柳林中学，至此，一所全新的寄宿制中学——卓尼县柳林中学正式成立。柳林中学班子成员在学校开办之前，先后对省内知名的民勤一中、永登六中、会宁一中、会宁二中、静宁一中等 10 所高级中学进行了考察学习，借鉴兄弟学校先进的管理经验与课改工作的先进做法，并结合本县学情建章立制，为柳林中学的成立与开办做了大量的前期准备工作，为学校的创建与发展开好了头，起好了步。

同时，学校在县委、县政府及县教育主管部门的大力支持下，先后从省内外各高校引进师资 130 多名，并从县一中、藏中、全县各学区校抽调教学骨干力量和后勤人员，奠定了良好的办学基础。2011 年 7 月，柳林中学基本建成，2011 年 8 月正式开学，招收高一新生 840 名，原卓尼藏中普通类，卓尼一中高二、高三学生转入柳林中学，设有 3 个年级 50 个教学班，在校学生 2500 名，教职工 277 人，学校实行全寄宿制管理。从此，卓尼教育史翻开了新的一页。

感恩合作师专

徐智[①]

岁月荏苒，不知不觉离开母校已 26 年，当年那群踌躇满志的青年，而今也大都变成两鬓见白的中年人了。虽然在校时间只有短短的三年，可回首往事，校园生活历历在目，恍如昨日。

我 1983 年高中毕业，连续参加两次高考，虽成绩已超高校录取分数线，却都因身体原因未被录取。这对只有十七八岁年龄的年轻人来说是怎样一种打击，多年的拼搏和努力付之东流，眼看着身边的同学们一个个卷起行囊去更高的学堂深造，开始人生的新征程，而自己却只能待在家里。当时的那种痛苦、悲愤、无奈和绝望，是刻骨铭心的，也是难以言状的。感到人生之路走到了绝境，真可谓山穷水尽，心灰意懒。多少次产生过轻生的念头，可看到含辛茹苦拉扯大自己的双亲那满含期待的眼神，最终没能下了决心。1985 年，抱着再试试的态度，我又一次参加了高考，正好那年母校已筹建并招收第一批学生，在一位好心人的帮助下，母校将我作为特殊情况予以照顾录取，圆了我的上学梦，我的人生从此有了新的转机，命运也因此改变。

回想起来，那时学校各方面的条件虽然非常艰苦，可我们大都怀着对知识的渴求，勤奋苦学，过着清贫、单调却又充实的学

① 徐智，甘南州残疾人联合会党组书记、理事长。

生生活。经过三年，学业上有所得，做人上有所悟，对人生也充满了自信，感觉到自己已经扼住了命运的咽喉，把握住了人生之舵，今后的航程里无论遇到怎样的风浪，都不会像过去那样无助和绝望。我觉得这是自己三年学生生涯最大的收获，也是母校对我最大的恩赐。

三年相对于人的一生来说是短暂的一瞬，可对我来说，母校的三年却绝非是普通的三年。三年后，当我走出母校大门的时候，我已对今后的人生不再迷茫。所以，我深深地感恩我的母校！

高教园地

合作民族师专的筹建过程

赵振业[①] 口述 范卫平[②] 整理

合作民族师范高等专科学校筹备领导小组，我是副组长，组长是省教育厅副厅长李绍唐，副组长还有省民委副主任邢树义，主要是我们三个人，但他们都是挂名的，到这里来开过第一次筹备会，其他事情都是我跑的。由我跟州政府、州委的领导们一起商量，具体工作我出面。

这所学校的成立，一开始，是民盟中央主席、全国人大常委会副委员长费孝通提出来的。费孝通有一个心愿，他想到西藏去，由于身体不行，中央不同意他去，他就改道来了甘南藏族自治州。那是 1984 年，他来甘南，是我去临夏迎接他、陪着他，向他汇报工作。在听了我们的汇报，给我们作指示时说："你这儿有很好的资源啊，有很好的区位优势。因为在藏区，整个文化在寺庙里面呢，藏族人才是寺庙里面培养出来的，特别像拉卜楞寺，里面有许多非常珍贵的资料。你为什么不把这些很好的优势抓起来呢？在藏区，现代学校，拉卜楞小学是最早的，卓尼柳林小学是最早的，但也在 1929 年以后嘛。你们为什么不成立一所高校呢？"

这是费老启发了我们。费老回去以后，给当时的教育部长何

---

① 赵振业，甘南州原副州长，曾任合作师专筹备领导小组副组长。

② 范卫平，甘肃民族师范学院河洮岷文化研究中心常务副主任，教授。

东昌说了这事。藏族的教育问题困扰着何东昌部长，他作为教育部长，每年在藏族教育方面花了许多教育经费，可人才培养不出来。特别像在西藏，一个乡里面，好几年都培养不出一个毕业生。他说，这样，我怎么向中央交代，向全国人民交代。后来，费老跟他说，你到甘南藏族自治州去。后来何东昌来了，我就带他参观甘南现有的民族教育、普通教育的学校。参观过程中，我跟东昌同志聊得非常好。东昌同志见我的时候说："费老回到北京，很赞赏你的一些想法，所以我才来。"他还说："我来出题目，你来做答案。"因为在藏族教育这一块，钱没少花，人才培养不出来。这样，我才开始搞民族教育的改革。摸索了几条路子，像活佛兼任名誉校长啦，18 岁以前不能到寺庙里面当和尚啦，等等。要建成一个藏族教育的体系，母语教育在藏族小学、初中、高中完成，随着年级升高，把汉语比例加大，最后做到藏汉兼通。但要建成完整的藏族教育体系，没有高校也不行。譬如，藏语学生高中毕业了，只能到西北民院、中央民院念大学，但那毕竟人数不多。在这些想法促使之下，才办了这所高校。

另外，还有一个动力，就我个人来说，我为啥全身心地投入这所学校呢？那是 1984 年或是 1985 年，我领着我们甘肃省 18 个民族县——甘南、临夏、肃南、肃北、张家川等县的县长，还有我们甘南州各县的教育局长，去延边州考察（延边朝鲜族自治州、甘南藏族自治州、湘西土家族苗族自治州，是 1952 年政务院一次会议上同意成立的三个州）。了解到延边州有七所高校，我们甘南一所都没有。我们发展了这么多年，还没有一所高校，我就发誓，要把这所学校建起来。

这就是前期的一些东西，有中央领导的关心，有看到其他州的情况对我的刺激。我们自己与自己的昨天相比，好像发展得不错，但走出去一看，我们太落后了，这才做这个事（筹建学校）。

还有一件事，大概是 1984 年上半年，省政府召开了高校校长会议，议题是两项，一是讨论甘南建立高校的事，二是高校党建的事。第一天，讨论甘南建立高校的事，当时我感冒发烧，没有参加会议。会议一致认为，甘南没有条件，也没必要建一所高校。会后，教育厅长把这事告诉了我。第二天是党建工作会议，我撑着身体去开会。在党建会上，我用了三个小时讲甘南建立高校的必要性。会上，得到兰大校长胡志德和西北师大校长白光弼的赞同。这样，才算同意建这所学校了。

接着，我到处去汇报。省上分管的副省长刘恕，听我的汇报，也是大力支持。成立这所学校的可行性论证报告，我们报到省政府，省政府还没顾上研究，国家就一刀切了，认为高校发展太快，再不能发展了，把高校审批权收回去了。这个时候，省政府急急忙忙批下来，已经不管用了，国家把权收走了，不准建了。

我说，这咋办呢？也没辙了。我就跑到北京，去找东昌同志，我说，我已经把准备工作都做好了，现在教育部把权收走了，省政府批下来不管用，我咋办呢？东昌同志告诉我："过些日子，我们要在郑州召开明年的高校招生计划会议。在计划里面，我给你把指标下了。"这就是，正规批文收了，不好再批学校了，但给我们下了招生计划。我说，行！

我们就开始招生了。既然招生了，就需要老师，我就把甘南各中学的骨干老师选调上来。请各县支持一下嘛，太困难了，外面派人派不进来。

这样，搭起了架子。但在哪儿上课呢？没地方。没地方，征地！当时的州委书记王应国也非常热心这件事。我又去找活佛赛仓，我说，我看上一块地了，你要给群众做工作，就是知合玛村。赛仓活佛也非常热心，出面把地征来了。但没人给钱啊！我要搭几间房子招生、办公，都没有钱啊！

这时候，我们也搞了一点"弄虚作假"的事儿。什么"弄虚作假"的事呢？我给教育厅汇报，我说，我那儿地广人稀，有个中心区要修建一所知合玛小学，给我一点钱。就这样，教育厅拨给了一些钱。

这钱就放到了民族学校，也就是藏族中专。那里面还有点地，修了几间房子。这才做了第一届招生。后来就为这事，知合玛村的人不知怎么知道了，还来闹呢，说钱是给他们的。我就又请赛仓出面，来说这件事。后来，给他们修了个桥，拉了个电，弄了些水，做了些关心民生的事情。就这样，开始招生了，人也进来了。

为了要钱，我还去国家计委汇报。去的时候，人家快要下班了。国家计委当时有个文教司，后来叫社会发展司。我自报家门，一个司长接待了我。我说，我是要点钱，你帮我一下，民族地区非常困难。当时只有十分钟就下班了，那会儿是冬天，挺冷的。我去的时候，还背了几块卓尼的洮砚。洮砚是几个县长家里的，我说，把你们家里的洮砚给我拿来。我又没有钱，就是白送我的。洮砚背上，可当时我拿不出手啊。洮砚，给人家送，我觉得没品位，档次不高，没好意思送，又背回来了。我的司机还笑话我说，有你这样办事的吗？这么重的石头又背回来了！后来那个司长，把他的几个处长叫来，简单说了一下。他说，你要是早点说这件事，我给你解决了，现在到年底了，不好办了，我给你 300 万吧。给了我 300 万元，修了学校原来那个小二楼，现在不是已经拆了吗？再到后来，就是世行贷款了。世行贷款陆陆续续、慢慢地把这个架子搭起来，就初具规模了。再经过历届校领导的努力，省委、省政府的关心，中央，特别是教育处和民族处对藏族教育很重视，这所学校就在这样的氛围中，也就这么办成了。大概过程也就这样。

这中间有个问题，就是现在我们确定建校是 1984 年，这个时间有文件，是甘肃省政府的批文。但是，这个学校真正批下来，却是招生以后的事，因为学校的审批权收到中央去了，省上的批文就不管用了，无效了。但是，1985 年 3 个班 120 人的招生名额报上去，也批下来了，是郑州会议上，是何东昌批的。招生计划有了，也已经招生了，但学校还没有批下来。最后到底是 1985 年底或 1986 年初才正式得到批文的，时间太久了，我也记不清楚了。因为教育部关于学校的批复文件只能到省上，不会直接发给学校。

我们学校见不到国家教委的批文，就以省上批文时间为建校时间，把校庆定到 1984 年了。实际情况也是这样，从 1984 年就开始筹备建校了，国家教委的批文倒不是重要的了。说来也有意思，学生上了一学期的课，还没有这个学校呢。我向省上要钱的时候，我们学校还没批下来，所以没有一个具体的名分，省上没法拨钱，就以建知合玛小学为名，走了一个弯路。不这样不行啊，要不来钱。

这里值得说说费老先生来甘南的情景。费老后来写了一个《甘南行》，他说他有一个多年的心愿，想去西藏，但他身体不行，就来临夏了。到河州看一看，说一百多公里外就是甘南藏族自治州，他要来看一下，我就去接。后来，在桑科草原帐篷里，我让他睡午觉。后来我问他睡着了没有，他说他激动得没睡着，翻来覆去没睡着。他那时候已经 74 岁了，他是 1910 年的人嘛。费老说，你这儿资源好啊，你这除了藏文化，现代教育这方面，就应该有所高校，搞一点儿研究。研究什么呢？拉卜楞寺藏经楼里面我带费老先生去看。他一看，说，你这里面，那绝对有很好的东西，能用金粉写出来的东西，用丝线绣出来的东西，那不是随便聊天的东西。这里面的东西，你要整理出来，对人类的贡献，不亚于敦煌。你要成立一所高校才行。他还说，你这儿周边环境里，那中草药，也是非常多的呀，那也要研究啊。你这藏文化，藏族传统文化，像唐卡啦，还有好多建筑、舞蹈和音乐，你没有高校，你就把它继承不下来，把它发扬不了。费老回去以后，就给何东昌说了（何东昌是教育部部长）。后来，何东昌同志到甘南考察时说："我出题目，你做答案。"就这样，我开始跑这个（学校），才开始做发展民族教育的事情。甘南的民族教育体系中，从小学、中学到大学，就完整了。

2014年7月7日

本文选自甘肃民族师范学院编:《阳光记忆》，2014年7月。

合作民族师专从酝酿提议到建校运转

洪庭瑞[①] 口述　　范卫平　整理

建校的酝酿提议

关于建这所学校，还是我们向州上提议的。为什么要提出建这所学校呢？因为有一个印象，我和王应国同志，他是州委分管文教的副书记，我们认为，甘南最缺的不是钱，最缺的是文化。别人说我们愚昧，愚昧的根子还是在文化上。这一点，在我们的思想中深深地扎下了根。

新中国成立前，甘南这块地方，祖祖辈辈，大部分没学校上。藏民不愿上学，雇人上学，你们听说过没有？要他们上学，他们说我们的娃娃不上学，不上学就雇汉民的娃娃上学。1958 年的时候，玛曲的一些少数群众参加了叛乱，平叛以后，玛曲的群众说的一句话给我印象很深，他们不要说不知道共产党、解放军，连国民党都不知道。问他们，你们认为汉家的头人是谁？国民党知道吗？蒋介石知道吗？不知道！他们只知道汉家的头人是皇帝，藏民的头人就是土官头人。问他们，为什么要参加叛乱呢？他们说，土官头人说，汉家来不要他们的土官头人，要杀他们，要没收牛羊，他们就起来叛乱了。我是参加了平叛的，当翻译，审讯

① 洪庭瑞，合作民族师范高等专科学校原党委书记。

的时候，他们说的，我印象很深。玛曲的群众连国民党都不知道，别说共产党，解放更谈不到了。玛曲没有学校，碌曲没有学校，迭部也没有学校。1948 年我参加工作，会考的时候，舟曲、岷县、临潭、夏河只有黄正清办的一个师范，几个县会考的 360 个学生中，我考了第 36 名。其他县上，一个小学都没有。所以在我们的印象里，藏族地区缺少文化的历史很长。所以，以后我们在甘南工作，不管在地方还是在学校，尤其在学校工作以后，千方百计，想尽办法办教育。在甘南办这所学校，我们是双手赞同，绝对拥护的。

学校党政机构的搭建

后来真正定这个学校的时候，我从州政府出来了。我出来以后，是赵振业，还有副书记王应国，他们具体跑事情。当时，临夏也没办成，青海、四川、甘肃都在争取这个学校。当时省教委领导意见也不是很统一，省教委副主任（教育厅副厅长）陶君廉是很支持的。陶这个人有超前的民族观念，他说，应该给我们甘肃争，我们的少数民族学生要到四川去上学，四川太远了，为什么不能在我们甘肃上呢？甘南是很好的地方嘛！在省上讨论时，他是这么说的。这个思想定下之后，后面就是赵振业他们具体办的。最后经过中央的权衡之后，最后把学校批给甘肃了。

到 1985 年，我从州政府出来以后，要求调到省上。省上的组织部长和副部长找我谈话，说组织上已经考虑，让我到新建的合作师专任职，已经基本上定了。

1985 年招生的时候，有人就问我，人员调动怎么办？我说别的人先不考虑，第一个考虑教师，起码一个系里面有一两个骨干教师。这个骨干教师从哪里来，应该是从甘南自己的各个中学里面解决，从一个县不能解决，七个县解决，玛曲选的是杨耕程，碌曲杨永寿，迭部李明智，甘南师范李国丰。行政上的职务我提了个建议，那时候我还没权，我建议，把州建筑公司的经理先调过去，就是王永琪。

后来，省上派人下来，宣布我任合作师专的副书记。省委组织部说让民委、教育厅来人，先让主持学校工作的人进去，组织部随后就下文。省委组织部给我打电话说，先让我进到学校。教育厅来的是陶君廉副厅长，省民委来的是梁明远处长。当时，管教学的校长还没有。

那时还在民族学校里，租了人家两栋教室，职工一排房子，是办公室。我进到学校，了解了学校的情况，给州委书记李德奎说，我有两个要求，一是抽调一些骨干教师，二是建立党委、行政的办事机构；我要向七个县要一些中层干部，来担任学校的行政领导，我没有物色什么人，请组织给我选派。李书记说，好，你这个想法好，我们给各县打电话，你到各县去要人。

我就跟夏河要了一个副书记裴珍瑞，他在夏河县委管组织工作，来学校任组织部长，提成正职。从卓尼要了韩培德副县长，任命为宣传部长。迭部推荐的是杨伟民。临潭，我要的是临潭一中的校长，姓王，我让他管人事，后来他被推荐到卓尼当副县长了，没有来。总务处长，我想让临潭的纪委书记当，但人家不愿意。结果临潭要的两个人都没来。就这样搭建起了行政办事机构。系一级也配备任命了。汉语系是李国丰，政史系是张戈和李滋荣，数学系是李建中和杨耕程。吴建伟是学校办公室主任。人事处是李维平。基建上，我跟计委主任丁俊仁谈了一下，要个年轻的、懂得这一行的、搞设计的，他就给我推荐了陈宏耀。这些业务部门的人员，大体就这样定了一下。

胡耀邦题写校名

胡耀邦来的时候，是 1986 年 5 月，事先我们不知道。王永琪正在师专的这块地上扯线（划地）呢，他跑来说："哎，书记，我们那个地方是宝地啊！""怎么是宝地？"我问。"今天来了个飞机，在那儿落下了。一会儿又走了。这甘南来了飞机，还落到我们那块地上了，这不是宝地是啥？"他说。"飞机走了吗？""走了。"接着，州委副书记丹正嘉，来到师专开工的草地上，给王永琪命令说："你们在这把桥修下！"因为当时我们建校开工呢，工地上有砖头等东西。我就给王永琪说，不管他干啥呢，人家州委说了，那就修。这样没过几天，胡耀邦来了。省上李子奇、卢克俭书记陪着。住在甘南军分区。晚上通知，一个单位一个人，一把手，参加接见。当时我们学校，我和张怀义，他是副校长，我是副书记，通知我参加，不让人家参加，我很难为情。我们两个都是副职，我们个人关系也好着呢，让我参加，不让人家参加，我就提意见去了："能不能让我们的张（怀义）也参加？"州委的副书记张月安说："不行，一个单位只能参加一个，而且是一把手。"我说："我们没有一把手。""通知的就是你。"第二天，就把我们接见了一下。在军分区开会的时候，集体合了个影。到晚上，我就要求总书记给我们题个校名。我把纸准备上，拿上去了。结果，不让我进去。人家拿进去，写好，给我拿出来了。给甘南报社也写了个名字。

后来，张（俊宗）校长在招待离退休干部的宴会上还问我，胡耀邦的飞机落下来后，参加没参加我们的奠基仪式？我说，没有参加。奠基仪式，是把胡耀邦的飞机一送走，省委的副书记、州委的书记，原地不动，就在这搞了个奠基仪式。

在飞机落下的地方，我们埋了个石头，上面写上字呢，不知道现在在不在？在哪个楼底下呢？当时我给王永琪说，把这个地方记住，将来学校有可能在这里建一个纪念性的东西。那次我给张校长也说了。

教师引进

再说一下引进教师的问题。民院、铁院、师大，我去的很多，不止一次。在第一次引进教师时，我们坐的车是鲁越海开的蓝面包车，在临夏翻车了。当时车上坐着八个人。车翻朝天了，我们从玻璃窗子里一个一个出来的。“都出来了没有？”我问。“都出来了。”“你们摇一下头，看好着没有？”都摇着头，说好着呢。“好了，我们留下一个人，给家里打电话，让把车拉回去，其他的人继续前进！挡从合作到兰州的车，我们到友谊饭店会面。”当时我就下了这个命令。我们到友谊饭店报到、集中，我才知道害怕了，多危险啊！八个人一个没死，还让继续前进呢！

第二天，我们去师大引进学生。石晶，师大的校团委书记。当时的校长是王富成，他对我们合作师专还是很支持的。师大整个还是倾向支持我们的，我们是兄弟院校嘛。石晶那会儿给我们介绍的学生，都是挑的好学生。86 级师大来合作师专的毕业生都是选拔出来的优秀学生中的优秀分子。提到一个张筱兑的时候，他说，这个学生比较调皮，有点“反骨”的味道，问我要不要？“学习好不好？”“学习好。”我说还是要。我是爱惜人才的，来这么个人，对我们也有好处。我就是有这么个印象。后面我还和他开玩笑地说：“你还是我重点要的。”一个是他，另一个是李继玲。李继玲也是我重点要的。当时我坚持要一个教体育的女教师，为了教学方便。我坚持要她的时候，还说她谈了一个对象呢，就是王发斌。后来我跟王发斌开玩笑地说：“你是搭着进来的，我们要的是李继玲，不是你。”

争取教授指标

再就是要教授的事。引进教授，必须有名额、有指标。有一次，兰州医学院的党委书记、兰大的党委书记，我们在一起开会时，他们对我都很好，很支持。我也申明，我合作师专在各位面前是小弟弟，我们什么也没有，在你们面前，我只有要求你们给我一点东西，哪怕给我一个人，给我说两句好话，我都是心里高兴的！他们给我出主意，说：你抓住跟省委书记李子奇、省长贾志杰的对话会，把你的话说出来。

那次开会，他们把我推到前面，让我说。我就给省委书记、省长说，给合作师专要五个教授指标。"要指标做啥呢？"我说，我现在物色下了人，就是没指标，引进不来。当时教委主任就在旁边坐着。省委书记问他道："怎么样？给他五个（教授指标）吧！"回来后，我马上到东北师大，先到吉林省教委去，要求帮助，说我们少数民族地区民族院校，需要教授。他们说，你们到哪个学校去要人？我说东北师大。因为东北师大是杨耕程、杨永寿他们进修过的学校，比较了解，而且还有人愿意到我们这里来。他们说，行，我们打个电话，尽量支持你们的工作。我们就带着他们开的便函，去了东北师大。东北师大也很热情，书记出来给我们办了一个欢迎晚餐，召开了教师、学生座谈会，就说，这是甘肃合作师专的领导，到我们这里来，难能可贵！愿意去工作的，可以考虑，教委也说了话了。当时报了名的是杨奎元和邹老师。当时我说，你要是来，家属安排工作，户口没问题。后来，杨奎元和他姑娘来了。

还有些是外聘的老师，不是我们学校直接出面要来的，是别人介绍进来的。在我们这里上一两年、一学期的课，上完就又回去了。譬如说，铁道学院的几个老师，我们比较熟悉，他们就推荐了几个人。还有民院的一个马老师，也给我们推荐了几个。我说，好了就来嘛。有的人我们不太熟悉。兰州主要的几个学校的，我们还是熟悉的。师大的，我们最放心，下来民院的、铁道学院的。还有一个是从江苏来的，张嘉馥，她老公后来也过来了，姓周，是江苏社会主义学院，后来到苏州大学了。(她老公) 给我刻了个章子，我到现在还用着呢。除了杨奎元这些东北师大的，是我自己去要的之外，其他的，我都印象不深了。

关于世界银行贷款

“世行贷款”的具体情况我说不上。说不上的原因是，贷款统一由教委管着呢，有好处也有不好处。好处是，盖几栋楼都是省上直接批，下面没权，想“贪污”也插不上手。不好处是，不能灵活一点。我们的太阳能楼房不行，到了数九寒天，教师上课像李国丰穿的老羊皮袄，脚还冻着呢，娃娃们就那么坚持着呢，困难得很，还不准装暖气。那一段时间确实艰苦。当时房子刚建起来，一两个月，马上到冬天，就得住进去，不住就没处去。我们的学生住进去后，晚上裤子脱下，早晨裤子是湿的。房子全是潮的。第一、二届学生确实艰苦。也好，大家把苦都吃完了。

建校后缓慢发展

这个学校办起来后，我对合作师专有一个大的设想，就是合作师专先办专科学校，后办本科院校。省委书记孙英来视察我们学校的时候，我把我的想法给他汇报了，他表示非常赞成。这个“非常赞成”，不光当时给我说了，而且下去到甘南州上，还给州委书记郝洪涛和杨镇刚说了。他说，合作师专的洪书记有个很好的想法，你们应该支持。后来杨镇刚反过来问我，孙书记说你有一个很好的想法，啥想法？你给我说一下。我一听，就知道，人家孙书记说的是真话。我的想法是新办专业、办舞蹈系，解决地方舞蹈提高、文化提高、民族语言提高的问题。

但是，当我们把这个计划提出来之后，当时的省教委个别领导有不同观点。他们认为，合作师专，就那么一个条件，办那么一个学校，就成了。因为我们计划还要办化学系，还要把几个系扩大、发展，他们不批准，催了几次不批。后面省教委领导来讲了一次话，说，再不能发展，其他专业人才由全省其他高校解决，你们学校没有那个能力来解决这个问题。说这话，当时也有一定的道理，就说条件不行。这对我们班子里面有很大影响，认为省教委都说了，我们再不能发展了，本来合作师专办在这就不成，没条件，勉强这样办起来的。这话不能说没有一点道理，实事求是讲，我们当时条件差。但是，我们为什么要在合作办这所学校呢？这也就是我前面说的那些思想。我们在州委、州政府扩大会议上讨论时，就把这个想法讲了，讲了以后，大家都表示很赞成。去世了的那个州委金巴书记，他是坚决赞成我的观点的。

重视人才培养

我在州上当副州长的时候，就对高级医生、高级教师抓得很紧，我就不让走。为这个，我指着卓尼的县长、夏河的县委书记鼻子说：你是败家子，你把这样的人放走，你不但对不起人民，也对不起祖先。后来我一想，你一个小小的副州长，把人家县长、县委书记都骂，自己把自己没掂量一下。那个时代，对人才特别珍惜，本身人才也缺乏。甘南出去上学的学生，人还没毕业，教育局人事科王明远科长的玻璃板底下，名单都压下着呢，哪一年毕业哪几个人，清清楚楚。

我原来当副州长的时候，甘南送出去的400多大学生，有些是考上去的，有些是没考上补习了考上的，一二百人，现在都是州县的领导。我在讲话的时候说：第一条，你们一定要好好学，你们（原来）都是没资格上学校（没考上的），我们组织你们、帮助你们上的学校，不好好学习对不起我们啊；第二条，毕业以后一定要为甘南服务。说是这么说，好多人还是没有回来。

现在我写回忆录的时候，就想，我还是做了一些工作的。如果说现在的人不知道我，有人看了（我的回忆录）的话，还会说，这个人确实是为人民做了一些工作。现在，我到风烛残年，我自己问心无愧。我还有一个想法，在死以前，再看一眼合作师专，甚至想把我的骨灰在那儿撒上一点。我对它是有感情的。

在甘南这个地方，办这么一所师专，我觉得是求之不得的事情。在校庆十周年、二十周年座谈会上，我都讲过这个话。前年（2012 年），我到学校，我要求在大灶上吃一顿饭，不要学校准备。在那吃饭的时候，李维平还说："洪书记一直有一个想法，想把这个学校怎么办好，发展好，当时由于各种客观原因，一直没实现。"我后面写了几首诗，其中说到，我没办到的事情，后来都办到了，我非常感谢你们！学校发展到这样的程度，我感谢你们！

2014 年 4 月 24 日

本文选自甘肃民族师范学院编：《阳光记忆》，2014 年 7 月。

我在合作民族师专工作时的人和事

李国丰[①] 口述　　范卫平　整理

初到师专

说到师专，我就魂不守舍，因为我把我人生中最宝贵的时间，投入到甘南，投入到合作师专，也就是今天说的甘肃民族师范学院。

1985 年元旦的时候，省教委副主任李绍唐到甘南师范，找我谈话，4 月份就通知我调入合作师专。8 月份省教委党组任命，赛仓为藏语系主任，我是汉语系副主任，还有总务处处长王永琪，杨耕程、杜甫才，我们五个，都是副县级、副主任，同时学校里有一个支部，以后洪书记说的“马列小组”，我们五人是合作师专党委成立以前的党小组成员。

第一个招生者

我是合作师专的第一届招生人，是合作师专派出去的。甘肃省 1985 年普通高等学校招生会议，我代表合作师专参会。当时通知让我去文教局要个介绍信。我们这个合作师专是个筹备领导小组，组长是省教委的第一副主任李绍唐，副组长是我们的副州长

① 李国丰，合作民族师范高等专科学校汉语系原主任，教授。

赵振业，王永琪、杜甫才等是筹备小组的成员。党委未成立以前的党组织活动，我是成员，是青年宣教委员。学校早期的一些主要活动我是参与了的。

第一届招生是我参加会议的。当时我们学校连个公章都没有。人也找不着。找了两天，王永琪找不着，再就没人了。有的到兰州开会或联系业务，有的虽然调来了，但人还没有到位，像吴建伟是临潭一中的，杨耕程是玛曲中学的。我是甘南师范的，所以第一届招生会议是我参加的。

第一批任命的五个人，中层干部，赛仓、王永琪我们几个，是省教委党组任命的，不是州上和学校任命的。学校一个权力机构还没有正式成立。我经过“文化大革命”时期的三年流放、讨饭、监狱改造，对我来说，这个是来之不易的名誉，太珍贵了！你想，我有生之年能有这么一个机会，能够为创建一所草原上的高校做出贡献，用佛教用语来说，就是“功德无量”的盛事。所以，宁文忠那篇文章说我把汉语系当做家，确实是那样。那时候，没有双休日，只有星期天，我在家里时间很少，在学校办公室的时间多。

实际上，早期我在合作师专的工作，就不仅仅是汉语系。1985年8月省教委党组任命汉语系副主任以来，除了副主任以外，我相当于学校宣传部长，青年工作就相当于校团委书记。说这个，就是说我参与了这些工作，情况比较熟悉，学校里开什么会都参加。

我今天写这个东西（按：指访谈前两天写的书面回忆），想要说明一个就是为什么说我们早期的那些人太苦、太累，而从某种意义上说还没有出成果呢？我第一次见郭凯宁，一个现代文学老师，西北师大毕业的，和席剑海一块来的。他就问我说，李老师，你有个啥著作？那个时候我是从甘南师范调到学校来的，有个啥著作呢。我还是比较好的，写过一些教学方面的研究材料。他这么一问，也就是说，当场给了我一个批判，就是你不能当知识的传声筒，你还要写出等身的著作来。我到今天也没有写出来。

对学校审批时间的说明

关于我们学校审批的时间，我昨天还找了根据呢。1985年的《中国教育年鉴》中说：1985年，中央作出关于教育体制改革的决定，成立了国家教委，从而加强了教育系统的改革，强调了教育必须为社会主义建设服务，社会主义建设必须依靠教育的指导思想，逐步深入基层，深入人心。我们学校就是在这样的历史背景下建立的。这一年，国家教委成立以后，把高校的审批权收回中央了。原来，像我们学校，省教育厅就可以审批。可这时候就不行了，国家教委把成立新高校的审批权收回了。

但是，1985年，合作师专招生3个专业（数学、藏语、汉语各招收40名）120名的招生计划，由甘肃省招生委员会、省教育厅已经上报国家教委和国家招生教育委员会，而且批下来了。这就形成一个矛盾，学校还没批下来，招生就开始了。我到州教育局去找局长杜世昌，他坐在沙发上说，你们那是省上的大学，我们州上教育局再管不了，你找州政府去。可我们学校没个章子没个人，只有个筹备小组。最后，我就到了州政府。

我到州政府秘书科，说开个介绍信，人家科长还不答应。当时州政府文档科的副科长，是我学生李梅青的妈妈，就帮着我说："哎哟，娃娃们的老师办的个事情嘛，都是善事嘛，你就开给。"这样才给我开了一个介绍信。这是合作师专的第一封介绍信，盖的是州政府的公章。

我第二天坐班车到兰州，去省教委报到，教育厅的办公室报到处不知道有这么一回事情，啥是个合作师专？这时候，李绍唐过来了。我就说，李厅长，你看，我报名，人家说不知道。李厅长说，报给报给！这我才报上名。参加会议的时候，别的高校都把我们看做是"第三世界"。重点院校，本科院校，我们这是"第三世界”，是“亚非拉”，是亚非拉中的“小弟弟”。

那年招生开学，到第二年5月，我们才借民校的大礼堂，举行了开学典礼。

五所师专抽查中获得好成绩

1986年，那个教育厅的原来是西北师大化学系的张教授，还给我们奖了一个罗马尼亚还是匈牙利的电视机呢，给我们汉语系了。为啥给汉语系？这是有原因的。

1986年1月，全省五所师专抽查考试“文学概论”和“现代汉语”两门课。抽查的时候到天水师专开会。天水师专中文系王主任说，你们合作师专新成立的嘛，民族生嘛，你们看，考虑考虑，能参加了就参加，不能考的话就算了。当然，我们还是有一定的自信的，就说，我们学习嘛！那时候还不说现在说的“重在参与”这话。

这一年抽查考试，一个小吉普车，中午来了。考试的时候把卷子取出来，把保险柜抬下来，然后就考。考试结束，当场收上就拉走了。

过了不长时间，学校办公室就叫我过去。那时在民校，办公室可怜得很，两排桌子，老砖房，平房。说，省教委来电话了，考试我们合作师专的“文学概论”得了全省第二名。天水师专第一，合作师专第二，兰州师专第三。这时候，我特别的骄傲。

其实，当时，我们刚上了一学期的课，是吴建伟和刘玉泉上的课。刘玉泉后来是省教育厅高教处的处长，他是支援我们的，当时上“大学语文”，我们系上的刊物《绿原》，就是他亲自指导办起来的。“现代汉语”考了第三。“现代汉语”是梁崇积老师教的，考了第三。这一下，大家激动死了。我那篇文章里头写的就是《最开心的一次欢呼》。下面我给大家讲一个事情。那时候，学校还没有批下来，赵振业、王永琪几个人，跑到北京，去国家教委打听，甚至洮砚也给扛着给呢。一天早晨，他们和人家约定，早上 8 点钟要约见、谈话呢。他们汇报合作师专的情况时，其中举了一个例子，说，经过一个学期的教学，我们的学生在全省五所师专“文学概论”和“现代汉语”的抽查统考中，名列第二和第三。当时啊，就觉得不得了，就觉得这个第二啊，充分证明了我们民族院校还是有生命力的，有希望的。所以，这是我一生中极为骄傲的，甚至于“狂傲”的事情。

这两门课，虽然是这两个人教，但是，我和李庆和两个，我们把学生分成了 4 组，11 个人一个小组，一共 44 个学生，一人包一个小组，有空我们就与学生讨论，同学们也互相讨论。

胡耀邦来了

第二年夏天，5 月份，胡耀邦同志来了。胡耀邦同志的飞机就落在我们现在第一个学生宿舍楼的前面。胡耀邦来时，把我们的学生抽出去，夹道欢迎，我们就站在甘南师范家属院的门外面，看那车队，车也不多，就五六辆，一个中型面包。胡耀邦其实我们没看到，田纪云我们看到了，全国人大常委会副委员长。当天晚上很迟了的时候，我们知道洪庭瑞到甘南军分区招待所里见胡耀邦去了。当时一个州委副书记叫张月安，是主管公安的，这个人可以见胡耀邦。当时提出好多题词的要求，胡耀邦只写了两个，一个甘南报，一个合作师专。胡耀邦来以后，推进了这个学校的发展。拨款也来得快点了，人员的调配也来得快了。

办学之初的付出及其贡献

我说这些，你要特别掌握一个，就是我们早期的这批人啊，做出的奉献就在这里。因为我们不像其他学校，人家筹备了三五年，教职员工的岗前培训都完成了，才招生呢。我们是生招了，学校还没批下来。我们拿上一学期的成绩，才去国家教委要审批的结果呢。

有些人不理解，就像郭凯宁说的，我们没有等身著作。可怜得很，全部为学生服务上了。那时候，哪像你们现在，有那么多自己支配的时间呢。一个汉语系，就我一个人，刘亚明是通讯员，洪书记的通讯员。他站在那个总务处楼上喊：汉语系的，领铁簸箕来！汉语系的，抬你们的炉子来！还有那两个炉筒子，给你们加上！我们那时候的工作就那样。

人家请专家学者来的时候，吃饭不像现在陪着，那时候，我们就一间房，专家学者来了作为接待室，睡也是那间。炉子我们给生好火，看着人家上厕所去了，赶紧进去把炉子倒腾好，把地扫一扫，桌子擦擦。早点、午饭，我们给人家端来，叫人家吃，我们赶紧退出去，还不敢远离，看人家吃完了没有，人家吃完了，赶紧收拾。我们这些人，就这么当的系主任啊！我们干的，确实是人们想象不到的工作。所以这些人的精力就弄到这个上去了。在科研和学术活动上，无暇可顾。我那十几篇文章，都是在别的人做客、请客、聚会、划拳的时间写出来的。在厨房里，就是一号家属楼后面的那排小房子，边上的倒数第一个房子。在那里，休息天、假期，提上一壶水，拿点饼子，把窗子遮起来，房门还不敢开大，开大别人发现，又找来有事。那些文章，虽然也有某种疏漏，但是，我们是在那种环境下搞出来的。要说与同期我的同仁们相比，我写得多些，我这个教授来得早些。是我把许多人休闲娱乐的时间，用在我应该用的地方。

对 1986 年以后工作者的敬意

从 1986 年起，就有一批批来自中央民族学院、西北师大等高校的应届毕业生到我校工作，他们大多出生农村，经济条件比较差，大多没有结婚，个别结了婚的，妻子的工作啊、孩子的就学啊，困难比较大。像我们有个老师，名字就不说了，结婚呢，当时两个青年教师一间房子，结婚时，一个先腾出来一星期，让另一个人结婚。他要结婚了，没钱，大家凑钱，一人七块钱，当时人也不多，一人七块钱，给做了一个棉褥子、一条棉被子。又从工地上，非正式的，取了两块毛皮板，加宽当床，结了个婚。婚礼也没法举行，没钱，没条件，出门的年轻人，家在农村，困难嘛，系里给煮了两桶羊肉，洗脸盆当锅，羊肉煮上，动员大家来，举行隆重的婚庆典礼。这样的事情不是一个两个。可这批人啊，就成了现在学校的顶梁柱。

这些人啊，来到我们学校以后，他们适应环境的能力最强。我给你们举两个例子，这我就放开说了，一回我到车站送人，大概中午吧，碰到马振新。马振新向我打听这个情况、那个情况，我就陪着他从汽车站走到民校。我告诉他，这是一个新兴的城市，有希望的城市，我们学校是一个将要建设的学校，让他想象将来会是什么样子！

又比如说，王发斌、张生智，这是我老乡。王发斌是武威人，张生智是古浪人，属于我们武威地区。他们来的时候，听说这里有一个武威人呢，就找到我，说："你看啊，这个地方工作怎么样？成不成？"我说："你看我怎么样？你看我不是健健康康的活着吗？我还是一个不爱体育的人，你们年轻人，没问题！"

张生智，数学系的。体育系的王发斌、李继玲等。1986 年来的应届毕业生中，历史系的最多，王效勤、阿信、桑子、王克文。

这些人来的时候，我们学校弄了一辆车，把他们从民校拉到现在我们学校的老学生宿舍楼，当时刚修到一层到二层之间。那时候，政史系还没有，政史系成立是三年以后的事情，我属于文科方面的，我陪着他们，在介绍会上，我给他们介绍了各种情况。

这些人啊，适应环境和承担工作的能力强，他们是苦学勤干出来的，不像那些从城市里出来的、个别的职工子女，不踏踏实实学。而他们不是，他们从艰苦环境中来，经济条件差的环境他们能够适应，繁重的工作他们也能适应，专业的功底比较好，治学、提高的潜力大。这一批批的大学毕业生，就成为我校一股股新鲜血液，成为一批批富有活力的生力军。原来学校的那四十几个老师，都是从各中学调来的。他们的管理能力相对来说要好，多是共产党员，当过领导，政治素质较好，领导工作能力较强。但是，话说回来，这些人已经干了二十多年三十年了，在甘南，在那个封闭的时代，大学毕业就在中学、中专这样的环境中工作，在业务上说提高，或者说在教学研究、学术研究，这方面的兴趣不能说荡然无存，但也是很弱了。

可是，我说的这一批人，汉语系的还有赛云峰、安少龙、雷春辉。雷春辉是陕西师大毕业的，学得很好。赛云峰从迭部初中毕业到中央民大附中念高中，中央民大又四年，共七年。以后又到山东大学中文系两年。对汉文化的领悟、体会方面，那可真是没得说。后面还有李锦煜两口子。锦煜来的时候，赵逵夫还给我写过信，把情况如实说了一下。这个信到现在我都保存着。锦煜是我在甘南师范刚当上教导主任时的毕业生，推荐上师大的。这一批人啊，我忽然一想，这已经十几年、二十几年了，都成各专业方面的骨干教师、学术带头人。他们不仅是合作师专的生力军，更是甘肃民族师范学院的主力、功臣！当三十周年校庆将临之际，我这个早已退休十多年的“合师人”，衷心地向他们致以崇高的敬意！并祝他们健康，事业有成！

对撤掉系资料室的惋惜

当时马玉梅调走时，汉语系资料室的书，都归到图书馆了。可以说，这是当时班子决策的一个失误。资料室的书，系里管上，它专业特点强，大家共同使用方便。

这批书买来时很费力的。我在北大学习时，有一次路过兰州工人文化宫，参加书展时，我还把丁俊骂了呢。丁俊讲外国文学，他见外国文学的书，就抱上到开票的地方，要全部买。我说我是一个汉语系的主任，我们有十来门课呢，你把钱都花到外国文学上，别的老师咋做呢？其他课程的书也要买一些。从某种意义上来说，外国文学在大专的课程里，它的地位、顺序略微要靠后一些。可这样一来，就要骂仗了……啊呀，多少回，我们才把书买来，住都没处去，跑到民院去，学生宿舍里挤下，连个旅店费都掏不起。而且学校里很多时候都不给报销。以后，这些书移交到学校图书馆，有些丢失了，四百多本吧，尽是好书。我把李锦煜和小雷派上，让他们去看的。

说了这么多吧，一言难尽啊！我一辈子，近四十年在甘南过了。

谈赛仓副校长和藏语系同仁

这里我多说一句，像赛仓校长啊，很注意团结的，每次路上，房前屋后碰到，总是执手畅谈，欲罢不能。我是汉语系的，人家是藏语系的。但总那样，这也不是对我一个人，我不说假话，每年他都要做东把我们师专的老师请两回，年终的时候都要给我们献一个哈达。一回还给我献过一个蓝色的哈达，至今我还保存着。别人一看，说怎么还是蓝色的哈达。有人说，蓝色的哈达是献给功臣的。

藏语系还有加洋、龙布杰。龙布杰也是建校早期的人。还有罗藏加措，他媳妇是牧区的，来城里办事的时候，把一个四五岁的小孩子给罗藏加措放下了。那时候，一个系就一间平房，我们三个系在一起。罗藏加措上课去，害怕娃娃乱跑出问题，就把娃娃放在窗台上，冬天也放在窗台上，娃娃有时候尿也就尿下了。有时候也叫我们关照一下他娃娃。

谈“张白头”

再一个就是当时的领导，就是“张白头”，张怀义副校长。每天早上八点，就是七点五十几，张（克礼）师傅开着我们的大轿车，从校门进来的时候，副驾座上坐着“张白头”，离休干部，新中国成立前陇右支队地下党的成员。这就我们觉得放心，反正有啥事，都有张（副）校长。我们汉语系出过一个不幸的事情。我们首届有个毕业生，排球打得好，有一天晚上，喝了酒，酒不够，买去了，那天又是大冰雹，临时便桥被冲走了，他不知道，他从学生宿舍楼骑着自行车一下冲下去，速度太快，冲到对岸墙脚。修桥的人听见有人，狗叫着呢，这才发现。在医院里，8天8夜，那天晚上动手术，我们张校长一晚上，凳子都没坐，就在那个州医院二楼的走廊上，走过来，走过去。张怀义，张校长，离休干部，有一种好的优良作风呢。

说何书记

还有，我们系的何建国书记。何建国书记，他的父亲病危，那时候加急电报来的时候，何书记正在上课，我们说你赶紧回家去，课再甭上了。他坚持两节课要上下来。坚持两节课上下来，已是下午4点过了。那天又是一个雨天。向学校想要个车，不行把油钱掏上，小车不成了卡车也成，结果卡车也没有。最后何建国想办法跑到康家崖，又从康家崖跑到临洮，父亲已经没有了。你想，我们这些老师。学生重病，八天八夜不回家。这八天，我回过两回，也就是一两个钟头。何书记根本就没离开。那时候又没有陪护的床之类东西，累了地上铺张纸，坐在地上，背靠着墙。可是自己的父亲病危的时候，还要坚持上完两节课。

谈张振科

还有张振科，这是一个老教师，上公共课“教育学”，兰州师范 1958 年毕业后保送上师大教育系，1962 年毕业，当过夏河中学的校长、书记。他严于律己。他的原则是课前三分钟，老师要站到教室门口。当他的妻子陈新军病危的时候，张振科还上课呢。当他两节课上完，骑自行车回去的时候，老婆已经去世了。

说先巴和尉志安

我遇过不少人。我还想写一篇先巴的文章，他是藏族，知合玛村的支书，还是大队长！给我们当门卫。哎呀，那个认真、负责！虽然说学校有开关校门的时间规定，但是，也有一些教工、学生不遵守纪律，半夜敲门、翻墙、翻栅栏，他还是很耐心的。先巴在我们学校，早期还打过钟（当时还没有电铃）。先巴这个人，给我印象太深刻了。还有开大轿车的张（克礼）师傅，还有马（永昌）师傅，那种对工作的高度敬业精神，真令人敬佩。

还有我们的会计尉志安。我头一天从甘南师范把组织关系、户口关系、工资关系转到我们合作师专的临时借民校的那间办公室，第二天，他就寻到我家来了，说，你的工资关系可能转错了。我说，没有吧？他说其他几个老师的工资怎么比你高？我解释说，我调到甘南师范，甘南师范那次调工资，比中学要少十来块。我说啊，这种对工作的认真态度，这种敬业精神，能不令人敬佩吗?

2014 年 4 月 25 日

本文选自甘肃民族师范学院编:《阳光记忆》，2014 年 7 月。

草滩上建起了合作民族师专

陈宏耀[①] 口述　　范卫平　整理

第一期建筑工程

从 1984 年算起来，已经 30 年了！我是 1986 年调进合作民族师专的。我原来在甘南州计划委员会。进学校以后，学校基本建设都是我在抓，一直到后来小包（包建宏）接我的班。

我的前任是王永琪，他是参加过抗美援朝的老同志，后来得癌症去世了，我接他的班。咱们学校里不能忘的人中，第一个带头人是马西良，他是第一个调来的。王永琪来了，但他在咱们争取这块地皮的时候，他的关系还没有转入，所以马西良是第一个来的。从合作师专到甘肃民族师范学院，浸入了很多人的心血。有些人可能已经不在了，不管怎么说，我感觉，每当想起咱们合作师专的建设、开创，从知名度和社会的认可度来说，我们做的，确实很不错了，特别这几年。每当想起我们学校的发展，我就觉得心里面很暖的，可以说，我们学校在一片草滩上建起，到现在的本科院校，这是很不容易的。

你问我是哪个学校毕业的，我是从知识青年下来的，在州计委工作 10 年。之后从计委到铁道学院学习，在省建筑学院学习，

① 陈宏耀，合作民族师范高等专科学校基建处原处长。

学的是建筑设计。当时有我、王处长、马西良我们三个人。那时候确实艰苦，咱们的学校起初连门也没有，路还没有修好，我记得有一个水渠从校门口流过，那时候就是在那个状况下建校的。

第一批学生搬进学校的时候，楼上施工的脚手架都还没有拆。胡耀邦总书记的飞机就落到我们学校，飞机走了以后，我们就在那个地方搞了奠基仪式。我走的时候，那个奠基石还在学校，我还给小包说，这一点我们留下来，以后做不做纪念咱们不知道，但是这个奠基地点就在这个点上。所以，咱们这个起点，是吉祥的、有深远的意义的。奠基时大小领导都来了，这也是我们学校比较荣幸的一件事情。

那会儿我们都是骑自行车上班，当时合作地区的温度，最高和最低，两个都是 28 度，最高零上 28.4 度，最低零下 28.7 度。但是，我们合作师专比市中心还冷。有一年，我和马西良骑着车上班，戴的棉帽、口罩，里面都是冰。到学校以后，马西良用一个我们从省气象局专门弄来的温度计测了一下，是零下 29.2 度，当时，合作的气温要比现在冷一些。

校园修建，是从太阳能建筑起步的。刚开始有经费 40 多万元，是州上和省上拨的，然后有 100 万元的太阳能建筑补助，就是这 140 万元，使我们学校开始往前走的。再后面，争取到世界银行贷款项目，学校从这时才真正开始建设，也就是第一期工程。我们学校“世行办”的主任是张怀义副校长，他原来是老地下党员，也是我的第一任主管领导，我是“世行办”的副主任。当时学校一边办学一边建设。基建是这个学校发展的前沿，我和去世的王处长等人，就是走在前沿的。我认为，基建上的人员，综合能力要很好，最重要的是能吃苦，把整个身心都要放在这个上面。这个事情，可以说，比家里的事情还要重要，一定要做好。苦不苦？苦！我爱人说我去了合作师专之后，就没有见过我有休息的时间。我们（工程）最多的时候，同时开了大大小小 11 个工程，8

个施工队。我们就天天跑。现在一两个工地大家就感觉很忙了，当时的情况是可想而知的。

合作地区有效施工期只有半年多的时间，我们最后完成“世行贷款”项目后，受到了省上的表扬，给我们奖励了二等奖和锦旗。因为，我们和其他学校不同的是，施工期虽短，但我们同时完成了任务。我可以说这么一句话，合作师专的建设，包括建设的设计理念、设计质量、施工质量以及管理质量，这几个质量综合而成的工程质量，以及在当时情况下的工程管理方式、设计理念等方面，我们都给甘南州的基本建设做出了榜样。

王永琪处长，没有私心，一心一意为了学校的建设。他在癌症晚期的时候还说，没有为这个学校的建成尽更大的力量。我们基建处在他去世以后写了条幅“事业未成身先卒”。

学校把二期的基建任务交给了我，对于当时的工作，做得有很多不到之处，虽有遗憾的地方，但我还是尽心了。甘南四十周年大庆的时候，我们学校建的那个大门，在全州来说，是最好的一个景点，好多人过来照相。那个大门的设计，就是我的方案。当时有几个方案，通过的时候，我设计的方案在党委会上通过之后，就拿给设计师去设计，是王广平他们设计、临夏建筑队施工的。

当时基建处的人员是我、包建宏、老马和财务上的李莲梅、陈玉玲几个。

第一期工程完成之后，基建处和后勤处合并了，我到后勤处主持工作，兼任基建房产科科长，当时小包是副科长，他年轻，二十三四岁，我走之后，他又把基建处成立起来，负责学校的建设任务，能力很强。

基建处的凝聚力

我当时到学校去的时候，兼任的是机关团委的副书记，搞这些活动的时候，咱们倡导的是一些用现在的话来说，就是正能量。我经常说，我们应该珍惜一些钱买不来的东西，我们很多硬件上去了，软件却上不去，我们要珍惜一些美好的东西。我当时说过几句话，因为我年轻，可能不太正确，我说："同志们啊，咱们这样做——百分之四十的精力拿出来工作，不要嫌比例小，这百分之四十，我们全身心投入进去，就能把工作做好；百分之三十的精力，我们把生活搞好，我们基建处和后勤处每一个同志的事情，包括家庭的事情，都是我陈宏耀的事情；还有百分之三十的精力，同志们啊，咱们合作师专的确艰苦，所以就用来玩。"这多少年了，我都在想，这么说是不是错误的。有一年快放寒假了，只要放寒假，合作就很冷了，我记得那一年，我感冒了很长一段时间，干脆就不能上班。那天，我穿着大衣到校，开了一个处里面的会议。我说，大家马上就要过年了，辛苦了一年了，我们要对大家、对大家的家庭有一个交代，可我因感冒去不了，所以今年过年，由老马代表我辛苦一趟，鲁师把车开上，到我们这些同志们的家里面去，看望他们的家人。那一年，下了大雪，半路上把鲁师难为坏了。我们就是从这样琐细的事情上，去增强合作师专的凝聚力。现在学校发展了，有知名度了，我们脸上也就有光了。

"世行贷款"和太阳能建筑

太阳能建筑是这样的，我们学校刚开始筹建，比较艰难，资金很紧张。为了争取建设资金，我们积极争取了这个项目。当时争取太阳能建筑方面的事情，益希卓玛老太太也很热心。在我们高原地区，太阳能进行试验推广的时候，西北市政设计院和省科学院太阳能研究所进行了设计，设计之后，是由王永琪处长和马西良来管这些事情的，后来我就接手了。接手以后，不管合作师专太阳能成功与否，我认为，我们的太阳能建筑，已经获得了全国这个项目的三等奖，对于推动全省甚至全国的太阳能建筑，都起到了积极的推动作用。太阳能建筑的设计，是百分之七十的太阳能、百分之三十的自主热源。我们最终没有试验成功，是因为百分之三十的自主热源没有上去。那一年，东北召开了一次全国太阳能方面的学习会议，甘肃省教育厅的张凤宇参加了这个会议。他回来以后，就叫我过去，说："小陈啊，我要批评你，为什么我们'开花'让人家'红'呢，墙内开花墙外红。"我想起来了，东北来人咨询我们太阳能建筑，我比较慷慨，整整介绍了一天，介绍完以后，还把几个重要的图给他们拿走了。他说："那不行啊，我去看了一下他们的成果，其实是我们的成果，而且是从我们这里出去的成果。"我们合作师专对全省乃至全国太阳能技术的推广都是有贡献的。他说，我们为什么不总结，为什么不继续争取国家的这个项目呢。

太阳能建筑项目和资金，在当时的情况下，也是推进我们学校向前发展的动力。这个项目一上去，我们又有了世界银行贷款教育补助项目，我们趁着这个机会，获得了很多资金。所以，这个项目促进了我们一期工程的完成。我们学校才成了一个比较完整的学校，不是层次高，只是比较完整，像麻雀一样，五脏六腑都全了。世行贷款，太阳能建筑，我们的一期工程，做得是好的，得到了省上二等奖的表彰。那是中国改革开放之后接受的第一批世行贷款。也培养了一批建筑方面的管理人才，因为世行贷款是专款专用，我们必须严格按照设计、施工、监督、验收标准进行修建，这就培养了我们的建筑管理能力。

这个"世行贷款"对于我们学校来说是非常重要的。如果没有它，学校的起步会很困难的。甘南州那么穷，从哪儿去找钱？那时候，"世行贷款"的项目很多，除了基建项目，还有人员培训、一般设备、办公设备、图书馆设施、图书购置等。人员培训方面，当时我们的资金每年都是上交的。为什么呢？就是因为教师人少，老是完不成培训任务。但是，各部门也培训了一些人员。

当时，十八个人可以同时使用的体育器械我就弄来了两套。图书馆虽然还没有建好，但那些架子之类的，就是那时候买的。

学校事当自己家中事办

马西良同志年龄大，但脑子很清楚。当时他背个小包，合作师专机构成立后，大大小小的公章，都是他一个人背着。当时他要从农机厂骑自行车到师专，每天来了以后，先下工地，大大小小的事情都认真地做，吃了很多苦，我们不能忘了这些同志。记得划地皮的时候，他跟王永琪买了些酒和肉，把队长们请来，最后量出来的是160多亩。还有，我们学校西北角的是土墙，墙不直，是斜的，那一年墙倒了，我看来看去，发现我们学校要用的土很少了，没处取土，就需要我想办法。当时我是学校绿化办副主任，主任是赛仓。绿化的资金都是“世行办”给的，我们就买了些马尾松，买了些花树，装在车上，开到骑兵连，给连指导员，指导员高兴的呀。然后，我就说：“你看，有这么个小事情，我们学校的墙倒了，以前是斜的，我想弄直。”“弄直吧，这有什么呢！”骑兵连的指导员说。后来，我们取那个土坎上的土把墙打直了。把墙打直后，我算了一下，大概弄来了两亩多地。

那个时候确实是把学校当成家一样，这个工地那个工地天天跑，想把建设的质量搞好。但是，我们又不能跟施工队走得太近，必须保持距离，而且还要搞好工程。农历八月十五日，合作已经比较冷了，施工已经是比较困难了，工人有的已经开始走了。那天晚上，我给家里的人说，你们坐着，我去工地上看一看。我进到各个工棚，工棚里面的人在暗暗的灯底下坐着，在思念家人。我们的学校就是他们在那么一片草滩上建起来的。教学楼挖井桩的时候，第二天起来一看，野鸡、野兔、窜猪（獾）都掉在那个坑里面了，还有狐狸呢！

甘南情深

我在少数民族地区生活了38年，我是很有感情的。2014年4月19日，是我们知识青年上山下乡40周年纪念日，我是主策划，在兰州办了这么一个（聚会），李建中老师也来了，他是我的中学老师。合作一中73届知识青年上山下乡的老同学们聚在一块之后，我们就唱甘南的歌曲，跳甘南的舞，说的是我们甘南的话。我们全国各地的同学都来了，大家40年没见，感情深得很！我们喝了甘南的泉水，我们在甘南一块工作，再苦再累都是一块苦过来的，所以，我们对甘南还是很有感情的。每当我路过合作师专门口的时候，我心里面就有一种无法言表的情感，这个地方是我最年轻、精力最旺盛的时候待过的地方。我在师专10年，州计委10年。学校能够发展到今天这个样子，是几代师专人努力的结果。对于我们这一层人来说，我们的起点毕竟低，咱们实事求是地说，那时候，我们达到的是能够让学生来了，有个住处，能让他们吃上饭，能让他们上课，就这目的。现在学校“升本”成功，这是师专人共同的成绩。

对那些后勤处的同志，我很是想念，他们这些人，对当时的合作师专，都做出了贡献。我在会议上是这样说的：“咱们不管是工人、干部，正式工还是临时工，身份不由自己，是组织定的，国家定的，政策定的，但是有一条，我在这里说，只要干好我们的工作，就是给合作师专出了力了，就是好同志。”当时倡导的正气就是这样的。

2014年4月26日

本文选自甘肃民族师范学院编：《阳光记忆》，2014年7月。

“升本”改建　再铸辉煌

——合作民族师专升本历程

张俊宗[①]　口述　　苏晓红[②]　丁一清[③]　整理

规划与实施

2006年9月27日上午，按照省委安排，下午我就到校上任。我的首要任务就是“升本”——专科学校升为本科院校。但是，当时学校当时的办学水准与“升本”要求之间存在很大的差距。实际上，当时的首要问题并不是能不能“升本”，而是如何使大家将全部精力转移到“升本”工作中来。国庆过后，我带领学校班子前往省教育厅进行衔接，了解“升本”需具备的条件和要求，并开展调研。在了解政策之后，我认为“升本”这条路还是畅通的。按照教育部规定，“升本”每三年进行一轮，在西部地区，2008年就有一批次，如果错失这个机会，就要等到下一轮次，需要等待很长时间。

我们学校“升本”与其他学校“升本”相比，面临的困难更

---

① 张俊宗，甘肃民族师范学院原党委副书记、校长，教授。

② 苏晓红，甘肃民族师范学院历史文化系讲师。

③ 丁一清，甘肃民族师范学院校办副主任，副教授。

大。教育部对“升本”的硬指标，一是学生规模必须在6000人以上；二是校园占地面积要在500亩以上，每一个学生占有的土地面积为8分，学校校舍建筑面积20万平方米；三是专任教师队伍达到两个30%，即硕士研究生学历以上人员必须占到30%，副高以上职称达到30%。用这几项指标来衡量我校当时的情况：原有土地260亩，2005年争取了400亩，按照确定学生人数规模，需要达到800亩，还缺少约200亩；学校校舍建筑面积只有8.5万平方米，距离20万平方米还差很多；从资金上说，需要资金2.02亿元，其中新区基础设施及水、电、暖建设至少需要2000万元，考虑到永久性，管道设施建设需要4000万元，家具配备需要1600万元，学校实际只有1000万元能用；到2008年，我们的学生人数估计将有7000人左右，按照教育部规定，以生均5000元的教学仪器设备计算，还需要资金2500万元。这些数字加起来就是3亿元，因此，要选择在2008年“升本”，不到两年的时间内，把缺的东西补上，几乎是不可想象的事情，与“升本”距离很遥远。但当时学校确定的目标就是力争2008年起步“升本”，确保2012年完成“升本”。所有的准备工作都是以2008年为目标来设定的。

2006年11月中旬，我们召开了全校中层干部会议。当时学校没有一个正规的开会场所，会议安排在艺术楼舞蹈排练厅进行。会上我着重讲了三个问题：一是我们距离“升本”有多远。按教育部规定的五项指标，我们连一项也没有达到，而且每一项实施起来难度相当大，就拿师资这块来讲，学校引进的师资基本为清一色的本科生，包括我在内，硕士生及博士生只有26名，2008年必须达到80名，加上委托培养的人数，共计在100人左右，差距很大。要想完成五项指标要求，等于在两年时间内完成20年的建设任务。二是对为什么要“升本”的问题做了分析。三是讲我们应该怎么办的问题。我告诉大家，马上动手。第一项工作，依据实情，我们当时提出按照10万平方米校舍来设计，到2008年需要新建

10万平方米，只有达到这个规模，专家评估才有可能通过。这些方案基本确定之后，向甘肃省教育厅提交了报告，请求给予支持。

2007年9月，省教育厅全面听取了学校关于“升本”的报告，当时申请“升本”的院校有兰州工专、甘肃联大和我们学校。不久，教育厅就印发通知，支持我校“升本”工作。听到这个消息后，大家情绪高涨。但是“国庆”过后，教育厅却告知由于学校基础薄弱，为了考虑全省“升本”工作的顺利进行，领导建议把我们放到下一轮次，推迟学校“升本”工作。并且这个消息已经在小范围传开。记得在逸夫楼二楼，有教职工曾询问我“升本”工作，我说“升本”工作坚定不移执行，“升本”时间绝不推迟，我去说服省上领导，能不能说服领导是我的工作，能不能按时完成“升本”建设任务是大家的事情。

是年12月，我找到主管教育的省上领导，领导说我们基础差，不要着急，不要勉强。我坚持“升本”，向领导陈述学校的特殊性和“升本”的重要性。不久，省上领导带领省教育厅、财政厅一行人来甘南进行教育考察，并在我校召开会议听取工作汇报。会上，我对学校的软硬件建设做了详细汇报。当时，我们1000万元硬件建设已经全面铺开，在软件上，我们连续召开教学会议，推出三学期制、双语教学、教师教育体制改革、课程体制改革等11条教学改革措施；学校还召开科研工作会议、校园文化建设会议。听完关于校园建设的计划后，省领导和考察组被我们的“升本”决心打动了，考察组表示，通过听取汇报，一个大学的轮廓正浮现在他们面前，他们看到了一所新的大学，他们改变了原有观念，偏远地方不会只有偏远的思想。考察组对学校三学期制以及体制改革等工作给予了充分肯定并寄予厚望，认为学校完全可以按超常规的方式发展，表示将采取各种措施全力支持学校发展，力争在2008年实现“升本”。

在得到再一次肯定答复后，我们信心倍增，同其他两所院校

“升本”相比，我们有得天独厚的条件，教育部规定地级市原则上要设立一所高等院校，加之甘肃是一个民族大省，但民族院校少，所以，尽管我们的条件不如兰州市内高校，但我们硬件建设铺开的场面要大得多，其他学校虽然积累了很多东西，但各项建设还处在计划当中，而我们学校已经处在建设当中。到 2008 年上半年，“升本”准备工作步伐加快，2 月将“升本”院校材料上报教育部，5 月底省内评估专家组到校进行审查。我们向带队专家表达了全校师生“升本”的决心和信心，并对每个条件指标情况进行了阐述，“升本”办公室熬夜对“升本”材料进行了详细、精准的修改，努力将学校办学理念、建设成果叙述得更为详细，强调学校的布局问题，强调在甘肃建立一个高等民族院校的特殊性问题，强调学校办学思想定位准确问题。专家组一行对我们形成的报告很满意。接下来，我们准备迎接教育部评估组到来。

等待的过程是漫长的，我们很担心，一方面自我争取力度不够，主要还是内涵建设方面，是否能“升本”变数很大，在未接到专家组到来的通知之前，这件事一直都是悬着的，心里很忐忑；另一方面，我们又暗自高兴，专家组来的时间越迟，给我们准备的时间就越长。后来，接到通知，专家组 12 月份到校，我记得是 12 月 15 日发的通知，很急。接到这个通知我特别高兴，这表明教育部通过了对学校“升本”的必要性和政策性的审查。当时，兰州工专因不符合条件被刷掉了，只剩下我们和甘肃联大。12 月 23 日，教育部专家组抵达兰州，评估分两地进行，开幕式在甘肃联大举行，甘肃联大在会上做了工作汇报，专家组参观了联大实验室以及基本建设，召开了座谈会，晚上观看了晚会。12 月 25 日，专家组一行来到合作，对学校进行全面考察评估。

师资队伍建设

要实现“升本”目标，就必须在两年内引进80位教师，才能达到指标要求，所以当时的压力非常大。2006年底的时候，学校分管领导和人事部门分别在宁夏、四川、陕西等省区进行了大规模的宣传活动，并邀请有意愿的60多人到学校，我们以最热情的方式进行接待，但离开学校时只有20多位教师签订了协议。第二年，我们继续加大宣传力度，又吸引来了40多位老师。到2008年，师资队伍建设压力就变得小了。我当时提出，学校的师资队伍建设一定不能走别人走过的路子，我们要以自有教师为基础，以兼职教师为充实，以外聘专家为带动，建立具有自身特点的师资队伍结构模式。特别是在我们这样一个民族地区、高寒地区，要建设一支稳定的教师队伍，是一个长期的难题，不是短时间内能够解决的问题。所以用什么样的方式，打造什么样的平台，使得有稳定的外聘教师到学校来进行一段时期的稳定工作，实现我们“不为所有，但求所用”的目的，这是我们必须要解决好的问题，如果解决不好，我们讲高素质的教育就永远是一句空话。

按照学校师资队伍建设思路，我们通过设置夏学期，给外聘教师、兼职教师找到了一个很好的平台，保证了这些教师能稳定地到学校工作。夏学期制我们已经连续运行了七年时间，从这七年来看，发挥的效益是非常大的。外聘专家主要来自省内高校援助我校教育教学工作所安排的人员，与此同时还通过其他的一些渠道，比如说，组织部安排的校长助理来我校，聘请一些退休的老专家来我校工作等。

在自有教师建设方面，学校提出了“三百工程”，即百名现有教师，百名教师课程进修转型发展和引进百名高学历教师。目前，随着“三百工程”的结束，我校师资队伍实现了几个根本性的变化：一是硕士以上的教师突破 50%；二是教师学缘结构、职称结构均得到了较大改观。但目前整个学校教职工缺编近 400 人，也就是说现在用 60%的人在干 100%的活，教职工总量严重不足。我们原有的本科段的教师，通过学历提高，不仅改善了自己的知识结构，提高了自身的教学科研能力，更重要的是通过夏学期，为他们提供了一个专心做科研的时间，为高级职称的晋升打下了良好的基础。这种变化到 2013 年才开始体现，整个教师的职称进入正循环。2013 年之前，能够达到评教授资格的教师寥寥无几，每年就 2 ~ 3 个人。正是通过“充电”的这样一个过程，从 2013 年开始，教授一次通过了 11 人，2014 年晋升教授的有 15 人，职称结构趋于合理化。

教师队伍结构上的变化，对于学校未来的发展是非常重要的。我们不局限于只招本省的教师，更多的是将工作重点放在外省。这也使得我校引进教师队伍中外省来的教师的比例在不断扩大，教师各个方面的结构发生了变化。如教师结构方面，在 2006 年之前，教师基本都来自西北师大和西北民大两所学校，现在教职工毕业学校将近 100 所；教师毕业的学校类型变得多样化，以前是师范和民族院校为主，如今涵盖了各个院校，比如工科院校、农科院校等。教师队伍实现了五个转变，即从本科生到研究生的转变，以省内高校为主向省外高校转变，以普通院校为主向重点院校转变，以本省生源为主向全国生源转变，以个别院校为主向多样院校转变。这些转变为学校今后的发展奠定了非常坚实的基础，来自四面八方的年轻教师，为祖国的民族教育事业牺牲了很多利益，这正是我们学校不断发展的强大的精神力量。

办学定位与办学特色

一所学校，一所大学，我们经常讲办学定位、办学特色，其实它涉及指导思想的问题。指导思想是一个多层次的东西。

首先是大学理想。就像一个人要有自己的理想一样，是要成为有益于社会的人还是无益于社会的人，希望自己成为一个严肃紧张有序的人还是一个玩世不恭的人，大学同样也需要有自己的理想。

其次是理念。理念是属于主观层次。如果说理想是一个比较虚的东西，那么理念就变得更实一些，理想和理念都是一个长时段的东西。

最后是指导思想。指导思想是在一个时间段里，这个时间段不可能是5年或者几年，它可能是三四十年里我们应该坚持的一种办学理念的思想。对于这样一个学校，作为一个校长，首先不在于具体做哪一样东西，而是应该给这所大学树立一个理想。当然不是一个校长树立一个理想，尤其现在是我校转型的时候，由专科到本科实现新突破的时候，我们更要树立自己的理想。

对于我校的办学理想，应该是什么？我到现在为止还不能很清晰地表达出来，但至少有这样几条需要坚持：第一，大学应该具有强烈的人类使命感和主动服务的社会责任感。大学的知识，大学的境界，不是一个段落、一个地区，而是面向全人类。比如我们在弘扬和传承藏族文化，它绝对不是局限于为了藏族而传承，而是为人类保留这样一种文化，藏文化是属于全人类的。如果说前者是使命感，那么主动服务社会则是一种责任感。主动服务社会是现代大学区别于传统大学的一个根本性的标志，现代大学对社会提供的服务是主动的，而传统大学提供的服务是被动的，现代大学必须对社会提供全方位的各种各样的服务，这也是一所大学该有的使命感。第二，一个学校应具有强烈的变革意识、革新意识，或者叫强烈的朝气、活力，或者叫创新创造意识，以及甘于淡泊名利的一种修养。一个好的大学就应该是这样，它是不断地充满了创造力，充满了创新意识。大学如果不能在人类发展历史上提供创造性的东西，人类将不会走到今天。我们每年统计到的各类创造发明大多来源于大学，所以一个大学是一个社会、一个地区、一个国家创新的永恒的动力，一所大学就必须要有这样的创新精神。在这样的精神之下，我们还必须要有一种淡泊名利的修养，这就要求我们的老师们甘于坐冷板凳，不为功利，一切都是为了探求新知识、新思想，那么这样的大学才是一所好的大学。第三，具有鲜明的个性，一所大学同时还要有宽容博大的、容纳大家的情怀。

理念层面，我讲得更多的是“阳光品质”。阳光品质就是承载我们理想的中介，我们将其概括为：“大爱无华，昂扬向上，追求和合，自强不息。”第一，“大爱无华”，就是一种强烈的使命感，对社会之爱，对人类之爱；第二，“昂扬向上”，就是充满创新和创造性意识；第三，“追求和合”，校内人员之间的和谐，学校与社会之间的和谐；第四，“自强不息”，即永不言败的精神。在这几个层面里，在我看来能称为我们学校的一种精神文化追求就是“昂扬向上”。我们学校到现在办学 30 年，教师平均年龄 30 多岁，应该说是中国高校里，教师平均年龄较低的学校，这是一个弱点，因为年轻没有资本、资历，我们稚嫩的东西还很多；但优点在于，年轻人充满活力和创新，没有传统的束缚。如果我们的学校始终涌动着活力，那么就说明我们的文化得到了真正的沉淀。一所大学一定要有重要的精神支撑。

校园文化建设

在 2007 年，学校“升本”之前，我们召开了三个重要的会议，分别是教学工作会议、科研工作会议和校园文化建设会议。在校园文化建设会议中，我们提出了三个层面的建设要求：第一，建设甘肃民族师范学院的精神文化；第二，建设体现甘肃民族师范学院特色的活动文化；第三，建设体现甘肃民族师范学院的外显文化，也就是物质性的文化。在物质文化这个层面上，从我校的整体建设、学校的外观到每一个建筑物的设计、总体规划，我尽到了一个新的发展时期校长该尽的责任。一个学校到了一个新的发展时期，规划一定要由校长亲自设计。目前，甘肃民院得到外界最大的赞誉就是它的独特性，一进到学校就感觉全国再也没有其他大学跟它一样的、相似的、重复的；另外在具体的单体设计中校长也要负主要责任，现在大家都认为我校的总体规划是科学的，主教学区、辅助教学区、生活区的规划都很合理。

在特色的活动文化建设上，我们通过两个层面全面推进：一是高品质的系列活动，打造精品活动；二是通过大量的活动课程的建设，夯实活动的基础，在这一块我们已形成一定的规模，但是总体的品位还不够。在近 8 年时间中，我最遗憾的是没有给这所学校树立起很好的精神，有其形但无其神。所以我经常在说，如果让我重新开始做校长，我想我就做一件事情，那就是打造精神。实在的东西关注得多，精神的东西关注得少，缺乏豪气。我希望全校教职工生活在这里就像生活在香巴拉里，把日子过得像散步一样。人的一生中要有成就感就应该办好两件事：第一，决心与毅力；第二，持久的耐心。我们应该把心放下，然后再去寻找未来。我们是一个集体，我们一定要和谐，我们应该为每一个人的成功呐喊、助威，不要为了自己站在别人的肩膀上去实现自己的目标，而要形成一个和睦的大家庭。

“自信人生两百年，会当击水三千里。”我们需要一种豪气。在此次校庆中，我特别提出了三句话：“展示成就，促进合作，提升品质。”提升我们的人生品质，首先要从我们的教职工开始，要通过校庆使得我们有一种变化，要让我们每一个人都有改造自己、提升自己的巨大空间和这种必要性、迫切性。我们要从自己小小的世界中走出来，要融入大世界里面来。对于学生，学校很大一部分学生来自农牧区，我们将努力把他们教育成、变化成、培养成一个城市的孩子，让他们有规则地去生活，去适应城市生活，提升生活品质和精神涵养。

办学思想

一个高校的办学思想直接决定了它的走向和命运。我们学校的办学思想，经过几年来的不断完善，已形成“三个仅仅”“三个动力”“三个特色”“四个目标”。

2011 年在进行“十二五”规划的时候，按照这个指导思想我们又提出了更具体的“十二五”期间的指导思想，即“跨越建设，转型发展，深化内涵，提高质量”。所谓“跨越建设”，就是硬件设施在“十二五”期间有一个超常规的发展。常规建设时候我们可能一年增加 1 万～ 2 万平方米的建筑，但在这“十二五”的五年之内，我们要完成更大量的建设任务，使得学校的基础设施能够基本满足我们教学科研的要求。所谓“转型发展”，就是学校要实现三个转型：一是由专科到本科的转型，这一目标随着学校的“升本”，完成了阶段性任务，但还有一项工作未完成，就是课程方案的修订，由以知识为本向以能力为本的课程方案转型；二是由单一的师范教育向师范教育与应用技术型并重转型，随着应用技术转型专业的建设，将来我校有两个“半边天”，一个是师范教育，另一个是应用技术专业，应用技术专业要达到 30 多个专业，才能把这个学校撑起来；三是由单一人才培养的功能到全面为社会服务的功能转型。这些年，学校除了招收学生以外，还积极为地方社会承担各种培训工作，提供各类科技服务，学校着力提升社会服务能力。

2014 年，教育部颁发了现代大学制度建立过程中的一个举措，就是建立大学的学术职能。1994 年确立的“学术委员会”，在 20

年以后才开始真正落实，从这当中可以看出我校教育改革的思想非常前沿，但道路也非常艰难。学术委员会有三大职能：决策职能；咨询职能；评议职能。今后，我们要着力发挥好各种职能，围绕地方经济发展，我们学校获得的自然科学、社会科学国家资金项目总量不断增长，学校重点研究基地、重点学科、重点实验室数量不断增加，已建成省级以上重点学科四项，重点研究基地三个，其中“藏学（安多藏文化）”和“生物化学与分子生物学”是国家民委重点建设学科，“西北少数民族教育发展研究中心”是国家民委重点研究培育基地，学校科研能力在不断提升，学术氛围日益浓厚。

2014年6月5日

本文选自甘肃民族师范学院编：《阳光记忆》，2014年7月。

我所亲历的合作师专“升本”改建过程

牟吉信[1] 口述 李勇进[2] 整理

亲历“升本”

合作师专校党委于2006年11月召开党委会议，成立了学校“升本”工作领导小组（后因人员变化又做过一次调整）。领导小组下设办公室，办公室主任是周均发副校长，我是副主任，下面设了材料组、教学工作组、宣传与学生工作组、条件保障组、财务组、督查组等几个小组，正式启动“升本”工作。

在动员会上，张俊宗校长作了主题动员，题目是《我们离“升本”有多远》。张校长结合教育部“升本”指标，算了两笔账，指出学校的办学条件与部颁标准之间的差距非常大，硬件方面、软件方面都有差距，最主要的差距是师资队伍建设。当时的生师比接近30∶1，而指标要求是18∶1，教师总数严重不足；教师结构不合理，研究生学历教师在专任教师队伍中所占比例、副高以上专业技术人员在专任教师队伍中所占比例偏低，大约是10%，距指标要求的30%有很大差距。硬件设施方面，校舍面积、教学行政用房面积、图书资料、实验设备、百名学生占有计算机台数、

① 牟吉信，甘肃民族师范学院副院长。

② 李勇进，甘肃民族师范学院历史文化系讲师。

学生总数、校园面积，等等，都不够，差距很大。这是张校长算的第一笔账。

第二笔账是通过什么有效措施，在短期内缩小差距，达到指标。我记得第一笔账算完后，会场上一片沉寂，谁都不吭声了。虽然以前也常讲"升本"如何如何，"升本"是未来几年学校的战略目标，但究竟"升本"意味着什么，如何"升本"，我们距"升本"有多大的差距，谁也没有认真算过这样一笔细账。当张校长算完第二笔账，提出了他的一揽子改进教学、加强师资队伍建设、加快基础设施建设步伐，拓宽融资渠道，短期内缩短差距，实现"升本"目标的思路和办法后，大家僵硬的表情开始融化了，特别是当他讲出"凝心聚力，全员参与，破釜沉舟，背水一战，誓夺'升本'一役之胜利"的结束词时，会场的气氛被点燃了。我相信，正是在这一刻，所有与会者的心里，才真正体会了书写在校园墙壁上的那句话："艰苦不缺志气，缺氧不缺精神"。

在此后的2007、2008两年中，全校师生全力投入到"升本"攻坚的各项工作中。

师资队伍建设是各项工作的重中之重。具体措施：一是学校派出人员到西北甚至全国高水平院校引进硕士生。我参与了第一次引进工作，分管人事和师资的周均发副校长负责，校办主任敏贤麟、人事处长罗信军和我陪同周副校长到兰州、宁夏的几所高校招揽人才。当时不管什么专业，只要是硕士生，只要愿意来，就给3万～5万元安家费，一下就吸引了50多人，这50多人进来之后，离指标差距就缩小了，到2008年这个问题已经基本解决了。二是学校与省委组织部、教育厅协调，抽调兰州市内高校骨干教师来校支教，帮助学校的学科建设。第一批支教的教师是8名，分别来自西北师大、兰州理工大、甘肃农大等院校，都是教授、副教授，省委组织部、教育厅领导在理工大学为支教的教授们送行，张校长带学校组织、人事和办公室的同志去接，途经临夏市后杨度假村用午餐，用餐期间，杯具、吊灯剧烈摇晃，不久，就传来了四川汶川发生特大地震的消息。这一天，是 2008 年 5 月 12 日。三是设置夏学期，聘任全国高校专家教授担任客座教授，开设选修课程，作为自有教师的补充。自有教师这一块，学校出台鼓励政策，支持教师提高科学研究的能力、水平，科研成果连年翻番，副高及以上专业职务评聘数量大幅上涨。到 2008 年下半年，副高以上专业技术人员在专任教师队伍中所占比例偏低的问题也基本解决了。

硬件设施这一块只要有资金很快就能上去，但当时学校账面上的资金只有三四百万元，而满足“升本”评估投入建设的资金至少需要 3 亿元。张俊宗校长、马建华书记和分管财务的穆文龙副校长多次找分管教育和财政的省上领导和发改委、财政厅、教育厅的领导汇报工作，争取政府渠道的专项资金，甚至远赴北京争取，我知道有一笔从财政部争取的资金，额度是 1000 万元。同时，向银行做工作，当时银行放贷比较紧，所以压力比较大，条件也比较苛刻，最后还是争取到了银行的资金。除争取政府专项和银行贷款，还通过融资、借贷等办法，凡是当时在政策允许的范围内能想的办法都想到了，该用的招数都用上了。就这样，基础设施和装备在不到 3 年的时间基本都完成了，像天之蓝餐厅、六号公寓、七号公寓、理化实验楼、图书馆等都是在这一时期建成的。2006 年底计算家底的时候设备只有一千五六百万元，2008 年的时候已经达到 3600 多万元，翻了一番多，目前已超过 8000 万元，校舍面积从不足 10 万平方米增加到 30 万平方米，固定资产从不足 8000 万元增至 3 亿多元。2008 年接受评估的时候，唯一没有达到指标要求的只有纸质图书藏量，到现在也没达到，其他的通过两年多的工作都达到了。

“升本”办主要负责“升本”工作的协调组织，还有各种材料的起草。整个工作从开始到结束都是张校长亲自指导的。“升本”

材料从初稿到定稿，至少修改了20遍，重要的修改大概有六七次。工作忙的时候，“升本”办人员连续加班，几个晚上不休息，是常有的事。很多时候工作到夜里两三点、三四点，就睡在办公室的沙发上，第二天早上接着做。我当时是校办主任，兼“升本”办副主任，李新平是材料组组长（时任校办副主任，现为卓尼县委副书记），王纬、李锦煜、高君智、丁一清、杨世堂是材料组的骨干。5月的一天晚上，我记得工作到凌晨4点，天也很冷，李新平家住市区，没有车，就在电脑桌上趴到天亮，结果就中风了，嘴歪在一边，省上专家初评的时候，嘴还歪着。主报告在最后印刷前又进行了一次修改，时间是12月底，因为1月初在海南召开评审会，材料要在会前送到，我和李新平几人在兰州一家印刷厂里做校对，最后校对定稿的时候，张校长来电话说，先不要开印，他正从北京赶回，晚上10点多的飞机，有些情况出现了变化，一些数据需要调整。我们带司机从机场接张校长回家，时间已经是午夜了。张校长一边谈，我们一边记，结束时是凌晨2点。当时省上召开“两会”，宾馆都住满了，好不容易才找到一家能够上网的宾馆，开了两间房，两台电脑同时工作。主报告中一个数据发生变化，相关的几十份材料都得调整。早上七八点时，终于完工了，立即送印刷厂开印。上午11时许，100份散发着油墨清香的论证报告和辅助材料印制完成，而这时候，张校长已在中川机场，等着带材料飞赴海南三亚。

2008年5月28—30日，教育厅专家组受教育部委托进校初评。专家反馈的时候，每一位专家都感动了。我记得闫思圣组长谈的时候都流泪了，他说，这个学校筹建的时候，他就是筹建领导小组成员，没想到20多年，学校发生了翻天覆地的变化，在高原环境里艰苦创业很不容易，他要亮高分。当然，专家们也指出了在学科专业建设和管理方面存在的一些问题，要求进一步规范和加强。12月25日，教育部专家来校考察。

2009年1月15日，三亚会议专家投票。10点45分，李新平从三亚打来电话，声音颤抖："老哥，好消息，高票通过！"我从沙发上一下子跳了起来。不久，院子里响起了经久不息的鞭炮声。

学校"升本"挂牌庆典的时候，我已进了学校领导班子。学校成立了揭牌庆典活动领导小组，设立了办公室，我任办公室主任。庆典时间确定为7月26日，日子是前任副校长、爱国活佛赛仓教授看的（这个日子后来被确定为校庆日）。来宾邀请了教育部、国家民委、省上四大班子、省委宣传部、组织部、统战部、民委、教育厅、财政厅、发改委、兄弟院校、甘南州四大班子、生源地（临夏州、甘南州、甘肃省内五个民族自治县）领导、学校离退休老领导、老教师，一个大名单，五六百人。准备活动方案、印校庆彩页、准备纪念品、邀请观礼嘉宾、订酒店、排练节目、整治卫生环境，等等，那段日子，全校上下洋溢着节日般的气氛。省委常委、统战部长刘立军和副省长郝远，代表省委、省政府参加了揭牌庆典。庆典活动是在阳光广场举行的，前半段，一直下雨，临近结束，雨过天晴。这是学校建设发展史上的一个大日子，全体师生一起见证了这个日子。学校很多离退休老领导、老教师也参加了庆典活动，在典礼后的座谈会上，他们抚今忆昔，感慨万千。

校园环境建设规划

我进入学校领导班子之后，主管工作之一是学校后勤处，校园环境建设是重要工作。2008年，我们做过一个比较完整的校园环境建设规划，后来基本是围绕这个规划分步实施，不断完善。主要依托一山一河自然环境，教学区、学生活动区、生活区三个区域，体现现代化高校特色、高原民族特色，营造绿化、美化、亮化和人文气氛浓郁的校园环境。园林、桥廊、道路、湖面、草地、树木、花卉都围绕这个大的思路铺展。已经初步形成的有阳光广场、民族团结广场、科技广场、艺术广场、北山民族风情园、九思园、达娃湖区景观带、丁香园、牡丹园等。限于学校的财力，目前只能是分步实施，整体规划还需进一步完善、优化。我一直有个想法，等我们主要的基本建设完成以后，把学校的环境做一次整体规划和设计，把已经形成的景观环境串起来，精品化，形成整体格局。现在是有一点钱干一点，一年干一点，虽然该绿的都绿了，该硬化的都硬化了，但景点的点与点之间、点与线之间、线与面之间显得有些乱，缺乏逻辑。但我想，再过几年，随着学校事业发展，资金情况允许，整体进行设计和建设，那时的校园，应该比现在更美，应该是省内最美的高校。这一天，也应该不会太远。

2014 年 5 月 17 日

本文选自甘肃民族师范学院编：《阳光记忆》，2014 年 7 月。

合作师专的校园诗歌文化

牟吉信　口述　　李勇进　整理

甘南诗歌峰会暨校园诗歌节

合作师专“升本”改建主要分三大块：基础设施建设、教育教学改革、校园文化建设。“甘南诗歌峰会暨校园诗歌节”，可以说是校园文化建设中的一个“高标”。“甘南诗歌峰会暨校园诗歌节”已经举办了五届，我这里说说第一、二届的情况。

第一届举办时间是2007年9月29—30日。当时，我在甘肃农大挂职做校长助理，张俊宗校长给我打电话，说中秋节前后想举办一个校园文化活动，让我从兰州请几个人，举办一个文学笔会或诗歌研讨活动，活跃一下校园的文化气氛。我利用“国庆”放假，从兰州邀请了省内的一些诗人、作家、评论家，9月29日到达学校，召开了一个研讨会，举办了一场朗诵会，会后赴碌曲尕海、郎木寺进行采风。当时活动的名称就定为“甘南诗歌峰会暨合作民族师专第一届校园诗歌节”。参会的诗人、作家有：著名诗人、《兰州文苑》主编阳飏，西北师大文学院院长、诗人、民俗学家彭金山教授，省社科院文学研究所所长、作家、评论家马步升，诗人高尚、才旺瑙乳、刚坚·索木东，小说家史生荣等；州内的作家有完玛央金、李城、道吉坚赞、扎西才让、敏彦文、杜鹃等。

研讨的主题是“弘扬新时期文化，传承华夏诗教，推动素质教育，提升校园文化”，同时对甘肃文学界的甘南诗歌现象进行了专题研讨。晚上在大学生活动中心举办了诗歌朗诵活动，参会的诗人、作家和师生一起参与了这个活动，张俊宗校长、道周副校长也先后登台朗诵。这次活动吸引了一些媒体，像《甘肃日报》《兰州晨报》和州内的媒体等进行了报道。这当然不是学校的第一次诗歌活动，但在学校层面进行组织并正式冠名，应该是第一次。

第二届是在2010年7月21日，召开了“甘肃省当代文学研究会年会暨第二届甘南诗歌峰会”。甘肃省当代文学研究会是省文联下属单位，每年都要召开年会，那一届年会由我校承办。我和会长彭金山教授具体策划组织，参会人员达一百多人，规模很大，代表规格也比较高，省内文学创作、文学批评和文学研究的一些名家基本上都参加了。有省文联副主席、《飞天》杂志原主编、著名诗人杨文林，省文联副主席、著名文学评论家谢昌余，省作家协会主席、著名诗人高平，省作协副主席、《飞天》杂志主编、文学评论家、报告文学作家陈德宏，省社科院文研所所长、著名作家马步升，西北师大副校长、文学评论家朱卫国教授，兰州大学彭岚嘉教授，西北师大邵宁宁教授，西北民大陈志仁教授，以及州内的一些作家、诗人。这一次会议研讨的主题是“关于西部文学的思考”，与会的作家、诗人就当代中国的西部文学想象问题、西部文化以及西部文学研究中的后现代视角的问题，进行了深入研讨。晚上安排了诗歌吟诵活动。第二天与会作家分两路，第一路去冶力关，第二路去郎木寺、腊子口进行采风。第二次甘南峰会的活动规模要比第一次大，参与的人员也多，影响也更广。当时《文艺报》《甘肃日报》、甘肃新闻网等重要媒体都对这次活动进行了报道，会议论文在《飞天》《甘肃文艺》上作了选登。

甘南诗歌峰会（又称“校园诗歌节”）后来又有延续，校党委宣传部、汉语系和州文联合作又搞过几届，现已举办五届。

达娃湖大型诗歌诵读会

在校园文化建设活动中，最难忘记的是首届“达娃湖大型诗歌诵读会”。

首届甘肃民族师范学院达娃湖“金秋月明”大型情景诗歌诵读会，举行时间是2010年9月25日，正是中秋节。按届次应该是第三届“校园诗歌节”。

这个创意是怎么出来的呢？2010年9月下旬，学校开会安排中秋放假事宜，会后，张校长对我说：“中秋放假假期短，近处的学生可以回家，远处的学生回不了家，大量学生会继续留在校园里，我们应该关心一下，可不可以搞点什么活动，让学生有事干，参与进来，特别要针对新入学回不了家的新生，他们刚刚离开家庭、离开亲人，思乡之情浓烈。”当时商定举办一次诗歌吟诵活动。考虑到“大学生活动中心”空间有限，最多只能容纳500人参加，而留校学生应该在3000人以上，“大学生活动中心”解决不了让所有学生参与的问题，所以考虑放在户外。主要的思路是张校长提出来的，觉得达娃湖周边开阔，有桥、有亭、有岛、有水、户外有月亮，中秋节嘛，再补充一点灯、光、电、音响设备，应该效果很好。他问我可不可以做，我说可以。事情就这样定了下来。

我记得是星期六晚上，张校长跟我谈了思路，安排了这件事，中秋节是星期三，只有三天的准备时间。当时学校有举办大型活动的经验，协调运作方面还是比较好的。星期天是休息日，早晨我就召集相关人员开会，参与的有党委宣传部、学生处、院团委、汉语系、音乐舞蹈系、外语系、后勤和办公室的负责同志。头脑风暴，大家一块来研究、细化方案，确定主题，编串节目，安排场地，解决灯光、音响、布景、嘉宾邀请、演出区域和观众位置划分，等等。在会上，我们把任务进行了分解，节目的大概版块在会上就做出来了。当时演出选景的地方有三个：一是达娃湖的湖心九孔桥，利用九孔桥的天然场景作主演出区域；二是达娃湖简易浮桥和吟月亭，作为第二个朗诵点；三是在水面扎一个浮筏，作为第三个朗诵点。在三点之间观众区域的草坪上安排两个学生集体诵读区。然后就是灯光和音响问题，特别是能够打亮湖面移动浮筏和九孔桥的远程追光以及户外大功率音响设备，当时校内的资源还解决不了，必须通过州歌舞团，从兰州租用。主要的活动区域，环湖周边，都要进行亮化，九孔桥后设置一个悬空背景，荧光镂出“金秋月明”四字。要求是在中秋演出当夜，营造出达娃湖周边五彩缤纷的节日效果。这些都要在两天内完成。各部门协作执行能力还是比较强的，会后马上开始实施，到中秋节那天中午的时候，基本已经落实到位了。资金也是在两三天内同步落实的，没有花学校一分钱，张校长和我亲自找了几家合作承办单位，其中有甘南电信，总支出是 5 万元，主要用于租用设备和购置电缆、花灯、荧光灯管。下午进行了彩排。晚上 7 点半明月东升，花灯初绽，活动正式开始。除了邀请校内的领导、师生参与之外，还邀请了甘南州军分区、甘南州委宣传部、甘南州教育局、甘南州文联、甘南州广播电视台的领导和工作人员参加了这项活动。

首届“金秋月明”大型情景诗歌诵读会，确定的主题是“思亲情、思友情、思民族团结情”，从历代名篇中选取了一些关于亲情、友情以及和月亮、祖国有关的篇目，包括学生自己创作的作品。我记得朗诵的高潮出现在整个活动的中段，舟曲籍同学集体创作了节目《我们在一起》。2010 年 8 月 8 日，舟曲发生了特大泥石流灾害，家园破损，人员财产损失非常严重。那一年学校舟曲籍学生有四十多名。他们入校以后，学校对来自灾区的这些学生非常关心，报到的时候开辟了绿色通道，减免学费，中秋节时考虑到这些舟曲的孩子回不了家，有些孩子的亲人在泥石流当中不在了，所以安排他们在这里度过中秋。这些孩子联合起来编创该节目，四十多个同学，每个人手捧一只小蜡烛，灯光暗下去之后，草地的每个角落燃起了烛光，效果非常好、很感人，我到现在还记忆犹新。

这是第一届达娃湖吟诵活动。为什么叫“情景诗歌朗诵”呢？这是借鉴了张艺谋《印象丽江》《印象刘三姐》等户外大型演艺活动的做法，充分利用环境，把达娃湖的桥、亭、廊道、水面、中秋的月光，人工的声、光、电，以及散处不同区域的演出，有机调动、结合，共同营造、烘托出天人合一、情境合一的演出效果。这对我们来说，是一次大胆的尝试，也是一次成功的尝试，收到了非常好的效果。

第二届是在 2011 年 9 月 9 日，也是中秋节。这次活动我们又有了一些新的创意，想把省内高校都拉过来，当时邀请了西北师大、兰州交通大学、兰州理工大学、西北民族大学等院校。邀请的应该不止这四所学校，但最后参加的是这四所学校，由他们派出学生来参加。有了第一次的经验，加之时间充裕，所以这一次的活动组织就显得更为成熟，活动实况被省州的媒体进行了报道，在全省高校形成一定影响。

这两届我参与了组织，印象很深刻。天公作美，花好月圆，诗情画意，师生环湖而坐，品尝着月饼，欣赏着高原的月亮和自己的演出，感觉很好。这两次活动张校长不光是主要的创意策划者，还是亲身参与者，他带头参加活动，上台朗诵，宣传部鲍俊辉部长、教务处李锦煜处长、财务处郭向玲处长、汉语系巩巧梅主任、杨琳副主任、外语系乔令先主任、院团委张雪艳副书记等都参加了朗诵和表演，与学生共度中秋良宵。节目由汉语系的巩巧梅主任、杨琳老师及音乐舞蹈系负责把关。

现在这个活动已经成为我校校园文化活动的一个品牌，持续了多届。

本文选自甘肃民族师范学院编：《阳光记忆》，2014年7月。

我亲历了合作师专校图书馆的发展历程

张春明[①] 口述 苏晓红 整理

图书馆的四次搬迁

建校时图书馆只有4个人，馆藏图书有限，总计图书1万多册，大部分图书来自社会赠书和馆购图书，藏文图书收藏更少，图书馆设在一个20平方米大的房间，那时该房间还是学校的会议室，可以说学校图书馆的雏形就是阅览室。

让我印象最深刻的应该算是图书馆的搬迁工作。在10年中，图书馆搬迁了4次。图书馆搬迁工作，要求务实、严谨，图书分类准确，标号精细。最初的搬迁主要的运输工具是平板架子车，完全的人工运输模式，前面拉后面推。

图书馆在建校之初设立在甘南民族学校，当时只有三间平房，从民校搬到现在南苑2号楼后面的二层红色小楼，图书馆设在一楼。1988年后，学校给图书馆专门建了四五间平房，在现在弘仁路科技广场那里。1994年搬入现在的计科系楼，一半图书馆，另一半是行政楼。图书馆当时面积是2600多平方米，只有300多个座位。办公条件也较差，现代化设备较少，办公用的电脑只有2台，借阅和图书整理等工作都是手工操作，工作人员也较少，只

① 张春明，甘肃民族师范学院图书馆原馆长。

有 15 人。原来学校对图书馆的投入较少。2004—2006 年，学校每年给图书馆的投入是 10 万元。2007 年，学校一次性给予 155 万元的资金支持，用于图书馆文献资源的建设。

最后一次搬迁，是搬到今天气势宏大的新的图书馆。2008 年 6 月中旬开始，图书馆停止了所有业务工作，对全馆的图书、电脑等进行打包、捆扎，做搬迁准备工作，历时一个多月。这项工作量大，手续繁杂，时间紧，任务重，但全体职工为了学校“升本”目标的早日实现，不怕苦，不怕累，不怕脏，踏踏实实，不辞辛苦，毫无怨言，出色完成了所有工作任务。共打包图书 10000 余包，安全搬迁电脑 200 多台、三连电脑桌 70 余张及所有办公家具。

从 2008 年 10 月开始搬馆，当时已是冬天，天气非常寒冷，到 11 月，图书馆工作人员全面完成了搬馆任务。当时还有一个情况就是新图书馆的建设还在进行中，因此是边施工边搬迁，其中的艰苦和困难情况可想而知。这时学校要求布置两个阅览室，迎接评估专家，一个是社科阅览室，另一个是藏文献阅览室。按照学校的要求，图书馆的所有工作人员加班加点，克服了很多困难，顺利完成了任务。在搬迁过程中，大家都付出了很多，非常辛苦，但全体工作人员劲往一处使，心往一处想，发扬了艰苦奋斗的工作作风，圆满、安全、顺利地完成了大规模的搬迁工作。通过搬迁进一步体现了图书馆职工团结一致、苦干能干的精神，当年学校年终考核时也对图书馆的工作给予了肯定。

从 2009 年搬迁到新馆到 2011 年，学校每年给图书馆投入 100 万元用于各类文献的采购，2012 年更是达到 270 余万元，由此可以看出学校领导对图书馆建设的重视程度。现在我校图书馆的面积是 26000 多平方米，以前是 2600 多平方米，面积是以前的 10 倍。图书馆办公条件和自动化设备相对于以前，有了很大的改善。以前所有图书都是闭架，搬至新馆后所有图书全开架，图书和读者零距离接触，改变了服务方式，为师生提供了更好的学习条件，方便了读者的借阅。

关于图书资料达标任务的完成，根据教育部的评估指标，师范类院校生均拥有藏书为 80 ～ 100 册，生均年进书量为 3 ～ 5 册，我校每年进书量为生均 4 册，已达标，但总藏书量距教育部的评估指标还有一定的差距。不过我相信，在学校领导的大力支持和关心下，图书馆一定会有更大的发展，一定会达到教育部的要求的，因为图书、文献的收藏是一个循序渐进的过程，不可能一蹴而就。

图书馆特色建设

我校在图书资料建设方面围绕办学特色，加大了投资力度，譬如对民族地区教育、高原生态环境、安多藏文化、河洮岷文化等的投入逐年提高。图书馆根据学校办学特色、专业学科设置等，及时调整了藏书结构，以前多注重文学、社科等方面图书的采购，对理科和自然科学关注较少，后来学校加强了对理科的建设，图书馆也相应加大了对理科和自然科学的投入比例，比如水利、水电、物理、化学以及藏理、藏语方面的投入，还有向音、体、美等专业倾斜。与此同时，图书馆也转变了工作方法，即由各系推荐 3 ～ 4 名相关专业的教授、专家学者、教师等成为图书馆的学科馆员，先由学科馆员审定书目单，并推荐需采购图书，再由图书馆进行统一采购，这样有利于特色学科、专业的建设，专业性强。经过近几年的实践取得了一定成效，反响良好。

为了更好地为办学特色提供文献保障，2013 年拿出 10 万元采购经费，分别给河洮岷文化研究中心和安多藏文化研究中心各 5 万元，让他们自找渠道，自行采购，从地方和民间采购到了许多珍贵的文献资料，效果很好。还拿出 50 多万元，通过北京超星集团按需印刷了 3098 种 6196 册有关河洮岷和少数民族地方特色文献，为这方面的科学研究提供了有力的文献支持。

另外，图书馆还积极配合各系进行系资料室的建设，尤其是对围绕办学特色方面进行的图书文献采购尽量给予支持和帮助，并提出合理化建议，把有限的资金用在最需要的地方。

图书馆现有座位 3200 多个，读者从刚开始的 2 万人次增加至 47 万人次（截至 2013 年底）。新馆不仅有藏、借、阅等功能，还有展、研功能，达到了五位一体。到目前为止，纸制图书达 56 万多册，征订各类报刊 1100 多种，基本能满足各学科的需求。还及时调整了开放时间和工作人员，星期六、日和节假日正常开放，以保证读者看书学习的时间和随时借阅图书。

为了鼓励和引导大学生走进图书馆，与书为友，养成“多读书、读好书”的良好习惯，通过各种途径获取新知，3 月，学校启动了“甘肃民族师范学校首届大学生校园‘读书奖’和‘读书之星’”活动。另外，图书馆还将开展涉及面较广的系列文化专题讲座。设立这些活动都是为了提高同学们的读书热情，增强他们的求知欲。

电子图书馆建设

我校非常重视电子图书馆建设，到 2014 年，学校资金对此的投入已达 280 余万元，其中 30 万元用于购买电子数据库等。到目前为止，电子图书有 60 多万种，数据库有新华社多媒体数据库、中国知网、北大法意、超星视频、读秀、百链云等。

通过近几年数据的统计，使用情况很好，反响也不错，比如中国知网截止到 2014 年 4 月底，检索、浏览、下载等总次数为 180 万次。另外，为了使各类电子文献得到更好地利用，也为了锻炼学生们的信息检索能力、演讲能力和口头表达能力，增强学术气氛，给大学生提供一个展现自我、提升自我的机会和舞台，图书馆决定举办首届“超星杯”信息检索大赛。

由于各种原因，现在学校图书馆还没有建立数据库，因为自建数据库需要有较高的技术、人才、设备条件和一定的资金支持，而图书馆现有人员和技术力量都较为薄弱，条件还不允许，期待今后图书馆新的发展。

2014 年 5 月 12 日

本文选自甘肃民族师范学院编：《阳光记忆》，2014 年 7 月。

“升本”改建中的教育教学改革

李锦煜 ①

2006年10月，学校确定“升本”改建的工作目标。2009年3月升格为本科院校。2013年5月被确定为国家民委和甘肃省人民政府共建学校。2016年顺利通过教育部本科教学工作合格评估。在此过程中，教育教学改革一直是学校工作的核心。学校从服务面向和学生特点出发，以培养“政治可靠、业务适切、扎根基层”的人才为目标，以转变观念为先导，以全面提升教学质量为着力点，积极探索构建“多样性人才培养模式”，先后开展了三轮教育教学改革，取得了丰硕成果和明显的社会效益，得到了教育界和社会的广泛认同和肯定。我2009年任教务处处长，亲历了学校“升本”改建中的教育教学改革，现择要述之于后。

一、力推“八个”转变，树立新的教育理念

正确的教育理念是提高教育质量的重要前提。2007年，学校紧跟时代发展，适时提出了教育理念的“八个转变”：一是切实树立面向社会的教学观念，努力实现由“学校本位”的封闭式模式向“社会需求为主”的开放式办学模式的转变；二是切实树立尊重

① 李锦煜，甘肃民族师范学院教务处处长，教授。

学生个性的教学观念，努力实现以学校为中心的单一教学模式向以学生为中心的多样化教学模式的转变；三是切实树立注重实践能力的教学观念，努力实现人才培养由知识本位向能力本位的转变；四是切实树立注重创新精神的教学观念，努力实现以知识继承为重点向培养创新精神的转变；五是切实树立整体化教学观念，努力实现从强调知识的系统性向强调学生接受知识的整体性的转变；六是切实树立教学中心的观念，努力实现由机械的教学中心观向科学的教学中心观的转变；七是切实树立注重整体过程的教学观念，努力实现从“重教”向“导与教结合”、从“重结果”向“过程与结果统一”的转变；八是切实树立教书育人的观念，努力实现从单纯传授知识向“传道、授业、解惑”的转变。“八个转变”的践行是我校教职工思想观念上的一次重大而深刻的转变，顺应了时代的发展，为深化教育教学改革、全面提高人才培养质量奠定了坚实的思想基础。

二、强化“四观”的通识教育，培养“靠得住”“用得上”的人才

我校地处甘、青、川三省交界处，藏、汉、回等多民族聚居，民族聚居区的复杂性使我校在维护祖国统一、加强民族团结和促进该区域政治稳定、社会和谐方面处于特殊地位。针对多民族、多文化的构成特点，结合国情和校情，以强化学生国家观、民族观、主体文化观和现代社会生活观“四观”为目标，学校建设面向全体学生的通识课程，以多元化的通识教育课程为载体，围绕实现“政治可靠”的人才培养目标，加强通识教育及课程建设：一是设置了通识教育综合素质课程，旨在帮助少数民族大学生牢固树立社会主义核心价值观，树立坚定的共产主义理想信念，增强对国家的认同和对主体民族的文化认同；二是设置了人文与科学素

养课程，包括文学与艺术、社会与历史、数学与科学、政治与经济、语言与能力 5 个系列课程，旨在帮助少数民族大学生提高现代文化科学知识；三是设置了地方民族文化课程，旨在帮助少数民族大学生提高民族认同感和尊重民族文化多样性，增强民族自豪感和自信心。以强化“四观”为目标，加强通识教育，建构有效的政治教育体系。通过培植统一政治文化，培养学生良好的政治情感、价值取向，实现了“政治可靠”的人才培养目标，为促进民族院校学生的全面发展和维护藏区社会稳定发挥了积极作用。

三、推行“三学期制”，共享优质教学资源

2007 年以来，学校立足办学区位的特殊性，结合我校师资队伍薄弱的现状，将原来的春、秋两学期制改为春、夏、秋三学期制，充分利用学校所在地夏季气候优势设立夏学期，加强对学生的培养。利用夏学期各高校、科研院所教授、专家休息的时机，聘请到我校进行讲学，我校教师则集中进修、在岗自学或集中时间做科研，在师资队伍上保证教学改革的顺利实施，探索出“以自有教师为基础、以外聘教师为充实、以兼职骨干教师为带动”的师资队伍建设模式。多年来，我校利用夏学期共聘请涉及国内 36 所高校（科研院所）的教授、专家来校授课，共 500 余人次，对我校教学、科研工作起到了巨大的带动作用。三学期制是我校教学改革中因地制宜、具有创造性的一项重大举措，这一学期制度的改革一方面开创了办学条件相对艰苦、地处偏远的民族高校加强师资队伍建设的新路子，既有效缓解了师资总量不足和优质师资奇缺的矛盾，又解决了内稳、引进和外聘的关系，师资队伍结构全面得到优化；另一方面也为我校带来了多样化的课程资源，形成多层次、多类型、多元化的课程体系，为全体学生在甘南高原能够接受到省内外优质教学、享受优质教育资源创造了机会和

条件，为提高人才培养水平、推进新一轮各项教学改革搭建了广阔的平台。

四、创新教师教育人才培养模式，形成完善的实践教学体系

2008年以来，学校紧紧围绕民族地区经济社会发展要求，把握现代高等教育发展趋势，依据学校总体发展战略目标，不断深化教育教学改革，创新教师教育人才培养模式和培育能力，形成完善的实践教学体系：一是建立了“四年不间断、校内校外一体化”的教师教育实践教学体系。一二年级为教师教育理论培养阶段；二三年级为教师教育职业校内训练阶段；三四年级为教师教育职业校外实践阶段，即实施一学期的“援教顶岗”教育实习模式；四年级为教师教育职业实践总结阶段，即通过“四环节”总结教育实习，提高教师教育技能。二是建立了“四步走”的教师学术教育实践训练体系。第一步是职业调查（一年级）；第二步是年论文（二年级）；第三步是活动课程（二年级开始）；第四步是毕业论文及设计（三四年级）。三是突出实践取向，加强了教师教育类课程建设。学校按照“多课程、少课时、精理论、强实践”的原则，对教师教育类课程进行改革，围绕教育理论、教学实务、学科教学、教学实践四个环节，以突出从师技能为重点设置课程体系，积极推进职业类课程建设。四是建立了专兼结合的实践教学队伍。在“双导师”制下建立了一支“以自有教师为辅助、以兼职骨干教师为带动、高校与中小学教师共同指导实习”的校外实践指导队伍。五是建立了稳定的实践基地。探索和完善了“援教顶岗”教育实习模式，在6个州市20个县建立了580多所稳定的教育实践基地，缓解了农牧区基础教育师资匮乏的问题，发挥了高校人才和智力优势，畅通了高等教育与基础教育、高等学校与服

务社会的渠道，实现了校地双赢。

教师教育实践教学体系的建立，理论与技能并重，使学生理论基础更加扎实，实践技能得到很大提高，有利于学生整体素质的提高，以及创新精神和实践能力的培养，为提高我校的教育教学质量奠定了坚实的基础。

五、“援教顶岗”教育实习：变要求学生实习为社会需要实习

自2008年以来，学校积极探索和完善“援教顶岗”实习模式，进行了三大创新性改革：第一，转变实习方式，化单纯实习为“援教顶岗”；第二，调整实习时间，由两月时间延长为一学期，且与中小学开学和放假同步，化被动为主动，为教育实习顺利进行增添新的活力；第三，树立了从管理要质量的新理念，管理层面上强调多元化，管理机制上强调系统化，管理保障上强调制度化，管理技术上强调网络化，管理特色上强调民族化，探索建立“学校—市州教育局—县（市）教育局—实习学校”多级管理体系，使教育实习工作得到了有效落实。三大创新性改革的成功实施，切实提高了我校的教育实习质量和水平，推进了实践教学改革。同时，有效地缓解了众多偏远地区中、小学专任教师数量不足、结构不尽合理的现状，在民族地区基础教育快速发展进程中发挥了不可替代的作用。

六、实施课堂教学延伸“五个环节”促进教风学风的转变

作为一所民族院校，我校大多数学生基础知识积累不足、没有养成良好的学习习惯，因此，强化课程预习、课程作业、课外

阅读、课外讨论和中期考核等课堂教学延伸的“五个环节”，对进一步提高学校的人才培养质量，促进学风建设具有特殊的意义。从 2009 年起，学校把强化课程预习、课程作业、课外阅读、课外讨论和中期考试“五个环节”作为教改工程的一项重要内容常抓不懈。各院系结合本专业特色、人才培养规格和课程设置方案，制定了科学、系统、切合学生实际的“五个环节”实施方案，并根据专业和课程的性质各有侧重，强化一环带动各环，做到环环相扣。强化课堂教学延伸“五个环节”的实施，变教师的单一课堂机械传授为课内课外整体引导，变学生的被动接受为主动学习，有效促进了学校教风和学风转变，切实提高了课堂教学的实效，培养了学生的自主学习能力和创新能力，进而从整体上提升了学校的教育教学质量。

七、探索具有中国特色的“七化”课程双语教学实践模式，使学院办学特色进一步凸显

自 2008 年以来，学校认真落实“双语教学工作意见”精神，及时出台加强汉藏双语专业课程建设的意见，制定“汉藏兼通”的双语人才培养目标，形成以“七化”课程教学为主线，“分类施教”“双语并进”的汉藏双语教学模式，构建了“一主三辅”双语教学保障机制，强化了学校为甘肃及周边藏区培养“双语”人才的功能，其主要内容有：第一，培养目标分类制定。第二，学生分类教学。第三，人才培养方案分类制定。第四，实施“七化”双语教学模式，即两语基础达标化、主干课程汉语化、藏语课程连续化、选修课程共享化、翻译课程针对化、讨论课程对接化、课程考核双语化。第五，构建了“一主三辅”双语教学保障机制。“一主”是指突出课堂教学的主渠道作用，实现语言学科有效教学；“三辅”是指注重三个辅助手段，即创建良好的语言学习环境，加

强民族文化教育，开展有效语言实践活动，使课堂、课外形成有机互动。

这一教学改革贯彻了因材施教原则，有效地促进了学生专业发展，解决了藏汉双语人才培养问题。一方面，使学校办学特色进一步凸显，藏汉双语专业布点和覆盖面不断扩大。目前，已建成数学与应用数学、物理学、历史学、学前教育、思想政治教育、计算机科学与技术和应用语言学（汉藏翻译）7个双语专业，形成覆盖多门类的学科专业，服务区域功能明显增强。另一方面，使学校教学建设成效显著，特色专业、重点学科、精品课程和教材建设等方面取得丰硕成果，达到较高水准。

八、着力加强课程建设，提高人才培养质量

从2007年开始，根据服务区域对人才“少批量、多样性”的需求特点，学校因地制宜，在全省率先实行以“平台＋模块”的课程结构理念，坚持“通识教育基础上的专业教育”思想，经过两轮的修订与完善，形成科学的“平台＋模块”的课程体系，即通识课程平台、专业课程平台和职业课程平台。特别是专业课程平台按照“基础→发展 ，方向”递进的关系设置课程模块，基础课程模块主要设置专业核心课程，发展课程模块主要设置专业学习向深度、广度发展的课程，方向课程模块主要根据学生个性发展设置选修课程，形成“基础→发展→提高”的三维课程目标，实现了有利于学生学习，有利于学生工作，有利于学生发展的人才培养目标。

在全面建设合格课程的基础上，学校主要实施课程建设“七大工程”，以质量为参照系，形成“合格课程→优秀（特色）课程→校级精品课程→省级精品课程”的课程建设新路径。截至目前，共建成校级优秀课程136门，校级特色课程8门，校级精品课程

60门，省级精品课程8门，“1+5”外聘课程10门，每年稳定开出通识课程160门左右，尔雅通识网络学习课程140门。课程建设工程的实施，进一步规范了课程教学，丰富了课程资源，对本科人才的培养发挥了积极推动作用。

通过“升本”改建中的教育教学改革，学校已经形成自己的办学特色。一是民族师范教育特色。建立适应民族地区基础教育需要的教师教育专业体系；突出藏汉双语人才培养，做强以民族基础教育为主要方向的教育学科。二是藏区文化特色。发挥甘南作为安多藏文化中心的区位优势，做强藏文化学科，将学校建设成为安多藏区文献典藏中心、科学研究中心和文化传播中心，形成体现藏区社会文化特点的专业和专业方向。三是高原经济特色。以服务区域的支柱产业为导向，做强高原生态与民族区域经济学科，形成一批与高原区域经济紧密结合的专业，为藏区经济产业结构的优化升级提供多方面的服务。

2016年7月5日

人物风采

多吉才让：共和国第一位藏族部长

吴春岗[①]

1993年3月15—31日，中华人民共和国第八届全国代表大会第一次会议在人民大会堂举行。这是在中国共产党第十四次全国代表大会精神指引下，抓住机遇、加快改革开放和现代化建设的一次重要会议。在这次会议上，54岁的多吉才让当选为中华人民共和国民政部部长，成为民政部建部以来第六任部长。

只有高中学历、出身普通牧民家庭、从最基层走出的多吉才让，是怎样从偏远的甘南草原、世界屋脊走向首都北京的呢？

1939年11月，多吉才让出生在甘肃省甘南藏族自治州夏河县（今属合作市）佐盖曼玛乡克玛村的一个贫苦牧民家庭。

1955年8月，多吉才让在家乡参加了革命工作。先后担任过区政府干事、生产大队队长、工作队队长，在条件艰苦的乡村一干就是5年。

1959年，应组织调遣，多吉才让和一批援藏干部一起，进入自然环境和气候条件更为艰苦的世界屋脊——西藏工作。

1960年10月，进藏一年后，21岁的多吉才让光荣地加入了中国共产党。他先后在被称为世界第三极的西藏工作30余年，亲眼见证了西藏从政教合一的封建农奴制走向社会主义民主政治和

① 吴春岗，中共甘南州委党史研究室原主任。

现代化建设的伟大变革历程。而他的人生历程，也成为西藏社会历史发展进步的一个缩影。

多年以后，多吉才让不止一次动情地追述和感怀这段历史：“是党的培养和充分信任，是西藏的土地和人民哺育了我，养育了我。”

在西藏工作期间，多吉才让以务实、勤勉的工作作风，俭朴、清廉的生活作风，坦诚、严谨的人格魅力，与西藏各族干部职工和广大人民群众建立了水乳交融的和谐关系。他深入基层，深入实际，深入群众，广泛开展调查研究，密切联系群众，体察民情，关注人民群众的疾苦。30余年里，或骑马，或徒步，或乘车，翻山越岭，爬冰卧雪，艰辛备尝，走遍了广袤西藏高原除墨脱县以外的所有县，到过自治区一半以上的乡镇。

1959年，不满20岁的多吉才让担任西藏自治区浪卡子县副县长、县长，不久出任加查县县长。1969年，任山南地委书记。1973年，任共青团西藏自治区区委书记。

1977年，38岁的多吉才让出任西藏自治区党委常委、日喀则地委第一书记。

在改革开放初期，多吉才让坚持一切从实际出发和实事求是的思想路线，1981年秋，在日喀则召开了全地区落实生产责任制的经验交流会。在会上，他充分肯定了南木林县甲措公社实行包干到户的成功经验，倡导大面积甚至全面推广包产到户和包干到户的责任制。他认为，这既符合日喀则地区的实际，更符合广大人民群众的意愿。经验交流会后，全地区进一步开展了解放思想的大讨论，全面实行包产到户和包干到户的责任制，极大地解放了社会生产力，推动了西藏自治区农村经济体制改革的发展。

1983年1月，44岁的多吉才让担任西藏自治区党委常委、自治区政府常务副主席。

1984年2月27日—3月28日，中共中央书记处在北京召开第二次西藏工作座谈会。这次会议宣布，为了以崭新的建设面貌迎接西藏自治区成立 20 周年，以具体事实鼓舞和增强西藏人民建设西藏的信心，中央决定举各省之力，帮助西藏建设 43 项当前迫切需要的工程项目，内容涉及能源、旅游、教育、医疗、体育、文化等各方面。

担任西藏自治区 43 项工程建设总指挥部副总指挥的多吉才让重任在肩。他以全部的热情和精力、高度的政治责任感和使命感，投身于这一西藏有史以来创世纪的伟大工程。

这一年的 6 月，青藏公路咽喉的唐古拉山因路面改建、气候恶劣，致使 3000 多台运输进藏物资的车辆被阻。多吉才让闻讯火速出动，组织人员进行耐心疏导，精心调度，经过三天两夜的苦战，终于打通了阻梗了近 10 天的青藏公路，使几千辆满载援藏物资的车辆全部安全地驶出了险恶地带。

从这一年春天开始，来自京、津、沪、苏、浙、闽、鲁、川、粤 9 省市的两万建设大军和成千上万的西藏人民一起，历时一年零三个月，在 1985 年 9 月西藏自治区成立 20 周年大庆前夕，顺利按时、高质量地完成了中央确定的 43 项建设工程，并创造了世界屋脊上的“深圳速度”，拉开了西藏现代化建设的序幕。

1985 年，多吉才让担任西藏自治区党委副书记。1896 年 12 月，任西藏自治区政府代主席。1986 年 5 月，任西藏自治区政府主席，成为西藏自治区建区以来第四位自治区政府主席。

让多吉才让欣慰和终生难忘的是 1988—1990 年，他与时任西藏自治区党委书记、后来担任党中央总书记的胡锦涛共事相处的岁月，使他在思想和政治上更加走向成熟。

后来，多吉才让把在西藏工作的经历概括为五件大事：第一件大事是在西藏贯彻落实党的十一届三中全会以来的路线、方针、政策；第二件大事是反对分裂，维护祖国统一；第三件大事是“43 项工程”的建设；第四件大事是发展文化教育事业；第五件大事是经历了西藏新的历史转折点。

1990 年 5 月，多吉才让应中央调遣，赴北京出任民政部副部长。

1993 年春，在第八届全国人民代表大会第一次会议上，多吉才让出任国家民政部部长，1998 年 3 月，在第九届全国人民代表大会第一次会议上，再次连任民政部部长。

情为民生所系，利为百姓所谋。

多吉才让在担任民政部部长的 10 年里，认真总结民政工作的经验和教训，研究和寻找新形势下民政工作的新思路。他认为，民政工作最能代表人民群众的利益。他提出的民政工作的指导思想的核心——根据国家赋予的职责，依法维护和保障人民群众的基本权益，得到党中央、国务院的肯定。

本着以人为本的思想，民政部开展了一系列富有成效的改革。

1993 年，民政部本着转变职能、理顺关系、精兵简政、提高效率的指导思想，对内设机构和业务范围进行了调整。并将民政工作的职能归结为：社会救助和社会福利、基层民主政权建设、服务军队和国防建设、管理专项社会事务四个方向。

针对我国自然灾害频繁的国情，民政部加强了救灾救济工作的力度。经过不懈的努力，基本建立了社会救助体系、城乡低保体系、社会互助体系。

1996 年和 1998 年，我国发生大面积洪水灾害。灾情过后，多吉才让组织民政部开始制定救灾紧急预案，建立有效的应急机制，加大救灾物资的储备，在全国建立了 10 个中央级救急物资储备库，并立项研制发射减灾卫星。这些工作的改进和举措的实施，极大地提高了我国的救灾减灾能力。

多吉才让也因在洪水救灾工作中的突出贡献，获得 1998 年度的“联合国防灾奖”。

城市居民最低生活保障制度的建立，被社会公认为最成功的民政改革举措。

面对城镇化进程不断加速，城市管理日趋复杂化的严峻形势，社区建设在城市的全面推开，既是城市管理工作的改革和深化，也是城市基层民主政治建设的创新。多吉才让认为社区建设是新形势下推进城市基层管理体制的改革工程，是一项巩固国家政权的基础工程，更是一项民心工程。

1990 年，在多吉才让的精心组织下，民政部选择了杭州、沈阳、石家庄、青岛、南京、厦门等 26 个城区作为首批社区建设试验区进行试点，为社区建设的整体推进奠定了理论和实践基础。

在推进社区建设的工作中，多吉才让坚持一切从实际出发，不断总结经验，在 2000 年 6 月山东青岛召开的全国社区工作会议上，提出了社区工作的五项基本原则：一是以人为本、服务居民；二是资源共享、共驻共建；三是扩大民主、社区自治；四是改革体制、健全组织；五是因地制宜、循序渐进。这五项原则成为我国社区建设的一个很重要的指导思想，我国的社区建设进入了一个生机勃勃发展的新时期。

农村基层民主建设，形成一套自上而下、比较完整的法规政策体系。村民自治活动不断引向深入，保障了基层农民的民主政治权利，促进了农村经济的发展。

针对我国人口老龄化的趋势，民政部建立了以老年人的服务保障为中心的社会福利制度，形成一大批具有辐射功能的福利设施，社会福利社会化迈开了步伐。

最具代表性的是“星火计划”的成功实施。“星火计划”，即先在中国的大中城市的所有社区居委会建立一处为老年人服务的设施，然后再向中小城市和农村推开。在工作实践中，逐步形成建立居家为基础、社区为依托、福利机构为补充的社会福利体系的思路。

2001 年 6 月，“星火计划”正式实施，这一计划的实施，使千百万城乡老年人有了快乐的“家”。

被誉为“千年一划”的各省、县边界划界工作，结束了自秦始皇统一中国、建立郡县制以来，行政区划界线的混乱状态，实现了我国行政区域界线管理方法的根本性改革。全面勘界工作的顺利完成，消除了不安定的因素，保护了边界的资源和边界人民的利益，有利于边界各地区的经济发展，明确了行政区域管理范围，保证了依法治市，以法治界。

多吉才让在民政部工作长达 13 年，从副部长到部长，是他一生中工作时间最长的工作部门。

在多吉才让的主持下，我国的民政工作逐步走向规范化、法制化、科学化的轨道。

2003 年 3 月，多吉才让在第十届全国人民代表大会上，当选为全国人大民族委员会主任委员。他仍然时刻关注着西藏，关注着全国少数民族地区的发展与进步，关注着民政事业的现代化建设。在深入少数民族地区调研社会经济和检查民主法治建设的过程中，每到一处，他都迫切地呼吁民族地区要抓住当前民族工作的大好机遇，用好、用足、用活党和国家给予的各项优惠政策，加快民族地区的经济社会发展。

本文原载《甘肃党史工作》，2013（2）。

我所了解的杨复兴副主任

杨士宏[①]

我家乡的人们喜欢怀古念旧，寻根问祖。在我童年的记忆中，每当天阴下雨、农闲时节、逢年过节、家中来客或在漫长的冬夜，没有电视，没有娱乐，大人们总是不厌其烦，津津乐道给我们讲的最多的故事是关于卓尼杨家和"杨司令"（习惯称呼）的传说。尤其在"文化大革命"期间，看到老一辈党的领导人一个个被打倒，这时，老人们念叨最多和最担心的是杨复兴主任的安全与健康。道听途说很多，有的说曾见到"杨司令"赶着毛驴随群众进山为生产队拾柴；有的说在某某地方劳动改造时，"杨司令"每天早晨起得很早，一大早就为贫下中农房东挑水、积肥……总之，关于"杨司令"其人其事的故事听的很多，在我的记忆中影响很深。这对我们出生在偏远山区，没有见过大世面的人来说，他就是我们幼小心灵中崇拜的偶像。

真正见到"杨司令"，是在我上大学以后。1978 年 3 月，我考入当时的西北民族学院学习，入校的当天就有同乡校友告诉我，"杨司令"就在西北民族学院任副院长。在我熟悉了学习和生活环境之后，怀着渴望又胆怯的心情，冒昧到府上拜见了杨复兴主任。我以家中老人的身份和名字讲清与自己的关系，并做自我介绍。

① 杨士宏，西北民族大学教授，《西北民族大学学报》编辑部主任。

当时的杨主任身患重疾，行动和语言表达都受到一定的影响，但从他的表情我可以感受到一种久违的亲情，对过去已发生的一切彼此心照不宣。从此，我们渐渐地结下了深厚忘年的友谊，多有往来，有时还陪他外出考察。

要说能在西北民族学院见到杨复兴主任，还得从20世纪70年代初期说起。

1973年初春，万物复兴，百废待兴。在周恩来总理的关怀下，国务院科教组正式发文通知：经国务院批准，同意恢复西北民族学院。

7月12日，中共甘肃省委任命苏克勤同志为中共西北民族学院党委书记，王亦农任副书记，杨复兴、李清如为委员。同时任命苏克勤兼任西北民族学院革命委员会主任，王亦农、杨复兴任副主任。至此，停止工作七年有余的杨复兴主任，重新走上了工作岗位，积极配合院党政的总体工作，对破坏得满目疮痍的西北民族学院的复办重建做了大量卓有成效的工作。在校期间，他将政治上恢复自由、恢复工作的喜悦变为经常深入教学、食堂、宿舍、工地等第一线，为党的民族教育事业尽职尽责，忘我工作的动力。当时西北民族学院的恢复和重建工作非常繁重，本已积劳成疾的身体，加之在一次带领学生下乡“开门办学”的实践活动中，因受潮加感冒，未得到及时治疗而引发中风，导致半身瘫痪。

1976年10月，随着“四人帮”反党集团的覆灭，对杨复兴主任各种不公正的待遇也到此画上了句号。特别是1978年12月召开了党的十一届三中全会，在会议精神的鼓舞和鞭策下，他的心情更为开朗，精神更加振奋。他将组织落实政策补发的工资全部交为党费，并以顽强的毅力战胜了病魔的缠绕，从轮椅上奇迹般地站了起来，走上了新的工作岗位。

1981年1月，杨复兴调任甘肃省人大常委会副主任兼民族委员会主任职务，并任省人大党组成员。他利用自己特殊的身份和威望，经常向广大藏族群众宣传党的民族政策，号召大家自觉维护和加强民族团结，积极维护社会稳定，维护祖国统一。他利用工作之便，经常深入基层了解群众的生产生活，了解党的民族宗教政策的执行与落实情况，了解农牧民群众对改革开放、发展建设的迫切要求。曾多次出面协调解决了甘南部分牧区长达几十年未能解决的草山纠纷。

1983 年以后，杨复兴连选为甘肃省第六、第七届人民代表大会常务委员会副主任、党组成员。其间，他经常拖着病体深入基层。记得是在 1985 年的 10 月 17 日那天，杨复兴主任被邀请前往卓尼车巴沟贡巴寺参加大经堂落成典礼，这是我第一次随他出行。甘南的 10 月天气已经很冷，到合作天上开始飘起小雪，当车行至卓尼境内，出康木车村不到一公里时，因积雪覆盖了便道的路面，在城市开惯车的司机师傅难辨高低，不小心车陷在了雪壕中。无奈，我和秘书只好踏着五寸多厚的积雪到康木车村求援。这时，天近掌灯时分，村头巷尾行人稀少。我们只好用藏汉两语，轮番呼叫着“杨司令”的车子陷到雪中了，请帮帮忙。人们听到呼叫，放下即将到口的晚饭，冒雪纷纷走向街头，一个，两个，三个……一时聚居了四十余人。热情的群众连拉带抬，一会儿就将车拖了出来。谢过群众，我们继续赶路，雪越下越大，在车灯的照射下非常刺眼，找不到路。幸好遇见一位磨完面回家的老乡，在他的指点下很快到了麻录洮河渡口，吼破了嗓子，对岸的艄公才慢悠悠地摆来渡船。折腾了一路，到贡巴寺时快二十四点了。接着，杨复兴主任与著名民族统战人士、甘南州政协副主席热丹加措活佛和当地各级领导、群众代表亲切交谈，并商议了寺院大经堂落成典礼的有关事宜。第二天，典礼如期进行，这是党的民族宗教政策得到落实，二十余年来的第一次宗教性大型庆典。不大的会场人山人海，人们沉浸在改革开放和党的民族宗教政策得以落实的喜悦之中。

第三天，我们在马队的簇拥下，在飞舞的哈达中，一步一回头地离开了车巴沟直奔陇南、天水等地进行调研。杨复兴主任平易近人，生活简朴。外出考察，轻车简从，不向下面打招呼。途中的安排也不提前告知秘书。若遇到村落学校，则可能随时叫停，到群众家拉拉家常，吃个洋芋；到学校了解情况，喝杯清茶。杨复兴主任跑遍了甘南、陇南、陇东、河西等少数民族贫困地区，就全省的政治、经济、文化、教育、民族宗教等方面的重大问题进行视察和调查研究。了解民情，集中民意，及时向省委、省人大、省政府反映所了解到的基层实情，还提出了有关民族地区资源保护、能源开发、生态环境等方面的许多建设性的建议。为推进甘肃省的民主法制建设，特别是为促进少数民族地区的经济建设和社会进步做出了重大贡献。他特别重视和关心民族教育事业和民族地区干部的成长，经常不辞劳苦，深入农村牧区视察民族教育工作，帮助解决实际问题，为发展民族教育、培养少数民族人才做了卓有成效的工作。

1989 年，杨复兴主任应十世班禅大师的邀请首次进藏，参加了班禅五至九世灵塔的开光典礼。在藏期间，得到时任西藏自治区党委书记胡锦涛、副书记热地等领导的热情接待。

1992 年偕同夫人达芝芬、长子杨正、甘南州人大常委会原副主任杨积德等二次进藏，参观拜谒了西藏著名的三大寺、藏王墓及西藏第一座王宫——雍布拉岗。

在西藏考察期间得到了西藏自治区党委副书记热地，副主任朗杰、郑英等领导的热情接待，并派专机送到成都。

1996 年再进西藏。6 月 24 日，杨主任在秘书鲁太科和我的陪同下从成都双流机场乘飞机再到拉萨。飞机到贡嘎机场降落，自治区人大常委会副秘书长杨新龙等到机场迎接。到拉萨后，下榻自治区政府招待所，人大副主任郑英等前来看望。下午 5 时，自治区常务副书记热地来问好。

翌日，9 时许，自治区人大副主任朗杰前来看望，朋友相见话题很多。下午 6 时半，热地书记在自治区统战部宾馆设宴邀请杨复兴一行。参加宴会的有自治区人大副主任马光华（回族）、郑英、杨新龙副秘书长和卓尼籍老乡李启荣。

6月27日下午3时半，在自治区人大三楼会议室召开座谈会。议题是“了解民族立法及执行”。会议由郑英副主任主持，马光华副主任、杨副秘书长详细介绍了自治区的行政区划、土地面积、人口、民族、宗教、教育、卫生、农牧、工商企业、矿产资源、法制建设以及影响发展的诸种制约因素。之后，又去西藏的“西双版纳”林芝地区，考察了林业资源及开发情况，还到米林县南峪珞巴民族乡，走访了珞巴族群众美茹家。

7月4日，结束了在拉萨的考察活动，从贡嘎机场乘机到成都，住四川省委组织部招待所。第二天，四川省政协主席杨岭多吉在成都饭店私人宴请杨复兴，应邀出席宴会的有四川省委原书记、著名藏族老红军天宝，人大副主任罗通达等领导同志。他们是党和国家培养的第一代藏族领导干部，从他们身上可以看到待人厚道、作风纯朴、聪明睿智的民族精神。

杨复兴主任不但时常牵挂着少数民族和贫困地区的发展，也时常惦记着老领导、老同志、老同事的生活与健康。1999年，又是一个10月，杨主任要我陪他到陇东的平凉、庆阳等地考察。在庆阳他看望了部分曾在甘南工作的老同志、老同事。从庆阳转道陕西西安。在西安拜访了孙作宾、常力夫以及他的入团介绍人范铭等领导。返回兰州时，我们越秦岭经甘肃的两当、礼县、徽县到天水，先后十余天才到兰州。一路上，杨主任感慨很多，他告诉我，来年或再后一些时间，还想去新疆、四川西康等少数民族地区参观考察……

追求真理　心系人民

——忆杨复兴同志

卢克俭[1]

杨复兴同志离开我们已经两年了，他那忠于党的事业、关心民族发展、勤政廉洁、平易近人、谦虚好学的高贵品格，以及不屈于苦难的精神和毅力，使我们久久难以忘怀。

复兴同志于1929年10月18日出生于甘南卓尼一个藏族世袭土司家庭，父亲杨积庆为卓尼第十九代世袭土司，洮岷路保安司令。1935年、1936年，由中国共产党领导的中国工农红军北上抗日，翻雪山，过草地，曾两次路过杨土司辖区。在非常困难的情况下，杨积庆及当地藏族群众暗中接济红军，开仓放粮，抢修栈道，为红军突破国民党反动军队封锁的天险腊子口防线，走出甘南，北上抗日，做出了重大的贡献。1937年秋，国民党地方军阀以杨积庆"私通红军"罪策划了"博峪事变"，杨积庆及家人七口惨遭杀害，年仅8岁的杨复兴幸免于难。"博峪事变"激起了卓尼各族民众的强烈愤慨，自发集兵，在短短的70天之内挫败了哗变。在各界民众的压力下，国民党甘肃省政府为了稳定人心，即任命杨复兴承袭父职，为卓尼第二十代土司，洮岷路保安司令，

---

① 卢克俭，甘肃省人大常委会原主任，现退休。

少将衔。在中国革命即将取得胜利的时候，杨复兴同志顺应历史潮流，率部起义。

新中国成立后，复兴同志到西北革命大学第三部学习，认真学习了马列主义、毛泽东思想和党的一系列民族政策，这使他很受教育，思想进步很快。在学习期间，他加入了中国共产主义青年团。回到卓尼后，他积极参加家乡的基层革命政权建设，任卓尼民兵司令部司令员兼卓尼县县长。1950 年，他着手撤销土司制遗留的旧的管理机构，出任卓尼藏族自治区行政委员会主任，建立了地方区、乡两级人民政权，彻底改革土司制度，带头废除封建等级制和封建特权。1953 年起，他又历任甘南藏族自治州副州长、甘南军分区副司令员、西北军政委员会民族委员会委员。1955 年被授予中国人民解放军大校军衔。1956 年 12 月加入中国共产党。1960 年担任甘肃省民族事务委员会副主任。1963 年当选为中共甘南州委委员。1966 年“文化大革命”开始后，在“左”的路线下受到不公正待遇，停职审查，并遣送到红旗山五七干校劳动。1973 年恢复工作后，担任西北民族学院副院长。当时，西北民族学院刚刚恢复，百废待兴。复兴同志和院领导一班人组织职工整修校园，设法调回被遣散的教职人员，他还亲自到民族地区招收学生，为学院恢复正常的教学秩序做出了积极的努力。1974 年，他在一次带领学生到农村劳动的时候突发脑血栓，但他以坚强的毅力与疾病抗争，坚持锻炼，常年不懈，终于使将近病残的身体得到了恢复。粉碎“四人帮”以后，复兴同志焕发出极大的政治热情和充沛的工作精力。1981 年，当选为甘肃省第五届人大常委会副主任兼民族委员会主任，并任省人大常委会党组成员。1983 年后，继续当选为甘肃省第六、第七届人大常委会副主任及党组成员。1993 年，任甘肃省第八届人大常委会咨询员。

杨复兴同志是我党培养的少数民族高级领导干部，对党和人民的事业无限忠诚，在省内外特别是藏族群众中有很高的威望。

他参加革命后，以旺盛的革命激情，追求真理，认真学习马列主义、毛泽东思想，积极改造主观世界，社会主义的理想和信念非常坚定，在思想上、政治上始终与党中央保持高度一致，表现了一个共产党员的党性原则和崇高品质。他始终坚持个人利益服从党和人民的利益，顾全大局，谦虚谨慎，团结同志，广泛联系群众，维护民主集中制原则，工作认真负责，作风求真务实。他经常坚持开展批评与自我批评，廉洁奉公，生活俭朴，保持和发扬了党的优良传统。他经常以自己的特殊身份和威望，向广大藏族干部群众宣传党的民族政策，号召大家自觉维护和加强民族团结，积极维护社会稳定，维护祖国统一。他特别重视民族教育事业和民族地区干部的成长，经常不辞劳苦，深入农村牧区视察民族教育工作，帮助解决实际问题，为发展民族教育、培养少数民族人才做了大量的卓有成效的工作。

我和复兴同志是同乡，他长我几岁。虽然我俩的出生不同，但都是党培养起来的少数民族领导干部，在长期的革命工作中我们的友情不断加深。我深深感到，复兴同志出生在封建世袭土司家庭和复杂的社会环境中，他所处的时代是一个新旧社会交替的时代，在阶级矛盾、民族矛盾异常复杂的情况下，能够坚定不移地跟共产党走，是很不容易的。我们经常在一起交流思想，交换意见，深切体会到没有共产党就没有新中国，也就没有我们的今天，我们的一切都是党和人民给的，所以，我们必须竭尽全力为党和人民的事业工作，为民族地区的振兴和发展努力。我俩既是同乡、同志，又是同事。复兴同志在省人大担任领导期间，对我的工作非常支持，也给了我很多的帮助。他经常深入基层，就全省的政治、经济、文化、教育、民族宗教等方面的重大问题进行视察和调查研究，了解民情，集中民意，积极向省委、省人大、省政府提出意见和建议，为推进我省的民主法制建设，特别是为促进少数民族地区的经济建设和社会进步做出了重大贡献。

复兴同志还是第一、二、三届全国人大代表，第八、九届全国政协委员，甘肃省第一、二、三、五、六、七、八届人大代表，省第一、二、三届人民委员会委员，省革命委员会委员。他的夫人达芝芬同志也出生于一个特殊家庭，但思想进步很快，现任省政协常委。他们夫妇二人对子女的教育和要求很严格，子女们都在不同的岗位上取得了优异的成绩。

复兴同志重病之际，组织上对他的病情十分关心，及时送到北京全力以赴救治。复兴同志很重感情，我前去探望时，他紧紧地握住我的手说了很多话，并感谢组织和社会各界对他的关怀。复兴同志的离去，使我党失去了一位好党员、一位很好的少数民族领导干部，也使我失去了一位好同志、好朋友。他忠于党、忠于人民的高尚品格，勤勤恳恳、兢兢业业、坚持真理、光明磊落的作风，关心群众、全心全意为人民服务的精神，将永远激励我们为党的事业、为甘肃的经济建设和社会进步而努力奋斗。

本文原载《甘肃日报》，2002 年 4 月；选自甘南州委党史研究室等编：《岁月铸忠诚——杨复兴同志纪念文集》，中国文史出版社，2010。

爱国爱教皆佛心

——访中国佛协副会长嘉木样

柴生祥[①]

《凝聚》杂志编辑部让我采访一下中国佛教协会副会长、甘肃省佛教协会会长嘉木样·洛桑久美·图丹却吉尼玛。经过相约，他在办公室热情地接待了我。那天，他着一套深色西装，衬托得略微显胖的身材更加魁梧，脸膛饱满端庄，面色黑里透红，一条考究的领带垂在胸前，在沉稳中透露着洒脱。他说话声音不高，不紧不慢，却思路清晰，用准确流利的汉语给我介绍他的过去和现在，我的思路和笔也跟着他的介绍俯瞰并记录他的坎坷与欣慰。

幼年成佛路坎坷

1947 年，藏传佛教格鲁派六大寺院之一——甘南夏河拉卜楞寺寺主嘉木样五世圆寂。一年后他的转世灵童在青海诞生，这就是六世嘉木样——洛桑久美·图丹却吉尼玛。

1948 年 4 月，嘉木样出生在青海省岗察藏族贡玛部落一个牧民家庭。父亲多拉海，母亲才让卓玛，给他取名叫周本塔尔。

① 柴生祥，甘肃省民族事务委员会党组副书记、副主任。

1949年2月，拉卜楞寺开始为五世嘉木样寻访转世灵童，并祈请第十世班禅大师出面主持。1951年8月，班禅大师被请到拉卜楞寺。在班禅大师的主持下，按照藏传佛教仪轨，从240多名儿童中选择3名，将名签捏入面丸内置金瓶密封，供奉在历世嘉木样舍利灵塔前，全体佛僧诵经5昼夜，10月1日上午8时，班禅大师主持启封，并亲手摇落一丸，打开一看，名签为“周本塔尔”，于是第六世嘉木样便宣告选定。班禅大师亲赐法名为“洛桑久美·图丹却吉尼玛”。1952年农历二月十一日，六世嘉木样被迎请到拉卜楞寺，在图丹颇章（佛宫）内举行了坐床典礼，僧俗群众举行了盛大隆重的欢迎仪式，中共西北局和西北军政委员会及甘肃省党政代表团领导汪锋同志等前来祝贺，班禅大师的代表索本堪布丹却央潘为首的代表团也参加了坐床典礼，并赠送了礼品，敬献了哈达，拉卜楞寺及所属寺院、部落头人、活佛及僧俗列队朝拜奉献布施。

入寺坐床后不到一月，年仅5岁的嘉木样告辞父母，开始了艰苦的宗教修习。拜请的第一位经师是贡却乎桑智布。学习是非常辛苦的，老师的要求很严格，每天早上五六点钟起床诵读，直到深夜，除了吃饭睡觉，几乎没有玩耍的时间。学习内容包括佛经和其他藏族文化。这繁重的学习对一个五岁的儿童来说，负担的沉重是可想而知的。可这还远不是最苦的，最让佛童难以忍受的是与父母的别离。每当父母亲来看望之后，他就盼望着下一次相见。但他明白，这种苦是自己必须要经受的。因此虽然承受很重，却也日渐习惯，学习不断上进，特别对哲学用功最多，很快度过了7个年头。其间第十世班禅大师曾于1955年3月驾临拉卜楞寺，为嘉木样传授了无量寿灌顶。

1958年反封建斗争开始，废除了拉卜楞寺的封建特权，党和政府安排年轻的活佛到祖国各地考察参观。看到日新月异的社会主义建设事业和各族人民欢欣鼓舞的精神面貌，使嘉木样认识到党的民族宗教政策非常英明，非常伟大，便坚决拥护党的领导和社会主义制度。他更加刻苦努力地学习，决心像历代嘉木样一样爱国爱教，为新中国和藏族人民多做善事。可是没等他施展自己的抱负，厄运却骤然降临——“文化大革命”开始了。他虽遭受了不公正的对待，但广大的僧俗群众仍以各种方式表达对他的敬仰，给他的生活增添了信心和力量，不少领导和朋友也多次鼓励他好好学习，坚持下去。因此他利用一切机会抓紧学习。宗教方面的内容是不允许的，他就读《人民日报》《毛主席语录》《毛泽东选集》等，不懂的就问别人，查字典，这种习惯一直保持到现在。谈到这里他随手从抽屉中拿出一本《新华字典》，说这本字典经常带在身边，随时翻用。为了提高学习效果，他还看连环画，从图画中理解文字意思，到现在他已读过《三国演义》《西游记》等文学作品，就这样他虽没受过一天正规汉语文教育，却通过刻苦自学达到能说流利的汉语，能阅读汉文报纸、文件，为他以后的工作、学习、生活打下了良好的基础。他充满感慨地回忆说，从坐床到“文化大革命”这段时间是我的青少年时代，可以说我的青少年时代是充满政治运动的时代，使我经历了许多，也使我的思想深刻了许多。

爱国爱教皆佛心

党的十一届三中全会后，各项政策逐步落实，嘉木样重新恢复了宗教活动，作为宗教界的代表之一，社会活动不断增多，担任的职务越来越高，工作也日渐繁忙。1980 年省佛协恢复后，他一直担任会长至今。

作为活佛，他关心最多的是党的宗教政策的落实和佛教事业尤其是藏传佛教的发展。恢复宗教活动后，他就在政协会议和一些场合，积极为宗教政策的落实大声呼吁，很快，拉卜楞寺交由僧人管理。1985 年 4 月 7 日，拉卜楞寺遭空前劫难，大经堂意外焚毁。在北京开会的嘉木样听到消息后，痛惜不已，焦急万分，即于次日乘飞机回到兰州，并于当晚赶赴夏河，与省上其他领导一起指挥灭火，抢救文物，安定僧众。当省委、省政府作出重建大经堂、成立大经堂修复委员会的决定后，嘉木样深受感动，代表拉卜楞寺和广大僧众万分感谢党和政府的关怀，并欣然受命担任大经堂修复委员会主任。在以后的四年中，他肩负着党和政府的重托，也带着数万僧俗群众的殷切希望，辛劳奔波，尽了自己应尽的一份责任。他两次专程进京，向中央有关领导和部门汇报情况，争取修复经费。在各方面的大力支持下，经过四年的努力，大经堂原样修复，由于采用了现代建筑技术，比原来更壮观、坚实，使这座著名佛城伟殿再度生辉，使广大僧众遭受创痛的心灵得到抚慰。当工程竣工开光时，他感到非常舒心和欣慰。他语重心长地对前来参加开光典礼的领导和群众说，大经堂能很快重建开光，充分体现了党和政府对信教群众的关怀，体现了对少数民族和优秀传统文化的尊重与爱护，他表示要和广大信教群众一起，永远铭记党的恩情，坚定地走社会主义道路。这确实是他的肺腑之言。

活佛转世是藏传佛教的主要传承方式。由于各种原因，这一传统仪轨从 50 年代后期停止了。为全面落实宗教政策，保持藏传佛教信仰特点，党和政府决定恢复活佛转世制度。对此嘉木样非常高兴，很快向有关部门提出了建议，还担任了省活佛转世指导小组的顾问，并按宗教仪轨主持了我省第一批转世活佛部分灵童的寻访和认定，由于他和其他宗教人士与政府有关部门的配合，我省的活佛转世工作进展顺利，受到中央有关部门的肯定。

他很重视对年轻僧人的培养教育。甘肃佛学院成立后，他担任院长，虽不常驻学院，但非常关心学院的工作，支持主持工作的副院长放手抓教学和管理，使甘肃佛学院办得有声有色，在全国的佛学院中颇有声名。

嘉木样关心宗教事业，也非常重视对宗教政策的宣传贯彻。经历过严冬，才懂得春天的温暖。他深有体会地说，现在党的宗教政策太好了，是宗教事业的一个黄金时代，没有这样的好政策，就没有我们的信仰自由，我们一定要广泛宣传，认真贯彻。他是这样说的，也是这样做的。无论开会还是下乡，无论在甘肃，还是在青海、四川、西藏进行宗教活动，他都积极宣传党的宗教政策，希望广大僧众严格按照党和政府的政策法规开展宗教活动。1992 年 6 月，他在肃南裕固族自治县视察时，对干部和僧众反复讲："各级领导要重视宗教工作，经常向群众宣传政策，教育他们遵纪守法，爱国爱教。""寺院的喇嘛也要自觉学习好法律和政策，不符合政策法律的事不做，违背教规的事不干。真正做到寺要像寺，僧要像僧，为信教群众和佛教界增光添彩。"根据他的意见，甘南以拉卜楞寺为主，在 53 座寺院中开展普法教育，有 2580 人 7500 多人次参加了学习。1994 年 7 月，他应邀到拉卜楞寺的"第一施主"——河南亲王察汗丹津辖地（现青海省河南蒙古族自治县）参观考察，在与当地干部僧众座谈时非常恳切地说，信教群众和不信教群众应相互尊重，团结一致，共同努力，建设有中国特色的社会主义。他不仅在国内这样讲，在国外也积极宣传党和国家的宗教政策。1981 年和 1991 年他曾先后赴日本进行友好参观访问，到尼泊尔朝拜释迦牟尼诞生地兰比尼，其间与佛教界进行友好交往，宣传党和国家的宗教政策，增加了他们对我国宗教政策和宗教活动的了解。

他坚决反对民族分裂活动，维护祖国统一和民族团结。1987 年拉萨发生第一次"骚乱"后，他就对拉卜楞寺的僧人和甘南的干部群众明确说，搞分裂不得人心。要求甘南的僧俗群众要头脑清醒，坚决维护祖国统一和民族团结。1988 年拉萨再次发生严重"骚乱"前，他按省委、省政府的安排，赶赴夏河拉卜楞寺，与僧俗群众共度宗教节日，为保持甘南稳定，做了大量细致的工作。

1992年他在拉卜楞寺的发祥地青海河南蒙古族自治县时，对河南县的干部群众和各族信教群众说：“西藏是祖国领土不可分割的一部分，藏族和蒙古族一样是中华民族的重要组成部分。我们应当学习第一世嘉木样活佛和察罕丹津亲王的爱国精神，继承和发扬蒙藏人民维护祖国统一的光荣传统，同分裂活动作坚决斗争，在中国共产党的英明领导下，把我们的祖国建设得更加富强。”他深情地说：“国家的统一，国内各民族的团结，这是我们的事业必定要胜利的基本保证。”毛主席的这一论断是完全正确的，我们要铭记在心。他非常敬仰第十世班禅大师，把他当做楷模，与大师有深厚情谊。班禅大师逝世后，他祈盼大师早日转世，号召广大僧众向大师学习。他在第六次全国佛协会代表大会书面发言中称赞大师是“伟大的爱国主义者，是我们爱国爱教的光辉榜样”，广大佛教界要像班禅大师那样爱国爱教，维护祖国统一、民族团结，为建设有中国特色的社会主义做出新贡献。

可以说，爱国和爱教在嘉木样身上是完全统一的，他常常对宗教界人士和信教群众说：“爱国不忘爱教，爱教更要爱国。”这就是他的心声，也是他的实践。

维护稳定促经济

改革开放以来，嘉木样为党和国家实行利国利民的好政策而高兴，同时也为少数民族地区的经济文化发展现状焦虑。无论下乡，还是开会，或接待民族地区的干部僧众，他都要求和希望他们集中精力，抓好经济建设。他还特意将比较困难的甘南州临潭县作为自己的扶贫联系点。经过认真调查研究后向县上提出了大力发展乡镇企业的建议。在肃南县搞调查时要求干部积极、主动、创造性地工作，“思想要解放，胆子可以大些，光等不行，思路不能局限在老的范围内。那样工作肯定上不去。想问题首先考虑是否有利于生产力的发展和整个经济建设。”他多次强调宗教界要为经济建设做贡献，大力发展自养事业，以寺养寺，减轻群众的宗教负担，帮助周围群众脱贫致富，宗教为社会主义经济建设服务。在他的倡导下，拉卜楞寺自养事业发展很快，年收入近百万元，是我省宗教自养搞得最好的。

他把民族地区的社会稳定和民族团结当做促进经济发展的重要保证，给予高度重视。经常说，发展经济是中心任务，保持稳定则关系大局，二者相辅相成，相互促进，不能偏颇，更不能只抓一头，因为稳定才能发展，安居才能乐业。他多次参与调解处理民族地区的边界纠纷等矛盾，为民族地区的团结稳定做了不少工作。1995 年 5 月，他在夏河县视察时，了解到夏河县城回族群众原有墓地已满，新墓地又因当地藏族群众有意见而不能落实的情况，立即协助县有关部门做群众的工作，使问题得到了解决。作为活佛和省佛协的会长，也很注意与其他宗教的团结，在视察中多次到清真寺参观，和阿訇畅谈党的好政策和各民族各宗教团结的重要性。这是十分难得的。他所做的工作，为维护和发展我省民族地区的安定团结，起了重要作用。

因为经历过许多坎坷，也因为担任许多领导职务，使他的政治思想觉悟和工作水平不断提高。目前嘉木样担任全国政协常委、省人大常委会副主任、中国佛协副会长、省佛协会长、甘肃佛学院院长、甘南州政协副主席、拉卜楞寺寺管会名誉主任。他将这些视为党和政府及广大僧众对自己的信任。正因为如此，他以更加饱满的热情和高度的责任感不懈地努力着、工作着。

1995 年 9 月

本文原载《凝聚》，1993（6）；选自《拉卜楞寺与黄氏家族》，甘肃民族出版社，1995。

记第六世贡唐仓活佛丹贝旺旭

柏水生

贡唐仓活佛一世始于康熙年间。那是因贡唐仓一世万登彭措大师出生在西藏贡唐地方，后人遂以此地名尊为历世大师的佛名。由于一世当时的宗教地位很高，被尊为活佛。他的二世于乾隆时期，被请到北京雍和宫当了国师（即奴莫汉呼图克图），给皇帝传授佛经。从此以后，贡唐仓活佛政治上有了较高地位。贡唐仓三世是丹贝卓美大师，是著名藏学家，曾蜚声海外。贡唐仓四世是丹贝嘉措大师，对拉卜楞寺建设有过突出贡献。贡唐仓五世是丹贝尼玛大师，曾给第九世班禅大师灌顶。

贡唐仓·丹贝旺旭，即贡唐仓活佛第六世，是一位对藏传佛教有较深研究和造诣的佛教界学者。贡唐仓活佛作为我国藏传佛教格鲁派（黄教）著名寺院——甘肃夏河县拉卜楞寺四大色赤（佛位极高，即为“金座”者）之一，其几十年来的经历和宗教活动充满了坎坷和传奇色彩。早在20世纪30年代，他即开始在拉卜楞闻思学院学经，后取得“格西”（藏语“格威喜联”的简称，意译为“善知识”，可理解为博士或教授）学位，并任该寺总法台（负责本寺教务与财务重大事宜）。他21岁开始宗教活动，在甘、川、青一带讲经传法，深孚藏族人民众望。当年拉科仁青大师给他取法名时，似乎预见到他将来会达到崇高境界，因而给他取了“丹贝旺旭”的法名，意思是他可以成为一名宗教权威。果不其然，他在当今藏传佛教的大活佛中，是年龄最大、佛学造诣最高、资历最深的一位。

一、新中国成立前后与果瑞的关系

中华人民共和国成立之前，甘肃尚未解放，别名果瑞的吴振刚，在南京中央大学蒙藏系读书，精通藏文，是一位思想进步的大学生。当时，果瑞和另一位藏族同学平措旺杰，在学校内秘密组织了“藏族马列主义青年联盟”，由平措旺杰担任书记，果瑞担任副书记，负责“藏蒙委员会”的联络工作。由于他俩在同学中经常传递进步书籍，宣传马列主义，不久其组织被校方发现，平措旺杰的学籍遂被停止，并勒令离开学校。紧接着，果瑞也被当局发现，经侦知他是“共党分子”，于是开始对他进行通缉。

经友人报信，果瑞从学校逃脱出来，迅速秘密到甘南藏区，以此作为立足之地。他在甘南有一位哥哥，长期生活藏区，于是请他推荐，希望随从活佛，利用他学到的藏学知识做些有益于藏区人民的事情。得到应允后，果瑞成为活佛的秘书。那时，人民解放战争节节胜利，时局变化使贡唐仓活佛需要一个既当翻译又是联络人的秘书。开始，他对身边多了一个秘书，并不怎么习惯。他有一台收音机，由于不懂汉语，除了听音乐之外，再听不懂别的什么，秘书果瑞有接触活佛的机会，并看出他很关心时局，即每天给他翻译新闻节目，让他及时了解到形势的变化，于是，贡唐仓渐渐地对果瑞有了好感。

在果瑞的启发下，贡唐仓活佛首先对国民党发动反人民战争的倒行逆施有了认识，当国民党行政院邀他当特邀代表时，他断然拒绝。夏河县有一个被称为吉牧师的美国传教士，他和贡唐仓活佛有一些交往。一天，吉牧师告诉活佛，国民党快完了，失败注定了，连上帝都无法替他们挽回了，共产党在中国执政已成确定无疑的事实。并告诉他，共产党大军正向大西北进军，他们如果一旦到来，那将是对宗教的极大灾难，宗教人士定将遭到屠戮。他劝活佛赶快离开中国跟他一起到美国去，说是一切费用都由他负责。

吉牧师的一番宣传把活佛弄得忧心忡忡，连饭也吃不下。他是活佛，甘南是他安身立命之地，他是怎么也不能离开藏族人民群众的。但他受美国传教士说教的影响，对留在甘南心里确又有些担心，怕共产党来了真的会毁灭宗教。果瑞看出活佛心事，便问："大师，你怎么不高兴？好像有什么事？"活佛说："吉牧师说共产党快来了，共产党要灭教，我放心不下。"果瑞说："那个美国牧师只说对了一句话，共产党的确快来了，但他的其他话都是胡说。共产党虽然信仰马列主义，马列主义是无神论，可是共产党决不把自己的意识形态强加于人，主张宗教信仰自由，是尊重人们的宗教信仰的。"他说到这里，直截了当地告诉活佛他自己就是共产党人。他说："我虽然是共产党员，但我又十分敬重大师。所以大师决不要相信那个美国人胡说。大师不是知道共产党员宣侠父吗？他和贾宗周联络各方人士，曾经成立过'甘青藏民大同盟'，发表过《甘边藏民泣诉国人书》，以争取冯玉祥派国民军赶走马麟部队，制止了他们的毁寺杀人，保护了寺院，你怎么倒怕起共产党来了呢？"

活佛听果瑞这么说，想想以前发生过的事情的确如此，共产党人宣侠父和藏族上层人士黄正清就有过不同寻常的交往，共产党不干涉宗教信仰自由的话也确有道理。他虽然没见过宣侠父、贾宗周，可听嘉木样五世说过，再联系眼前的这位共产党员，仔细一琢磨，吉牧师的话靠不住，他心头的愁云顿然消失了。

又过了几天，吉牧师真的要走了，又来见活佛，说："大师，我们要离开中国了，最后来劝劝你，希望你能同我一起到世界上最民主最自由的美国去，你和你的亲属及随从人员的一切费用都包在我身上。”活佛回答他：“吉先生，我再三思考你的建议，我还是不能离开我的寺院，不能离开我的僧俗信徒，请你自己走吧！”

吉牧师离去不久，马步芳军队节节败退的消息不断传来，特别是谷关峡一役，马步芳的精锐骑兵十四旅被人民解放军全歼，号称常胜将军的旅长马得胜也被击毙，当地国民党政府官吏们惶惶不可终日。果瑞建议活佛和共产党赶快建立联系，争取草原上的藏民早日得到解放，以免受马家军的劫掠。贡唐仓活佛慨然同意，他请果瑞代他写了一封拥护共产党的信，随后活佛自己离开拉卜楞寺，去了四川阿坝查理寺，作迎接解放的准备。

1949 年 7 月，果瑞带着活佛的信到了西安，见了王震将军。王震将军看了信非常高兴，叫秘书立即写了回信交给果瑞，还特意赠送了一张毛主席的相片。但因为交通不便，辗转多时才送到活佛手中。王震将军的信虽简短，但极其热情，对这位在甘、青、川交界处有很大影响的活佛的深明大义表示极为信任和欢迎，并说甘肃的解放已指日可待，到时再见面。

活佛在查理寺听到夏河已经解放，便召集寺院所属若尔盖 12 个部落的代表，说服大家拥护共产党。本来有些土司听信国民党说的共产党“同化，灭教”的反动宣传，态度有些暧昧，听活佛说共产党好，便转变了态度，坚决拥护共产党。1949 年 10 月，贡唐仓·丹贝旺旭带领若尔盖 12 个部落的代表到夏河与解放军会面，表示拥护共产党。消息传到兰州第一野战军彭德怀那里，彭司令员非常高兴，对来自甘川草原的这一消息非常重视，当即派人（活佛只记得当时称宋主任，忘了名字）代表他，专程从兰州到夏河奖给活佛两支枪和几面五星红旗。

二、坚决拥护新生的人民政权

1949年底，在波兰华沙召开世界和平大会，中国派出由六人组成的代表团，团长是郭沫若。贡唐仓·丹贝旺旭活佛作为中国藏族人民的代表和有很高声望的宗教人士，也名列六人代表团中。然而，后来真正赴会的并不是他，而是当时的夏河县县长黄祥。这里面还有活佛的一片好意。当人民解放军进入夏河时，夏河居民多跑到草原上去了，连当过夏河县参议长的黄祥本人也准备随同逃离。活佛让果瑞去说服黄祥，叫他相信共产党的政策，同活佛一样不要走。在解放军来时，黄祥果真加入了欢庆解放的人群。新中国建立政权时，民主政权的领导把黄祥当成起义人士对待，让他当了夏河县解放后的第一任县长。为此，贡唐仓·丹贝旺旭活佛把出席世界和平大会的难得机会让给了黄祥，决定让他去。但不幸的是，一天黄祥去夏河县师范学校给老师、学生讲话，在回来的路上被坏人杀害了，活佛为此事很伤感。

丹贝旺旭活佛又被推选为全国第一届人民政协会议的代表，他是应该赴京参加会议的。但由于交通不便，通讯落后（当时甘南藏区电话、电报都不通，汽车也没有，唯一的交通工具是马），通知书送到他手中时，会议已经开过了。在此前，果瑞就曾经告诉他，毛主席和周总理也知道他这位拒绝去美国，又说服草原上众多部落头人、土司欢迎解放拥护共产党的活佛，希望解放后能见到他。而他却错过了一次到北京见到毛主席和周总理的机会，这也是使他感到遗憾的事。

不过，有一件事让他欣慰，这就是人民政府一直非常地相信他，让他参加新政权。活佛应西北军政委员会之邀去兰州，曾见到了彭德怀、贺龙等诸位领导人。彭德怀握着他的手，热情地说："见到你很高兴，感谢你在甘川藏区深明大义的行动，我们希望你

‘出山’，代表那里的藏族人民参加人民政府的工作。”活佛听如此说，心里感到好似一种慰藉，他想答应，以此感谢共产党的信任。但他转念一想，自己是活佛，以佛门身份带领藏民群众跟着共产党走更好，便婉言相谢，并回答说：“我身在佛门，有什么事情要我去做，我当尽力完成。但当官不好，还是让我在草原上同藏族群众生活在一起吧！”彭司令员见他对佛教至为虔诚，不便勉强，遂遵从了活佛的意愿。

中华人民共和国成立后，贡唐仓活佛确实做到了尽心尽力为共产党政权服务。在西南剿匪时，贡唐仓·丹贝旺旭活佛帮助解放军做了力所能及的工作，邓小平、贺龙同志皆对此有过褒扬。

1951 年，当时川西黑水县尚未解放，国民党残余部队一个叫胡炳勋的师长，带着他的一些残兵败将盘踞在那里，还拉拢了一些反动分子成立了“三省（甘、青、川）边区反共指挥部”，企图利用当地山大林密沟深的地势负隅顽抗，阻挠破坏解放军的入藏。这一带匪徒人数虽只有 500 多，但危害极大，到处杀人抢劫，搅得农牧民无法安生。活佛得知匪部副司令是黑水大土司道吉华桑，他以前相识，便又回到查理寺，意欲为解放军剿匪出点力，就主动去做瓦解匪部的工作。因为道吉华桑过去曾和活佛有过施主关系，对他甚为信服，他决定利用这一层关系去劝降，并把亲自署名的传单散发在土匪出没之处，劝说道吉华桑不要跟随胡匪炳勋祸害百姓。传单大意是：为民举善，佛将赐福；祸害百姓，若继续为胡匪炳勋所用，为害草原，则难逃灾祸。劝你快快弃恶从善，我保尔身家平安，政府也会既往不咎。我等着你急速来归，我佛慈悲！

传单到了道吉华桑手中，展读再三，他的心被一颗佛心打动了。这个人并不是一个软心肠，即使鲜血流成河，他连眼都不会眨一下。如当年红军长征，那时如果能从黑水通过，本可以免受爬雪山之苦，但道吉华桑倚仗险要地势，硬是阻着不让通过。河里的水都染红了，红军还是没能通过。为避免遭受更大损失，红军被迫改走了雪山。但道吉华桑也和国民党军队打过仗，他曾和四川邓锡侯两次血战，打得邓丢盔弃甲，对他毫无办法。他听了活佛的劝说，相信会得到佛祖保佑，便率领自己的人马，出山归降了解放军。胡炳勋顽抗靠的就是道吉华桑，道吉华桑一走，胡炳勋匪部很快被解放军部队剿灭。匪乱平息，黑水县也随之解放。

道吉华桑归降不久，参加了赴朝慰问团，曾代表藏族人民去朝鲜慰问中国人民志愿军。后来他出国定居，先后去过印度和加拿大，1979 年又归国定居。两年后在成都去世，活佛闻讯，从兰州赶去参加了他的追悼会。

三、重返拉卜楞寺

活佛在四川待了三年之久，曾任川北藏族自治区（即阿坝藏族羌族自治州的前身）人民监察委员会副主席和政协副主席。

1954 年的一天，一群仪仗齐全的喇嘛，风尘仆仆来到了查理寺，他们从夏河拉卜楞寺来，带着以嘉木样六世名义书写的信，敬请活佛返回拉卜楞寺，担任寺院总法台，主持寺政。他知道这是不能拒绝的，便吩咐管家等作启程赴拉卜楞寺的准备。作为佛门中人，他也无甚家什可带，只有几件袈裟和途中过夜的被褥，一夜之间准备就绪。第二天清晨，金黄色阳光照在山尖上时，鞍马备齐，喇嘛打起旗幡仪仗，随即启程。

活佛吃过早点，拜别经堂佛祖像，出寺登轿，日行夜宿，奔向拉卜楞。途中，各个站口都有隆重的欢迎仪式，行程 10 多天，始抵达拉卜楞寺。他拜见过嘉木样后，就任了寺院总法台。此时大师按佛位在嘉木样之下，但因六世嘉木样年幼（1948 年生），被选为五世嘉木样转世灵童进寺也只有 4 年时间，尚在学习阶段。所以，以后的数年间，寺院实际上由这位总法台主持。

总法台不仅是寺院政务、教务和总务的总主持人，还代表嘉木样对寺院行使最高管理权。历世贡唐仓都任过拉卜楞寺总法台、摄政等职。寺院除总法台之外，各学院又都有自己的法台，如闻思学院法台、时轮院法台、喜金刚院法台、续部上院法台和医药院法台等，贡唐仓·丹贝旺旭活佛担任拉卜楞寺总法台，这一段时间是拉卜楞寺历史上最为鼎盛的时期。不但香火旺盛，法会盛大，还先后迎接了当时任全国人大常委会副委员长的达赖喇嘛和班禅大师。

贡唐仓·丹贝旺旭活佛在1954年担任拉卜楞寺总法台不久，主持举行了空前的“柔扎”大法会。从农历七月初一到十六，震耳的法器轰鸣声和沸沸扬扬的诵经声，在大夏河峡谷里热闹了半个多月。

“柔扎”大法会带有知识竞赛性质，参加大法会的不仅是本寺所有僧侣，附近许多寺院的喇嘛和信徒们也潮水般涌到了拉卜楞寺。在寺院周围的空地和山坡上，扎满了白色绣着祥云图案的帐篷。“柔扎”大法会的施主是总法台，不仅为所有参加法会的僧侣提供斋饭，还每日赠每僧布施钱7元。这个费用是惊人的，对总法台的财力是一次衡量。供斋饭的情景是非常壮观的，数千喇嘛就地一排排坐在法会会场地上，由主管供斋的人员提着桶将斋饭一勺勺舀到大家自备的碗中。“柔扎”大法会由宗喀巴的弟子加洋却杰首创，在拉卜楞寺则开始于嘉木样二世久美昂吾亲任总法台的时期。自那以后200多年来，年年举办“柔扎”大法会。

大法会开始时，活佛身着鲜红的袈裟，头戴金色尖顶的法帽，在众高僧簇拥下来到闻思学院（大经堂的广场上），就座于为他设的专座上，其他色赤地位、堪布地位等的活佛在他两旁纷纷落座，众僧侣和信徒们顷刻磕头拜见，有的还磕一种五体投地的“长头”。大师宣布大法会开始，一场热烈的佛学大辩论便揭开了序幕。

大辩论既有秩序又有很大随意性，喇嘛们不论地位高低，谁都可以进入场内发表自己的见解，有时一人讲众人听，有时七嘴八舌。可以指手画脚，可以插嘴。有的说得兴奋时，手舞足蹈。对于口吐莲花、妙语惊人者，大家皆报以热烈的欢呼。这种形式活泼的探讨和争论，僧侣都乐于参加，一则是学习的良机，再则可以展示自己的学习成绩。

佛学大辩论从早到晚进行了好几天。

接下来是名为“米拉”的演出，在大法会的最后一天进行。“米拉”实际上是话剧，演出虽有传统的程式，但允许演员随意发挥，对一些违犯佛门规矩的人和事，可以讽刺，也可以当众批评，讽刺和批评当然要以理服人。演出地点也在大经堂前的广场上。开始是山神出场，戴着面具，卷曲的头发，右臂绕着红带，手执棍棒跳来跳去。接着另一山神出场，同时还伴随着两只彩绸装饰的狮子，山神与狮同舞，表示对佛的崇拜。再下来在锣鼓声中，黄脸白须的土地神登场，向周围扬撒大麦，表示对神祇的祭祀。土地神以念经的声调，叙说米拉日巴的生平和业绩。最后一场戏，出场的是土地神和两个喇嘛，喇嘛身背经卷、手执禅杖，坐到椅上，代表尊者米拉日巴。两只梅花鹿跳跃而出，向米拉日巴求救。紧接着有两个童子用鞭抽打两只狗出场。两只狗追逐两鹿，米拉日巴劝阻两狗，放弃追逐。两鹿刚刚得救，两个猎人又来追猎。猎人在米拉日巴身边找到了他的猎物，迁怒于米拉日巴，搭箭怒射，但射不中米拉日巴。米拉日巴说服猎人，改恶皈依佛法，并用一个故事宣扬佛教教义。

四、接待班禅大师和达赖喇嘛

在活佛担任拉卜楞寺总法台期间，1955 年接待过班禅和达赖喇嘛来寺。中国藏传佛教地位最高的两位大师，在同一年中先后来到拉卜楞寺，整个甘南为之轰动。他们来时，活佛率领寺院僧侣到马莲滩上迎接。整个安多地区的僧侣和信徒，半月之前已闻讯，他们早早来到那里迎候，人山人海。班禅大师对于拉卜楞寺和贡唐仓·丹贝旺旭活佛并不陌生，1949 年 2 月他被选为九世班禅转世灵童后，就由活佛等去迎接，先住这里，后才移住塔尔寺。其后，也曾来过拉卜楞寺，和活佛多次晤面。

达赖喇嘛是首次来拉卜楞寺，和活佛曾见过一面，却并不相熟。他到拉卜楞寺来，一则是看看寺院的教学与管理情况，二则也是来会见这位声名远播的活佛。达赖喇嘛在晚上单独和活佛晤谈，详细询问了拉卜楞寺的情况。贡唐仓活佛从寺主嘉木样六世到众色赤、堪布的佛学造诣、生活情况、僧侣数目、属寺和群众基础等，一一作了汇报。晤谈一小时多，这在藏传佛教的过去是很少有的。在平时，活佛虽在甘川青藏区威望崇高，但要拜见达赖喇嘛也是很难的。对贡唐仓·丹贝旺旭活佛来说，达赖喇嘛晤见他，更无疑是对他的尊重。

五、与共产党肝胆相照始终不渝

1956 年，甘南的碌曲和川北若尔盖的部分地区发生了动乱，有些人听信在藏区也要搞合作化等谣传，把本来用于对付侵害牛羊的恶狼的枪口，错误地指向了人民政府。草原的上空乌云滚滚，失去了往日的宁静。活佛深为焦虑，走出寺院参加了工作团，并任副团长，去做说服教育工作。

山上枪声在响，活佛来到山下，枪弹从头顶飞过去，他全然不顾自身的安危。此时的活佛很像神话中的米拉日巴：用佛心对付弓箭。听说活佛来到了山下，拉紧的弓弦松弛了。但一些人还不相信，硝烟正浓，活佛怎会来呢？有人下山来看，看到端坐于帐篷正为他们祈祷的活佛，便叩头问：“活佛，公家真的不在我藏区搞合作化吗？公家不会是骗人吧？”活佛郑重回答：“不会，现在的公家不是过去的官家，不会骗人的，解放7年来，公家什么时候骗过人？就是将来进行民主改革，也要大家自愿，不会强迫。回去对山上的人说，不要打了，各回各的帐圈，安心放牧牛羊去吧！如果打下去，吃亏的还是自己。政府来让我给你们做工作，是为你们好，快些回去吧！”

乌云散去了，草原又归于宁静。以活佛为副团长的工作团，圆满完成了任务，在他要回拉卜楞寺时，牧民们沿途顶礼相送。

“解放后，我一直拥护共产党，为团结藏族同胞共同建设祖国，做了自己应该做的工作，包括1956年甘南平息叛乱，我也积极参加了。可没有想到，达赖会见过我却成为一大罪状。1958年我被定为甘、青、川叛乱的总头目，关进了监狱，坐了21年牢，直到1979年4月才放了出来。”他说此话时不无遗憾。但在入狱时，丹贝旺旭就认为笼罩天空的乌云是暂时的。他说：“我相信共产党总有一天会实事求是地解决我的问题，所以我在狱中没有悲观失望。我坚持学毛泽东思想，以此证明我的心与共产党是共通的，尤其是坚持锻炼，使我活到了今天。”21年中，贡唐仓·丹贝旺旭除了坚持学习马列著作、《毛泽东选集》外，还学习汉语。他说：“过去我不会讲汉语，在狱中没有学习汉语的条件，我为了会汉语，就把《毛泽东选集》的藏文版对照起来一句一句地学，那是很艰难的，没有毅力是学不会的。现在我已可以用汉语思维、写作和说话了。”

六、关心民族教育和民族团结

贡唐仓·丹贝旺旭从狱中出来时，正是党的十一届三中全会开过不久，经过一段参观学习，他看到了党的未来，看到了祖国的希望，决心与党荣辱与共，为发展民族教育、搞好民族团结以及振兴少数民族经济而奋斗。他常说：“在我的有生之年，要多多造福于人民。”

在甘南草原上，贡唐仓·丹贝旺旭走到哪里都要宣传兴办教育事业的好处和深远意义。他说，没有文化知识，要改变落后的生产、生活方式，要真正富裕起来，是不可能的。他说，在目前，恢复一个寺院，不如办一所小学。恢复寺院可以放慢一些，兴办教育应当快一些。1988 年夏天，他在玛曲阿万仓乡讲时轮大法经 5 天，前来听经的四川、甘肃、青海和西藏的信徒多达 12 万人。他在讲经过程中，再次强调了兴办教育的重要性。他从牧民们布施的 8 万元中拿出 4 万元支援了红教和黄教的两个寺院，将另外 4 万元皆给地方办小学。这年政府给他补了被拆的房屋折价 4 万元，他拿出 2 万元给了甘南藏族自治州，成立了民族教育基金会，自己担任名誉会长，还呼吁各界人士为州基金会捐款 10 多万元。他先后共拿出布施的 40 多万元，捐献给甘南州各地兴办中小学，从而促进了民族教育事业的发展。

甘南来兰州的藏族群众，过去有的露宿在河边、草滩，甚至在大街上过夜。经济的原因和传统的生活习惯，加之一些客观原因使他们无法、也不愿意住进宾馆、旅社。每当看见这一情景，活佛就心里不安。他想，我是个藏民，是藏族群众推崇和爱戴的人，为什么不为藏族群众办点实事？经过认真思考，积极周旋，1983 年至 1985 年，他和一个单位合作办起一个“牧民之家”，解决了一些藏族群众在兰州的住宿问题。“牧民之家”因某种客观原因停办以后，他在兰州小西湖柏树巷建了“敦支尕擦”，成了甘南牧民的驻兰办事处，有什么困难就去那里找活佛。有些牧民来兰看病，他知道后便打发身边工作人员联系医院，帮助办理住院手续。还常常亲自询问治疗情况。“敦支尕擦”原意为乐园，实际上成为广大牧民的乐园。贡唐仓活佛就是这样孜孜不倦地为藏族同胞办实事，他受到了藏族同胞的爱戴。

贡唐仓·丹贝旺旭说，藏族，包括其他少数民族同胞在内，都是中华民族的一员。藏族和各兄弟民族团结起来，自己才能兴旺、发达，只有各民族团结起来，我们的祖国才能富强。出于这一指导思想，他在甘南草原上，在州、县府所在地，在牧民帐篷时，随时都宣传民族团结的重要性。他要求藏族内部团结，藏族和其他兄弟民族要团结，1987 年 10 月西藏发生骚乱时，他作为班禅的高级顾问曾去西藏做工作。当时，他有心脏病，加之高原缺氧，困难重重，但是为了西藏的安定团结，他在那里坚持工作，卓有成效。十世班禅大师对贡唐仓的工作很满意，藏族群众评价也很高，党中央和国务院对他的工作更给予充分的肯定。

每当听到哪里又发生边界矛盾影响安定时，他便不顾高龄，冒着夏日的酷暑和寒冬的风雪，一次次从兰州驱车几百公里，在草原上往返奔波，协助当地政府解决问题。往往争执双方正甩袖相骂或剑拔弩张之时，一见这位“佛爷”现身，听活佛一番以理服人的劝说，立刻化干戈为玉帛，草原随即重归往日的宁静。其中虽有宗教感情和民族感情的作用，更重要的是活佛的崇高威望和一片赤诚的说理。因此，不仅甘南州，甚至在甘南州接壤的青海河南（黄河以南）、川西阿坝州一带，凡发生边界争议，当地政府一时难以解决时，就来请求活佛前去。往往当地群众还未见他，仅仅听到活佛莅临他们那里，已乌云消散、风和日丽。

七、为振兴发展藏族经济想尽办法

贡唐仓活佛的亲朋好友，现在在美国、加拿大、瑞士、印度、尼泊尔和日本等国经商、开办工厂的很多，他本人在这些藏胞中有很高的威信，影响很大。为了振兴发展藏族经济，引进外资，为祖国“四化”出力，早在 1985 年初，经甘肃省人民政府同意，他支持办起了“兰宝股份有限公司”，用电报、电话、信件等方式与国外藏胞联系引进资金，开办工厂、服务行业和贸易往来。同时通过这些藏胞“搭桥”，已和这些国家的公司发生联系。现在“兰宝股份有限公司”除甘南藏族自治州同胞投资90多万元，已引进国外资金59万多元。“兰宝股份有限公司”还在拉萨开办了一个分公司，在兰州开办过“兰宝酒家”。还在国外合资办起了皮鞋厂，效益很好。有一次，在西安召开的畜牧局长招商会上，有外商想合资兴建兰州藏胞宾馆，总投资1000万元，双方各半。5年内外商任经理，中方任副经理，5年后中方任经理，外商任副经理，15年后全部归中方所有。贡唐仓活佛对此事表现出极大的热忱，他说，少数民族居住在边远地区，文化素质低，经济不发达。我对少数民族有感情，作为一个爱国者，我认为国家要实现四个现代化，少数民族地区不能拖后腿。1984年中国的改革大潮升温的时候，贡唐仓活佛最关心的是如何加快少数民族地区的经济建设。他说民族经济发展了，才能实现真正的民族平等。就说生活方式吧，牧民们到兰州来，皮袄脏，乘公共汽车，司机嫌有酥油味，不愿意拉，姑娘们怕把漂亮的衣裙弄脏不愿靠近。因此，我们应该帮助牧民改变落后的经济和生活方式，通过文化教育提高牧民素质，让牧民穿上干干净净的皮袄。

贡唐仓活佛常常向藏胞讲科技兴牧，讲畜产品加工。他给藏民算了一笔细账：甘肃牧区的奶牛一天只能产8斤奶，挤奶技术好的才10斤，可澳大利亚的奶牛一天可产200斤奶。外国种牛与我国牦牛杂交改良后，产量明显提高。四川红原县瓦切牧场的改良牛，一天产二三十斤奶。草场还是那么大，牛群还是那么多，一改良一头牛能顶三四头牛。虽然买一头外国种牛，价钱贵得很，得花一万几千元，但买冷冻精液便宜。活佛还以奶渣做事例启发牧民学习科学技术，他说优质的奶渣在国际市场上很值钱，可以制作化妆品等。上海就是把奶渣加工成颗粒出口，赚了大钱。甘南也加工颗粒，但技术差，如果学习一下上海，达到出口标准，那就大有作为。

1989年12月20日，活佛曾谈到牛羊皮加工问题。他说，在甘南，虽说办了皮革厂，可一张皮子只能分成2张，一件皮夹克卖300多元，技术工艺落后。但是在上海一张皮子可分成5张，可贴上帆布做皮鞋、皮箱、皮夹克、钱包等。美国人能把一张皮革分成10张，我国如能达到10张的水平，那么，牛羊皮收入就非常可观。他说，世界上牧业很挣钱，而我们的牧区为啥那么穷呢？首先是教育跟不上。牧区有些地方文盲占人口的百分之五六十，好的地方也占百分之二三十，他们想搞商品却看不懂报纸上的信息和技术。

贡唐仓从年轻时候就很注意学习科学，热心于牧区的经济发展，1955年，他在四川红原投资50万银元，用牦牛驮机器办起了一个奶粉加工厂，现扩建为红原奶粉厂。四川省委领导曾说，50年代一个活佛都知道搞经济，我们的思想还不如人家。

为了帮助牧民脱贫致富，大师对新闻界的报道工作也提出过自己的看法。他认为报纸应结合实际，多提供有针对性的有实用性的信息，诸如牧区如何利用当地资源搞深加工，如何靠高科技提高产品质量，增强市场竞争能力。应多宣传相近地区的好经验，介绍勤劳致富的先进人物。他希望报纸文字像做饭菜一样，不但要营养价值高，还要注重调料，加酱油加醋加辣椒，让人吃起有滋有味。不然，东西本身很好，没放盐，就不好吃了。活佛还曾为兰州市永登县的玫瑰油找过销路，联系补偿贸易。他说："只要我能出上力的地方，我总想尽点义务。"

八、把友谊的花朵撒向世界

1986年11月的一天，他接到国务院宗教事务局的通知，决定派他去参加在尼泊尔召开的第十五次世界佛教联谊会，并由他担任中国代表团的团长，而且叮嘱他一定要去。

到佛祖释迦牟尼的故乡去，那是佛教界人士梦寐以求的，但是他却顾虑重重：第一次出国就叫当团长，何况尼泊尔有达赖的很多下属，觉得这事比较麻烦，很犹豫。不料第二天早晨班禅额尔德尼·确吉坚赞从北京打来电话，问他准备好了没有？还说："我也去。"他一听班禅大师也去，那么代表团团长自然应该是班禅大师了，便高兴地说："好！我去。"到了北京，才得知班禅大师是以全国人大常委会代表团的名义出访尼泊尔的，他仍是参加第十五次世界佛教联谊会的中国代表团团长。事已至此，他再也无法推辞了。

1986 年 11 月 24 日，贡唐仓活佛一行 5 人同班禅大师同乘一架飞机前往尼泊尔。这次联谊会共开了 7 天，他作为中国代表团团长，圆满完成了任务。

1990 年，他又应邀去罗马参加有众多宗教人士、科学家等出席的国际性会议，主题是团结、友谊，他同上海基督教协会的一位主教等一行 3 人前往。当时他正在甘南夏河县下乡，省上来电话让他速来兰，准备出国。他是在机场上临时购票登上飞机，从北京经香港、曼谷到达意大利，然后去了开会地点巴力。在巴力举行的记者招待会上，贡唐仓大师回答记者提问。有记者问：中国真正允许宗教信仰吗？他答："过去有一段时间没有信教自由，现在中国真正是信教自由。拿我自己来说吧，坐了 21 年监狱，今天不仅能出国参加这次会议，还当团长，难道这不能说明问题吗！"他的意大利之行给外界留下很好的印象。

又有记者问：罗马教皇去韩国不能经过中国领空，为什么有此不友好的表现？他郑重回答：每个国家都有自己的包括领空在内的制空权，不管飞机上乘坐何人。这是个主权问题，不是友好不友好的问题。记者又问：你们藏族信仰达赖喇嘛吗？你们是否同意达赖喇嘛关于"西藏独立"的主张？答：达赖和班禅历来是中国藏族佛教的宗教领袖，但是宗教是宗教，政治是政治，宗教信仰的一致不等于政治主张的一致。西藏历来是中国不可分割的一部分，对于“西藏独立”的主张，是所有中国的藏族人民不会同意的。会议结束后，他们又到罗马参观了3天。他看了世界天主教的王国梵蒂冈城汇集的西方古代艺术的精华。

九、松鸣情深

1987年农历四月二十七日，贡唐仓·丹贝旺旭活佛游览松鸣岩风景区。松鸣岩位于太子山的南麓，距临夏州27公里处，此处山势突兀，层峦叠嶂，流水清澈，芳草如茵，为陇上翠屏。活佛由省林业厅副厅长禹贵民同志陪同，登临青山极目远眺，苍翠欲滴的林木秀色，巍峨壮观的寺宇建筑令活佛赞不绝口。他视察了正在修复的督岗寺院。督岗寺隶属宗喀巴格鲁派，建于明朝洪武年间，是著名的藏族起义领袖怀来仓肋巴佛烈士生前从事宗教佛事活动的寺院，也是他后期从事陇右地下革命斗争的场所。但“文化大革命”中被毁。党的十一届三中全会后，当地各族群众积极集资修复。活佛视察之后，关切地告诫寺管会领导：“肋巴佛是我们藏族中唯一的著名烈士，修好他的寺院，意义深远，不仅体现出国家的关怀，也体现了宗教界的关怀，更重要的是团结了当地的群众，教育了后人。”他还说：“现在国家还困难，要体谅群众疾苦，修寺院要量力而行，不可过于急躁，心里要想着群众困难……”活佛语重心长，周围响起村民老人的哽咽声，这是曾跟随肋巴佛烈士出入于枪林弹雨、同生死共患难的老乡们，活佛安慰了群众，又谆谆告诫僧侣：“我们佛家人要心正，心诚，只能做善事，不能做恶事，要为群众办好事。”僧众频频点头，“呀！呀！”称是，日后，该寺众僧侣将活佛告诫视为自己修行的准则。

贡唐仓·丹贝旺旭又专程看望了居住在松鸣岩山下的肋巴佛烈士亲属。1922年，肋巴佛被选为卓尼康多寺第十八世怀来仓肋巴佛，其家人因社会动乱离开故乡颠簸河西一带，1939年定居于此，至今有40余年。现在当地居住的有肋巴佛的4个侄儿及家人。长侄公布加因父为红军殉难后，一直被肋巴佛收留身边，为肋巴佛的起义斗争做了大量实际工作，并在险恶的环境里掩护亲人坚持斗争，直到奔赴延安。现在，公布加是和政县政协一名政协委员，与妻拉姆在家安享晚年。老人见贡唐仓·丹贝旺旭活佛远道而来，不禁动容落泪，双手捧献哈达，率家人在门口燃炮迎接。贡唐仓·丹贝旺旭活佛将哈达捧回至院内正厅，敬献给肋巴佛烈士灵塔，关切地向公布加询问亲属的生活、工作、学习及子女状况。公布加一一汇报，招呼家人杀鸡宰羊招待贵客。贡唐仓·丹贝旺旭是继陇右地下革命斗争负责人牙含章同志之后来看望肋巴佛烈士亲戚的第二位上层领导干部。他安慰亲属说："肋巴佛是藏族人民的好儿子，他为了中国革命和民族解放斗争献出了生命，没有烈士的牺牲也就没有今天，甘南和全国的各族人民都不会忘记他。"亲属们听着一个个欣喜落泪，连声道谢。活佛又说："让天下的老百姓都能过安宁、幸福的好日子，这一点，我觉得自己和肋巴佛想的是一样的。"他的话引得林业厅的领导和亲属们都笑了起来。

活佛还来到院里向群众问寒问暖，问"生活好吗?""家里几口人?""粮食够不够吃?"村寨乡亲们高兴地连声作答。他们本是观瞻活佛仪容和行佛事的，没想到贡唐仓·丹贝旺旭如此平易近人和关怀乡亲，群众交口称赞，成为当地人们的美谈。

本文选自《甘肃文史资料选辑》，第四十七辑，甘肃人民出版社，1997。

怀念与崇仰

——记宣侠父烈士

吴春岗　雍忠德[①]

宣侠父（1899—1938），浙江省绍兴市诸暨市（县级市）店口镇侠父村人，是卓越的党的民族和统战工作的开拓者，也是我们党早期的革命家、军事家和文学家。

作为一名职业革命家，宣侠父的一生波澜起伏、壮怀激烈。自1923年加入中国共产党，宣侠父经历了从轰轰烈烈大革命的兴起到抗日民族统一战线的全面形成，他始终以一个共产主义战士的崇高理想和坚定信仰，战斗、生活在革命和时代的前沿。

宣侠父的革命历程，折射了中国共产党从幼稚逐步走向成熟，把马克思主义的普遍真理中国化的探索和实践过程。

宣侠父用信念和生命追寻的国家独立、民族解放，各民族共同团结奋斗、各民族共同繁荣发展，已成为中华民族共同的愿望和历史追求。

① 雍忠德，宣侠父烈士纪念馆馆长。

第一季　追求真理　投身革命

1. 立志救国救民　追寻马列主义

少年时的宣侠父聪颖好学。

1916 年夏，宣侠父考入浙江台州省立特种水产学校渔捞科学习。1920 年，宣侠父以总成绩第一名毕业，公费选派留学日本，入北海道帝国大学学习水产专业。在日本留学期间，宣侠父深刻认识到只有科学社会主义才能救中国，他如饥似渴地研读马克思主义的科学思想。

1922 年，宣侠父积极参加中国留日学生的革命活动。回国后，宣侠父在母校浙江水产学校任教，与俞秀松、宣中华、俞大同等继续从事革命活动。

1923 年，宣侠父在浙江杭州加入中国社会主义青年团，担任团杭州地委秘书，同年 7 月经张秋人介绍加入中国共产党，开始了他职业革命家的一生。

1924 年 3 月，宣侠父在浙江省立水产学校内介绍金辅华、江潭、樊松华、周梦莲等人加入中国共产党，并成立了台州地区最早的党组织中共海门小组。

2. 投笔从戎　习武黄埔

1924 年，在中国共产党和苏联的帮助下，孙中山召开中国国民党第一次全国代表大会，改组国民党，创办黄埔军校，第一次国共合作开始。

1924 年 5 月，宣侠父以优异成绩考入黄埔军校第一期，他是黄埔军校第一期学员中为数不多的中国共产党党员。在黄埔军校，宣侠父在师生中威信很高，任三中队国民党区分部党小组长。

从黄埔军校开始，宣侠父坚持真理，用一生与以蒋介石为首的国民党反动派展开斗争，直到生命的最后一息。

宣侠父在黄埔军校时善于独立思考，多次对校长蒋介石以政代党的专横行为提出尖锐批评，因而惹怒蒋介石，蒋介石勒令宣侠父悔过，宣侠父对蒋介石的高压和利诱不屈不挠，愤而辞学。

第二季　远征西北　甘肃建党

1925 年春，受上海的党中央派遣，宣侠父与周梦莲、蒋挺松、马吉良等 9 名江浙籍的革命青年，辗转北上，来到北京。经中国共产党创始人李大钊的推荐，宣侠父等赴张家口冯玉祥的国民军司令部开展政治工作。

3. 政治改造西北军

在张家口期间，宣侠父广泛接触国民军将士，宣传孙中山的新三民主义和联俄、联共、扶助农工的三大政策，以及反帝反封建的革命思想，秘密创建党组织，开创了国民军政治工作的先河。

4. 远征西北 甘肃建党

1925 年 10 月，在中共北方区委负责人李大钊的领导和安排下，宣侠父和钱崝泉、贾宗周等共产党人随国民军远征西北，来到西北重镇兰州。

1925 年 12 月，根据中共北方区委的指示，宣侠父、钱崝泉等与在兰州开展革命工作的甘肃籍共产党员张一悟一起，创建了中国共产党在甘肃的第一个党组织——中国共产党甘肃特别支部，宣侠父、钱崝泉担任支部委员。中共甘肃特支隶属中共北方区委，同时还负责宁夏和青海的建党工作。中共甘肃特支的建立，加速了马列主义在兰州地区的传播，极大地推动、促进了甘肃反帝反封建的大革命运动，开辟了党在甘肃工作的新纪元。

在兰州，宣侠父和战友们以省署办公署名义，举办政治人员训练研究所，经过 3 个多月的训练，参训的 40 名学员中，有 28 人加入了中国共产党。

在兰州，宣侠父和钱崝泉等还以国民党党务特派员和政治宣传员的身份，在国民党左派的支持下，整顿了国民党甘肃省党部，使国民党在甘肃的工作由秘密走向公开。

第三季　深入藏区　播火草原

根据中共北方区委有关在西北少数民族地区开展革命工作的意见，宣侠父在兰州创建“藏民文化促进会”，第一次把民族平等、民族团结、民族进步的马克思主义民族观传播到藏族同胞和民族地区，成功组织和领导了拉卜楞藏区藏族人民反抗封建军阀残暴统治的斗争，在中国革命史上写下了光辉的一页。

5. 宣侠父与“藏民文化促进会”

1918 年至 1925 年，由于复杂的社会历史原因，安多藏区政治、宗教、经济、文化的中心拉卜楞寺，正处于封建军阀甘边宁海镇守使马麒的残暴统治之下。以黄正清为首的拉卜楞上层人士，为保境安民，维护民族和藏传佛教尊严，同武装侵占拉卜楞寺、经济盘剥藏族同胞、肆意干涉拉卜楞寺宗教事务的封建军阀马麒进行了殊死的斗争。

拉卜楞藏族人民多次组织反抗斗争，都遭到了封建军阀马麒的血腥镇压，年幼的五世嘉木样被迫流落到甘川交界处的玛曲欧拉草原避难。

1925 年 10 月，宣侠父在兰州与控告封建军阀马麒暴行的拉卜楞藏民代表团团长黄正清相遇。为了帮助藏族人民开展反抗封建军阀马麒压迫的斗争，宣侠父从提高藏族同胞思想觉悟和文化入手，帮助黄正清组织成立了“藏民文化促进会”，亲笔起草了促进会的宣言、组织大纲和有关章程。宣侠父组织兰州地区的黄正清等藏、汉各族青年了解国内形势，学习藏汉语，学习文化，组织他们参加兰州地区的反帝反封建的革命斗争，开创了党在藏族地区开展民族统战工作的先河。

宣侠父亲自介绍黄正清、桑木丹等藏族同胞加入国民党，成为影响黄正清一生的革命启蒙人。

“藏民文化促进会”，是在中国共产党帮助下成立的第一个藏民族的进步革命组织，成为安多藏区现代教育和革命的起点。

6. 宣侠父甘南藏区之行

1926 年 7 月，宣侠父在中共甘肃特别支部的支持下，应黄正清父子的邀请，以甘肃督办代表的身份，从兰州出发，经东乡、临夏，翻越太子山，长途跋涉，进入甘南藏区，来到黄河首曲的欧拉草原，会见了拉卜楞寺的大总管、黄正清的父亲黄位中和年幼的拉卜楞寺五世嘉木样活佛。在玛曲欧拉草原，宣侠父以卓越的组织、协调和宣传鼓动能力，在短时间内，召集了方圆 400 里内的 230 多部落头人、首领参加的会议，成立了藏族地区第一个反帝反封建的政治同盟“甘青藏民大同盟”。

宣侠父反复耐心地向藏族同胞宣讲“团结起来，自求生存”革命道理，启蒙藏族同胞的革命觉悟，并为“甘青藏民大同盟”起草了宣言，在茫茫雪域高原燃起了民族革命的火种。

7. 反军阀暴政斗争取得胜利

在与封建军阀马麒的这场艰苦、持久的特殊斗争中，宣侠父以革命者的大智大勇帮助黄正清，以追求正义和民族平等的坚强信念，超凡的胆识和政治智慧，灵活、多变的斗争艺术，多方争取和主动出击，充分利用各种上层政治力量和社会矛盾，克服各种艰难险阻，团结社会各阶层，结成最广泛的反帝反封建的统一战线，最终在国民党元老于右任和冯玉祥将军的干预和支持下，借助北伐大革命的有利局势，迫使封建军阀马麒撤离拉卜楞地区，长达 10 年之久的“拉卜楞事件”得以和平解决，斗争取得全面胜利。

反抗封建军阀马麒斗争取得全面胜利，这在当时的少数民族地区的革命斗争中是极为罕见的。

第四季　率部东征　出师北伐

1926 年 9 月，冯玉祥在苏联和中国共产党人的帮助下，在五原誓师，将西北国民军改称为国民联军，宣布参加北伐革命。北伐战争时期，宣侠父率部出征，参加平甘援陕战争，出潼关，下洛阳，举旗北伐，与北上的国民革命军会师中原，促成了北伐战争的最后胜利。

8. 平甘援陕　出师东征

1926 年 11 月，宣侠父随国民军离开战斗、生活了两年的兰州，开始东征，参加北伐。

在陕西，宣侠父被冯玉祥任命为第三路军总部政治处处长。

1927 年 2、3 月间，宣侠父在潼关举办政治训练班，国民军各师、旅的各级干部参加，宣侠父编写了《国民军史概论》，第一次总结了西北国民军几年来的成败得失，还在潼关建立了中共特别支部。

9. 率师北伐 会师中原

1927 年 5 月，冯玉祥将国民联军改称为国民革命军第二集团军，宣侠父任前敌总指挥部政治部中将主任，负责政治宣传工作。在行军作战途中，宣侠父率政治工作人员深入基层，亲赴前沿阵地，做了大量工作。5 月底，部队到达郑州，与从武汉出发的北伐军会师，北伐革命取得了胜利。

1927 年 6 月 10 日，冯玉祥与汪精卫举行郑州会议。6 月 19 日，冯玉祥与蒋介石举行徐州会议。蒋冯合流后，冯玉祥在部队中开始“清共”，宣侠父、刘志丹、方仲如、蒋挺松、王汝楫等 30 多名共产党员在武装押送下，被“礼送出境”。

轰轰烈烈的大革命失败后，1927 年 8 月，宣侠父被临时中共中央政治局常委、中共中央组织部长李维汉派遣回浙江省工作。在血雨腥风中，宣侠父以大无畏的牺牲精神，组织和领导了诸暨的农民减租运动，策划、组织召开了中共诸暨县第一次代表大会。

第五季 著书立说 建功“左联”

1931 年，宣侠父在上海秘密加入“左联”，筹资为“左联”创办湖风书局，出版了文化总同盟党团秘密机关刊物《文学导报》和革命文学期刊《北斗》，在白色恐怖笼罩的困难时期，为中国新文学做出了特殊贡献。

10. 撰写《西北远征记》和《入伍前后》

1929年秋，宣侠父来到武汉，开始思考大革命失败的经验教训，在痛定思痛之余，以“今秋”为笔名，撰写了以反映国民军西北大革命为时代背景的自传体小说《西北远征记》。《西北远征记》全面记录了宣侠父及西北国民军在大革命时期中的战斗历程，为我们留下来极为珍贵的西北大革命历史资料。

1930年秋，宣侠父以“石雁”为笔名，撰写长篇小说《入伍前后》。小说主人公是一个贫苦青年农民，先参加军阀部队，后来接受革命思想教育，逐步走向革命，最终组织士兵杀掉反动连长，发动兵变，投奔红军，反映了大革命时期青年农民追寻革命的心路历程。

结缘“左联”，为宣侠父戎马倥偬的革命生涯增添了温馨的一笔。

11. 创办湖风书局　创刊《北斗》

1931年初，中原大战结束后，宣侠父出任由西北军改编的国民党二十五路军总参议，在上海，宣侠父秘密加入了“左联”。这一时期，左翼文学运动转入低潮，“左联”的出版机关创造社、太阳社先后被国民党当局查封，左翼文学刊物和书籍的出版陷入困境。宣侠父利用合法身份，筹得经费，为“左联”开办了“湖风书店”，出版文化总同盟党团秘密机关刊物《文学导报》，创办由丁玲任主编的革命文学期刊《北斗》。

《文学导报》和《北斗》杂志刊发了鲁迅、瞿秋白的杂文，以及冯雪峰、茅盾、冰心、萧三、徐志摩、戴望舒等人的文学作品。湖风书局还出版鲁迅、郭沫若、高尔基等人的著作和译作，宣侠父的《入伍前后》也是在湖风书局出版的。

在“左联”期间，宣侠父分别见到了阳翰笙、夏衍、阿英、楼适夷、冯雪峰、丁玲、杜国庠等“左联”的负责人和主要成员。

“湖风书局”成为“左联”在白色恐怖笼罩的年月里唯一的自己的出版机构，在困难时期发挥了积极的作用。

1933 年春，“湖风书局”被法国巡捕房查封。

第六季　奔走呼号　救亡图存

“九一八”事变后，为挽救日益加剧的民族危机，宣侠父致力于抗日救亡运动，奔走呼号在长城内外、大江南北，领导、推动、参与了组建察哈尔抗日同盟军、中国反法西斯大同盟、中华民族革命同盟等一系列重大社会政治活动。

12. 领导组建察哈尔抗日同盟军

1932 年 10 月，党派宣侠父和许权中等前往张家口，在冯玉祥的部队和国民党上层，进行抗日统战工作。1933 年 6 月 1 日，在宣侠父等共产党人的共同努力下，察哈尔抗日同盟军第一次代表大会在张家口召开，成立了由 35 人组成的革命军事委员会，冯玉祥、方振武、孙良诚、吉鸿昌、邓文、佟麟阁、宣侠父等 11 人任常委，宣侠父还担任中共前线委员会委员。

6 月 20 日，宣侠父出任吉鸿昌第二军政治部主任兼主力先锋第五师师长，第五师是以共产党员和青年学生为骨干的，抗日救国热情极高，宣侠父随吉鸿昌进军察哈尔，与日伪军浴血奋战，收复多伦、宝昌、康宝等地，给日本侵略者以沉重的打击，极大地振奋了全国军民的抗日信心。察哈尔抗日同盟军发展到 10 多万人。

1933 年 8 月，察哈尔抗日同盟军在蒋介石和日本军队的夹击下失败，蒋介石曾下令通缉宣侠父，宣侠父在同志们和战友的掩护下得以脱身。

13. 筹建中国人民反法西斯大同盟

1933年底，在天津，宣侠父和吉鸿昌、南汉宸等开始组织创建党领导的中国人民反法西斯大同盟，并辗转上海，与南汉宸一起秘密介绍吉鸿昌入党。

1934年春，宣侠父、南汉宸、吉鸿昌等在天津等地秘密联络各地抗日武装力量，筹备成立了中国人民反法西斯大同盟。吉鸿昌任中央委员会主任，宣侠父、南汉宸等为中央委员。宣侠父还创办了大同盟机关刊物《民族战旗》。在积极准备发动中原武装暴动时，由于叛徒的告密，宣侠父等被迫撤离，吉鸿昌、任应岐被捕，不久被国民党杀害。

14. 参加特科　推动抗战

1934年夏天，宣侠父奉命调到上海，参加中共中央特科的工作，他用《申报》记者杨永清的身份，进行上层统战工作，与胡愈之、邹韬奋、戈公振、杜重远、章乃器等各界人士联络，开展抗日救亡工作。

15. 推动成立中华民族革命同盟

1935年春，宣侠父调往香港工作，任中共华南工作委员会书记，领导了华南地区党的地下工作。

“两广事变”后，宣侠父被党组织从香港派往广西，对李宗仁、白崇禧等进行上层统战工作。宣侠父等利用各种社会关系，联络两广抗日力量，推动成立了中华民族革命同盟，宣侠父被推选为中华民族革命同盟的不管部部长。1935 年 5 月，宣侠父重点做 1932 年在上海抗击日寇的十九路军将领李济深、陈铭枢、蒋光鼐、蔡廷锴等的工作，帮助他们组建新的十九路军。在新成立的十九路军，宣侠父担任了政治部主任兼六十一师参谋长。宣侠父还担任中华民族革命同盟梧州市委主委。

第七季　献身统战　光耀千秋

“西安事变”后，宣侠父在周恩来的领导下，多次奔走于武汉、南京、太原、徐州等地，面对抗日战争以来的错综复杂的政治局势，以高超的斗争艺术和政治智慧，巧妙利用各种社会关系，与国民党上层和社会各阶层周旋，为抗日民族统一战线的发展与壮大，做了大量艰苦、繁重、卓有成效的工作。

16. 协助处理西安事变善后事宜

1936 年 12 月，“西安事变”后，党在西安七贤庄成立红军联络处，宣侠父协助周恩来、叶剑英，开展“西安事变”后的善后工作。

17. 投身统战工作　推进全面抗战

1937 年 4 月，宣侠父去延安参加了党的全国代表会议。

“卢沟桥事变”后，周恩来亲自点将，党组织任命宣侠父为八路军总部高级参议，宣侠父来到八路军驻西安办事处，协助周恩来、林伯渠开展抗日民族统一战线工作。在西安，宣侠父利用黄埔军校同学、西北军和江浙老乡的关系，在胡宗南等国民党高级将领和社会上层人士中开展统战工作，给国民党军队讲授游击战争的战略战术，宣传抗日救国的革命思想。

西安八路军办事处积极为延安党中央和革命根据地组织运送紧缺物资，组织输送全国各地的进步青年赴延安参加革命，成为连接国统区和陕甘革命根据地的“红色桥梁”。后来担任全国人大常委会副委员长的陈慕华就是由宣侠父亲自安排秘密到达延安参加抗大的。

18. 勤奋工作 西安遇难

1938 年 2 月，由于出色的统战工作表现，党决定宣侠父负责西安八路军办事处工作，宣侠父成为继董必武、林伯渠之后，党在西安八路军办事处的最高负责人。

1938 年 3 月，丁玲带领的西北战地服务团到达西安（历时 5 个多月），该团原由中共陕西省委领导，后经延安指示，改由八路军西安办事处的宣侠父直接领导。在宣侠父的巧妙安排下，西北战地服务团的工作生机勃勃地开展起来。

1938 年上半年，在西安八路军办事处，宣侠父殚思竭虑，夜以继日，勤奋工作，为《救亡周刊》《全民抗战》《西北周刊》等杂志撰写了一大批抗日文章，并不辞辛劳地在西安组织、参与各种抗日统战活动。

宣侠父卓越的统战工作能力，以及在国民党和社会上层的威望和广泛影响，招致国民党反动势力的嫉恨，在以各种功名利禄诱惑无效的情况下，蒋介石授意戴笠、蒋鼎文，1938 年 7 月 31 日夜，宣侠父被国民党军统特务秘密杀害于西安。

19. 大地树丰碑 历史永怀念

宣侠父的革命足迹留在了祖国大地，镌刻在风云激荡的岁月时空，永远为我们敬仰和怀念。

宣侠父短暂而壮丽的一生，是革命的一生、战斗的一生，是无私奉献的一生。

宣侠父把革命的理论与斗争实践，把原则性和灵活性高度结合，显示了他高超的政治智慧、组织领导艺术和驾驭复杂局面的能力，彰显了他善于独立思考、实事求是、敢于担当的可贵思想品格。

在今天，宣侠父的崇高理想、高尚情操、优秀品质和牺牲精神，仍将是启迪和激励我们实现中华民族伟大复兴中国梦的精神动力。

2017 年 5 月

本文原载《甘南日报》，2017 年 5 月 13 日。

怀念优秀民族工作者沙里士同志

杨应忠

我党的优秀共产党员，忠诚党的民族、宗教、统战事业的回族领导干部沙里士同志逝世已经十个春秋了。

沙里士同志，曾是中共甘肃省委第六届委员会委员，甘肃省第六届人大代表；政协甘肃省第四、第五、第六届常务委员，第五届委员会秘书长；中共甘肃省委员会统战副部长、甘肃省民委副主任、主任等。

沙里士同志出生于河南省驻马店一个回族小手工业者家庭。在求学时期，就受到社会进步思想的影响。为追求真理，他参加了抗日敌后宣传队。1939 年前后是我党抗日战争的最艰苦年月，同年 6 月他在平凉伊斯兰师范求学时，加入了伟大的中国共产党，自此走上了革命的道路，成了一名光荣的革命战士，开始了自己 50 多年艰苦奋斗的革命生涯。

抗日战争期间，沙里士曾在陕北公学、延安民族学院研究班学习。在此，他比较系统地、认真地学习了马列主义的革命真理和党的民族、宗教、统一战线工作的方针、政策，为以后长期从事民族、宗教、统战工作丰富了自己的知识，增长了才干。

抗日战争胜利前夕到解放战争胜利前夕，沙里士同志在陕甘宁边区陇东专署、庆阳县政府担任过科员、科长，还担任过西海固纵队武装连副指导员、庆阳三十里铺游击队指导员、陇东战役战俘管教队党支部书记、陇东回民骑兵团一连政治指导员、团政治部主任等职。

1949 年 8 月，沙里士同志转业到地方工作，曾长期在地方基层担任领导工作，有丰富的农村、牧区工作经验。先后担任过甘肃省西吉县县长、中共东乡县委第一书记、中共夏河县委书记、中共甘肃省委统战部民族处处长等。

我同沙里士同志交往是在 50 年代中期。1955 年 10 月以后到他逝世的 40 年间，我们曾多次在工作中打过交道、共过事，给我留下了深刻的、难忘的印象。有许多事，让我不时回忆起并永久怀念。

一、长期投身革命熔炉煅就了诚实认真的高贵品格

1955 年 7 月，中共武威地委组织部改变了让我任中共古浪县委纪律检查委员会副书记的决定，任命我为中共天祝藏族自治县委常委、组织部长。从此，我介入到了民族地区民族、宗教、统战工作队伍的行列。记得当时到任几个月后，上面通知，要我参加甘肃省少数民族参观团，到京、津、沪等地参观学习。这时已是 10 月的天气了，河西的黄沙开始随风作怪，气温明显的变冷了。我到兰州报到后，首先接触的就是沙里士同志，那时他任中共甘肃省委统战部民族处处长。初次见面，就感到他很年轻，看上去就是三十出头。讲话干净利落，铿锵有力，态度严肃认真，深感是一个从部队大学校培养出来的。我们见面，没有太多的多余的话，急切要谈的当然是工作了。他告诉我，省上决定组成少数民族牧区参观学习团，规模不大，二三十人。团长由省民委副主任陈那苏巴图（蒙古族）担任，副团长由民委民族处副处长石秀

山和甘南州政府民政处副处长更登（藏族）担任，由我担任秘书长。他还具体地、耐心地叮嘱了怎么做好参观团秘书长工作的问题，给我的第一印象是一个工作热心、周到、细致、负责的同志。

参观团外出一个多月近两个月后顺利返兰，在总结参观、学习收获时，沙里士同志外出，但在这年年底前召开的全省牧区工作会议上，我们又见面了。这次会议的承办单位是中共甘肃省委统战部和农村工作部。沙里士同志参与了会议的材料、文件、政策的研讨和起草。当时，全国形势变化很快，少数民族牧区社会虽也稳定，但还存在这样那样的问题。社会治安、畜牧业生产、牧民生活、阶级路线、宗教活动、团结中上层人士、培养民族干部等方面都有不少需要研究、解决的问题。以上问题，也都列为这次全省牧区工作会议需要认真讨论的问题。沙里士同其他同志一样，进行积极紧张的工作。在组织大会发言时，他要我就培养民族干部问题发个言，说我在县上工作，了解情况，又是组织部长。在他的鼓励下，我就培养民族干部一是要注意在工作实践中锻炼提高，二是要多爱护、多出主意想办法，三是重视学习提高，包括在岗位上和离开工作到外地去学习等几个问题发了言。会后，他认为这几个问题提得好。

由于 1958 年的“大跃进”“大炼钢铁”“吃饭不要钱”等运动造成农村粮食大浪费，1960 年初，一些地方就有农民饿肚子，甚至发生死人的现象。春节后，中共张掖地委常委、专员高鹤龄带领包括我在内的 5 名中层领导干部组成调查组到临泽县（当时是高台县的一部分）萱化大队调查，发现有死人情况，而且严重。春季后，在张掖长安等地多处发现类似问题。入夏后，地委主要领导无视上述事实，武断地认为基层干部有意有粮不给群众吃，制造饿死人的事件，在张掖长安召开大会，批判基层干部。之后，地委召开扩大会议，推广长安批斗抓基层干部的做法。这次会议，甘肃省委派工作组来调查，由省化工局局长王允任组长，沙里士同志任副组长。地委召开的会议上，有明显的意见分歧。有人认为有些地方饿死人不是有粮不给群众吃，而是无粮可给群众吃。当时，我在张掖地委任统战部副部长兼专署民委副主任。沙里士同志找我们了解情况，提出全区少数民族县有无饿死人的情况，有无群众生活困难干部有粮不给吃的情况。我们谈到几个牧业县的牧民口粮能保证供应，没有问题；半农半牧区的情况要比农区好，也没有发现群众外流和死人的问题。沙里士同志对民族地方的社会稳定非常重视，特别强调要关心牧区藏族群众的生活，保证牧民生活不出问题。他强调在这个问题上千万马虎不得，要实事求是。就农区来讲，有农民饿死人的问题发生，原因就不那么简单，有干部扣粮的问题，也有缺粮无粮的问题，一定要调查清楚。对于牧区的问题，更要注意调查研究，许多地方边远，交通不便，出了事还不知道，一定要做到不出问题，并指出这也是省委领导的指示精神。可以看出，沙里士同志对于事业、对于人民有着高度负责精神。

二、长期的党的生活育就了坚持实事求是原则的坚强党性

1958 年，“大跃进”带来了虚报“浮夸风”“共产风”，甘南地区也不例外地深受其害，农牧区生产、生活都受到很大冲击。为了维护少数民族牧区的安定团结，副省长、民族上层人士黄正清到玛曲等地视察，向牧区群众做宣传工作，促进社会稳定。甘南州委根据省委指示精神，也积极坚持这个思想，由副书记赵子康同志，陪同黄正清到玛曲视察。黄正清的视察起了一定的积极作用，广大牧民普遍反映良好。但有些人认为黄正清玛曲之行是“封建复辟”，赵子康是思想“右倾”，犯了右倾机会主义。甘肃省委鉴于有各方面的不同反映，于 1963 年春决定派工作组赴玛曲

县进行调查。省上工作组由沙里士同志负责，州上由州委常委、纪律检查委员会书记冯宝俊同志负责。我（任甘南州委副秘书长）当时也参加了州委工作组。省、州工作组共20多人同时到达玛曲。先是在县上召开县委扩大会议，揭摆问题，开了半个多月的会后，又分别到各乡去调查，调查组的活动整整进行了近四个月。

在玛曲调查的过程中，沙里士同志始终坚持实事求是的原则。他在多次的谈话中有一个基本的认识，认为：第一，黄正清到玛曲视察是省委安排的，不是黄正清自己的个人行为，工作组的任务是要调查到底造成了什么损失；第二，省委领导还明确讲到黄正清到玛曲可以过问落实政策的工作，对被捕了的，明显错了应予释放的；第三，赵子康是州委主持工作的常务副书记，他陪同视察是正常的工作。这些认识对调查组的工作进行起到了重要的作用。

据以上考虑，沙里士同志认为黄正清玛曲之行是组织的工作安排，不能说统统是错误的。尽管在群众迎送场合，有浪费以致影响生产等问题，总还要一分为二，不要全盘否定。基于这样的认识，大家觉得问题就好办了，不必要压得心情沉重。我自己也觉得轻松了许多。县委扩大会要结束，沙里士同志要求冯宝俊同志讲个话，经与冯宝俊研究后，由秘书去写，我觉得问题不大，就先去休息了。沙里士同志连夜看了稿子之后，觉得不能完全满意，就把我从床上喊起来，要我对稿子再加修改。经过修改，主要是在稿子中添进了要对黄正清在玛曲的视察要一分为二。同时，针对视察中的缺点、出现的问题，强调了不可避免性和无经验等因素，修正了对玛曲之行的过激言词。县委扩大会议结束后，我和沙里士等人同行到黄正清到过的、反映强烈的欧拉乡进行调查。玛曲草原4月份的天气，气温很低，不时下雪，不时刮风，近一百里的茫茫雪路，骑着乡干部的乘马想走快也是不行的，足足走了十二三个小时。路上我问沙里士同志，扩大会上问题弄得差不多了，到下面调查任务就不大了。他说：主要是看看基层干部的情绪、思想状况，也了解一下群众的思想。我们到了欧拉，遇到的是两个直言不讳的好同志，就是乡长尉学恭和党委书记陈良海。他们一谈起黄正清玛曲之行就有些情绪激动，言词激烈。看来，1958 年平叛反封建时的那种感情还未随着形势的变化而改变过来。沙里士同志听了基层干部的话，总是笑着、耐心地听着，不急于谈什么话。他说，基层同志有气，思想不通，要慢慢引导，不要急于说什么话，更不要戴什么“左”呀、“右”呀一类的帽子。

在欧拉半个多月后，我随省、州几位同志去阿万仓乡，10 多天之后，又由群强乡党委书记朱怀福同志陪同到群强乡，在群强整整蹲了一个月。这个乡距县城远，黄正清不可能到达，干部的情绪比较好。这里同青海果洛藏族自治州门堂乡毗连，一河之隔（黄河）。我除了调查外，并帮助处理签订了一个草场纠纷协议。到了 6 月底 7 月初以后，我们在各乡的人员都分别回州上和省上，结束了玛曲之行的调查。在这几个月的工作期间，深感沙里士同志是一个能吃大苦、耐大劳、善于思索动脑筋的好同志，他有着一种常人不能想象的不顾疲劳、忘我勤奋工作的精神。夜间工作至深夜是常有的事。与此同时，我也发现他是一个经得起各种评说的人。我们在去欧拉的雪路上在马背上无话不谈，由于茫茫雪原，他要我背诵毛主席的《沁园春》。两个人精神一轻松，我想起了人们给他在去西吉、东乡工作时提出的问题。我问他：有人说，你走到哪里哪里就叛乱，尽管是开玩笑，你自己是什么想法？他很自若地说：人家要叛乱，有啥办法，谁叫你正好在那个时候到那里去工作。那种事情，谁去都能碰得上，为啥我就碰不上呢？完全是一种坦然的、实事求是的唯物主义态度。

1964 年“社教运动”开始，夏河县甘加乡列为省、州社教试点，沙里士同志是主要的参加者，是社教团领导者之一。近一年的社教试点结束，1965 年又接着开始了阿木去乎、亚利吉、科才三个乡的全面社教。紧接着又是玛曲全县的社教直至“文化大革命”开始。“社教运动”中，在少数民族牧区遇到一个重点斗争对象放在什么上的问题。这在当时是个大问题，搞不好，运动就可能走了弯路。对这个问题，大家认识不一，如“走资本主义道路当权派”“封建势力”“封建残余势力”“民族宗教中上层中的反动势力”“牧主阶级中的反动势力”“有现行活动的反革命分子及坏分子”“四不清干部”等。面对各种认识，沙里士同志身为社教团副团长，不能不认真考察这个问题，他认为各种说法都有道理，不能做绝对肯定或绝对否定的结论。他经过深思熟虑，认真和同志们讨论，认为少数民族牧区经济还很落后，生产力水平很低，提出重点是资本主义道路的当权派是否合乎实际。再比如封建势力，1958年平叛反封建取得了伟大胜利，现在又提出重点打击封建势力，是否算是一次二次革命，这样对1958年的反封建胜利怎么看。其次，提出民族宗教中上层中反动势力界限模糊，容易造成混乱，不利维护团结。至于牧主阶级中的反动势力，反、坏分子，封建残余势力，平常都可以打击，不一定作为运动的重点。沙里士认为社会主义教育运动，就是开展普遍的社会主义教育，提高广大牧民的社会主义觉悟，重点解决群众意见大、反映强烈的干部四不清问题。其他的问题在运动中作为正常的问题处理。对这样的意见和认识，许多人是赞成的。后来，西北局工作会议结束，决定少数民族牧区的社教重点原则上执行中央的规定，但藏族牧区可以从实际出发，解决干部四不清问题，有什么问题解决什么问题。可见，沙里士同志的意见，基本上符合上级会议精神。

玛曲社教还未结束，“文化大革命”开始，造反派、红卫兵到处串联、冲击，有一批红卫兵得知社教团领导经郎木寺返合作、兰州，就到郎木寺堵截造反。在截住马青年、沙里士等同志之后，让他们背诵毛主席语录，沙里士背了几段之后，红卫兵还不答应。沙里士开始检讨，说过去学得不好，以后要认真学习。完了之后，马青年说沙里士，背不上就背不上，说那么多干啥。沙里士同志说：总要有个态度问题嘛。这里可以看出沙里士同志忠厚为人的品德。

三、长期养成的敬业精神，敢于维护被错误认为已经过时的民族、宗教、统战政策

由于“文化大革命”造成的混乱，在不少人的心目中，对党的既定的民族、宗教以及统战政策发生了怀疑，认为上述政策已经过时，再不适用了。沙里士同志作为党长期培养的民族、宗教、统一战线工作的专门人员，强烈地认识到，这个问题不解决，将会给党的事业带来严重后果。他在“文化大革命”的后期阶段，在拨乱反正的斗争中，利用各种机会，宣传党的民族、宗教及统战政策。沙里士同志曾经理直气壮地说：党的宗教政策，就是党的宗教信仰政策，宗教是人们的一种信仰，是意识形态的东西，也是一个思想认识问题。他说：我们共产党人认为，宗教有其发生、发展和逐步消亡的过程，只有在人们消灭了阶级和大大的控制了自然以后，才能够促使宗教的消亡。沙里士同志还说：党对宗教采取的政策只能是信仰自由的政策，宗教问题不能用行政命令的办法解决。

沙里士同志还说：对于宗教采取行政命令的办法、压制的方法，不仅不能解决人们的宗教信仰，反而会巩固这种信仰。现在，在少数民族中，大多数群众都信仰宗教，所以，这个问题处理得不当，往往会和民族问题联在一起，也会引起一些国际上的反应。

沙里士同志还强调说：中央提出，宗教还存在着五性，即群众性、民族性、复杂性、长期性、国际性。因此，在处理宗教问题时，必须要执行党的宗教信仰自由政策，采取慎重态度。

沙里士同志认为：正确贯彻宗教信仰自由政策，是一个关乎

化消极因素为积极因素的问题，工作做好了，可以调动广大信教群众的积极性，处理不好，会影响安定团结。

沙里士同志在谈到无神论教育时说：目前，无神论教育应该在党员和脱产干部中进行，教育的内容，主要是唯物史观和社会发展史。采用什么教材和用什么方法，应该从实际出发，以得到效果为准。各级领导绝不能认为这项工作可有可无，应该把它视为巩固队伍、建设队伍的大事来抓，提高全民族的科学文化水平。

沙里士同志还强调进一步巩固和发展宗教界爱国统一战线问题，认为宗教界大多数是能够听党的话，能够遵守政府的政策和国家法令的，是想多为祖国尽力的。我们要善于发挥他们在群众中的特殊作用。

沙里士同志已经离我们远去了，但他对党的事业的忠诚和做人的品格、美德是我们永远难以忘怀的，是我们活着的人永远值得学习的地方。

沙里士同志永垂不朽！

2002 年 3 月

本文选自《杨应忠文集》，青海人民出版社，2004。

雪山铸忠魂　草原留丹心

——深切缅怀我的外公黄祥

黄振光①

我的外公黄祥，藏族，藏名嘉样，1898年出生于今夏河县扎油乡阿勒昂村一个普通农家。

勤学善辩　崭露头角

外公七岁便出家为僧，1905年，进入安多藏区藏传佛教著名大寺拉卜楞寺下续部学院（密宗学院）学经，专修密宗经典。外公自幼睿智聪慧，勤学善辩，藏文拼读及语法基础知识稍学即会，悟性极高。在上师的精心培育下，外公刻苦学习，博闻强记，十七岁时学通密宗经典《胜乐密集大威德经》（初级三部经），打下了较为坚实的佛学基础。外公求知欲望强烈，酷爱藏族史学，博览群书，兴趣广泛，收集学习藏族格言和民间谚语，从小立志做一个慧心妙舌的雄辩家。

1915年，外公被第四世嘉木样活佛遴选为“夏布西”（侍卫官），在青年僧侣中崭露头角。

---

① 黄振光，甘南藏族自治州人民政府原副秘书长。

1920年，第五世嘉木样活佛坐床后，外公被委任为拉卜楞塔哇最年轻的“聂仓聂尔哇”（管理寺院属民的地方行政长官）。

同仇敌忾 抗击军阀

1916年，第四世嘉木样活佛圆寂。青海军阀甘边宁海镇守使马麒（马步芳之父）趁拉卜楞寺权力之争引发内讧之机，于次年率部侵占拉卜楞教区，插手干预寺院事务，横征暴敛，戕害百姓。

1924年2月，马麒以第五世嘉木样活佛“鼓动番民密谋造反”为借口，迫使黄位中（第五世嘉木样活佛之父）和黄正清缴出枪支，处罚拉卜楞寺缴纳白银800秤（折合白银40000两），收缴了“十三庄”藏族民兵的武器，并逮捕了外公等二十多名部落头人。此恶行引起拉卜楞寺上层及广大僧俗民众的强烈不满，与马麒形成尖锐冲突。后经黄正清父子通过甘肃省实业厅厅长车玉衡斡旋及拉卜楞广大民众的强烈抗议，外公等人于两月后被释放。

同年6月，拉卜楞寺组成代表团，外公多次随团赴兰州向甘肃军政当局控诉马家军暴行，要求惩办马麒，恢复嘉木样活佛的寺主权益。但因当时军阀混战，甘肃督办陆洪涛已无暇顾及此案，故久拖无果。

1925年初，黄位中在美武地区组织成立了“反马司令部”，宣誓“战斗到底，不消灭宁海军、不活捉马麒决不甘休！”各部落民众同仇敌忾，踊跃出兵，聚集了万余骑兵。外公作为拉卜楞寺委派的带兵官，坚决服从黄位中的命令，亲自率兵于4月25—27日在甘加、桑科等地激战三天，英勇抗击马家军。外公身先士卒，骠勇善战，表现出了指挥用兵的卓越才能和殒身不恤的英雄气概。在甘加滩设伏抗击敌军的激战中，马家军溃不成军，马步芳落荒而逃，在八角城附近的一个山洞内躲藏了三天三夜。外公在激战中被马家军大刀砍伤头部，后来头顶一直留有一道刀疤。

当时，曾经亲赴甘南调查这一事件的共产党人宣侠父在他撰写的《西北远征记》中记述："最初的交锋藏民勇悍异常，他们都脱得一丝不挂，裸体持着长矛，奋马向前直冲，使马麒的骑兵，受了极大的损失。"①

马家军因此怀恨在心，图谋暗害外公，他们收买了一名流浪汉，唆使其深夜潜入宅院，在外公休息的炕洞内放置了炸弹，不知何故炸弹竟未爆炸。第二天，佣人在掏炕灰时发现了炸弹，外公才幸免于难，逃过一劫。之后又有人趁黑夜在宅院大门口摞起干柴，企图纵火焚烧宅院，幸好被侍卫发现后开枪射击，纵火者趁黑夜逃逸。

1926年，第五世嘉木样活佛在马麒的威逼之下被迫离开拉卜楞寺院。在中共地下党员宣侠父（公开身份为西北军第七方面军总指挥部政治处国民党特派员）的建议并积极协助下，"拉卜楞藏民文化促进会"于5月3日在兰州浙江会馆（今兰园）成立，黄正清为会长，外公、邵光宇等十人为委员。

宣侠父亲自草拟宣言、组织大纲和组织章程等文书，帮助起草和印刷《甘南藏民泣诉国人书》。促进会积极开展"民族自救，团结图存"活动。在此期间，外公有幸亲耳聆听宣侠父"一个弱小民族要自强自立，就必须团结起来共同反抗反动军阀欺压"②的深刻教诲，并陪同宣侠父、贾宗周等地下党员到拉卜楞藏区视察，签订了《解决拉卜楞案件条件》等协议。在中共地下党的帮助支持下，时年二十八岁的外公协同促进会其他成员，为反抗军阀、发展藏民族文化四处奔波，积极游说。

1927年春，《解决拉卜楞案件条件》在兰州签订。嗣后，外公陪同中共地下党员贾宗周到拉卜楞部分地区，向黄位中、第五世嘉

① 宣侠父：《俄拉草地的蹄迹》，见《西北远征记》，北京，文史资料出版社，1982。

② 《宣侠父支持甘南藏族人民反军阀的斗争》，见中共甘南州委党史资料征集办公室：《甘南党史资料》（内部资料），第一辑，2页，1988。

木样活佛及广大僧俗群众阐释谈判结果。随后在西仓召开各部落头人大会，宣读了《解决拉卜楞案件条件》，并在会上正式通过。

4月，甘肃省政府派遣一支保安大队来到拉卜楞，协助维持社会秩序。甘南藏区广大僧俗群众经过近十年不屈不挠的艰苦斗争，终于迫使宁海军马麒达成三项协议："一、循化县所属拉卜楞地区设为设治局，直隶甘肃，脱离西宁道管辖；二、宁海军在拉卜楞的部队，立即撤回西宁；三、迎请嘉木样五世返寺。"①

至此，与马家军的抗争取得了最终胜利。据《中国共产党历史》记载："这是我党自一九二一年建立以来，最早在甘南藏区开展的工作，在党的民族统战史上具有重要意义。"②

外公在这场与马家军阀斗争中的出色表现，赢得了很高的声望，誉满安多藏区。

驱马斗争胜利后，拉卜楞藏民文化促进会迁至夏河，于1927年创办了会立拉卜楞小学校等几所学校。

还俗从政 为官一方

1928年9月5日，国民党中央政治会议议定，将拉卜楞设治局升格为夏河县（取大夏河横贯县域，县城濒河之意），正式划归甘肃省管辖。

同年拉卜楞番兵司令部成立，外公任第一团团长，主管夏河县城周边地区的治安及拉卜楞寺院的警卫工作。

外公体察民情，秉公办事，精明干练，不带私念，经他调解处理的各类民事案件和民间纠纷，都能使部落头人及当事双方心悦诚服。拉尔代和麦秀两个部落结怨几十年的纠纷，经外公的精

① 索代：《夏河史话》，71页，兰州，甘肃文化出版社，2005。

② 中共中央党史研究室：《中国共产党历史》第一卷（1921—1949），北京，中共党史出版社，2011。

心调解，双方最终握手言和，重归于好。

1930 年，外公因地方政务的需要而还俗，与外婆才德吉成亲，在上塔哇尖木克口安家定居。

1934 年，拉卜楞番兵司令部改编为拉卜楞保安司令部，外公担任骑兵第二团团长。

1940 年，外公担任国民党夏河县首届参议会参议长。此时正值抗日战争时期，为支持抗日救亡斗争，拉卜楞各界人士组成“拉卜楞致敬团”，黄正清任团长，外公、阿莽仓、那格仓、康万青任副团长，带领四十五人组成的致敬团远赴重庆，向国民政府捐赠购置 30 架飞机的巨款，表现了夏河各族人民支持抗战的爱国精神。

1948 年 11 月，国民党中央常务会第 160 次会议决定，中央直属拉卜楞区党部正式易名为中央直属拉卜楞特别党部，指派中央候补执行委员黄正清为主任委员，郑英为书记长，外公、黄文源、黄正明、康万青为执行委员，杨复兴、康志亮、钱振西、丁正熙为监察委员会委员。

和平解放　负重致远

1948 年，时任西北局书记的习仲勋在中共中央的领导下，为争取民族宗教上层人士、和平解放藏区、建立新政权做了大量艰苦细致的工作。外公因此对中国共产党的统一战线方针早有认识，同时，也研读过一些进步书报上宣传中国共产党领导人民进行革命斗争的文章。这对外公后来率部起义，投诚解放军，进而促成和平解放夏河奠定了坚实的政治基础。

1949 年 4 月 21 日，毛主席和朱总司令发布了向全国进军的命令。国民党为保住大西北的统治地位，以封官许愿等手段对藏区上层人士进行诱惑，对拉卜楞人民进行恐吓，蛊惑他们对抗解放军。

部分进步青年从内地返回家乡开展地下工作，他们秘密建立组织，宣传进步思想，开展革命活动。外公与这些进步青年时常接触，听他们讲述革命道理，谈论国际国内形势。外公与其中的吴振刚关系甚密。吴振刚 1941 年在重庆读书时，就与八路军重庆办事处建立联系，并加入了共产党。返回拉卜楞后一直从事秘密革命活动。外公从他那里了解到了许多有关共产党和解放军的情况，对中国共产党在少数民族地区的方针政策有了进一步的理解和认识。

1949 年 8 月 26 日，解放军攻克西北重镇兰州，随后解放军第一野战军第一兵团司令员兼政委王震将军率部进驻临夏。

27 日，国民党夏河县长殷裕国（军统特务）和保安司令黄正清率领大部军政人员离开县城，撤至阿木去乎一带。夏河县城陷入一片混乱，僧俗群众惊恐不安，许多人逃进大林棵（县城对面山林）不敢回家。在这关键时刻，外公挺身而出，主动维持治安，稳定局势。立即在县参议室召集各机关留存人员召开会议，认真研判形势，分析夏河的前途命运，并断然宣布自己留守县城，维持社会稳定，准备迎接解放军。这对当时许多尚处于动摇不定、犹豫不决的机关工作人员，无疑是吃了一颗定心丸，大家一致表示：愿意跟随外公留守县城，等待解放军。

针对当时夏河的形势，中共临夏地委决定："一、对黄正清应采取政治争取的方针，想法把黄叫回，为此，对他的保安司令名义暂不取消，给黄一线希望，等其回来解除其武装后再说。二、对黄祥、杨世杰则采取支持方针，争取其更向我靠拢，而且主要依靠与通过这一部分力量，去开展夏河的工作。黄祥可暂代夏河县长，杨世杰给一夏河东南区民兵司令名义。三、以吴振刚担任夏河新民主主义青年团筹委会主任，先展开建团工作，发展藏族革命力量，并积极培养吴振刚，使之成为夏河藏族人民群众中的领袖。四、派牙含章到夏河去处理夏河问题。”①

28日，王震派代表李福林（国民党起义人员）来到夏河，外公组织人员到门乃合村迎接解放军代表，当晚召集国民党夏河县政府、县参议会、县警察局等机关留守人员及藏、回、汉群众代表参加的座谈会，经过充分磋商，最后达成共识，一致表示欢迎解放军进驻夏河。

29日，外公派遣韩志华、苏国仁、阴景元三人作为代表，随李福林到临夏晋见王震，商谈迎接解放军解放夏河事宜。临行前外公再三叮嘱韩志华等人：“一定要向王震司令员报告清楚夏河的现状，明确表示我们藏族人民欢迎解放军进驻夏河，当前拉卜楞地区的社会治安由我保证。另外，本地不产粮食，解放军进驻后口粮供应有些困难，请王司令员酌知。”②

31日，解放军代表刘育华在卓尼县木耳村会见杨复兴的代表杨生华后来到夏河。当晚外公将其请到家中热情接待。刘育华向外公讲明来意，传达了王震司令员的指示，宣传党的统一战线政策，赞扬外公积极、明朗的态度。

9月2日，国民党夏河县政府秘书黄宝元起草报告，以县政府名义向王震汇报夏河局势：“一、本县县长殷裕国于八月二十七日离县不知去向，地方秩序暂由黄议长祥维持。二、黄司令正清于八月三十一日率同司令部全体撤往南番某地，动态不明（地名不详），致地方空虚，人民恐慌。三、渤海部刘代表育华于八月三十一日晚由卓尼抵夏，已派专人促黄司令率部返防，并与地方各机关面晤甚洽，此刻正在协助地方推行政令维持治安，且带来大批宣传品张贴市面，又书写墙壁标语，民心较为安定，各机关亦恢复照常工作。四、附呈本县无线台呼号与密码一份，请饬临

① 牙含章：《解放初夏河建政的经验和教训》，见中共夏河县党史资料征集办公室：《夏河县党史资料》（内部资料），第一辑，41页，1991。

② 张玉香：《为人民鞠躬尽瘁——黄祥传略》，见中共甘南州委党史资料征集办公室：《甘南党史资料》（内部资料），第二辑，166页，1989。

夏渤海部电台按时联络，以便遵示推行政令。”[①]

此时，殷裕国从阿木去乎给县警察局发来“带领全部武装警察急来阿木去乎待命”[②]的电报。外公得知后立即带刘育华一同去做警察局长的工作，劝其不要轻举妄动，继续维持县城社会治安的稳定。外公派人张贴刘育华带来的宣传标语，劝回逃进山林中的部分群众，使县城各机关工作和群众生活恢复了正常秩序。

5日，王震接到黄宝元呈送的报告后，立即亲函回复：

夏河县政府九月二日报告阅悉，现全国解放在即，我军即将进入西宁，大军正穷追溃不成军之马残部，值兹马匪残余已经溃败，散兵向我投降，大西北即将完全解放之际，夏河伪县长殷裕国，伪保安司令黄正清，既不明大意，不识时务，竟先后逃跑，殊属非是，贵秘书与黄议长出面维持，使地方秩序安定，人心不受惊慌，至堪嘉慰。除转告分区负责同志迅派工作团赴贵县商组人民政府外，并与临夏中共地委及专员公署商定由黄议长祥暂代县长，宝元秘书仍任县府秘书，余皆各守原职，继续维持社会安宁为盼。中国共产党及中国人民解放军对保护机关、档案、文卷、工厂、学校、仓库及一切资财等有功者奖，其阴谋破坏或搬运藏匿者，决依情节轻重分别处罚，望转告各公务员工，各安本位，尽力保护，勿使稍有破坏或损失。至规定电台联络呼号，今因无关系，军用电台工作过繁不能联络，仍以通信联络为佳。我方代表刘育华既已到达，望共同商洽，速派人召黄正清归来，如其翻然觉悟向本军投诚，只要有利于人民，

① 夏河县档案馆卷宗原件（附件1）。

② 杨子发：《回忆夏河解放》，见甘南藏族自治州文史资料委员会：《甘南文史资料选辑》（内部资料），第三辑，109页，1984。

则我保证给予宽大处理，并保护其生命财产之安全。

中国人民解放军第一野战军第一兵团

司令员兼政委王震（印）九、五

此复并祝大安[①]

12日，遵循王震复函精神，夏河县政府以“祥秘字第一号”文，通电全县：“一、奉驻临夏中国人民解放军第一野战军第一兵团司令员兼政委王震九月五日书：已与临夏中共地委及专员公署商定由黄议长祥暂代夏河县县长。二、暂为维护地方治安计，遂于本月十九日到府视事。”[②]这一电文为安定民心、维护稳定起到了积极有效的作用。外公随即主持召开各类会议，安排清理、造册登记各机关的财产和档案，迎接解放军的各项准备工作积极有序地展开。

17日，吴振刚与杜鹏程（新华社记者）一行到达夏河后，即与外公等上层人士接头，转达了王震对外公等人的问候，讲述了全国的形势以及党的民族统一战线政策，外公当即表示拥护解放军和平解放夏河。随后，外公个人拿出1000块银元，安排筹粮备草，准备迎接解放军。

18日晚，黄正清从阿木去平返回夏河县城。杜鹏程连夜去见黄正清，讲述了党的民族政策和全国的革命形势，夏河解放在即，希望黄正清从民族大局出发，早日起义。黄正清表示同意，欢迎解放军前来接管夏河。一切准备工作就绪以后，外公派吴振刚再次到临夏迎接解放军和工作团进驻夏河。

20日，西北野战军第六十二军一八六师五六五团团长刘光奇、政委张成礼，临夏公署副专员、中共陇右工委负责人牙含章等率一个步兵加强营及工作团干部进驻夏河，接管了国民党夏河县政

① 夏河县档案馆卷宗原件（附件2）。

② 夏河县档案馆卷宗原件。

府、警察局、特别党部、参议会、三青团等机关及档案财产，同时接管了十四个乡镇和邮电局、电讯局、银行、医院、贸易公司、合作社、牧场及十六所学校。黄正清、外公、拉卜楞寺襄佐达吉等上层人士、国民党夏河县政府、参议员、各机关、保安司令部官兵及夏河各族各界僧俗群众近万人在距县城二三公里处载歌载舞，夹道欢迎解放军与工作团，举行了隆重的欢迎仪式，黄正清、外公、达吉分别代表各界人士向解放军敬献了哈达。

21日，在河南村柔扎塘（今海螺广场）召开了隆重的庆祝夏河和平解放大会，牙含章讲话，外公代表全县各族人民致热情洋溢的欢迎辞。

夏河和平解放后，中共临夏地委即组成以牙含章、刘光奇、杜鹏程、霍德义、张成礼、张月胜、张怀有七人的中共夏河县临时工委。

22日，夏河县人民政府正式成立，外公当选为夏河县解放后的第一任县长，兼任夏河县各族各界人民代表会议协商委员会主席、法院院长、夏河简易师范学校（甘南师范前身）名誉校长。随后对拉卜楞保安司令部进行了整编，成立了夏河民兵司令部，外公兼任司令员，霍德义任政委，黄文源、杨世杰任副司令员，卫德堂任参谋长，受临夏军分区和中共夏河县工委领导。

10月，临夏专区首届民族事务委员会成立，牙含章任主任，马丕烈等二人任副主任，王治国、张乐山、外公等九人任委员。

中共甘肃省委为了帮助外公更好地开展工作，派来了对民族工作有一定经验的齐应凯同志到夏河担任副县长，协助外公的工作。

殚精竭虑 情洒草原

夏河解放后，外公在齐应凯同志以及其他从革命老区来夏工作的干部们的培养、帮助、支持下，认真学习毛泽东著作和党的各项方针政策，努力提高政治觉悟，并与他们交换思想，沟通交流，主动向他们学习工作方法，互相关心体贴，使得上下级关系、干群关系和民族关系都非常融洽。经过刻苦学习和实践锻炼，外公的政治思想及工作能力有了很大提高，开始由一名开明进步的民族上层人士向忠于党和人民的公仆转变。由于外公积极为党工作，全心全意为藏族人民服务，全身心投入家乡的建设事业，党和政府给予了他很高的荣誉。

1950 年 11 月 16 日，经中央政务院推举，外公以热爱和平的爱国民主人士身份，参加了由郭沫若为团长的中国代表团远赴波兰首都华沙，出席第二届世界保卫和平大会。出国前，党和国家领导人毛泽东、周恩来、朱德在北京亲切接见了代表团全体成员。80 多个国家的 1756 位代表参加了第二届世界保卫和平大会，与会者有萧三、居里、毕加索、法捷耶夫等著名人物。会议通过了《告全世界人民宣言》和《致联合国书》。在华沙期间，外公参观了第二次世界大战中希特勒残酷迫害世界人民罪行的展览。回国后，积极宣传和平给人类带来的福祉与安宁，战争给人类造成的灾难。他逢人便讲：党和人民给我这样高的荣誉，我一定要在党的领导下努力做好民族地区的工作，把夏河的事情办好。

1951 年 2 月，中央人民政府委员会第十一次会议任命外公为甘肃省人民政府委员。

解放初期，社情复杂，百废待兴，各种矛盾纠纷频发。外公利用自己在藏区的声望，通过各种关系，扩大统一战线，团结一切可以团结的人。在工委的领导下很快建立了区、乡级基层人民政权。外公建议把一批有群众威信、拥护党和政府的中下层人士安排到区和乡级人民政府中担任领导职务，从而壮大了党的统一战线队伍。

外公的人格魅力，使他言之足以服人，行之足以示人，在各族人民群众和寺院高僧大德、部落头人中享有很高的声誉，受到广泛拥戴。因此，外公担任县长后，全县的各项事业得以顺利推进。

在调解处理草山边界纠纷中，外公总是亲力亲为，秉公而断，说服双方互谅互让，和睦相处。他在中共甘肃省委、省政府的领导下，与青海省有关部门密切配合，成功调处了从清朝乾隆年间就为争夺草场连年械斗不断的夏河县甘加与同仁县甲吾以及美武与卓尼等多起积怨多年、重大复杂的草山边界纠纷。外公不仅熟知各部落的地理、乡情、风俗，而且能动之以情、晓之以理，所以经他调解处理的矛盾纠纷，部落头人及群众都心悦诚服，很少再起事端。

1951 年，全国掀起“抗美援朝，保家卫国”运动。7 月 7 日，外公在夏河县抗美援朝分会成立及动员大会上，号召全县各族僧俗群众踊跃捐助，自己当场捐款 1000 银元。会后他跋山涉水，深入农牧区发动群众捐资。在外公的努力下，全县募捐了可购买两架战斗机的款项（每架飞机价值 15 万银元）。通过募捐活动，既支援了抗美援朝战争，也使全县人民接受了一次深刻的爱国主义和国际主义教育。

1952 年 3 月，以马良、马元祥为首的武装股匪在美蒋的资助下，盘踞于甘、青、川交接地区造谣惑众，煽动骚乱，拦劫军车，袭击政府，严重干扰破坏了党和政府在广大藏区的各项工作。部分不明真相的头人、活佛及群众在马良股匪的煽动蛊惑下，对解放军在阿木去乎、加尕滩开垦荒地保障部队供给以及修建阿木去乎至郎木寺公路产生不满，个别地方群众甚至与解放军形成对峙。

针对藏区的形势，中共西北局决定组建西北军政委员会甘南藏区访问团，旨在宣传党的民族宗教政策，团结各族人民，稳定社会秩序，建立和巩固地方人民政权。外公以二分团副团长的身份，先后多次召集三木岔、若尔盖十二族部落头人和各寺院活佛开会，讲明解放军进驻藏区开荒种粮和修建公路的重大意义以及形势和政策。外公给部落头人和群众写信带话，耐心奉劝他们不要轻信谣言，尽快返回家园。大部分头人和群众表示愿意听从党和政府的劝诫：一不集兵对抗解放军，二不与匪特来往。有的部落头人和群众还主动向政府报告马匪的活动情况，为解放军进剿马良股匪提供了许多有价值的情报。阿木去乎副区长次成木听信马匪挑唆，带领部分群众进山为匪，外公得知消息后，亲自前往反复做劝解争取工作，经过多次谈心劝降，次成木向政府投诚。但他带去的七十多名群众仍未返乡。外公得知后又多次找次成木谈话，让他把这些群众领回来。外公深知次成木在阿木去乎地区的影响力，对他说：如果阿木去乎是一把锁的话，你就是打开这把锁的钥匙。苦口婆心的开导终于打开了次成木的心结，几天后，次成木便带着这些群众放下武器，返回家园参加生产了。外公以县政府的名义召开欢迎大会，对其他地区的参匪群众触动很大，达到了很好的效果。外公还多次给西仓头人罗卜藏去信、捎话，讲明党和政府的政策，时隔不久，罗卜藏带着进山参匪的群众回到人民的怀抱。

是年 12 月 25 日，在西北军政委员会甘南藏区访问团的大力帮助下，甘南各族各界联谊会在夏河召开，参加会议的有各民族中上层人士、部落头人、寺院代表、群众代表、工商业者和妇女代表等共 246 人。会议听取了访问团团长黄正清的工作报告和副团长朱侠夫的讲话。会议重申了党的民族政策和宗教信仰自由政策，讨论了剿灭匪特、维持治安、加强团结、发展生产、区域自治等问题。大会选举产生了甘南藏族自治区筹委会，黄正清任主任委员，朱侠夫、杨复兴、外公任副主任委员，全面负责甘南藏族自治区的筹建工作。

1953 年 1 月，甘南剿匪委员会在夏河成立，外公出任副主任。他随同解放军剿匪指挥部驻扎在郎木寺等重点地区，夜以继日地对寺院活佛、中上层民主人士和当地群众做劝导工作。同时在夏河的甘加、桑科等地动员组织了大批驮牛，为剿匪部队运送物资。

3 月至 7 月，经过五次重大战斗和三十多次小规模战斗，共歼灭匪徒1853人，其中击毙394人、俘虏917人、迫降542人，击毙马元祥，活捉马良。在剿匪战斗取得重大胜利的基础上，“剿指”与地方工委、政府密切配合，深入发动群众，追剿残匪，彻底肃清了多年来流窜在甘、青、川交界地区的马良股匪，剿匪斗争取得了最终胜利。

1953年9月25日至30日，甘南藏区各族各界人民代表会议在夏河召开。来自黄河首曲、白龙江边、洮河两岸、大夏河畔的221名代表参加会议。中央民族事务委员会、中共甘肃省委、省人民政府、青海省、临夏专区、四川阿坝等地派代表出席会议。大会收到了中共中央西北局、西北行政委员会等四十多个领导机关和单位的贺电贺信。会议选举产生了甘南藏族自治区人民政府正副主席、秘书长和委员以及政治协商委员会正副主席、秘书长和委员。甘南藏族自治区人民政府宣告成立，黄正清任主席，王治国、杨复兴、外公任副主席。政协委员会主席朱侠夫（兼），副主席杨丹珠、金巴、丁立夫。会议决定10月1日为甘南藏族自治区成立纪念日。

甘南藏族自治区的成立，标志着广大藏族人民当家做主、管理本民族事务的良好开端，是在中国共产党的领导下，甘南藏区各族人民共同努力奋斗的结果，是党的民族区域自治政策的伟大胜利。

1954年，针对少数民族地区毒品种植泛滥，严重影响社会治安稳定和民众身心健康的严峻形势，甘肃省制定了“坚决禁种，慎重稳进，逐步禁绝”的禁烟措施。6月10日，中共甘南工委召开扩大会议，专题讨论通过了在全区禁止种植、贩卖、吸食鸦片的决议，安排部署了禁烟工作。决定成立甘南禁烟委员会，由黄正清任主任，王治国、杨复兴、外公等六人任副主任，有委员三十人组成。夏河县即刻对禁烟工作作出部署，中共夏河工委书记齐应凯直接领导和协调禁烟工作。当时，夏河的下巴沟、博拉等地属产烟重点地区之一，铲烟工作组进驻后，群众对抗情绪很大。外公亲自深入各种植区，反复向中上层人士和宗教界人士说明毒品的危害和铲烟的重要意义，宣传党的禁烟政策和种植毒品的危害。在博拉召开二十多次部落头人和群众大会，耐心细致地说服动员铲除罂粟，通过深入细致的工作，取得了民族宗教上层人士和群众的理解与支持，各种植区制定了《禁烟公约》，开展大规模的群众性铲烟运动，配合解放军将境内种植的鸦片一举铲除。

夏河县先后三次召开群众大会，公开烧毁鸦片等 3960 两，上交省政府财政厅鸦片 64587 两，海洛因 482 两。经过三个多月的艰苦努力，轰轰烈烈的禁烟运动初见成效。

1955 年 6 月，甘南藏族自治州第一届人民代表大会召开，外公当选为甘南藏族自治州人民政府副州长。

年底，外公到四川阿坝参加国务院召开的甘、青、川、康四省边境工作扩大会议，会议的中心是讨论酝酿在民族地区进行民主改革的问题。外公在大会讲话中公开表态，坚决拥护在民族地区实行民主改革，废除封建剥削制度，为在甘南地区进行民主改革起到了很好的推动和表率作用。

1956 年初，甘肃省牧区工作会议召开，外公在会上就如何进行牧区社会主义改造作了专题发言，引起与会者的强烈反响。会后，省长邓宝珊亲自与外公握手表示赞赏。外公返回夏河后，主动向组织提出愿将自己的家产留少部分自用外，全部上交给国家，被上级组织劝阻谢绝。

此时，外公已积劳成疾，时常感觉身体不适，但因为当时形势严峻，公务繁忙，无暇去条件较好的医院诊断治疗，故一直带病坚持工作。

1956 年 3 月，极少数反动分子竭力反对和破坏党在民族地区实行民主改革，他们造谣惑众，蒙蔽煽动部分不明真相的群众，妄图对抗党和政府，致使甘、青、川交界地区的社会秩序动荡不安。

4月，中共甘肃省委召开牧区上层人士座谈会，协商稳定甘南藏区有关事项。中共甘南州委遵照省委精神，随即组建了二百多人的工作团（下设四个分团），团长黄正清，一分团团长谢估儒，二分团团长杨复兴，外公任三分团团长。外公为认真贯彻执行“政治争取为主、军事清剿为辅”的方针，抱病亲赴碌曲开展宣传动员和说服争取工作。分别召开民族宗教上层人士座谈会、部落头人会议、寺院僧侣会议及群众大会等三十余次。拜会了郎木寺赛赤等活佛和四川布尔代寺的活佛、管家等，并与若尔盖十二族、热合东坝、霸美、西仓、吉日以及郎木寺周边大小部落头人进行座谈，反复讲解党在少数民族地区的方针政策，明确指出川西骚乱是个别民族宗教中上层人士受暗藏的国民党匪特煽动蛊惑发生的事件。外公在工作中严格区分大多数受蒙蔽裹挟参与集兵者和极个别死心塌地反党反社会主义分子，防止斗争扩大化。经过多方努力，消除了群众的思想顾虑和抵触情绪，控制了局面，为稳定大局做了大量艰苦细致、卓有成效的工作。

5月21日，外公和杨复兴带领二、三分团在迭部电尕寺召开上迭六旗总管头人、僧侣和群众参加的大会，针对群众的思想顾虑，耐心讲解党的政策，稳定了人心。23日又在旺藏寺召开下迭八旗群众大会，揭露了匪特的罪行，要求大家分清敌我，明辨是非。这两场大会后，广大群众纷纷表示决不听信坏人的谣言，要跟共产党走。

6月8日，西仓和拉仁关两部落部分武装群众突然围攻解放军驻守晒银滩地区的一个骑兵排，并驱赶工作组，绑架政府工作人员，抢劫贸易公司财物。9日上午，解放军某部运输车队途经晒银滩时，遭到七百多名持枪群众的伏击，与解放军发生武装冲突，酿成流血事件。外公闻讯后不顾个人安危，带病从郎木寺迅速赶赴现场，进行劝解。经过艰苦细致的工作，苦口婆心的开导，最终说服了两部落的头人和群众，至11日，集结的群众撤退，放行了被堵截的军车，防止了事态的进一步扩大。外公随即向中共甘南工委发电："坚决稳定局面。"①

由于连日奔波，日夜操劳，外公已心力交瘁。当天深夜病情突然加重，连续咯血不止。外公怕影响工作，叮嘱身边工作人员不要外传他的病情，仍留守在维稳一线，忍着病痛坚持工作。自晒银滩事件后，甘南州一些牧区相继发生群众集兵聚众闹事的事件。外公拖着病重虚弱的身躯，夜以继日地去做各方面的劝解工作。

14日，解放军对晒银滩集兵形成合围。为避免事态扩大，减少伤亡，外公密切配合部队行动，立即带领郎木寺几位有威望的活佛，身着只在大型佛事活动中才穿着的黄色袈裟，赶赴事发地，冒着生命危险接近两个部落的头人，进行耐心细致的说服劝解，提出六条谈判条件：一是缴械投降，承认错误，低头认罪；二是解散集兵；三是保证今后不再重犯；四是维护交通；五是交出外来暗藏的反革命首要分子；六是保证工作组的安全。经过反复说服争取，两部落头人最终表示愿意和谈。22日，拉仁关部落头人才巴朗杰带领本部落74名武装人员向人民政府投降，交出各类枪支98支，声明今后不再与政府和解放军对抗。西仓部落本准备于21日交出武器向政府投诚，但由于青海达参部落个别反动上层人士的阻挠和威胁而搁浅。晒银滩事件的成功处置，为进一步清剿匪特、争取群众、平息骚乱、稳定大局创造了有利条件，也体现出了外公驾驭复杂局面的领导能力。随后外公配合解放军奔赴夏河县阿木去乎，在拉卜楞寺院代表的协助下，召开群众大会，外公以雄辩的口才对聚集的群众进行耐心劝导，经过大量艰苦细致的工作，终于说服部落头人和群众回心转意，纷纷表示听从嘉木样活佛的教诲，服从人民政府的领导，拥护民主改革。7月4日，在阿木去乎头人的带领下，共交出步枪702支、手枪4支、子弹

① 张玉香：《为人民鞠躬尽瘁——黄祥传略》，见中共甘南州委党史资料征集办公室：《甘南党史资料》（内部资料），第二辑，173页，1989。

3000余发。此后，夏河县博拉、下巴沟、科才等部落也派人向政府保证，不再进行集兵，服从共产党和人民政府的领导。至此，1956年发生在甘南部分地区的骚乱事件基本平息。

1956年11月，外公当选政协甘肃省第一届常务委员会副主席。同时继续兼任甘南州副州长、夏河县县长。

在党和政府的培养教育下，外公历经多年的勤奋努力和实践磨砺，政治思想日益成熟，工作能力不断提升，从一个七岁出家的普通僧人，成长为新中国历史上第一批少数民族省级领导干部。

鞠躬尽瘁 誉满藏区

正当外公不忘初心，矢志不渝，决心以更加出色的工作实绩报效党和政府，满怀爱心服务人民建设家乡之际，他的病情却日益加重。中央有关领导得知后，立即安排将他接到北京，准备送往苏联治疗。但经专家会诊后确诊为食道癌晚期，抢救治疗为时已晚。回到兰州后，终因医治无效，不幸于1957年2月14日在兰州饭店与世长辞，享年59岁。

政协甘肃省委员会、甘南州、夏河县分别在兰州和夏河举行了隆重的追悼大会。

甘肃省省长邓宝珊在追悼大会上致悼词："黄祥副主席像许多爱国的少数民族领袖人物一样，多年来在中国共产党的正确领导下，为祖国为人民做出了很多可贵的贡献。他一贯地积极拥护共产党，支持贯彻党和人民政府的各项政策，对于巩固和扩大人民民主统一战线，加强各民族的团结和藏族内部的团结，推动甘南的社会主义建设事业都做了很多事情。"①

① 张玉香：《为人民鞠躬尽瘁——黄祥传略》，见中共甘南州委党史资料征集办公室：《甘南党史资料》（内部资料），第二辑，173页，1989。

国务院总理周恩来、政协全国委员会送来花圈，沉痛悼念为和平解放夏河做出重大贡献的爱国上层人士、党和政府的忠诚朋友、藏族人民的优秀公仆——黄祥先生！

把一切献给草原的人

——赵子康传略

刘奎[①]

在历史的长河里，被水冲走的是泥沙，沉淀出来的是真金。

甘南各族人民至今怀念的赵子康同志，在甘南度过了十六个春秋。他不为名，不为利，为民族地区的革命和建设操劳奔波，呕心沥血，不遗余力。十年动乱中，赵子康同志身陷囹圄，身心健康受到严重摧残，但他坚持真理，不向恶势力低头，表现了一个共产党员不屈不挠的革命精神和公正无私的高尚品德。

一

赵子康于1918年出生在陕西省清涧县的一个贫苦农民家庭。少年时代，他随父务农，未念书，是乡里有名的种田能手。年至弱冠，赵子康受到刘志丹领导的陕甘游击队的影响，开始为革命工作。1936年，他光荣地加入了中国共产党。赵子康曾担任过中共米脂县团区委书记、中共关中分区青救会主任、中共赤水县委组织部长、中共淳化县柳林区委书记、中共延安市委组织部长、

① 刘奎，中共甘南州委党史研究室干部，已退休。

延安县政府县长等职。他在陕甘宁边区的长期革命斗争中，一直从事基层工作。他经常跋山涉水、栉风沐雨地走乡串村，深入群众，做艰苦细致的农村工作，逐渐锻炼培养了一种实事求是、艰苦奋斗、吃苦耐劳的优良作风。1947 年，赵子康曾任中共延西支队的主要领导，在国民党军队大规模地进攻、围剿面前，他带领少部分同志留在原地，坚持游击斗争。他们机警地同敌人周旋，开展麻雀战。在突围中，赵子康多次保护同志，从火线上抢救伤员，经历了严峻的战斗考验。

1949 年甘肃解放后，赵子康受党组织派遣，来我省工作。他曾先后担任中共临夏县委书记和中共东乡县委书记。1952 年，赵子康调入甘南工作，任中共甘南工（州）委副书记。在这期间，他曾兼任中共夏河县委书记。1971 年，赵子康正式调到省劳改局工作，任党的核心领导小组副组长。1975 年 10 月 17 日，他不幸病逝，享年 57 岁。

二

赵子康初来甘南时，正是党在民族地区开辟工作的阶段。这里百废待兴，百业待举。特别在广大牧区，由于政教合一的统治体制还没有完全废除，因此，许多牧民群众对党还不认识，对党的民族政策还不了解。再加上当时甘南境内马良股匪活动猖獗。他们烧杀抢掠，为非作歹，造谣生事，蛊惑人心，经常煽动和蒙骗一些不明真相的群众与党和解放军对抗，使整个甘南矛盾激化，形势复杂，工作艰苦，条件恶劣，随时都有为革命献身的可能。赵子康把党的利益放在第一位，置个人的生命安危而不顾，勇挑重担，坚持在第一线开展工作。面对复杂而严峻的现实，赵子康立场坚定，心明眼亮，认真贯彻党在民族地区实行的“慎重、稳进”的方针，正确执行党的一系列民族政策。首先领导各族人民剿灭了甘南境内的全部股匪，其次在卓尼的西泥沟、迭部的洛大和临潭全县进行了土地改革运动，同时彻底禁除了甘南历史上遗留下来的种贩大烟的恶习，并在广大牧区实行了“不分不斗，不划阶级，牧工、牧主两利，扶持贫苦牧民发展生产”的政策，从而很快恢复和发展了农牧业生产，改善了人民的生活。在完成上述工作任务的同时，赵子康十分注意在民族中上层人士中开展统一战线工作。他团结、争取了一批爱国、爱民的民族宗教界人士，并通过他们来向广大群众进行宣传教育工作，使党的政策很快深入千家万户，从而有效地孤立和瓦解了一小撮敌视党和社会主义的人。

随着党的工作不断深入，在50年代中期，甘南出现了相对稳定的大好局面。赵子康根据党的方针政策，并结合甘南的实际，审时度势，不失时机地将工作重点转移到生产建设上来。他曾提出：“千条万条，增加牲畜头数是第一条。”使甘南的经济建设和人民生活水平有了显著提高。为了切实解决各族群众在生产中的一些实际困难，赵子康经常深入区、乡、村访贫问苦，询问群众的冷暖，大搞调查研究，多方了解情况。1955年，为了解决卓尼北山和夏河美武之间的草山纠纷，赵子康带领工作组在扎尕梁下乡几个月，进行调解磋商。他克服了语言不通、生活不习惯等种种困难，和牧民群众打成一片。坚持同吃、同住、同劳动，进行推心置腹的谈心活动，多方面了解情况，与牧民情同手足，和当地群众结下了很深的友谊。赵子康在甘南的岁月里，几乎走遍了这里的山山水水。他在废寝忘食的工作中，无所谓星期天和休息日，哪里艰苦，哪里工作难做，就到哪里去；哪里需要就到哪里干。多年来，赵子康依靠勤勤恳恳地为党工作，艰苦朴素、全心全意地为人民服务和平易近人的好作风，赢得了甘南各族干部和群众的拥护和信赖。群众称赞他是：“真正的共产党员！”在“文化大革命”中，赵子康被轮番批斗时，每到一处，当地群众就偷偷地给他送吃的，进行宽慰，给予了无限的同情和关怀。有些牧民群众激动地说："党和政府是不亏好人的，人家说你是坏人，我们不相信！"短短的话语里，寄托了人民群众对赵子康无比的信任和爱戴，也给了他在逆境中战胜困难的强大勇气和力量！

三

1956年4月，赵子康赴中央党校学习。他孜孜不倦，如饥似渴地学习马列主义、毛泽东思想，用革命理论武装自己的头脑。两年后，他返回甘南工作。1958年初，随着社会主义改造的不断深入，极少数反动分子在甘南部分地区挑起了反革命武装叛乱，在各族人民群众和民族中上层爱国人士的大力协助下，党和人民解放军贯彻"以政治争取为主，配合以必要的军事打击为辅"的方针，很快平息了叛乱。紧接着，全州进行了反封建斗争，彻底废除了封建制度和封建特权，建立了新的生产关系，使各族人民得到了彻底的翻身解放。当时，"左"的错误致使甘南的经济建设遭到很大损失，同全国其他地方一样，全州各县程度不同地出现了一些饥馑，有的地方甚至出现了饿死人的现象。为了尽快消除工作中的失误，1961年，西北地区第一次民族工作会议在兰州召开。根据会议精神，赵子康带领中共甘南州委、州人民政府工作组，坚持实事求是的原则，齐心协力，力排众议，全面纠正"左"的错误。面对当时的困难，州委提出了"向困难作斗争，向错误作斗争，向敌人作斗争"的口号，在部分农牧区逐步实行了"三自一包、四大自由"等经济政策，很快使全州农牧业生产恢复了元气。为了克服困难，度过困境，赵子康带头节衣缩食，克勤克俭。他以身作则，与群众一道吃"食堂"，从不搞特殊化。

1962年，赵子康陪同甘肃省副省长黄正清到玛曲视察。赵子康虚心听取群众意见，对党在工作中的失误向广大牧民群众表示歉意，并决心改正。为了统一群众的思想认识，宣传党的方针政策，他先后到玛曲的六个乡召开群众大会，对一些蒙受冤屈的民族宗教人士进行甄别和平反。同时，他要求乡镇干部要增强信心，做好统战工作，依靠民族中上层人士在牧民群众中的声望来做好党的各项工作。他还及时满足群众要求进行正常宗教活动的愿望，批准开放了一些寺院。赵子康这次随黄正清的玛曲之行，其意义是深远的。它不但重新树立了党在广大牧民群众中的威望，而且也为以后的民族工作进行了有益的探索性尝试。

作为中共甘南州委副书记的赵子康，长期以来，始终贯彻执行了一条“任人唯贤”的组织路线，特别是他对民族干部的培养和民族中上层人士的成长，是关怀备至的。从50年代起，赵子康就非常重视民族干部和民族中上层人士的培养和使用工作。他说：在民族地区情况复杂的条件下，搞好统战工作和民族干部的培养使用工作尤为重要，它能收到事半功倍的效果。实践证明，赵子康讲的是完全正确的。赵子康不但在生活上体贴关心民族干部，更重要的是在政治思想上进行帮助和引导。在实际工作中，对他们充分信任，放心大胆地进行使用。1959年，赵子康针对甘南某些地方对少数民族干部任用不够的现象，一针见血地指出：“几年来，我们忽视了民族干部的培养和使用工作，对民族干部尊重不够。玛曲县县长俄项在很长时间里的任务是扫院子、看马、挖蕨麻，这是不对的。”赵子康还根据部分民族干部文化程度较低、工作方法欠缺的情况，一方面鼓励他们学习文化科学知识，学习党的方针政策；另一方面让他们放手在工作中进行锻炼，培养和提高实际工作能力。对于犯了错误的干部，他采取与人为善、诲人不倦的态度，进行耐心细致地说服教育工作，达到以理服人，使他们吸取教训，在实践中成长。赵子康在甘南工作期间培养了一大批少数民族干部，使他们在党的各项工作中起到了桥梁和纽带作用。例如在1953年的剿匪和1954年的禁烟运动中，党和政府就是依靠广大藏族干部深入基层，宣传政策，动员群众，使他们在争降股匪和规劝群众禁除大烟的工作中，发挥了很大作用，取得了巨大成绩。

四

“文化大革命”中，赵子康被诬蔑为甘南最大的“党内走资本主义道路的当权派”“三反分子”等受到迫害，但他以光明磊落的坦荡胸怀，对那些颠倒黑白的诬蔑、攻击，常常采取置之不理的态度；对涉及党性原则的重大问题，毫不让步，据理力争；对非人道的批斗、痛打，无所畏惧，咬牙坚持，表现了一个共产党员的铮铮铁骨和大无畏的精神，对党和革命事业充满了信心，对党忠诚的信念坚如磐石。

1969 年，赵子康被调往省上。他先在靖远农村工作了一年，1971 年正式到甘肃省劳改工作管理局工作，任党的核心领导小组副组长。由于赵子康在甘南草原的长期积劳和“文化大革命”中遭受的残酷折磨，他年过半百的身体每况愈下，在病痛的折磨下，不幸未及花甲之年就过早地离开了人世。赵子康在甘南的十几年里，一心扑在工作上，从不计较个人的名利地位得失。他曾先后与七位州委书记搭班子，而自己却一直处在州委副书记的职务上。他常年坚持在甘南任劳任怨地工作，勤勤恳恳地做人民的老黄牛，而且蒙受了许多磨难和委屈，他默默地承受了这一切，并将这一切寓于对党和人民的无限忠诚之中。

五

赵子康的一生是平凡的一生，艰苦奋斗的一生，廉洁奉公的一生，忧国爱民的一生。他在甘南工作的十几年中，从未搞过任何特殊化，一直保持着艰苦朴素的优良本色。他待同志和人民温柔敦厚，和蔼可亲，不摆任何官架子。他有一个习惯，闲时常到大街小巷、饭馆食堂进行私访，与平民百姓聊天，和行乞者交谈，了解社会各阶层群众的生活和疾苦，以此作为了解社会、体察民情的窗口。赵子康一生为人耿直，廉洁奉公，两袖清风，一尘不染。他对不义之财，分文不拿；对来路不明之物，丝毫不要。他在 1963 年的一份检查中自我剖析说："我有多吃多占的现象，按规定每人每月两条烟，由于工作上的原因我买四条。酥油和肉也比一般同志买得多些；绸子和毛料我也买了一些，这些东西我都付了钱。处理 58 年的没收财产时，我没有拿什么东西，只是同志们拿来了一架照相机，也没有用过。"据许多五六十年代在甘南工作过的干部回忆：赵子康的一件老羊皮袄，从他进入甘南一直穿到离开合作镇，近二十年。1958 年在拍卖没收物品时，赵子康坚决反对共产党员从中捞油水。他以身作则，严格要求自己，并以身教重于言教的模范行为影响周围的干部，自己没有买一件物品。三年困难时期，他家里几乎没有吃过烙饼。几个孩子常去砍柴、拾煤渣来接济家中的生活，从不沾国家的一丝便宜。更为感人的是，1969 年赵子康从甘南搬家时，组织上给他派了一辆大卡车，但他家只有几件破旧的家具，除行李和一些日常用具外，多半车装的全是柴火，这就是他近二十年在甘南的全部所获。多年来，赵子康正是以这种廉洁刚正、大公无私的高尚品德，不屈不挠、敢于向邪恶势力作斗争的浩然正气，为党的事业呕心沥血、艰苦拼搏的毅力，为人民鞠躬尽瘁、奉献毕生的精神，才赢得了甘南各族干部和人民的热情爱戴与深切怀念。群众说："赵子康是位把一切献给了草原的州委副书记！"

本文选自中共甘南州委党史资料征集办公室：《甘南党史资料》，第二辑，1989 年 9 月。

甘洒热血沃故土

——吴振刚传略

张毅

吴振刚，字乾生，别名果瑞，1917年生于今夏河县九甲乡下塔哇村的一个贫苦农牧民家庭。1949年8月，在临夏，由一野一兵团司令员王震和政治部主任曾涤介绍加入中国共产党。解放初曾任夏河民兵司令部政治部主任，兼任夏河县新民主主义青年团工作委员会书记及简易师范学校校长。1949年11月30日，遭匪徒暗害，卒年32岁。

吴振刚自幼父母双亡，他是弟兄五人中最小的，家境贫寒，仅靠长兄交巴租种拉卜楞寺院耕地维持生活（其余三位哥哥均出家为僧）。10岁时，吴振刚就在拉卜楞藏民文化促进会创办的夏河县第一所小学——拉卜楞藏民初级小学就读。在众多的学生中，吴振刚天资聪颖，勤奋好学，具有极强的上进心。在上四年级时，有位国民党官员来视察拉卜楞藏民初小，问吴振刚长大后做什么？他回答说："要做公务长。"当问到为什么要做公务长时，他回答说："为了藏族的解放。"1936年秋，国民党省政府派来的别动队妄图以借的名义侵吞夏河各界人士募捐的1000多元教育经费及40张狐皮，遭到县教育局长石寓珍的严词拒绝后，便串通县长杨良，成立了所谓的“教育检查委员会”，将石羁押县府，并密谋逮捕夏河有关教育界人士，逼其就范。吴振刚等学生闻讯后，在其兄交巴及其他学生家长的协助下，昼夜掩护有关教育界人士躲逃他方，并秘密护送督学邢培仁取道临潭冶力关，转赴省城告状。杨良等人的阴谋未能如愿以偿，便恼羞成怒，下令撤换了石寓珍的教育局长职务，让县政府秘书潘仁接替，并将石寓珍押赴省城问罪，临行时，吴振刚等师生前去送别，遭到别动队士兵的无理殴打。别动队的野蛮残暴行为，激起了学生们的义愤。吴振刚返校后，立即组织同学们，乘潘仁送别动队归来之际，将其抓获，游街示众，并到处张贴“杨良不良，潘仁不仁”等标语，历数杨良等人破坏民族教育的罪状。当晚，别动队秘密返回夏河县城，准备大肆逮捕学生，弹压学潮，但在各界人士和群众的掩护下，学生们全都躲避藏匿，使别动队的阴谋未能得逞。杨良惧怕别动队走后，学生们会找他算账，便随即单骑潜逃至兰州返回家乡，再也未敢回归夏河县。

吴振刚在拉卜楞藏民小学毕业后，考入国民党中央政治学校附设蒙藏学校。1941 年春，他与藏族进步青年平措旺杰等人，在重庆受共产党的影响，在蒙藏学校秘密成立了“藏族共产主义革命小组”，并组织其外围组织——“藏区青年旅渝同学会”，发展了喜饶等三四十名会员，广泛联络藏族青年，学习革命理论，开展抗日救亡和民族解放活动，被校方发现后开除学籍。后经邹韬奋、王梓木等人的介绍，吴振刚与喜饶、平措汪杰先后找到了重庆曾家岩 50 号八路军办事处，受到叶剑英的接见，并分配他们三人分赴西康和甘、青藏区进行革命活动。吴振刚想方设法地携带了一些革命书籍，经过长途跋涉，返回故里，先后在夏河县政府任翻译、视察、民教馆馆长等职务，秘密宣传革命真理，从事革命活动。1941 年 3 月，喜饶也来到夏河。5 月初，他们在卓尼达子多山林与水振东、杨生英、王仲甲等人正式组建了从事革命活动的秘密小组，并制定了19条行动纲领。此后，他们以各种身份为掩护，在拉卜楞、青海河南蒙旗、卓尼、临潭、岷县等地开展地下革命活动，联络各族进步青年，组建了“拉卜楞青年同学会”“拉卜楞青年联谊会”“藏文研究会”“合作社”“藏民同乐会”等进步组织。在大夏河沿岸的许多地区开办夜校，搞演讲，宣传抗日救国的真理和藏民族的解放道路。这些革命活动，在1942年4月10日由喜饶向叶剑英发电作了汇报。他们频繁的活动同时也引起了国民党军、政当局的密切注意，处境十分危险。在此形势下，吴振刚同喜饶暂时离开拉卜楞地区，将革命活动转向青海等地。他们在青海广泛接触受苦受难的各族群众，宣传革命道理，鼓励各族人民团结起来，共同反对马家军阀的残酷压榨和疯狂屠杀，并秘密组织了“藏族人民解放委员会”。此后，吴振刚返回拉卜楞，进一步联络卓尼、临潭的会员，准备伺机起事，武装反抗国民党的黑暗统治，后因奸人告发，举义失败。事虽未成，声势和影响颇大。

吴振刚在拉卜楞地区广泛联络各族进步青年从事地下革命活动的同时，积极开展对民族上层人士的工作。拉卜楞寺教区政教合一的最高统治者——第五世嘉木样丹贝坚参大师与他交往甚密。吴振刚从重庆返回故乡后，随即向这位乐意接受“新思想、新文化”的宗教领袖详细讲述了他在内地的所见所闻、一些进步思想和抗日救国主张。同样，吴振刚在拉卜楞的一系列活动也程度不同地得到了第五世嘉木样的帮助。吴振刚还和拉卜楞地区的著名进步人士、县参议长黄祥和佐盖美武五部落世袭土官杨世杰二人交情很深，这两人在和平解放夏河的过程中，做了许多有益的工作，发挥了积极进步作用。吴振刚对来拉卜楞避难的内地进步学者，也全力以赴地给予支持和帮助。抗战初，北平沦陷后，一大批高级知识分子疏散到大西北，其中有燕京大学教授李安宅先生和夫人于式玉女士。他俩到拉卜楞后，吴振刚将他们安置在自己家中达三年之久，并协助他们对拉卜楞的民族民俗、文化教育、宗教制度、社会人类学和藏学进行了大量调查研究，取得了显著成绩，积累了许多第一手藏学资料。

甘南解放前夕，吴振刚积极与解放军联系，并做了许多有益的工作，迎来了夏河县的和平解放。1949 年 8 月 22 日临夏解放后，吴振刚在美武与土官杨世杰商议，由吴任代表，同杨子发等人携带从国民党散兵游勇中缴获的枪支前往临夏，晋见了解放军一野一兵团司令员王震，详细汇报了拉卜楞地区的情况，控诉了马步芳、国民党县政府等反动势力对藏族人民的压迫和剥削，请求解放军尽快进驻夏河，拯救藏族人民出火坑。同时他连夜为解放军翻译藏文宣传品，做好进军拉卜楞的各项准备工作。由于吴振刚长期以来从事地下革命活动，对党无限忠诚，工作积极肯干，历史清楚，王震司令员介绍他加入了中国共产党。此后王震司令员派遣他护送新华社随军记者杜鹏程前往夏河藏区了解情况，做拉卜楞保安司令黄正清的工作。杜鹏程到达夏河后，在吴振刚、班智达等人的大力协助下，很快与黄正清取得了联系，向他转达了王震司令员的问候，并阐明了党的民族统战政策和全国解放的形势，希望黄正清维护国家和民族利益，从国家大局出发，早日促成夏河的和平解放。

夏河解放后，吴振刚积极协助军政干部进行接收国民党旧政权、筹建中共夏河县工委和夏河县团工委等项工作。9 月 23 日，中共夏河县工委成立后，吴振刚被任命为夏河民兵司令部政治部主任，并兼任青年团夏河工委书记和夏河简易师范校长等职。正当他满腔热情地为夏河各族人民的翻身解放贡献自己青春年华时，却遭到了反动歹徒的暗害。1949 年 11 月 30 日下午，吴振刚出席了简易师范校务会议后返回县城，行至来周村附近时，突然遭到一伙匪徒的伏击，不幸中弹身亡。

吴振刚牺牲后，中共夏河县工委和社会各界举行了隆重的追悼会，《甘肃日报》也发表了吊唁文章。如今事过40余载，当年的新华社随军记者杜鹏程在他撰写的《在夏河的日子里》这篇文章中追忆道：“吴振刚为夏河的解放做出了重大贡献，他把自己的生命献给了夏河，他是藏族人民优秀的儿子。”

本文选自中共甘南州委党史资料征集办公室：《甘南党史资料》，第四辑，1993年9月。

闯荡一生求解放　丹心耿耿忠于党

——夏尚忠传略

张玉香①

夏尚忠，原名夏九娃，化名张玉春。1913年9月17日出生在渭源县的一个贫苦农民家庭。1943年参加了甘南农民起义，曾任义军第二路团长、副旅长。1947年参加陇渭地下革命工作，同年2月加入中国共产党。1949年5月担任陇右人民游击队副司令、警备团副团长。解放后，历任临夏军分区警备团二营教导员、警备团教导员、临潭县人武部部长、兰州运输公司人事股负责人、保养场场长和甘南州运输公司合作车站站长等职。“文化大革命”初，夏尚忠遭残酷批斗，不幸于1968年5月22日在州医院溘然逝世，时年55岁。

一

夏尚忠童年时家境贫寒。父母在渭源县的杨坡磨、温家庄、尹家庄等地，靠给地主扛长工、打短工维持生活。夏尚忠兄妹9人，他排行老大，因而家庭生活的重担就过早地落到他的肩上。

① 张玉香，甘南州地方志办公室原副主任，已退休。

从7岁起，他就上街卖大饼，给地主家放羊、抱孩子、当勤杂工。挨打受骂，过着衣不蔽体、食不果腹的日子。15岁时，夏尚忠为维持一家人的生活，跟着大人身背几十斤重的粮食，赶着毛驴，从渭源至兰州贩运粮食。艰难的日子在他幼小的心灵里，种下了仇恨剥削者的种子。他常问自己：为什么地主老财不劳动，却过着花天酒地的生活？而我们穷人天天干活，家家户户过着艰难竭蹶、饔飧不继的日子呢？他深深体验到社会太黑暗了，太不公平了。他憎恨所有的地主豪绅，同情广大劳苦民众。因此，贫寒的生活从小造就了他疾恶如仇、专爱打抱不平的刚强性格。1937年。夏尚忠的父母租了地主的8亩半地，在尹家庄落户，并修了4间土房。同年7月的一天，国民党孟旅长的骑兵搜捕一位姓陆的人，硬说夏尚忠知道姓陆的去向。于是，就把他绑在柱子上，严刑拷问，打得皮开肉绽，死去活来。最后，夏尚忠的父亲给每个士兵16元的鞋袜钱，才算放了他。从此，夏尚忠恨透了国民党反动政府，发誓有朝一日要报这深仇大恨。他曾参加红帮，组织人员，武装队伍。但经过几个月的帮会活动后，他感到红帮并不能实现宏伟的愿望，于是又退出了帮会。夏尚忠在黑暗中探求、寻找和思考……

1942年秋天，夏尚忠结识了刚出国民党监狱的毛得功。毛和他同样出身寒微，家徒四壁，对国民党反动派怀有刻骨仇恨。他也正在寻找能使穷人翻身解放的组织和途径。于是，他和毛得功、郭化如、杨友柏等8位有刎颈之交的热血青年，歃血盟誓，结拜为“八大弟兄”。他们暗中购买枪支弹药，秘密串联贫苦农民，并派人到临洮县衙下集与王仲甲取得联系，多次密谋磋商，决定向国民党反动派发起武装进攻。1943年1月，马福善、王仲甲等相继在临洮率领当地贫苦农民揭竿而起，打响了甘南农民起义的第一枪，一场不堪忍受国民党黑暗统治的农民起义爆发了。夏尚忠当即响应王仲甲的号召，组织渭源县的锹家铺、张家湾、杨坡磨等十几个村庄的上千名农民，加入了震撼国民党军政当局的甘南农民起义洪流。他为义军捐献了自己购置的几支长枪，并率领起义队伍，打击罪恶昭彰的恶霸地主，开仓分粮，为民除害。因夏尚忠在与国民党军队作战中勇猛顽强，智勇双全，王仲甲任命他为义军第二路团长、副旅长职务。随后，国民党政府立即调集了装备精良的正规军，以绝对优势的兵力，对甘南农民起义军进行了血腥镇压。夏尚忠率其部下，与政府军进行了顽强的战斗和周旋。1943 年 8 月，甘南农民起义遭到失败。此后，国民党政府开始了大规模的“清乡”运动，四处悬赏捉拿义军领袖和骨干人物。夏尚忠和毛得功、杨友柏等人商量，为保存义军势力，决定化整为零，转入地下斗争。国民党政府以悬赏 1000 块大洋的高酬，四处缉拿夏尚忠。国民党的士兵和保安团，几乎天天来搜抄他的家。他的祖母被国民党政府抓去囚禁，扬言要让夏尚忠亲自来领。他的父母及全家人逃到陇西县首阳镇，隐藏了整整 3 年。在这流离失所、东躲西藏的艰辛日子里，夏尚忠等人强烈渴望着找到共产党。于是，他们派毛得功到陕北去寻找党中央。夏尚忠等人就地坚持地下斗争。他们时常夜袭土豪劣绅和国民党保安队，夺取枪支弹药，扩充队伍，建立秘密活动“窝子”（堡垒户）。这支队伍活跃在陇西、渭源一带，给国民党军政当局造成了很大的恐惧和威胁。敌人不断出动自卫队，到一些村庄进行突然搜捕，同时还派遣“便衣队”到所谓“可疑的人家”去私查暗访，极力寻找夏尚忠。1945 年秋天的一个晚上，夏尚忠带领十几个人向杨坡磨白海清家进发，恰好与渭源县的“便衣队”张有福和唐万胜狭路相逢。夏尚忠机智大胆地走上前去，询问他们：“是干什么的？”几经对话，暴露出这两个家伙是来捉夏尚忠的便衣队特务。夏一挥手，其他几个人窜上前去，把这两个特务捆起来，拉到阳坡磨的一个山沟里用刀杀死，并对白海清家做了一个被“土匪”抢劫的假现场后，悄然离去。1945 年 10 月 27 日，夏尚忠一行 4 人到陇西首阳镇的谢喇嘛家去活动，但被保安大队的100多人和400多民团包围了，经过一天一夜的激战，他们在半夜里杀出一条血路，安全地冲出重围，使敌人枉费心机。1946年11月，夏尚忠、郭化如、杨友柏、李喇嘛等20多人，得知渭源县连峰古迹坪的大土豪侯和卿（外号叫侯背锅），横行霸道，作恶多端，企图诬陷、谋害参加过甘南农民起义的张继贤。他们听后义愤填膺，便连夜包围了“侯背锅”的庄院，秘密处死了这个罪大恶极的大恶霸。从此，在陇西、渭源一带的地主豪绅，当听到夏尚忠的名后，就惊慌失措，毛骨悚然，再也不敢对义军和贫苦老百姓施淫威了。地方自卫队和保安队也不敢轻举妄动，单独袭击义军。而夏尚忠等人白天隐蔽，晚上行动，杀富济贫，除暴安良，为扩大地下武装力量，为找到党的领导，在顽强地战斗着，望穿秋水般地等待着。

二

1946年底，党中央和甘工委派牙含章、高健君到陇渭地区，以甘南农民起义的骨干为核心，建立地下党组织，发展武装力量，创建党领导下的游击队。1947年2月的一天夜里，杨友柏等人领着高健君和牙含章，找到了夏尚忠。夏对高、牙二人的到来，感到非常激动和高兴。便向他们汇报、畅谈了起义失败后寻找共产党的痛苦经历，表示愿意跟共产党干革命、打天下。高、牙经过调查了解，认为夏尚忠爱憎分明，立场坚定，对国民党反动派和地主阶级有刻骨仇恨。几年来，他坚持地下武装革命，对陇渭地区的国民党反动当局进行了不屈不挠的斗争，做出了一定的贡献。因此，由高、牙二人介绍，夏尚忠光荣地加入了中国共产党。从此，夏尚忠由一个普通农民，成长为一名无产阶级的先锋战士。他对革命更加坚定，更充满信心了。在甘工委的领导下，陇渭工委积极发展陇右地下党组织，夏尚忠和牙含章曾介绍李喇嘛、慰廷芳、王得录、孟尚志、田玉林等义军骨干，先后加入了中国共产党，并建立了渭源县的第一个地下党支部，夏尚忠任支部书记，同时任陇右工委委员。1947 年 1 月，夏尚忠派人将甘南农民起义的藏族领袖肋巴佛，从和政县秘密接到渭源，并向他讲明来渭源的目的是参加革命，同时，给肋巴佛赠送了一支手枪。一个月后，夏尚忠又把肋巴佛护送到陇西坡河山原治业家中，与陇渭工委委员高健君、万良才、牙含章、毛得功等人会面。不久，肋巴佛加入了共产党。夏尚忠在积极发展地下党员的同时，还多次出色地完成了党组织交给的战斗任务。1948 年 2 月，据张集寨的农民报告：有个叫王麻子的土豪恶霸，平日鱼肉乡民，无恶不作，民愤极大，最近又在拘捕无辜百姓，搞敲诈勒索。为了铲除这个恶霸祸害，同时也为地下党筹集一些活动经费，陇渭工委经过慎重研究后，把这个任务交给了夏尚忠。夏接受任务后，立即率领游击队，先到王麻子家附近化装侦察地形，然后作出了周密的战斗计划。一天夜里，夏尚忠带领十几名游击队员悄悄摸到了王麻子家。但被王麻子和其老婆发觉后垂死顽抗，并打伤了一名游击队员。游击队气愤难忍，当场击毙了王麻子的老婆，王麻子负伤后遁逃。游击队也未追赶，只带回了从王麻子家搜获的白洋、大烟、枪支等战利品。夏尚忠完成这次任务后，又接受了营救地下党在温家川的地下交通员王尚德的任务。原来国民党县政府怀疑王尚德与地下党有关系，但没有证据，因此将王抓去后进行严刑拷打，逼问王尚德供出地下党和夏尚忠的活动情况。夏即刻带领几名武工队员，迅速赶到年家寨，一面派人侦察监视敌人的活动，一面和大家研究营救方案。他提出两个办法：一是如果敌人对王尚德下毒手，就用武力去解救；二是利用金钱收买看管人员，争取公开放人。在研究中大家得知：年家寨地下党支部书记张尔乾与保安队高搴桂在鲁大昌部队时有一面之交。于是，夏尚忠就派张尔乾拿上 100 块大洋去找高搴桂。高因为几天来未从王尚德口中问出地下党的半个字，又见张尔乾拿着白花花的银元来说情，就来了个顺水推舟，马上让张写了一封保单，释放了王尚德。由于夏尚忠采取了正确的营救措施，不但使王尚德幸免于难，而且使地下党未受任何损失。

1949 年 6 月，正当甘肃人民准备迎接解放的时刻，夏尚忠得到一个不幸的消息：因叛徒的出卖，甘南农民起义领袖王仲甲在岷县被国民党政府逮捕了。夏立即召集王得录等地下党员，开会研究营救王仲甲的措施。但敌人深知王仲甲非等闲之辈，在夏尚忠等人营救之前，就将王秘密押到兰州，使陇右游击队的劫狱落空。夏尚忠为未能救出他们杰出的农民领袖王仲甲而痛心疾首，悲戚万分。于是，他化悲痛为力量，更加努力工作，英勇战斗，为迎接甘肃解放而打土豪，袭击国民党保安队，扩充、壮大陇右游击队力量。1949 年 8 月，陇右人民游击队正式成立，夏尚忠担任第三副司令员。他经常率领游击轻骑兵，袭击溃逃的国民党军队，缴获迫击炮两门、步枪数十支、机枪两挺。陇右工委通过对渭源县各界人士的大量工作，创造了和平解放渭源的条件。但在关键时刻，县自卫队长王兰坡欲率部逃往岷县，夏尚忠立即派人给王兰坡捎话："告诉姓王的，如果他回渭源便罢，要是跟着杨啪嗒上岷县，我们就要消灭他，游击队已给他安排好着哩！"王兰坡听到后，即刻返回了渭源县城。陇右工委书记陈致中严厉批评了王兰坡的动摇行为，同时责令他为县自卫队做好起义的一切准备。1949 年 8 月 14 日，县自卫队宣布起义。夏尚忠派人骑马进城，打开监狱，释放了狱中的全部在押人员。这天，渭源县隆重欢庆解放。夏尚忠感到无比高兴！他浴血奋斗了十几年，在党的领导下，才走上了正确的革命道路，盼来了翻身解放的这一天。

三

甘肃解放后，陇右地区进入了一个崭新的时代。夏尚忠积极参加社会主义革命和建设事业，走上了新的工作岗位。1949 年 10 月，他被调到临夏军分区任独立营教导员。解放初，国民党残余匪特还不断活动。夏尚忠率领剿匪小分队，到城南 20 里的地方捕获了 8 名土匪，在被其他土匪发觉后，几百名匪徒将小分队包围在一个老百姓家里。夏尚忠背着 3 支枪，英勇抗击。他一会儿用长枪射击，一会儿用手枪瞄准，一会儿端起机枪扫射，使匪徒未能攻进院子。夏尚忠带领小分队，勇敢顽强地和土匪激战，一直坚持到第二天救援部队的到来。1950 年底，夏尚忠被调到临潭县任人民武装部部长。当时，在临潭县冶力关地区，有一股土匪经常进行骚扰、抢劫活动，使党的工作不能很好地开展。夏尚忠又带领几名民兵到冶力关开展工作，了解匪情。在当地群众的协助下，他们活捉了匪首徐某某，并缴获机枪一挺，步枪 9 支，出色地完成了剿匪任务。与此同时，他又带领工作组下基层，进行土地改革运动。夏尚忠因长期搞地下武装斗争，没有系统地学习过文化知识和政治理论，因此，在新的环境条件下他遇到了许多困难。1952 年 12 月，组织上根据夏尚忠的要求，派他到甘肃省军区军干校学习，以提高政治理论和文化水平。经过半年的刻苦学习，夏尚忠以每门功课 70 分以上的成绩，达到了高小文化程度，同时也学到了一些政治理论。

1953 年，夏尚忠被调任兰州运输公司人事股负责人。1961 年 10 月，又调到甘南州运输公司任合作车站站长。在这平凡的岗位上，夏尚忠不为名，不为利，勤勤恳恳地为旅客服务。为了旅客和驾驶员的安全，他每天早晚都在车站门口迎送客车。当汽车一进站，他就让驾驶员去休息，自己带着修理工，对每辆车进行检查、维修，保证第二天的行车安全。夏尚忠在工作中兢兢业业，尽职尽责。在他担任站长期间，客车队没有出过大的事故。夏尚忠还热情为旅客服务，他坚持每天清早起就到车站上班，主动维持旅客上车秩序，帮助客人提拿行李，扶老携幼。有时还资助遇到困难的旅客，帮其购买车票。夏尚忠一生克勤克俭，廉洁奉公，他为了节约资金，亲自带领职工用土坯做宣传栏的墙壁。只要是自己能动手做的，他从不乱花国家一分钱。夏尚忠还时常关心国内外大事，1964 年，当他从报上看到美帝国主义侵略越南，惨无人道地屠杀无辜人民时，非常同情和支持被压迫民族和人民的反侵略斗争，他把自己几年的 400 元存款寄往越南。当越南通过中国大使馆来信了解捐款人的姓名时，经甘南州运输公司多方查找，才知道是夏尚忠捐献的。他要求运输公司党组织不要将此事传到外面，认为这是自己的一点心愿。

“文化大革命”开始后，夏尚忠突遭厄运，祸从天降。特别在 1968 年的“清理阶级队伍”中，他被戴上“惯匪”等帽子游街示众。有的人暗中劝他，去找一下过去的老领导，夏尚忠摇头说：“现在他们的日子也不好过，咱不能去给老首长惹麻烦了！”他坚信党和人民一定不会冤枉一个好人的！昔日饱经苦难，此刻身陷囹圄的夏尚忠，面对铁窗星天，思绪万千，激情奔涌。他在经历了无数次残酷地批斗和折磨后，不幸于 1968 年 5 月 22 日含冤去世。1978 年 6 月，中共甘南州委为夏尚忠同志进行了昭雪平反。甘南州运输公司召开追悼大会，有许多人怀着悲哀的激情，沉痛悼念这位为革命奉献一生，对党、对人民无限忠诚的老站长、老游击队员。1986 年 7 月 25 日，牙含章和陈致中在《中共陇右工委领导下的渭源地下斗争》一书序言中写道：“夏尚忠同志，渭源人。1943 年也参加了甘南民变。起义失败后与毛得功、郭化如、杨友柏等同志共同转入地下，与国民党的反动统治继续进行武装斗争。1947 年参加了中国共产党，曾任陇右人民游击队的第三副司令员。夏尚忠同志有一些缺点毛病，但大节还是好的，他在渭源建立地下党、建立游击队、建立游击根据地的斗争中做出了贡献，是不能埋没的。”

夏尚忠为人耿直，作风正派，性格刚毅，平易近人。他一生寻求真理，历经坎坷，以后经过党的长期培养教育和艰苦环境的锻炼考验，成长为一名坚强的共产党员、勇敢机智的游击队指挥员、平凡岗位上的人民勤务员。他为创建陇右地下党和陇右人民游击队，做出了不可磨灭的贡献。新中国成立后，他坚决要求到最艰苦的基层去工作，始终保持和发扬了艰苦朴素、密切联系群众的优良传统。他对人和气，关心同志，联系群众，一不为名，二不为利，默默无闻地为党工作，为人民奉献一切，表现了一个共产党员大公无私的崇高品德。陇右人民永远怀念他！

本文选自中共甘南州委党史资料征集办公室：《甘南党史资料》，第三辑，1991。

人民的公仆　草原的骄子

——香巴才仁传略

白全忠[①]

1978年3月25日，中共甘南州委和州政府在州民族学校礼堂，为蒙冤受屈达10年之久的中共甘南州委原副书记、甘南藏族自治州原州长香巴才仁隆重举行追悼大会，沉痛悼念这位党的优秀干部、藏族人民的好儿子。缅怀他兢兢业业为党工作、勤勤恳恳为人民服务的崇高精神，追溯他短暂而又坎坷曲折的一生。

香巴才仁，又名李应芳，藏族，甘肃省舟曲县人，生于1923年8月15日。1950年4月参加工作，1951年5月加入中国共产党。历任西固县（现舟曲县）占单乡副乡长、县农会副主任、联合区区长、县民政科副科长，舟曲县县长、县委书记，中共甘南州委书记处书记、州农林处处长、甘南州州长、第四届中共甘肃省委候补委员等职。“文化大革命”中，香巴才仁被打成“甘南地区最大的走资本主义道路当权派”之一，屡遭批斗、殴打，身心健康受到严重摧残，不幸于1968年3月15日失足落井，罹难溘逝，卒年44岁。粉碎“四人帮”后，中共甘南州委拨乱反正，彻底平反冤假错案，香巴才仁昭雪平反，并恢复了名誉。

① 白全忠，中共甘南州委党史研究室原编辑，已退休。

一

1923年，香巴才仁出生在甘肃省西固县立节乡杨世拉尕村的一个藏族农民家里。他3岁时，家中共有6口人，其中4个小孩。父亲酷爱狩猎，全家人靠父母的辛勤劳动省吃俭用度日子。香巴才仁自幼在勤劳、敦厚的父母教育、熏陶下，形成了忠厚、朴实的性格，被村里人称为“聪明厚道的孩子”。10岁那年，父母送他到花年城（现立节乡花年村）上学。报名时，老师给香巴才仁取了个学名叫李应芳。当时，每个学生一年的学费是一斗粮食（约合50斤），逢年过节还要给老师送肉、送馍等。幸好香巴才仁寄宿的藏族农民李俊林夫妇视他如同自己的儿子，承担了许多费用，才使香巴才仁念了4年初小。当时，在花年初小上学的50多名学生中，只有香巴才仁是藏族。初进校时，他时常遭到歧视和侮辱。有不少次，学生们欺负他，老师还骂他是：“番子娃！野蛮不讲理。”并用木板打他。香巴才仁向母亲哭诉，恳求让他回家放羊。但他母亲为了儿子的前途，含泪忍痛地安慰幼小心灵，敷散儿子身上的肿块，又送他返校上学。香巴才仁虽然沉默寡言，但却是个外柔内刚的少年。他深深懂得母亲的心思，以后便在如此恶劣的环境下，坚持刻苦学习，加倍用功。别的同学玩耍，他读书写字。放学吃过饭后，他就伏在油灯下看书。由于香巴才仁极其勤奋努力，学习成绩逐渐上升，不久在班上名列前茅。老师和同学也转变了对他的看法。老师常夸奖说：“拉尕村的李应芳能吃苦，是个好学生。”同学们也主动找他玩耍，并求他帮助学习功课。于是他成了花年小学公认的好学生。香巴才仁心地纯朴善良，乐于助人。每当穷人家的学童带的饭不够吃时，他就拿出自己的馍给别人吃。同学们遇到困难时，他总是热忱地竭力帮助，因而也深得同学们的喜爱。1937年7月，香巴才仁报考了西固县颇有名气的西街高级小学初级班。准备念完初小最末一年再报考高小。由于他平时学习努力，书读的很多，最后以全县第一的优秀成绩，考取了该校高小预备班，香巴才仁高兴极了，家里人也为之兴奋不已。母亲为他赶制了粗布新衣，父亲送他到县上，将香巴才仁托付在世交高维越家。从此，香巴才仁如饥似渴地学习，恨不得把所有的知识都掌握了。不久，抗日战争爆发的消息传到了这个偏远山城。在全民抗战的热潮中，全校师生积极参加抗日宣传活动，香巴才仁和他的同学们也上街游行，办墙报，演唱抗日歌曲等。由于西校师生的大力宣传，全县抗日气氛很浓，香巴才仁也在宣传抗战中受到了一次生动的爱国主义教育。这时，厄运突然降临到香巴才仁的身上：1939 年 9 月，操劳过度的母亲倏然去世，这犹如晴天霹雳，给香巴才仁和他的家庭带来了沉重的打击和灾难。一月后，他被迫辍学，回家务农和帮助父亲料理家务。1942 年，19 岁的香巴才仁与外村姑娘肖九月结婚。从此，两人相依为命，苦度生涯，直到 1949 年 12 月西固县解放。当时，乡亲们推选香巴才仁当了新社会的第一任村长。他工作积极热情，办事公道，在宣传党的政策和剿匪支前中做了许多工作，受到全村人的赞扬。此时，县政府为筹建基层政权，急需大批有文化的当地民族干部和积极分子，由此，香巴才仁被选拔进革命干部队伍，踏上了为党和人民做奉献的革命征途。1950 年 3 月，西固县筹备全县农民代表大会，首任县长李广植派干部到丰迭区主持选举工作，香巴才仁被选为占单乡的农民代表。县农代会后，他被留在县农会任干事。1951 年 5 月 15 日，香巴才仁经屈振德等二人介绍，光荣地加入了中国共产党，成为新中国成立后党在甘南藏区最早发展的党员之一。

二

西固县解放初，社会秩序比较混乱，群众情绪也很不稳定。

此时，香巴才仁于1950年4月，经群众选举并报县委批准后出任联合（丰迭）区占单乡副乡长。他和乡长赵国壁坚决贯彻执行县委“团结上层，了解情况，宣传政策，深入群众”的指示，紧密配合县、区工作组，自背干粮，跋山涉水，深入全乡的每个山庄村寨，宣传党的民族政策和宗教政策，开展统一战线工作，在安定民心、恢复生产、建立健全村级人民政权和发动群众支前剿匪、物色培养干部等方面做了大量工作。由于他工作认真负责，热情肯干，并显示出一定的组织领导能力，因而经过短短几个月的锻炼后，香巴才仁被先后提任为县农会副主任、联合区区长。他当了区长后，深感肩上的担子很重，曾向同期参加革命的战友畅叙心曲说：“我是一个农民的儿子，参加工作才半年时间，也没干出什么成绩，县上就让我当了区长，我真怕干不下来，给人民政府脸上抹黑！”还说：“共产党真看得起我们，我们也应该好好地干，才对得起党！”言谈中，他也流露出有机会能学习深造的愿望。但由于当时干部奇缺，基层工作量大，外出学习的想法未能如愿。香巴才仁还是埋头苦干，各项工作搞得都很出色。当他遇到政策上的问题时，就主动向区委书记冯志贤和县委领导请教；实际工作经验不足，就向周围的外来干部学习；一有空暇，他就学文化，学时事政治理论和政策，因此进步很快。1952年，西固县在部分农区开展了减租减息与土改运动，香巴才仁被县委派到联合区巴藏乡担任工作组副组长，他与组长马进齐心协力地搞了一段减租减息运动。其间，他经常深入群众，访贫问苦，扎根串联，坚持和群众同吃、同住、同劳动，工作进展比较顺利。是年8月，他又被派往官亭区担任化马乡工作组组长，与副组长白怀孝、陈瑞云一起，坚决贯彻执行中央制定的“依靠贫雇农，团结中农，中立富农，有步骤、有分别地消灭封建剥削制度，发展农业生产”的土改政策，做了大量的工作。当时该地有个旧社会的“红帮”头目，人称温大爷。此人地方势力很大，群众恨他又怕他。温听说工作组来了，就公开扬言说："我一辈子都没人敢动，平平安安下来了，你们娃娃们还想在我的头上动土，这办不到。"并利用各种机会威胁工作组和群众，气焰非常嚣张。香巴才仁和工作组的同志意识到：若不刹住温大爷的"威风"，当地的土改就很难进行。于是，他们走村串户，向群众反复宣传党的土改政策，召集积极分子会议和群众大会，发动群众起来揭发斗争温大爷，并根据温的剥削量，把他划定为半地主式的富农，然后又依据他的罪行押送到县法院判了4年徒刑。这样，大快人心，群众很快发动起来了，土改运动搞得轰轰烈烈。

在1952年至1953年上半年剿灭马良股匪的战斗中，西固县的中心工作之一，就是配合部队剿匪，并每月按时给部队运送一次粮食。当时担任县民政科副科长的香巴才仁，在科长黄巨福的带领下，积极组织群众，筹建了有三四百头毛驴的运输队。每月都准时将面粉、蔬菜、食油和肉类等送到部队，保证了剿匪部队的生活需要，得到该团杨团长等首长的多次表扬。当时，从西固县到电尕寺的交通极不便利，几乎全是盘山的崎岖险道，一边是陡峭的山壁，另一边是翻滚的白龙江，人和驮畜稍有不慎，就会跌入大河激流。遇到下雨天，道路泥泞难行。有好几次，几头驮畜就是在这种险情下掉入江中的。香巴才仁知难而进，明知艰险很大，他还是多次亲自带领运粮队，出色地完成了任务。

1953年6月，香巴才仁被送到北京中央政法干校就学一年。在校期间，他如饥似渴地学习革命理论，有时连星期天也顾不上休息。通过多次聆听中央首长和学校教员的报告、授课，并参加学校组织的参观访问等活动，对他教育启发很大，思想觉悟和文化水平都有了较大提高。一年后，他圆满完成了学业任务，返回舟曲县，被任命为县法院院长。

1954年春，中共甘南工委作出了"关于全面禁种、禁贩、禁吸烟毒的决定"，在全自治区（州）掀起了一场声势浩大的群众性禁烟运动，西固县是重点之一。香巴才仁积极响应党的号召，全力以赴地投入到这场禁毒斗争中去。他曾多次回到家乡一带，向乡亲们宣传禁烟的好处和党的禁烟政策，动员自己的亲朋和家里人如实上报种烟的亩数和地方，动员大家自动起来铲除烟苗，并把该乡有名望的肖香巴和自己的妹夫马加长等请到县上，反复进行教育和开导，直到他们同意禁烟为止。由于香巴才仁的努力，推动了家乡和附近地区的铲烟运动，也为全县的禁烟带了一个好头。

1954 年 8 月，香巴才仁担任了舟曲行政委员会副主席。1955 年 4 月，在舟曲县第一届人代会上，他被选为舟曲县县长。在初任县长时，许多当地干部都为参加工作才 4 年半的香巴才仁捏了一把汗，但在以后的实践中，他们很快打消了顾虑。香巴才仁在上任后的首次全县“三干会”上，以出色的组织领导能力使当地干部大吃一惊。据有的老同志回忆：“我们看到他从容不迫地组织召集会议，使会开得有条不紊，很有成效。他参加各小组讨论会都亲自记录、发言和讲话。他看问题也很客观又较有水平。作报告时有分析又有指示，使这次会议开得很成功。”当时，舟曲县正在开展以互助合作为中心的生产运动，香巴才仁为了使全县主管农业的干部掌握党在过渡时期的总路线和总任务，学习互助合作的方针、原则和建立农业合作社的政策及经验措施，亲赴各区、乡挑选了 20 多名干部，让他们到夏河县参加互助合作训练班。为总结推广舟曲县坪定乡试办初级班的经验，他多次听取汇报，并深入实地调查研究，总结经验，全面推广，从而使全县农业合作化运动健康发展。当时，舟曲县的农田水利很差，制约了农业生产的发展。县水利科帮助群众在东山和丰迭后山兴修水渠，引来了两条溪流，其中仅从后山引的水，就灌溉农田 500 亩。在引水工程中，香巴才仁和县工委书记马学海常赴工地督促、检查工程进展，发现问题及时处理。他还亲自看水平仪，帮助搞测量，从而保障了引水工程的如期完成。香巴才仁当县长后，不局限于听汇报、发指示，时常下乡督促检查工作，总结推广先进经验。有时还亲手向农村青年传授生产技术。有一次，他和县工委书记到吴坪乡检查工作，看到当地群众在试植花椒中不会栽花椒树，就热心地走过去，手把手地传授种植技术，边讲边栽，直到不少人会种为止。群众感动地说：“共产党的县长和国民党的县长完全不同！过去的县长我们连面都见不上，而现在的县长，不但关心我们的生产和生活，并且常来看望我们，还亲自教我们种花椒，真是太好了！”嗣后，他又抽空去吴坪一带指导群众打枝剪苗，育肥浇水，到来年秋后使花椒获得了丰收。

1956 年，全国掀起了农业合作化高潮，为及时总结舟曲县创办初级社的经验，引导全县走上高级社的道路，担任县委书记兼县长的香巴才仁，经常下乡指导检查工作。那时，全县没有一辆小汽车，县级单位共有三匹马，公安局两匹，县政府一匹。若遇到马被别人骑走，连县长下乡也是自背行李步行。有时有乘马，也只是他和警卫员两人一匹马。他经常将马让给警卫员乘骑，自己徒步行走。当时，群众的生活比较困难，香巴才仁在下乡期间，经常吃的是包谷面糊糊拌酸菜辣子，睡的是连毡都没有的土炕，但他从不讲究，也不计较。有很多次，他都主动找到最困难的群众家里，与他们同吃同住。正是在这个时期，他下乡到除瓦农村时，患了风湿病和胃炎。香巴才仁平易近人，和蔼可亲，从不摆“官架子”，因此县上干部和通讯员都愿意跟他下乡，他走到哪里，都和群众的关系相处得很好，因而群众也喜欢对他说心里话。

香巴才仁也很注意正确贯彻执行党的干部政策。当时，舟曲县有两个小学校长都在旧社会任过校长职务，一些干部和群众由此而想不通，认为应该撤换。香巴才仁听到反映后，经过调查了解，感到这两人历史上没有重大问题，现实表现都很好，应该继续使用，于是他坚持不撤换。这两人很受感动，工作愈加积极了。

1956 年 10 月，香巴才仁担任了中共甘南州委书记处书记。不久，在甘肃省第四次党代会上，他又被选为省委候补委员。香巴才仁的职务高了，地位变了，但他忠于党、忠于人民的赤诚之心丝毫没有改变。他处处实事求是地执行党的方针政策，时时客观地指导全州的工作。在平凡的工作中，他关心群众的疾苦，热爱党的事业，为了人民的利益，敢于坚持原则，表现出一个党的高级领导干部应有的胸怀和品德。1957 年初，香巴才仁到舟曲县下乡，看到该县贡子乡关于“闹粮、逃荒、死人”的报告后，心情很沉重。他立即提出“粮食工作应少购多销，大量供应”的建议，使群众渡过了生活困难关。1957 年，全州掀起了农业合作化和牧业互助合作的热潮，但在指导思想和实际工作中却出现了脱离甘南实际的急躁冒进做法。当时，香巴才仁觉察到这些失误苗头后，从党和人民的利益出发，根据甘南藏区的特点和实际，大胆提出了对甘南农牧业的社会主义改造应“慢一些比快一些好”的意见。同时，他还针对州委有关部门的官僚主义作风，提出了尖锐批评。他说：“州委的合作部长期发的指示是老一套。互助合作经常对牧区考虑的少，如能把剪毛机、挤奶机等在牧区加以推广，是对发展牧业和宣传工作很有益处的。”本来，这些建议和批评，及时、中肯地指出了甘南当时在农牧业建设中存在的一些问题，是完全合乎实际的，对农牧区的发展起到了好的引导作用，但在不久以后开展的政治运动中却成了香巴才仁所谓的“罪状”之一。

三

1958 年，在“整风反右”中，香巴才仁被冠以所谓的五条“罪状”和“错误”打成“地方民族主义分子”，撤销了党内外一切职务，并受到留党察看两年的处分。10 月，香巴才仁被下放到甘南阿姨山铜矿劳动锻炼和改造。起初，他被矿上分配到冶炼车间与工人们搞冶炼。此时，蒙冤的苦恼和一些人的异样眼光，曾深深地刺痛过他的心。但后来他很快想通了，哪里有困难，就主动上前；哪里需要他，就出现在哪里。不久，他以吃苦耐劳和诚恳待人的品德，赢得了大家的信赖。当时，香巴才仁看到矿上虽对职工的政治文化教育抓得比较紧，但没有一个合适、系统的材料。于是，他就利用工闲时间，到处收集素材，编成学习资料，交给矿上供职工们学习。后来他担任了指导员，在百里外的岗义矿区负责全盘工作。他不但生产领导得好，而且把工人的思想、纪律和生活都抓得比较好。在工作中，他既大胆又谨慎细心，时常带头苦干，与职工打成一片，并了解他们的思想，解决工人们的实际困难。因此，在短短的几个月中，他就带领岗义矿上的职工做出了显著成绩，受到矿领导的表扬。

1959 年 5 月，香巴才仁被任命为州农垦处（后改为农林处）副处长。1962 年又提任为处长。在农林处近 5 年的工作中，他经常下乡，跑遍了全州各县，一年中就有多半时间在基层。由于他认真、勤奋地工作，对当时全州农业的恢复和发展做了大量有益的贡献。

在 20 世纪 60 年代初，我国处于经济困难时期。1960 年春，香巴才仁到舟曲县博峪公社下乡，恰逢群众生活极端贫困，每个社员每天供应的原粮只有 4 两。香巴才仁虽患有慢性胃炎和风湿性脊椎炎，病体也十分虚弱，但他坚持和社员在食堂同吃一锅饭，从不搞特殊。在古地坝大队下乡时，有时饿得实在受不住了，他就和随同的博峪公社副书记何德明烧吃博峪人称作“猪肚子”的野草根。当野草根咽下肚后，他的胃里痛得很厉害，没办法，就背上枪去打只飞禽回来烧着吃。他还发明了把青㭎树叶或荞麦叶煮了掺入面粉吃的办法，在群众中推广开来。那时，公社干部们都和社员同患难共甘苦，但考虑到他是从州上来的干部，身体又不好，就千方百计地磨点炒面放在他的住房里，公社领导还吩咐炊事员给他单另做饭，但香巴才仁知道后婉言谢绝了。就连公社狩猎队打来的猎物分给他一份，他也坚持不肯收。何副书记见香巴才仁的身体太虚弱了，曾多次劝他吃点“照顾的”，他也严词拒绝。他说：“不能吃啊！老何同志，群众现在都很困难，有的地方还出现了饿死人的现象，我怎么能咽得下去呢？和群众在一起同甘共苦，就是死了我也心甘情愿！”听了他的话后，当时在场的人都深受感动，此后也就不再规劝他了。是年10月，香巴才仁第二次下乡来到博峪，公社副书记马维德想法弄了点酥油，让他拌着吃炒面，但他说什么也不肯收。当时，香巴才仁的身体已极度虚弱，还要带病坚持工作。有一天，他终因饥劳过度而病倒了，公社派通讯员用骡子把他送到县上，住院治疗。

1961年夏，中央工作组来到舟曲县，调查各社尤其是博峪群众生活极度困难的情况。州、县也向博峪派出了联合工作组，组长是舟曲县长禹涉川，副组长是香巴才仁。工作组一行4人，步行了3天后才到博峪。本来，香巴才仁的病体未愈，完全有理由不去，但他接到通知后二话没说，就赶赴舟曲县与工作组的同志一道出发了。当第三天他们在翻越海拔4000米的岔岗梁时，香巴才仁昏倒了，同行的同志们赶快拾柴烧火，用缸子化雪水给他喝。这样，经过长时间的抢救后，他才苏醒过来。由于香巴才仁在工作中坚持实事求是的原则，客观、公正地处理每一个干部的问题，因而在“整风”中保护了大量的干部，结束时只有极个别犯错误的干部受到了处分。

1963年，武都地区武都县陈家坝和舟曲县平垭公社五村的汉藏群众，因为烧柴、开荒等问题发生了严重的械斗纠纷，州委派香巴才仁连夜赶到当地协同武都地委书记黄恩民处理此事。香巴才仁在调处纠纷中，始终以维护民族团结的大局为重，在解决汉、藏群众之间的关系时，坚持不偏袒任何一方，处理问题既慎重又公正。他先到武都县的陈家坝庄住了一夜，认真听取了那里群众的意见和要求。第二天，他又到平垭山上开会，聆听藏族群众谈的情况和意见。然后在联席会议上，开诚布公地提出了自己的看法，会后他又多次在双方群众中进行说服教育及开导工作。虽然这次纠纷当时未能解决，后来省委常务副书记裴孟飞来了一次也没有解决，最后以裴孟飞请示省委书记汪锋同志后把舟曲县的平垭划给武都县而作罢。但在这次调解过程中，香巴才仁的诚实表现，却深深地留在了藏、汉群众和在场干部的心中，就连武都地委书记黄恩民也多次夸奖他。

1963 年 6 月，在中共甘肃省委和甘南州委的关怀下，经中共中央批准，香巴才仁长达 5 年的沉冤得到了平反，撤销了对他的原定性结论和一切处分。同年 11 月 21 日，香巴才仁又担任了中共甘南州委副书记。1964 年 11 月，他被选为甘南藏族自治州州长。1965 年 10 月 1 日西藏自治区召开成立大会，在中央代表团总团长谢富治的带领下，香巴才仁作为藏族代表，光荣地赴西藏祝贺。此后，他主持甘南州政府的工作，竭力为甘南地区的革命和建设事业贡献自己的毕生精力。

四

1966 年“文化大革命”开始后，甘南州的党政领导相继受到冲击，香巴才仁和州委副书记赵子康、副州长王如东以及被造反派从兰州揪回来的州委原副书记邢树义等同志被当做“走资本主义道路的当权派”相继揪斗。在 1967 年的“一月风暴”后，他们又被夺了权，关进了“牛棚”。长期的批斗和折磨，加上早先在工作中留下的种种疾病，香巴才仁渐渐面容憔悴，骨瘦如柴，时常彻夜不眠，病痛难耐。

1968 年 3 月 15 日（星期六）晚，在香巴才仁的女儿送饭离去一个多小时后，他去为难友们打井水。天寒地冻，井台结冰厚而光滑，加上他已是手无缚鸡之力了，浑身颤抖摇晃，拉水时不慎跌落井里。待上厕所回来的州委原副书记邢树义发现香巴才仁不在时，在院内四处寻找，不见踪影，只见井口旁边放着空桶，并未意识到他已掉落井中。回房后大家又等了一阵儿，还不见香巴才仁的人影，于是他们三人又四处寻找。到井台上用手电往井里一照，才发现香巴才仁已浸在井水里。就这样，这个甘南大地养育了44年的忠诚儿子，一位对党忠诚、为人民鞠躬尽瘁的高级干部，在那动乱的年代里蒙冤含屈，悄然长逝了。

五

香巴才仁一生艰苦朴素、严于律己、廉洁奉公、从不谋私。他经常对家里人讲述他在旧社会受的苦，在吃住方面尽量严格要求子女和家属。他将一件背心穿了十几年，补了8个补丁还不肯换新的。有人看见后开玩笑说："你的背心早就该进博物馆了！你只有一个孩子，工资又那么高，为什么不穿得好些？"香巴才仁神情严肃地说："咳！旧社会连麻布穿得起的人都很少，现在咱穿这个也就不错了，这能影响和教育好孩子。"在香巴才仁的严格教育下，至今他的女儿和女婿虽然都是干部，工资收入也不低，但他们的生活依然很俭朴。据他们说："这是在父亲的影响下，已成习惯了！"香巴才仁当州长后，州政府给他安排了专车，但除到外地开会、下乡外，在市郊附近他总是骑自行车去的。他坚持不让自己的家里人和亲友乘坐他的车，到兰州开会从来不许家属"搭顺车"。有一天下大雨，放学很久后他的女儿还没回来，司机得知后，就悄悄地开车把孩子接回了家。香巴才仁知道后，狠狠批评了女儿一顿。从此，家里人再也不敢乘坐他的车了。1965年，香巴才仁的妻子患病在兰州长期住院，借了别人很多钱。但他为了减轻国家的负担，宁肯自己苦点，也坚决不许家里人去报销应该报销的那一部分医药费。平时家里人吃药、打针，都是花自己的钱，从来不让报销。有一次，他女儿背着他偷偷报了很少一部分药费，他知道后立即批评了孩子，并告诫家里人下不为例。他对亲朋也同样严格要求。在60年代，他的一个亲戚曾向他表露出参加工作的愿望，希望他能给安排一个工作。当时，全州的职工总数不多，在他来说安插一两个人是不成问题的。但香巴才仁始终坚持原则，不开后门，并对那位亲戚好言相劝，始终没有安排工作。他有个晚辈因退赔贪污的公款，来信要求香巴才仁给他资助一些钱。他非但没给，还回信严厉地批评了一顿，说："你生活上有困难，我完全可以帮助，但现在你贪污公款后来要钱，这我不能给。希望你认真检查自己，如数退赔，好好地接受组织上的处理和教育。"香巴才仁一贯对自己和家里人严格要求，生活也很俭朴，但对有困难的乡亲们，却舍得花钱，毫不吝啬。他经常接济乡友中的困难户，一给就是五六十元，从来不要人家归还。

香巴才仁的相貌酷似严峻，初次见面的人还会以为他很"凶"，其实熟悉了以后，人们都感到他是个和蔼可亲、心地善良、敦实厚道的人，也是一个平易近人、密切联系群众的领导同志。60年代的有一天，香巴才仁在兰州开会，碰到一位从玛曲县来兰州给孩子看病的贫苦牧民。由于语言不通，牧民一时找不到医院，急得团团转。香巴才仁知道后，亲自给牧民联系医院，并用小车送到住院部。那位牧民看好孩子的病后，逢人便讲："不是在兰州遇到咱们州上的香巴才仁书记，我的孩子早就没命了！"此后，这个牧民还专程来合作看望香巴才仁，并带来羊肉和酥油，还叫孩子磕头谢恩，但香巴才仁既未收礼，也不让孩子磕头，感动得那位牧民热泪盈眶。每次州上召开党代会或人代会，认识香巴才仁的人都来看望他，和他畅叙旧情，有的还带来了当地的土特产品。香巴才仁对拿来的东西一概不收，还拿出自己的钱来招待他们。有些人看到他的办公室里铺着地毯，不敢进来，他就亲切地说："我们是自家人，不必脱鞋了，请进来吧！"许多次他还硬叫人们到他的办公室来谈话，连碌曲、玛曲来的牧民也同样对待。因而不论是一般干部，还是普通群众，都乐意接近他，和他谈心聊天。

1968年，香巴才仁渡过了他那短暂的44个春秋后，过早地谢世了。他的一生是平凡的一生，革命的一生，艰苦奋斗的一生，克己奉公的一生，忧国爱民的一生。他为甘南地区的革命和建设事业呕心沥血，无私奉献，艰苦奋斗，死而后已。他那艰苦朴素、任劳任怨、全心全意为人民服务的精神，永远铭刻在甘南各族人民的心中，将激励草原儿女艰苦奋斗，不断前进！

本文选自中共甘南州委党史资料征集办公室:《甘南党史资料》，第四辑，1993年1月。

风范常存

——高健君在夏河甘加社教纪事

杨格桑[①]

1962年底，甘肃省牧区社会主义教育运动（简称“社教”）试点工作在甘南州夏河县甘加乡进行，中共甘肃省委书记处书记高健君亲临甘加乡调查研究，指导社教试点工作。在先后一个多月里，我曾担任高健君同志的警卫员。岁月虽然流逝了30多年，但高健君同志平易近人，联系群众，刻苦学习，认真工作的崇高风范，一直铭刻在我的脑海里，久久不能忘怀。现将高健君同志在甘加社教试点时的二三事记述如下，以寄托我对这位老党员的深切怀念。

1963年元旦刚过，翌日，高健君同志就风尘仆仆地离开兰州来到了夏河县。元月3日，他带领两个秘书、一个司机和我一行5人赶到了甘加乡。当时正值数九寒天，朔风凛冽，冰天雪地，去甘加乡的简易公路坎坷不平，颠簸得十分厉害。乡政府驻地在甘加滩中央的西科行政村桥头边，房屋全是简陋的土木平房，高书记住在北面一排的东头第一间里，我和司机刘师傅住在紧挨的第二间里。第二天，他就打发两个秘书深入村里，与牧民同吃、同

① 杨格桑，甘南藏族自治州职称改革办公室干部。

住、同劳动，及时了解社情、民情和群众的疾苦。

在那些日子里，高书记每天都很早起床，一有闲时就找人谈话，召开座谈会，调查了解情况。并多次乘车到比较偏远的牧区仁爱等大队进行实地调查，掌握全乡社教试点的进展情况。一次，我们去仁爱最远的一个村，车子在离村一里多的山坡雪地里打滑上不去，他和车上坐的人一起下来，踩着积雪，奋力推车。以后，他又以身作则地同牧民实行“三同”。省委统战部部长蒙定军和其他同志一再劝他年纪不小了，天气又冷，别去住帐篷吃苦头。可他仍然以坚毅的革命精神，于元月下旬带着我和甘加乡乡长解广田同志，到思柔二队一个名叫卓玛草的贫苦牧民家中，食宿了7天，过了一周的草原冬季帐房生活。晚上，我们让高书记睡在地铺的中间，我睡在靠帐房门口的一边，解广田同志睡在里面，三人齐头并枕，就地而眠。虽然女主人在我们的地铺上垫了厚厚一层干羊粪和“巴日长”柴火，防潮保暖，但严冬的刺骨寒风，从帐篷底边吹进来，往往就把我们从睡梦里冻醒了。当时高书记已是年近花甲的人了，从兰州来到这寒冷的草原帐篷，吃这样大的苦，使我这个16岁的娃娃心里暗暗钦佩。在坚持“三同”的日子里，白天，高书记派我去给女主人放羊，拣牛粪，他和解乡长与牧民谈心，拉家常，交朋友，了解民情风俗。解广田同志是陕北人，讲得一口十分流利的藏话，担任高健君同志的翻译。30多岁的卓玛草，一家三代3口人，一个是她70多岁的母亲，一个是十二三岁的小女儿，祖祖辈辈是甘加滩里纯朴厚道的贫苦牧民。我们住进她家的7天里，母女三人让出唯一的帐篷，到夜晚时，她们或住守在羊圈里，或借宿别处。卓玛草听说来她家的是位省上的领导，倍觉荣幸和十分高兴，几乎天天给我们做好吃的，如手抓肉呀，醇香的酥油糌粑，还特别做了一次叫做“薰”的食品招待尊贵客人，高书记心里还很过意不去呢。晚上，我们和女主人一家及来串门的邻居一起围坐在火坑旁，谈天说地，聊到很晚才睡。在聊天中，高书记听到了前所未闻的许多新鲜事。卓玛草的母亲曾疑惑不解地问高书记说："城里人住的高楼，我没见过，听说是一层一层的，那怎样上去的？我老想是用绳子拴住脖子吊上去的吧！还有人说大夏河上修了个桥（指的是新中国成立后修建的完夏公路和平桥），见过的人说是用银子修的，是真的吗？……"高书记听到牧民们诸如此类表现出还很落后和无知的语言时，心中惊异不止，深感长期的封建割据社会和封闭状态的经济，给广大贫苦牧民带来的眼界不开阔、信息十分闭塞的痛苦是很深的。因此，他建议县、乡政府，在社教试点结束后，分期分批组织藏族贫苦牧民到内地参观。后来这个建议如期实现了。1963年夏天，甘加乡第一批牧民参观团30多人在乡长解广田的带领下，赴兰州等地参观，并到高健君家做客探望。

在实行"三同"时，高书记还和卓玛草一家拣、扫牛羊粪，老阿妈用劳动后的脏手端来的吃喝，他也不嫌脏，还觉得挺香呢。

在甘加乡社教试点的一个多月里，高健君同志除了工作，一有余暇就常常看书。他看的书是《黑格尔》。跟随他的两个秘书都是大学生，一位名叫郑德鑫，中等个子，戴着一副近视眼镜。另一位叫杨若愚，四川籍人。高书记对他俩要求很严格，他俩写的材料，高书记亲自动笔修改，有时还指点帮助他们重新调查，反复撰写，使二人进步很快。

我们在乡政府食宿时，用羊粪烧火取暖。晚上，我给高书记蒙上一炉羊粪火，过不多久就烧完了，又重新添上一炉羊粪，整夜怕火星溅出来引燃地上的羊粪，或炉烟冒出来呛了他。有一天晚上，我和刘师傅被烟熏呛醒了，坐起身来一看，满屋子粪烟弥漫，地上的羊粪燃着了，我们赶紧开门放烟，结果弄得大家重感冒了一场。高书记也十分爱清洁，讲究卫生。一次，我给他洗了件内衣晒干放好。第二天他又晒在外面，原来是衣服领子没有搓洗净，他自己又洗了二遍，对我也没说啥。

快到春节了，试点工作队全部撤到夏河师范学校（现在县骨肥厂的厂址），又进行了三天的整训总结。对牧区的社教工作，高书记作了许多重要指示。他特别强调共产党人要与群众同甘共苦，不搞特殊，不谋私利特权，牢记全心全意为人民服务的根本宗旨。使许多当时参加社教试点的同志深受教育，记忆犹新。

高健君同志是我省榆中县人，很早就从事地下革命工作，从1947年起，就担任中共陇渭工委书记，同年3月他介绍甘南农民起义的领导人之一肋巴佛加入了中国共产党，使其成为甘南藏区的第一个藏族共产党员。高健君同志中高个子，身材魁梧，脸庞清瘦，一双深邃的眼睛，说起话来，语气平和，声音洪亮，待人和蔼可亲。他在“文化大革命”中蒙冤含屈不幸罹难。我和高书记相处的日子虽然只有短暂的月余，但他作为一个党的高级干部，那慈祥、和善的面孔，平易近人、密切联系群众的作风，勤勤恳恳为党忘我工作的崇高风范，却永远铭刻在我的心中，激励着我们年轻一代为革命奉献毕生的精力。

本文选自中共甘南州委党史资料征集办公室：《甘南党史资料》，第四辑，1993年1月。

红色医生李贡传

龚国栋[①]

李贡，别名宁凯，又名国华，男，汉族，1929 年 10 月 14 日出生在兰州市邸家庄的一个小摊贩家中，自小读书求学。李贡家有七口人，父亲李治臣，原系兰州市茶叶公司营业员，已病故。李贡有两个妹妹和两个弟弟。李贡的爱人叫赵宗华，生有两个孩子，名叫李静、李雯，在兰州市从事医务工作。

李贡于 1954 年 7 月从兰州卫校毕业后参加工作，同年 12 月他主动向组织提出要求到最艰苦、最偏远的地区去工作，支援少数民族地区的建设。于是，他从繁华的兰州市，来到了甘南最偏僻的玛曲卫生所。1959 年 1 月，李贡加入了中国共产党，预备期一年。他到甘南后，历任玛曲县卫生所医生兼所长、玛曲县欧拉人民公社医生、洮江县卫生院副院长。他曾出席并被选为甘肃省先进生产者代表会议代表、全国先进生产者会议代表、中国人民政治协商会议甘肃省第二届委员会委员。1959 年 12 月，李贡在参加慰问野外工作人员代表团，赴刘家峡慰问时不幸逝世，时年 30 岁。

① 龚国栋，中共甘南州委党史研究室原编辑，已退休。

听党的话 到最艰苦的地方去

1955 年 3 月，祖国南方已是春暖花开的季节，而地处甘南高原西南部的玛曲草原，却仍然是冰天雪地，寒风凛冽，一片白茫茫。这时，刚满 25 岁的李贡，怀着为藏族人民服务一辈子的一颗赤诚之心，满腔热情地来到了这辽阔的玛曲草原。玛曲草原平均海拔在 3300 米以上，对一个长期生活在城市的青年来说，要适应这种特殊环境，那要付出多大的代价，经受住多少严峻的锻炼和考验啊！且不说高原上那恶劣的气候，令人生畏的高山反应，就连吃饭、睡觉、说话等，都会成为难以闯过的难关，甚至连下乡走路都会造成巨大的困难。如果是一个没有坚强信念或意志不坚定的人，肯定是兴致而去，拂袖而归。而李贡却以“一竿子插到底”的决心，发誓要在玛曲草原上生根开花。在离校前夕，他思想上就做好了准备，在交给组织的申请书上写着：“我是一个小资产阶级出身的青年，从来没有从事过劳动生产，劳动人民的思想意识和感情我却没有，并且有着各式各样的剥削阶级思想。今天，我坚决响应党的号召，愿到劳动战线上去锻炼改造自己，在劳动中把自己改造成为一个真正的无产阶级劳动人民，为祖国的社会主义、共产主义事业而奋斗到底！我志愿到甘南最偏僻的玛曲牧业生产合作社去……”这是多么崇高、远大的理想啊。常言说：“有志者事竟成。”李贡到草原后，首先摆在他面前的最大困难是骑马。因为他第一次到各帐圈巡回医疗时，由于不会骑马，这在广阔无垠的大草原上，简直是寸步难行。李贡为了很快下到帐圈去给藏族牧民治病，就下决心学骑马。然而，凡是草原上的骏马，就是给你选一匹最温顺的，也离不开那股桀骜难驯的野性子。当你一接进它，不是昂首狂啸，就是接连抛蹄子。但李贡毫不畏惧，也不屈服。他为了早日给牧民看病，苦练乘马本领，有多少次从马背上摔下来，脸擦破了，胳膊和腿摔伤了，但他毫不气馁，日夜苦练，在民族干部的帮助下，终于成为一名能驰骋草原的骑手，深入帐圈牧场，去给广大牧民巡回治病了。

1955年的夏天，是个阴雨连绵的季节。草原上烟雨渺茫，天水一色，到处是沼泽、烂泥滩，行路很难，每走一步都有陷下去的危险。从玛曲县到乔科部落，有120多里，骑马走需要十几个小时。李贡骑着一匹驮了许多药品和器械的马，从玛曲县出发了。开始时倒很顺利，马也很规矩。可是，到了沼泽水草地时，乘骑的野性就爆发了，它又踢又跳，把李贡这个生疏的骑手几次摔了下来。他再也驾驭不住了。但是，李贡为了尽快到达目的地，给患病的藏族人民解除病苦，他没有在困难面前退缩，而是干脆脱掉鞋袜，挽起裤腿，牵着那马，大踏步地在泥泞水滩里跋涉前进，到天黑时，终于到达了乔科草原的帐圈。从此，李贡不管有多么远的部落，也不管是白天黑夜，只要他听到那里有病人，就带上药箱，骑马就走，风里来雨里去，从不叫一声苦。时间一长，他的骑马技术熟练了。紧接着，吃酥油糌粑和语言这一难关对李贡来说，也并不是那么轻易闯过的。特别是这里牧民吃的是半生半熟的牛羊肉和青稞炒面，刚开始时，李贡很不习惯，但他想到二十年前红军过草地时，吃草根、啃皮带的情景，感到自己眼前的条件比革命前辈的好多了。于是，他便咬紧牙关，入乡随俗，群众给什么，他就吃什么。日子一长，慢慢地就习惯了。李贡想到每天要接待那么多藏族群众，光靠翻译是不行的，自己不懂藏话，就很难与藏族群众交流感情，也对治疗和深入宣传党的民族政策极为不便。由此他下决心学习藏话。为了尽快掌握民族语言，他动脑筋想了一个窍门，就是用拼音字母写藏语的发音，来背记单词，并向周围懂藏、汉两种语言的同志学习、请教。这样，他掌握了一些基本的生活和工作日常用语，离开翻译他也能直接和藏族群众对话了。李贡学会了藏语后，不仅解决了工作中的困难，而且还从藏族群众中了解到很多社情和民情，协助工作组解决了不少问题，为开辟偏远地区的民族工作，做出了有益的贡献。

扎根草原 把赤心献给藏族人民

1955 年的一天，李贡看到一个十六七岁的女孩，在寒冷的草原上踟蹰逗留，冻得直打哆嗦。经过询问，才知道她是患了病被牧主赶出来的奴隶。当李贡看到姑娘瘦弱的身躯，只穿着一件千孔百洞的破皮袄，苍白的脸上露出饥寒的肤色时，他流下了眼泪。心想："新中国解放五六年了，藏族人民中还有一些牧民过着如此饥寒交迫的日子，自己是党培养起来的医生，有责任解救藏族人民出苦海。"于是，他给姑娘看好了病，并将那位姑娘交给了政府培养。打这件事后，李贡打消了一切回城的动摇念头，决心扎下根来，与藏族牧民一起改变草原贫穷落后的面貌。从此，李贡坚持和藏族群众生活在一起，不分白天黑夜地去到各个帐圈为藏族牧民治病，与藏族人民逐渐建立了深厚的阶级感情。有一天，藏族妇女卓玛吉的一岁多的女儿患了肺炎，病情很严重。李贡就日夜守候在病孩身边，每四小时为她检查一次，打针服药，整整三天两夜没睡觉。由于疲乏过度，他昏倒了。李贡醒来时，卓玛吉哭着说："共产党的医生这么好，看病不要牛羊，不要马，连茶也不喝一口。真是共产党派来的好曼巴！"在和藏族人民接触的过程中，李贡深深感到肩上的责任是很重的。自己不仅是个医务工作者，而且是党的民族政策的宣传者和执行者，自己的一言一行都是和党的利益联系在一起的。因此，他反复阅读了毛主席的《为人民服务》等著作，决心立足草原，为藏族人民的健康看一辈子病。

1955 年秋天，一位患了十几年病的藏族老人请求李贡给他治病。据老人讲，他曾求过佛，也拜过医，但治了好几年，病情仍不见好转。李贡把老人留在了卫生所，检查他的病状，研究病历，进行精心治疗。在经过一段时间的积极治疗后，那位老人的病逐渐好转。这样，更增强了李贡的信心。他日夜守护病人，给老人打针、吃药。不久，这位患了十几年病的老人，终于痊愈了。由此，老人的全家都很感激李贡。而李贡却对老人说："我是共产党和毛主席派来的医生，你们应该感激共产党和毛主席！"

精益求精　把壮志奉献给草原的昌盛

李贡除了认真给藏族群众看病和宣传执行党的民族政策外，还对业务学习毫不放松。他不管工作多忙，每天都要坚持刻苦钻研业务书籍。他常对周围的同志说："我们在草原上工作，设备差，医药奇缺，又没高级大夫请教和指导，书本就是我们唯一的老师，我们要挤时间，多看些医学书籍，掌握别人治病的临床经验，在实践中摸索，不断提高自己的业务技术水平。"李贡除了学习和继承祖国的医学遗产外，还注意吸收国外的先进医疗经验和技术。他订了许多医学杂志，如饥似渴地学习治疗常见病和多发病的经验。他不讲究吃穿，把省吃俭用下来的钱全都买了医学书。他的全部财产就是几箱子书。

在50年代里，玛曲草原交通极度闭塞，治疗条件也差，卫生所里经常出现缺药品的现象。为了克服医疗工作中的困难，减少病人的痛苦，李贡积极钻研了一些土法治疗技术。他在卫校时没有学过针灸，但因工作需要就买了一些针灸疗法书，刻苦钻研，先在自己身上扎针试验。他有意吃生牛羊肉喝凉水，使自己闹肚子疼，然后按书上写的找出治肚子疼的穴位扎针，直扎到肚子不疼为止。经过多少次反复试验，李贡很快掌握了针灸疗法，能治好多种常见病，解决了部分药品不足的困难。同时，他还摸索了一些用单方、土法治病的办法，如用白胡椒面治疗小儿腹泻，用中草药治胃病和呕吐、咳嗽等病，效果很好。一天，藏族妇女依考的一个两岁多的女孩发高烧，已不省人事。母亲急得哭了两天两夜，李贡听到消息后，不顾自己患伤寒病刚好，身体还非常虚弱，便立即背上药箱去为依考女儿治病，连续在病孩的床前守护治疗了三天两夜，终于挽救了一个垂危的生命。依考激动得竖起大拇指，泪流满面地说不出一句话来。

舍己为人 把皮肤移植给藏族妇女

1955 年冬天的某日下午，尕日科部落的草原发生了火灾，由于风势很大，烈火很快扑向女牧民曹加的羊群。牛羊是草原上牧民的命根子，为抢救羊群，曹加的右胳膊被火烧伤了。曹加夫妇俩便赶着牛，驮着帐篷，走了两天一夜来到县卫生院就医。李贡接收了曹加后，暗下决心要把她的胳膊治好。但因为伤口烂得非常厉害，当时又缺乏有效的药品，医治了半个月也未见好。一天早晨，李贡起床后发现曹加夫妇的帐篷不见了，他心里难受极了，觉得自己没有完成党交给的任务。

过了一些日子，李贡到欧拉部落去工作，就主动找到曹加继续为她治疗胳膊。可是，治了一段时间，还是没治好。曹加很灰心，对别人说：“共产党的医生技术不好，我的伤治了很长时间都没治好。我要找藏医去看病。”李贡听了心中像刀割一样的难受。他想，藏族群众把自己的工作和党联系在一起，为了党的威信，无论如何也要把她的病治好。李贡就去对曹加说：“内地有我的老师和许多好医生，我介绍你到兰州去治疗。”曹加拒绝了，她的丈夫更是坚决反对。这天李贡吃不下饭，睡不着觉，总是焦急地思考着为曹加治病的问题。他责备自己没本事，辜负了党的期望。想到一连几个月却没有解除这位藏族妇女的病痛时，禁不住哭了。这时工作组领导的话在李贡的耳边回响起来。他经常拿抗美援朝中黄继光烈士的英雄事迹教育李贡，要他不要在困难面前气馁。

可是自己不是在困难面前动摇了吗？李贡想来想去，还是决定要给曹加把伤治好。一连几天，他看了很多资料书，作了各种设想，最后决定给曹加施行本体植皮手术。这天，李贡对曹加说：“把你腿上的皮割一块贴到右胳膊伤口上，你看行吗？”不料，曹加听后蓦地站了起来，激愤地说：“你把我的手臂没治好，又要把我的腿整坏。算了！再不要给我治了！”李贡一听，心中像爆发了一枚炸弹一样，猛吃一惊。天哪！自己给曹加看病的这种情形，如果让坏人听到了，准会乘机造谣说：“共产党的医生不把病人往好治，还要把病人往残废里害呢。”这是多么恶劣的影响和后果啊！最后，李贡考虑再三，为了党的利益，为了曹加的健康，他决定进行异体植皮手术。李贡把自己的决定告诉了曹加，要她第二天早晨来植皮，可是，这天晚上他有点害怕起来。他想，自己怎样动手剪下自己的皮呢？自己又从来没有做过这种手术呀！凭自己一个中专生的水平，手术能做好吗？异体皮植上能活吗？手术失败了怎么办？这一连串的问号在他的头脑里不停地打转。但李贡一想到党，想到自己是一名党培养的医生，马上觉得浑身有了无穷的力量和勇气。他一骨碌爬起身来，天蒙蒙亮就把手术用具消完了毒，做好了一切准备工作。

翌日清晨，曹加如约来了。一进帐篷，李贡给她做了一番安慰工作后，便让曹加躺在手术台上，用一块纱布蒙住了她的脸。李贡动手从自己的腿上剪皮，剪刀一下去，血就涌出来，接着是一阵撕心的疼痛。他咬紧牙关，一鼓气剪下了四块皮。顿时，病房里静极了。曹加只听到轻微的剪刀和镊子声响，忍不住偷偷撩起纱布一看，顿时惊呆了！她看到李贡要把皮往自己的伤口上贴时，不禁失声痛哭地说：“李曼巴，你……”李贡急忙按住她说：“你不要看。放心，我没有什么！”曹加激动地流着泪说：“李曼巴，我从来没见过你这样好的医生，连自己身上的肉都能割给我们藏民。共产党、毛主席真是我的大恩人！……”当即，曹加便昏迷过去，等她苏醒时，李贡已经给她包扎好了伤口。此后，曹加的伤口经过新皮刺激后逐渐长好了，而在李贡的腿上却留下了四块凝结着阶级情谊的疤痕。曹加和丈夫万分感激，逢人就说："共产党派来的曼巴就是好！能把自己的肉都舍得给我们藏民，这是草原上从来没有过的事。我们要把李曼巴的恩情传遍草原上的每家帐篷！"

救死扶伤 把鲜血输给草原牧民

1955年夏天，欧拉草原爆发斑疹伤寒，十几个藏族群众昏迷不醒。偏僻而又辽阔的牧区，一时运不来特效药品。李贡和全体医务人员对患病群众进行了周密地护理和细致地治疗，不幸他也传染上了伤寒。病情好转后，当李贡得知恢复期血清注射也能挽救危急病人的生命，他不顾自己愈后虚弱的身体，毫不犹豫地说："我得过伤寒病，我的血液中有保护抗体，就抽我的血吧！"李贡让助手藏族姑娘柴考抽了他的血，输给了病人，挽救了生命垂危的藏族群众。牧民们激动地说："没有共产党，没有李曼巴，就没有我们的生命了。共产党派来的曼巴确实好！"

1959年春天，洮江县欧拉地区发生了流行性感冒，有几个藏族干部和群众病情很严重，有的病人已引起合并肺炎，如不及时救治就会有生命危险。当时，欧拉卫生所抗生素药品一点也没有了，卫生所的同志们都急得束手无策。李贡依据科学道理，知道与病人长久接触而未染病的人，其血里有抗生素，这种血液可以挽救病人。他对卫生所的其他四名同志说："我们要用鲜血把藏族群众的疾病看好，就抽我的血！"在他的带动下，卫生所的同志们深受感动，纷纷献血，终于挽救了全部病人的生命，谱写了又一曲民族团结友爱的赞歌。

英名垂青史　光辉照草原

李贡逝世后，中共甘肃省委对李贡医生服务草原人民的精神和事迹予以肯定和高度评价：

五年来，李贡同志忘我的工作，直到他生命的最后一刻，他为藏族人民的幸福和健康献出了年轻的一生。

李贡同志是全省社会主义建设战线上的一面红旗，是一个光荣的共产主义战士。他是党的优秀党员，是甘肃人民的忠实儿子。李贡同志的生前事迹，已经完全具备了一个共产党员的条件。因此，省委决定，追认李贡同志为中国共产党正式党员。

全体党员、全体团员和广大青年，认真学习李贡同志的共产主义精神，树立无产阶级世界观，坚决清除资本主义思想，鼓足干劲，力争上游，全心全意地为社会主义建设事业服务。

李贡同志来甘南短暂的五年里，怀着一颗全心全意为藏族人民服务的赤心，跑遍了玛曲草原一万多平方公里的土地，驱走了无数藏族群众身上的病魔。他为了千万牧民的身心健康，不惜用自己的鲜血和肌肤，拯救了生命垂危的阶级兄弟。他正处在风华正茂时期，他的名字和光辉事迹，永远在草原上传诵。中央和省委许多领导同志题词赞扬其精神，在 1960 年 7 月《红旗手杂志》编辑的“红色医生李贡文艺专号”发表了谢觉哉同志的诗歌《年轻的共产主义红色医生》：

共产党、毛主席派来的医生！
甘南的藏胞对李贡同志这样称呼。
这称呼包含着无限的信任，
这称呼表示出最大的光荣。
无限的信任不能轻易得到，
最大的光荣不是唾手可得。
历史上的反动统治留给藏民对汉民的怀疑和隔阂，
年轻的医生医治了人的疾病还医治了人的心灵。
这不是神话，而是事实，
医生用自己的双手割下自己的皮肤，
抽出自己的鲜血，
用皮肤和鲜血治愈了垂危的藏胞的疾病，
用皮肤和鲜血擦掉了那不幸的民族隔阂的遗恨。
不是毫不利己思想的人不能做到，
不是对党和人民有深厚爱的人不能做成，
李贡同志不愧为“共产党、毛主席派来的医生”，
英雄的光辉照耀得草地无处不明。

本文选自中共甘南州委党史资料征集办公室：《甘南党史资料》，第二辑，1989年9月。

回忆我与杨应忠的相识和交往

黄正清[①]

我同杨应忠同志相识和交往已有40年的历史。记得在1955年冬天，省上组织了甘肃省少数民族赴内地参观团，由当时的民委主任陈那松巴图任团长，杨应忠同志任秘书长。参观团临离兰州前，我代表省人民政府去看望并讲话时认识他的。他是中共天祝县委常委、组织部长，当时很年轻。1957年我们到河西视察，到了张掖参观商场时，由专署办公室主任权自清和应忠同志陪同。当时他是地委统战部副部长兼民委副主任。到了60年代中期，省委统战部组织了一次报告会，由他做赴河南兰考学习焦裕禄同志事迹的报告，内容生动感人，所以我对应忠同志的印象更深了。应忠同志出生在卓尼德吾道村，就是历史名人八世达赖经师——甘丹赤巴、摄政王策墨林一世——阿旺慈诚的出生地。他们是一个家族，是策墨林一世的后裔。

杨应忠同志是他家族中第一个接受国民教育的人。早年就读于国立临洮师范学校，1949年家乡一解放就参加了工作。后到革大兰州分校第一期学习，是甘南藏族中为数不多的通过在革大的

① 黄正清，中华人民共和国成立后，历任甘肃省人民政府委员、甘肃省农业厅副厅长、西北军政委员会委员、甘肃省畜牧部副部长、甘肃省民族事务委员会副主任、甘肃省人民政府副主席、甘肃省副省长、甘南藏族自治州州长。

学习走向革命生涯的青年之一。

他自50年代初到60年代初的10余年中，在河西一带的区、县、地区的党政部门从事政法、纪检、组织、统战、民族等工作。60年代初调甘南州委工作。曾在夏河、碌曲县和甘南州参与党政领导工作。

他忠于党的事业，热心服务，不屈服于困难和复杂情况。70年代初，在“文化大革命”形成的派性还很严重的情况下，带领工作组到卓尼、玛曲等县抓落实政策，消除派性，促使安定团结的工作取得很好效果。还在党的十一届三中全会前夕，带领工作组到迭部落实政策，对“文化大革命”造成的100余人的冤假错案和1958年平叛中的某些遗留问题进行了清查和妥善处理，从而有力地推动了甘南州的政策落实。同时，对这个县的林业问题经过调查，多次向省上汇报反映，引起了省上重视，给该县划拨了四个林场，归县上管理经营。自此，该县的财政收入逐年有了增长。杨应忠在工作中有魄力，思维敏捷，能顺应改革潮流。80年代初，面对农村牧区大锅饭的弊端，在上级无正式文件的情况下，将一些领导同志对于改变生产责任制的研究探讨性的谈话，作了认真的记录整理，印发到全州各乡。从而促使基层同志解放思想，使不少地方较早地推行了生产责任制，调动了农牧民群众的积极性。

杨应忠同志重视州内外的安定团结。在70年代发生了一起草山纠纷案，即夏河科才个别群众杀害青海省河南蒙古族自治县一名基层干部的惨案。为防止事态恶化，根据甘肃省委的指示，他组织州县人马，带上宣传队、慰问信、慰问品到青海省黄南藏族自治州河南蒙古族自治县深入帐篷进行慰问和自我批评，连同以往在草山纠纷中死伤的群众家属一户一户地登门慰问，受到受害群众和他们所在地群众的夹道欢迎，当做贵宾热情接待，解除了积冤，化干戈为玉帛。他们的这一举动赢得了青海省委、省政府、黄南藏族自治州党政的好评，青海省委书记谭启龙同志亲切接见，并对慰问活动给予了高度赞誉，说：“甘南的做法树立了一个良好范例，将会促进边境社会稳定团结，改善睦邻友好关系，青海方面也要这样做。”此外，还有甘肃甘南州玛曲县齐哈玛地区和四川阿坝州求吉玛地区的草山纠纷，多年来的恶性循环，死伤不少人，对两省影响很大。杨应忠同志亲自去四川阿坝州委访州委书记杨岭道尔吉同志，两人商定第二年在兰州进行谈判。对此事，甘肃省委、省政府很重视，同意由甘肃和四川两省派代表在兰州进行谈判，并确定甘肃由我（当时任副省长）负责进行谈判。四川方面确定当时刚由州委书记提任为副省长的杨岭道尔吉带队，两省于70年代末在兰州谈判。这次谈判虽未解决实质性问题，但相互交谈了看法，交换了意见，对以后的谈判创造了良好条件。当时双方一些同志中有人觉得未达成协议有情绪，而杨应忠同志正在省上开会，但他并不因未达成协议而泄气，却极力调整双方的感情和情绪，减少对立情绪，将双方的代表请到兰州饭店一块座谈联欢，使大家一下轻松起来，高兴地尽情娱乐。杨岭道尔吉高兴地边歌边舞，我也以多年来从未有过的好心情唱了几曲藏族传统歌曲。写到这，我还要再提一件事。甘南境内的扎尕梁草山纠纷延续了四百余年，打了无数次冤架，在“文化大革命”中曾将当时的州县领导当作所谓的“走资派”拉到草山纠纷现场，用大批判方法办学习班也未解决问题。而杨应忠同志却采用了相反的方法，把两县的群众、干部代表集中到州上，将当时在兰州的省政协常委贡唐仓、省人大常委会副主任杨复兴请到州府所在地合作帮助解决，同代表面对面进行协商。经过几个月的深入现场调查、座谈、讨论等细致工作，终于达成了协议，解决了历史遗留下来的老大难问题，直到现在没出现什么大问题。

杨应忠同志关心群众疾苦。舟曲弓子石乡群众为燃料要翻山到几十里的大山背后采集，多年来为此摔死了不少群众，情节令人痛心。他为了解决这个问题，多次上弓子石山，还领着乡干部寻找开挖试烧煤矸石。一次，根据群众提供曾有人在水磨烧煤矸石的信息，他领着乡干部去采挖。当挖到煤干石并用它烧开了一壶水时，他激动地说："这是弓子石的宝。"后来经请技术员探测、地质部门鉴定，认为藏量太低，开采无价值。不得已又远到白龙江东南面的金钱沟去寻找煤炭，他曾多次同当时的县领导一起徒步进入金钱沟。后来，终于建起了可供县机关和群众用的煤矿，修通了道路，使弓子石的燃料问题得以缓解。玛曲县的群强乡是甘南州最西南端的边远乡，牧民口粮要翻山越岭到来回走五六天路程的阿万仓乡去买。为了修通到群强乡的公路，他一直住宿在工地。玛曲黄河大桥是黄河九曲第一曲的第一座大桥，在修建大桥时，他经常去工地慰问。临近竣工时，同技术人员在县上座谈，并即席欢歌以示祝贺。在工程竣工典礼时，州委、州政府送的锦旗上书的"一桥飞架南北，天堑变通途，工人辛勤建造，牧民从此得福"词就是杨应忠提出而写的。

杨应忠善于广交朋友，对我们这些党外同志非常尊重。不论他在甘南工作，还是在省上工作，经常来看望我。其间，他的言谈爽直真切，使人感到轻松愉快。在我 80 岁生日那年，到夏河去过藏历年，杨应忠同志同州上几个领导专门到夏河给我拜年，之后，又请我和夫人策仁娜姆一起到州委做客，祝贺我 80 岁生日，使我深深感到了在家乡的温暖。

杨应忠同志数十年来，其中相当长的时间在党委部门工作。在区委、县委、州委从事领导工作，在县委、地委、省委部门担任领导工作。人称他当过共产党的三级部长、三级书记，确实如此。在长期的党政部门工作中培养了他忠于事业的好品性，善于开展批评与自我批评，在其担任主要领导的班子中他善做团结工作，政策水准较高，特别在民族、宗教、统战以及少数民族牧区方面有自己的经验和见解。所以有人建议他将数十年来，特别是他任州委书记、省民委主任期间有关民族、宗教、统战工作的调查、报告、论文、言谈等汇编成书，我觉得这是一件很好的事，因此，我愿为他出书说这样一些话。我们藏族自古以来就有写人物传记的传统习惯。在拉卜楞寺的藏书馆中就藏有上百部的传记，成了珍贵的资料。应忠同志是党培养起来的一名优秀干部，是四十多年来唯一的一名甘南人中担任州委书记和省民委主任的干部。他出这样一本书，虽说不是传记，但也不失传记的性质。此书的出版有着一定的现实意义和历史意义。

1995年12月16日

本文选自《杨应忠文集》，青海人民出版社，2004。本文原为该文集的序言，收录时编者另加了标题。

记忆中的金巴同志

郝洪涛[①]

金巴同志去世已经15年了。我一直怀念他。

金巴同志是藏族，夏河县美武乡人。1937年10月出生于一个贫苦牧民家庭。自幼入寺当和尚。甘南解放后，毅然还俗。1953年参加工作。1954年8月加入中国共产党。历任夏河县团委干事、碌曲县团委书记、碌曲县委副书记、副县长、代理县长、县委书记。"文化大革命"中受到冲击。1970年任玛曲县革委会副主任。1973年任州委副书记、州革委会副主任。1979年任州委副书记、州革委会主任、州人民政府州长。1985年任州政协主席。1993年2月27日在合作因病逝世，享年56岁。

我们在甘南一起工作，合作非常愉快。

他是一个组织观念很强的人

我到甘南上任后，他是第一个主动向我汇报工作的人。论资格、论年龄、论甘南的特殊性，他这样做，实属不易。表面上看是一种姿态，实际上是一种觉悟、一种境界。1990年9月5日下午，我正式上班的第二天，他来我办公室汇报工作。汇报的主要

① 郝洪涛，甘肃省高级人民法院原院长。

内容是：州政协的基本情况（主席、常委、委员、职工、离退休干部、5 个委员会）；当前工作（寺院普法学习，活佛帮助办学、帮助搞计划免疫，上层人士出面帮助解决森林、草山纠纷）；第三季度常委会安排等。他汇报非常认真，整整说了一个下午。只是让我了解情况，没有喊任何困难，没有出任何难题。这使我一个初来乍到的汉族干部倍感温暖，深受感动。

他是一个工作能力很强的人

1990 年 12 月 13 日，他在州委常委会上汇报政协工作时，提出两条建议：一是聘请宗教界人士担任学校的名誉校长，并充分发挥其作用；二是继续在宗教点深入开展普法教育。与会同志一致赞成。

12 月 15 日至 21 日，我和他带领工作组，赴四川省阿坝州考察。一路上吃、住、行，座谈问题的提出，座谈的方式，参观点的选择，对阿坝经验的归纳，受到的启示，考察报告如何写，会见中的礼仪等，他全程负责，积极、主动地出主意、做安排。所有场面，一定要让我走在前面，他显得不缺位，也不越位，又很到位。他思维敏捷，处事果断，善于归纳，条理性强，给我留下了深刻的印象。

1991 年 6 月 13 日，他向我提出建议：州政府召开有草山纠纷的乡镇及有关部门会议，作一次性安排。这个建议非常之好，也非常及时，出发点在于争取主动，防患于未然。我采纳了建议，效果不错。当时我就想，这些同志是当地的脊梁，工作必须依靠他们。

1991 年 12 月 26 日，他向州委常委会汇报工作。一是举办了政协委员培训班。二是普法宣传，已有 52 个宗教点 580 人参加学习。三是视察调研，有扶贫、草场承包、医疗保健、科普、教育等专题。四是推行了委员联系卡制度。同时，他寻找了工作中的一些差距，并对来年工作提出了安排意见。他的汇报，实事求是，无可挑剔，也对我们安排全州工作有所启发。他的工作富有主动性，创造性。

大约是 1992 年夏天，他还向我写了一个关于甘南发展旅游业的建议，我当即作出了批示。可惜我手头现在没有这个材料，记不清具体内容了。

他是一个耿直廉洁、不计较个人得失的人

一次州委常委会上，该讨论他的议题时，他迟到了。我当时不客气地提出批评，他马上辩解道："不是我迟到了，是秘书处通知我现在来，我总不能提前到会吧！"事后我向他道歉，他只说："没啥。"

一次，我们四大班子主要领导去土门关接客人，他郑重地向我建议：以后再不能这样搞，浪费汽油、浪费时间！

土门关我跑了多少次，听到的批评只有这一次。

1992 年 8 月 8 日，他向州委、州政府写信，反映合作市容脏、乱、差，措辞比较激烈，但所提建议还是可行的。

他在甘南工作几十年，从来没有不廉洁的反映！

他子女多，当地亲属也多，从来没有给我提出安置、调动、提拔之类的事情。

他从州长的职位到政协当主席，当时只有 47 岁，埋头工作，勤勤恳恳，从无一句怨言。

他在病危弥留之际，还托付工作人员代交党费，嘱咐家属丧事从简，不开追悼会，不举行遗体告别仪式。

这就是我记忆中的金巴同志。

2008 年 3 月 19 日于兰州

本文选自郝洪涛：《甘南纪事》，甘肃人民出版社，2009。

贡卜扎西：心灵深处的律动

王志娴[①]　苏文俊[②]

1938年，贡卜扎西出生在大夏河畔的拉卜楞镇。大夏河是藏族文化的发祥地之一，作为一名普通藏族牧民的儿子，他用全部的身心热爱着这片厚土，而这里博大精深、无比宽厚的藏族文化滋润并养育了他，成为他艺术生涯中取之不尽、用之不竭的创作源泉。贡卜扎西从事多年党政管理工作，有很多的机会深入基层，体验生活，跑遍了甘南的山山水水。他深爱着这片土地，他第一个发现了酷似杭州九溪十八涧的碌曲拉仁关热吾十八弯；他第一个发现了可与全国著名风景区九寨沟相媲美的碌曲则岔石林；1992年，又是他在玛曲县欧拉秀玛发现了黄河S形弯曲部的庞大土林群以及夏河县达麦乡的熊猫沟景点。为了让更多的人知道并充分了解甘南，他通过文学创作、摄影等多种形式来宣传本州的旅游资源。为了能亲自弄到这些风景区的详细资料，他常常不辞辛劳数十趟到当时还很偏远、交通不便、人烟稀少的深山区。十年来，仅碌曲县则岔石林，他就先后去了三十余次，为此付出了常人难以想象的艰辛和代价，赢得了人民群众的赞誉。

摄影和文学成了他生命的重要组成部分，“让世界了解甘南，

---

① 王志娴，《甘南日报》社汉文编辑部编报室主任。

② 苏文俊，甘南藏族自治州人大常委会法制工作委员会主任。

让甘南走向世界”，他用强烈的责任感和使命感实践着这一信条。1991 年 6 月的上海，梅雨阴晦，酷暑难耐，贡卜扎西那充满酥油、糌粑和鲜花芳香的“贡卜扎西甘南草原藏族风情摄影展”，却给喧嚣的大都市送去了阵阵属于草原的凉爽之风。蓝天、草地还有像云朵一般飘浮的羊群，马背上唱不尽的牧歌以及这个古老民族历史长河中流淌着的格萨尔王神秘的传说等，这一切都成为繁华都市里一道奇丽的风景线。甘南这片美丽、富饶的土地第一次揭开了神秘的面纱，立即引起了社会各界广泛的关注。1993 年 11 月，同样的展出在广州也引起轰动，一时间，在东南沿海地区掀起了甘南草原旅游热。随后，内地及香港等地区也先后发行了大量介绍甘南的文章和图片。由贡卜扎西配图配文介绍甘南情况的文章也发行到法国等 44 个国家。几年来，来甘南旅游及洽谈项目的人也不断增加，仅 1992 年一年，全州接待国内外游客就达 10 万人。“让旅游资源作为甘南支柱产业之一，广交朋友，让这块美丽、富饶的土地像磁铁一般吸引四面八方的人才来到她的身边。甘南经济、文化的腾飞指日可待。”这就是这位少数民族诗人、作家、摄影家饱含期待的一腔深情。

“在通过工作实践，参与和从事高原建设的同时，用多种艺术形式来讴歌和弘扬自己的民族文化，以此来报答母亲的养育之恩。”贡卜扎西这样解释自己的初衷。就是凭着这样一种质朴的信念，他用理性的目光审视着这方充满神奇的土地，用整个生命去体会和感受弥漫宗教色彩的雪域文化。他对藏民族生存空间有着深刻而清醒的认识，这一切都集中体现在他的层出不穷的摄影和文学作品中。高原生活给予了他特有的文化底蕴，他不愿让生命的空间呈现半点荒芜，他着力捕捉浓烈的雪域特色，用独特的艺术风格展示自然风光、民俗民情。他的作品带给人的是喧闹尘世中无法领略到的意境，展现的是从狂躁的梦幻当中跌跌撞撞走出来时人人心中都曾向往的那方神圣净土，它让人们的心安静下来。

透过他的摄影、文学作品，可以看到博大精深的藏族文化，可以感受到甘南这方充满神奇色彩的土地正向世人招手。

几十年来，从政之余，他在省内外各种报纸杂志上发表了大量文学作品，许多力作获得社会广泛褒扬，并多次获得国家及省级奖项。其中，《绿色的旋律》已选入青海人民出版社出版的《藏族当代文学丛书》剧本专集；话剧《苏鲁花开了》，易名《白雨》（与人合作），荣获1983—1984年甘肃省戏剧创作一等奖和第一届全国少数民族题材剧本金奖，1986年4月荣获甘肃省委、省政府颁发的优秀作品证书；小说《竞胜者的马蹄声》荣获甘肃省第二届少数民族文学创作（1982—1985）一等奖；组诗《星，祖国会唱歌的星》荣获甘肃省第三届文学评奖优秀作品奖，并收入电视文献纪录片《周恩来》第七集《上九天揽月》之中；电视连续剧《苏鲁梅朵》（与人合作）由甘省电视台录制，在全国播映后作为交流节目送往法国巴黎播映，1993年在第二届全国当代少数民族文学研究奖评奖中荣获园丁奖；《贡卜扎西诗集》也于1997年10月由民族出版社出版发行。

在文学作品中，他体现着生命的本质和原本就不朽的东西，挥洒着对生活的觉悟，用一双摄影家的眼睛捕捉着世间的美，用一颗诗人的心灵深刻领会着人世间的每一丝痛苦、每一种忧患，把自己的种种阅历定位于思潮的坐标。在这里我们清晰地看到历史这条长河怎样缓缓流过，生活的浪花翻滚出怎样的声响，而他深藏在文字里的灵魂又是怎样地澎湃出时代的最强音。

感受巍峨的雪山、秀丽的草原和悠扬的牧歌，是他摄影作品的主旋律，他不被社会表象所迷惑，而是通过摄影创作直观地反映甘南藏区的社会生活。他先后在《中国民航》《北京周刊》《旅游天地》《大众摄影》《摄影家》《藏家女》《夏河县志》《玛曲县志》等书刊发表了大量摄影作品。1992年，他出版了《贡卜扎西摄影集》。同年9月，被英国剑桥国际人物传记中心评为1991年至

1992年度国际名人，并获20世纪成就奖。1993年11月在中国首届艺术博览会上举办了个人影展；摄影作品《凭窗远眺》在1994年8月入选全国17届摄影作品艺术展；《虎豹青年》于同年入选首届中华民族民俗摄影大展；《朝圣的路》入选“讴歌历史，赞美时代”——第二届中国老摄影家作品展览；《不多的净土》获1999年昆明世博会人与自然摄影大赛反转片组入围奖。著名画家方增先先生称赞他的摄影作品是“草原上的一支歌、一首诗”。从他的影作中，可以看出严酷寒冷的地域环境与豁达乐观的高原人生相衬映，展现出雪域民族追求真善美的坚实足迹。他始终将镜头面向大自然，面向社会的最底层，把握社会的律动，与之一起共振。他的摄影作品突破了时空局限，以独到的构思和锐利的目光，利用光与影和瞬间组合，艺术地展示自己的民族与古老的文化，他的风景已不仅仅是一种单人的视觉，而是能引申出一种复合性感情，它并不孤立，它与历史与生活有着千丝万缕的联结，我们看到的是负载在这个古老民族脊梁上的苦与乐、爱与恨，和他对生他养他的这方热土诚挚的爱。他的艺术成就被作为民族文化中一束灿烂奇葩而载入了史册。1998年8月，他荣获中国国际民俗摄影“人类贡献奖”“专题鼓励奖”；同年10月，在第四届全国当代少数民族文学研究奖评奖中荣获荣誉奖。他的传略辑入《中国摄影家大辞典》、英国剑桥《国际人物传记辞典》、《近代中国少数民族英名录》、《中国当代艺术界名人录》、《世界华人文学艺术界名人录》、《世界名人录》等。中国中央电视台《东方之子》栏目1993年11月4日对他作了专题报道。

1995年6月底至8月16日，贡卜扎西受国务院新闻办的派遣，担任中国藏族歌舞团团长，率团参加了在加拿大魁北克省拉辛市、安达略省康沃尔市和美国北卡罗来纳州韦恩斯尔市举办的3个享有很高声誉的由16个国家参加的国际民间艺术节，并在两国8个州（省）的16个城市演出61场。贡卜扎西还在美国作了《我们从歌舞的海洋走来》的演说，并把《贡卜扎西摄影集》200本赠给了加拿大、美国各界人士。国内外电视台作了报道。圆满完成了任务，受到了国家有关部门和省、州的表彰奖励。这些，都给两国社会各界人士和观众留下了美好印象，使他们了解中国的民族政策、宗教政策和今日中国藏族人民的精神风貌，增进了中加、中美人民之间的了解和友谊。

年届花甲的贡卜扎西已退居二线，而今他一头银发漫游草原，执著地追求，坚韧地跋涉，寻求着心灵深处的律动。

2000年7月

本文选自西北民族学院名流风采录编委会编：《西北民族学院名流风采录》，2000。

正果

——记甘肃省政协常委赛仓·洛桑华丹

尕藏才旦[①]

我要讲述的是甘肃省政协常委、合作民族师范专科学校副校长、藏族著名学者、教授、甘肃省最具规模的拉卜楞寺赛池（金座）有一席之位的六世赛仓活佛洛桑华丹[②]从法台走向讲台，从活佛走向教授的历程。

他身上有很多实的、虚的职务，闪烁出多彩的光圈。我面前摊开的一摞摞书籍，一沓沓刊物。有佛学内容，也有文化历史、诗歌散文，还有评介文章。署名都是赛仓·洛桑华丹。粗略统计，有200来万字。

其中，最令我倾服的是一本装帧精美的《诗学修辞明鉴》（简称《明鉴》）。这本厚厚的藏族诗论，已经成为我国各兄弟民族院校中藏语言文学专业系选修课教材，是当今藏族古典诗歌理论权威专著之一。

《明鉴》以自己朴实无华的文笔，简洁凝练的立意，活泼形象的实例，独到新颖的见解，严谨的结构和逻辑思维，赢得雪域藏

---

① 尕藏才旦，时任西北民族学院藏语系主任，教授。

② 洛桑华丹，又译为“罗藏华丹”。

地许多学者的青睐、叹服。

我决计采访他，追踪他，要解开内心的疑团：他是活佛，还是学者？或者两者兼而有之？他是怎样走上教授这一条路的，两者究竟有什么因缘关系？

赛仓是真佛

很多观众或许还记忆犹新。1986年夏秋，中央电视台播放了一则重要消息：班禅副委员长视察四川甘孜、云南迪庆等西康藏族地区。镜头中，紧挨在副委员长身后的是一位中等个儿的中年活佛。他圆脸亮眸，胖瘦适中，神色谦恭善良，浑身散发着青春的活力，气度不凡。他就是赛仓·洛桑华丹。

这次，班禅副委员长特意邀请他同往康区视察，做他的佛学顾问兼宗教事务方面的秘书。视察期间，班禅大师频频向僧俗藏民讲经弘法，其文稿大多是赛仓草拟的。

一路行程近万里，历时两月多，他起早贪黑、废寝忘食地完成的文稿，少说也有七八万字。

十世班禅在世时，亲手倡导并筹建了中国藏语系高级佛学院，地点选在北京名胜之一的黄寺内。黄寺是大清顺治皇帝为接待“甘丹颇章”政教法王五世达赖来京，特意兴建的行宫。那儿环境幽雅，房舍整洁，设备齐全。来这里学习深造的，都是全国各藏传佛教寺院中有前途爱学问的中青年佛僧。没有深虑博大的佛学知识，没有出色的教学才能和经验积累，是很难胜任这儿的教学任务的。可这样的学者、教授到哪儿去寻找？

大师思忖良久，筛来滤去，最后选准了赛仓活佛。

大师面谈、函告、电话动员，赛仓只能应允下来。但他清楚这个担子的分量。要把藏民族几千年文化遗产继承下来，弘扬光大，还要把新的知识、新的见解，通过新的方式，糅合进教学中，这样教出的学生，才具有创新思想，才会对后代有裨益，藏文化也才会出现后浪推前浪的喜人势头。但这一切，得依赖教材呀。教材是教学的基础，他摸索着自编教材。

在黄寺他的单身宿舍中，那盏台灯晚上熄得最迟，早上亮得最早。案头上的教材纸稿越摞越高。他边讲授边征求意见边进行修改。尽量做到学生满意，自己满意。现在，他的部分教材已经公开出版，成为各地佛学院和寺院的必读本。

高级佛学院成立有 6 个年头了。每年春天，赛仓活佛候鸟般准时飞往北京，落在讲堂上，年复一年，培养了一批又一批佛学知识分子。如今，他们活跃在世界屋脊、内蒙古草原、内地藏传佛教寺院的宗教活动中。大昭寺、白居寺等不少著名的寺中，民会主任，都是由高级佛学院培养出来的高材生担任。提起赛仓活佛，他们都交口称赞，无比钦佩。

20 世纪 80 年代中叶，随着畜牧业经济的快速发展，甘肃牧区的草山冲突变得尖锐了、严重了。

有一天，一位乡政府干部气喘吁吁地跑到合作师专告诉活佛，合作以东三十来里的玛木索南大队与那义乡的多禾尔大队，因为草山纠纷，集兵对峙好几天了。而县工作组怎样调解也松弛不了剑拔弩张的局面，械斗有一触即发之势。工作组万般无奈，只得派他前来邀请活佛出面，请求活佛不辞辛苦，一定前往解难。

他明知这次调解会十分棘手，还是点头应允了。多禾尔部落属拉卜楞寺教区，民主改革前是拉卜楞寺直辖的“八大神部”之一，而赛仓并不是属拉寺管理的活佛，他的话，素来人多势众、民风强悍的多禾尔部落能听进去多少？就是玛木索南大队，也不是属于活佛的教区，双方会以什么态度对待自己呢？他顾不得这些，毅然上路了。

烈日下，一顶白帐篷搭在双方争执的草梁上。赛仓光着头、冒着汗、车轴般轮流找人谈话、协商，为双方达成共识搭桥铺路。

不几天，活佛的脸晒得焦黑，脱了皮，嘴上结了干痂，眼圈的青晕越来越重，人也瘦了一圈。但是，玛木索南和多禾尔的分歧消失了，意见统一了，兵戎相见的氛围换成了轻松和睦，草原恢复了往日的宁静。调解取得了意想不到的成果，工作组惊叹欣喜，老百姓拍手欢呼。

事后，我曾有意地问过多禾尔的一位熟人："你们为什么那样信赖赛仓活佛？他又不是多禾尔教区的活佛？"

他有点不满。瞪我一眼，说："尕藏，你错了，话不能那么说！赛仓才是我们心目中真正活佛的形象呢。他学问渊博精深，著作又那么多，教经教书育人，样样在行，还严守戒律，不吃烟，不喝酒，不贪钱财，也不求供养，过着和我们老百姓一样的生活。哪个信徒不是发自肺腑地敬仰崇拜他？他是活佛中的楷模啊！"

"这次调解草山纠纷，活佛不辞艰难辛苦，不怕有人说三道四，不索取任何报酬……你想想，如果没有善良，没有佛心，不是为了普度众生、攘除教民的灾难和痛苦，他何必这样自讨苦吃？我们信仰的是表里一致、言行一致的活佛，而不管他是哪一教区的。谁要是不听赛仓活佛的话，他说他信佛，肯定是假信仰。"

我恍然明白，原来赛仓活佛的形象是他自己的言行实践树立和全身心写就的。

为了藏民族的文化事业，他把自己全搭了进去。

1985年，州上挤了一点钱给文联修办公房舍。才4万多元呀，在繁华地段买地皮都不够，还修什么房子！作为文联主席的我，为了找块便宜一点的地皮，绞尽了脑汁却一筹莫展。无奈，我找赛仓活佛想办法。他没有推诿，安慰我说："这不只是几间房子，而是全州培养有文化有思想的民族人才的大事，是普及科学文化、提高民族素质的大事，我来帮这个忙。"他说到做到，找来合作区划里的村子托情说好话，开导疏通，以最快的速度、很便宜的价钱买了一块7亩的地皮。办公楼、家属宿舍都很顺利地修了起来。甘南的文联终于有了自己的窝，藏文文学刊物《达赛尔》和汉文文学刊物《格桑花》，以自己独特的风姿，传播雪域文明，培养藏族文学人才，成为甘肃文坛上一支引人注目的奇葩异卉。

与讲台相依

赛仓·洛桑华丹最宝贵的岁月，基本上是在讲台上度过的。

赛仓活佛在讲台上已经整整站了25个年头，从州藏族中专到省合作民族师专，教出去的学生一批又一批，分布在各个行当。相当一批还做了不大不小的官，开会议事与他同坐一排椅子，同编一个小组，但他仍然是普通教师，仍然没有离开讲台、离开学生、离开学校。为了方便教学、方便求学的学生，如今，他干脆把被褥搬进了师专教干楼，吃住都在学校里。

为了培养本民族人才，赛仓活佛真可谓是呕心沥血，鞠躬尽瘁。

粉碎“四人帮”以后不久，他被聘请到甘南民族学校任教，但处于“民办”教员的角色，不在编制以内，不算国家干部，每月的工资只有八十来元。

那份微薄的工资，对于他，真是杯水车薪。劫后余生的老阿爸在老家待不住，跑到他身边来了。叔叔、弟弟、妹妹等亲属也相继来到了合作。他们举目无亲，食宿无着，全靠他的收入来支撑。很多教民来到活佛住处，献供金、求祈祷、请诵经，一时车水马龙，门庭若市。如果他愿意以全部精力和时间投身佛事活动，收入肯定很可观，经济拮据的局面会瞬时消除，但他没有那样做。他婉言谢绝了邀请他去做法事诵经的要求，选择当应聘教师。

从“文化大革命”浩劫中复苏的民族教育举步维艰。甘南民族学院招进来的学生，有的文化水准达到了招考要求，有的却只会藏话，连30个藏文字母都识不全。真是“骑的骆驼拉的鸡，高的高来低的低”。面对这样一个参差不齐的教学班级，该如何办？赛仓没有气馁，也不去敷衍，而是认真备课、分别授课。

他准备了两套教案两个不同层次的教材去授课。晚上，在自己那间小小的卧室里还给后进生补课。一天花费的心血比正常教学要多一倍多。到临近毕业时，他担负的科目，学生水平都已接近了。他认认真真、兢兢业业的教学态度为其他老师树立了榜样，潜移默化地改变了学校风气。

时间往往是挑除偏见和无知的利目。赛仓的勤奋、正直、博学、无私，赢得了各方面的好评。那些戴着阶级斗争有色镜片的人，也逐渐改变了看法。1985 年，他被任命为合作民族师范专科学校（现改为甘肃民族师范学院——编者注）的副校长，主管教学并首先搞筹建工作。他颠簸奔走，要在合作附近寻找一处理想的校址：既有发展前途，又不影响农牧民生活生产的平坦地方，还要靠近公路沿线。很快，校址确定下来了。剩下的是地皮价格。建校初期，百业待举，需要花钱的地方很多，而省上拨的经费很有限。活佛只得亲自出马，利用一切机会向当地农牧民做工作，要求他们为振兴民族教育、造福后代子孙多做贡献。听活佛讲得很有道理，农牧民的心胸亮堂了，眼光也远了，把师专的前途和自己的前景牢牢连接成扣。要钱给钱，要地划地。一座占地近 200 亩的若大师专校园，终于以最经济的方式建成了。

为了落实基建资金，赛仓活佛连同学校其他领导，在国道班线上穿梭往来。顶着严寒，冒着酷暑，拖着残疾的身子，在省城兰州，一忽儿登这个楼，一阵儿敲那家门；今天找这个单位，明天去那个机关；上午挤这座电梯，下午爬那个山坡，不知磨薄了多少鞋底，费了多少唾沫，才把心中的蓝图从愿望变成现实。

随着各项资金的相继到位，一幢幢以太阳能取暖的高层楼房青松般拔地而起，各种现代化教学设备也陆续购来。足球场、新饭厅、图书馆……如花点缀绿茵。师专的高楼成了合作地区引人注目的一景。

经过努力，师专还争取到了世界银行的贷款。各项基本建设齐头并进，合作师专成了具有一定现代规模的师范专科学校。而赛仓活佛为此付出的心血，只有他自己心里最清楚。

教育是一项系统工程，民族高等师资教育，更是一个新科目，得积累经验摸索前进。作为主管教学的副校长，他对系统工程的每一道工序操心备至。不论学科的科学设置，生源的合理分配，教学人员的培训使用，学风校风的建设，还是不同民族师生的相互尊重、相睦共处，哪一样都得他花心血、绞脑汁。

事业得到了发展，他鬓角的白发越来越多，额头上的皱纹也变得更粗更深。

我一直思索：他这样全身心地投入，他这样执著地热爱民族教育，与佛道有什么渊源呢？

听了我提出的疑问，他脸上的笑容消失了，反问我："佛是干啥的？"

我瞠目结舌，一时不知答啥好。

他沉沉讲道："佛是帮助众生摆脱愚昧、净化灵魂的。你知道，我在监狱蹲过，戴过帽子挨过斗，那个时代人们比野兽还野蛮还愚昧。为什么？就是没有文化的缘故。难道我们还能让那个时代重返吗？"

潜修成正果

1974年的初春，天气阴冷而多变。我被县委抽调到"批林批孔"试点工作队，去大夏河沿岸的完尕滩公社。据有关人士介绍，那里有个"活孔子"，就是当地最大的封建主，德浪寺的活佛赛仓·洛桑华丹。从他的语气和神情看，这个赛仓是个阴险毒辣、罪恶累累、吃人不吐骨头的魔鬼。

临走，我姐姐却叮咛我：赛仓活佛是好人，又是咱的老乡，人到难处了，能照料处尽量照顾好。

两种说法大相径庭，谁的对谁的错？那时我只能相信上面定的调子。可是，发动群众揭发批判时，工作队却陷入尴尬窘迫的境地。当地老百姓不揭不批。每次会都是冷场。作为工作队的秘书兼翻译，我纳闷和惘然。这位赛仓到底是个什么人物，他有什么神通，竟能鬼使神差地让群众在当时那样的政治气候下保持沉默缄口不语？一种说不清的感觉驱使我偷偷前去探望。

他被监督劳动改造的村庄叫下河沿。把一个藏族活佛搁在汉族村庄中监督改造是乡革命委员会的“战略部署”。这样做，“反动活佛”处在异族的包围中，与他的教民割断了联系，他想“点鬼火”“煽妖风”“策动反革命复辟”也就失去了社会基础。同时，在与他语言不同、信仰殊异、风俗有别的村庄里，他张口没处说话，想搭攀无人理睬，一切言行暴露在众目睽睽之下。这样的安排真可谓用心良苦。

我找到他的住地，进门道明身份。又细细端详他。文静、宽容、善良、豁达，又带点腼腆，双眼坦然睿智，好似把心中的一切全烘托了出来。他就是那个赛仓？！我疑惑了！

环视屋里，这是当地农民的正房的偏耳屋，一间只有6平方米左右、常年难见太阳的小屋，锅炕占去了小屋的大半。屋里的摆设是简单得不能再简单了：一口锅，两只碗，几个旧瓶瓶。炕上一条旧毛毡，叠着一条旧花布被子。

寒暄罢，我问他：“搁在这里闷得慌吧？”

他淡淡一笑，摇摇头：“这样还好，相安无事，静心禅思。说实话，虽然语言不通，又是两个民族，但他们待我很客气，没有让我受过委屈。干部下乡时，他们才做做样子。”说这话时，他语气平静，仿佛不是在监督改造，而是在坐禅修行。

粉碎“四人帮”以后，知识得到了尊重，洛桑华丹有了施展才华的机会。

他说："在监狱里，在下河沿，我的脑子并没有凝固。我一直在思考：国家为什么成了这个样子？我们的民族为什么一直发展不上去？根本的根本怕是教育未上去，人们没有文化，必然处于愚昧之中。治疗这个顽疾的根本方子，还是得按佛祖所说的：'帮助他人觉悟，让众生获得智慧。'从那时起，我就立下誓言，毕生奉献给教育事业，再苦再累再重也不怕。"

原来，活佛的力量、智慧、韧性来源于这一理想。赛仓活佛说："拯救灵魂的道路是多样的。"也许，他选择的教育事业是最佳最辉煌的道路。

本文选自中国人民政治协商会议甘肃省委员会文史资料和学习委员会编：《甘肃文史资料选辑》，第五十一辑，甘肃人民出版社，2000。

记爱国爱教的西道堂教长敏生光

柏水生

西道堂是中国伊斯兰教的一教派，创立于清末民初。始传人马启西是一名秀才，笃信伊斯兰教，谙熟教理。马启西有颇深的汉学功底，主张以汉语文为工具，以汉文宗教典籍特别是刘智（介廉）著作为主要依据来传布伊斯兰教理。西道堂组织章程第一条明文规定："根据清真教义，并祖迷清真正统，以发扬金陵介廉氏学说，而以本国文化发扬清真教学理，务使本国同胞了解清真教意义及宗旨。"西道堂教长敏生光就是沿着这条道路前进的。

一

敏生光是一位穆斯林学者，是一位德高望重的阿訇，经名穆罕默德·奴伦丁。1936 年生于临潭县西道堂，1978 年以后出任西道堂第五任教长。

西道堂是清末民初创立的一个新兴的伊斯兰教派，虽然形成时间较晚，但在宗教思想等方面与其他教派门宦相比，有自己的特点，在我国伊斯兰教派中独树一帜。因此，西道堂作为一个特殊的范例，一直为研究伊斯兰教的人们所关注，被称为中国清末以来伊斯兰教的三大教派之一。

敏阿訇幼年在西道堂大家庭中过着集体生活，并接受阿拉伯文和汉文的启蒙教育。少年时他求学于外地，曾在兰州马宏道教授门下受到悉心指导，并在省内外几座大清真寺里深造。他生性颖睿，钻研阿拉伯文，长期不懈，造诣极深。他系统地学习研究伊斯兰文化、哲学、历史和经典著作，富有卓识。他利用深厚的汉语功底博览了中国历代经史，对中国传统文化颇有独到见解。对伊斯兰教义教理的研究，对王岱舆、马注、刘智、马启西等回族学者的研究更有所长。他撰写的《伊斯兰教殡仪的探讨》一文，长达 3 万余字，被国内有影响的权威季刊《阿拉伯世界》分三期连载。在该文中，他结合伊斯兰教经典和中国穆斯林的实际，对殡葬礼仪和风俗习惯进行了专门研究，指出中国穆斯林还存在某些有违教规经训的殡葬陋俗，旧的民族传统习俗也要变革，表现出一个穆斯林学者对教门的一片诚挚热爱之情。

西大寺始建于 1922 年，1929 年被兵燹所焚；民国时期，于三十三年（1944 年）进行第二次重建，1947 年竣工落成；1966 年再次被毁。党的十一届三中全会后，敏生光向有关部门提出再度重新修复这座大清真寺的建议。党和政府对他的建议非常重视，1980 年即列入计划并开工，次年完成主体工程，并修建了西风山拱北台阶。

1993 年 10 月，在由中国社会科学院和中国宗教学会主办的“中国宗教学会西北地区学术讨论会”上，敏生光教长宣读了他写的题为《发扬穆斯林经济文化传统，走向二十一世纪》的论文，受到与会专家学者一致好评，认为他的发言为“以寺养寺”的经济课题提供了一个发展方向。

二

敏生光现任甘肃省伊斯兰教协会副会长、甘南州伊协副会长、临潭县伊协会长等职。几年来，他与县伊协的其他委员们一道，担负起沟通、连接党和政府与广大伊斯兰教信教群众的桥梁和纽带的责任，协助县委、县政府认真宣传党和国家的民族宗教政策，做了许多维护社会安定团结的事，使临潭县信教群众的宗教活动呈现出安定、祥和的社会氛围。

西道堂创立近百年来，由于其特殊的贸易活动遍及甘、青、川、藏及宁夏等省区，加之临潭为明代之后的茶马互市之地，是通商重镇，又毗邻藏区，具有优越的地理条件，所以同各民族特别是藏族的接触频繁，建立了长期的友好往来关系，西道堂同安多地区藏族民族宗教界一直有着良好的民族关系。1945 年的第十世班禅转世册封仪式和 1952 年的拉卜楞寺第六世嘉木样活佛转世，西道堂都派代表参加了庆典，还应邀参加班禅继位庆典。由于这种关系，西道堂在安多藏区的商业贸易得到了藏族民众多方面的帮助，从而也繁荣了西道堂的商业经济。对这种互助信任的民族友谊，广大藏胞称西道堂的人为“求索玛让撒”（新教朋友），而西道堂则称他们的朋友为“主人家”“阿拉哈”。马明仁是前任教长，他去世时，甘南藏区“主人家”数百人赶来参加悼念活动，直至现在，这种友好的民族关系仍在延续。

1993 年 4 月，中国佛教协会副会长、藏传佛教拉卜楞寺第六世活佛嘉木样·洛桑久美·图丹却吉尼玛曾到西道堂视察访问。他就甘南地区宗教现状问题与敏生光先生进行了亲切的交谈。敏生光说：“甘南的藏、汉、回各民族在历史上就是患难与共、相依为命的。”嘉木样活佛对他的话极表赞同：“不仅过去如此，现在更是这样，甘南建州后，汉、藏、回等各民族一直团结祥和，因此才有经济建设的良好环境。”活佛很赞赏西道堂在举行重大宗教活动时，邀请藏族和其他民族的人士参加。说西道堂不仅充满了凝聚力，而且民族工作也做得很出色。敏教长向活佛介绍了历史上的西道堂，他说，一直从事于回藏贸易、与藏民结下深厚友谊的西道堂，为回、藏各族人民的友好发展打下了良好基础。

敏生光在担任西道堂教长期间，由于做出了成绩，多次受到州县的表彰，并被选为1994年第二次全国民族团结进步模范个人代表和甘肃省第四次民族团结进步模范个人，受到国务院和甘肃省人民政府的表彰奖励。

在西道堂的所在地临潭县有清真寺5座，分属不同门宦，但教派之间、门宦之间求同存异，互相尊重。佛教、伊斯兰教、基督教之间也互敬互让，互不干涉，从而形成一种良好的新型的宗教关系，使党的宗教政策得到了比较全面正确的贯彻落实。敏生光先生是省政协委员、州人大代表、州县政协常委，他不负乡亲们和教民们的嘱托，认真参政议政，每次提的提案、议案，都是水平高、角度准，能反映基层群众的呼声和要求，他的提案都得到省、州有关部门的重视和落实。

三

“寻求知识的摇篮直至坟墓。”这是伊斯兰教的著名圣训，敏生光遵循圣训始终不渝。他把圣训解释为“发展民族教育是促进民族进步的根本，也是实现四化的需要，这和任何宗教教义并行不悖”。1991年，他在《甘肃民族》刊物上发表《振兴民族教育的几点设想》，又明确地提出上述观点。

他自1978年担任西道堂教长以来，矢志于勤奋好学，广读博览，成为寻求知识的带头人。在他的影响带动下，西道堂教众学文化、学教义、学习各项政策蔚然成风。敏生光教长在百忙中还学习伊朗文、英文等多国文字，1985年在麦加朝觐期间，他利用宗教活动的间隙，考察了解沙特阿拉伯的国民教育，他深感他们对妇女教育方面有许多好经验，他认为中国妇女教育亦应学习他们的经验。他说：“要使妇女真正在国家建设中发挥作用，必须解决三个基本问题，一是充分认识自身的价值，自尊自强，找到合适的社会位置；二是妇女的整体文化素质必须提高；三是幼儿教育是搞好国民普及教育的基础，应引起全社会的关注和重视。”敏教长朝觐回来，积极地向社会各界详细介绍所见所闻和亲身感受，说服群众，送子女入学念书，还主动为贫困人家的孩子上学解决经济方面的一些困难。

他撰写的《朝觐纪实》中，表达了他对发展民族文化、促进祖国繁荣昌盛的强烈愿望。他介绍说：“对于沙特王国的事业，我曾特别留意。近几年来，他们很重视发展本国教育，现有大学7所，其中除麦地那伊斯兰大学外，还分设文学、理工、石油及其他科技大学。麦地那伊斯兰大学下设法学院、教义学院、《古兰经》学院及‘圣训’学院等分院，培养传播伊斯兰教的专职人才。这所学校的学生来自108个国家和地区，外国留学生占该校学生人数的80%。沙特对普及教育尤为重视，女性上小学、中学已普及农村，全国约有30万女性上小学，10万多女性上中学。为培养师资，成立了两所女子师范学院，培养女大学生。这些女性毕业后，将分别担任学校或学院的教学任务，或分配到政府部门或妇科医院从事工作。从这里可以看到沙特妇女过去那种与社会隔离、专门操持家务的状况正在逐步改变，妇女走出家门面向社会、参与国家各项事务的局面正在形成。我们国家是一个有悠久历史的多民族的文明古国，我们国家的穆斯林是我们优秀的中华民族的组成部分，我们也应当本着发展民族教育、提高民族觉悟的宗旨，努力办好少数民族地区的文化教育事业，特别要加强妇女教育，提高他们的知识水平，为国家做出应有的贡献。”

敏生光继承西道堂先祖重视文化教育、培养人才的传统，积极协助政府教育部门发展民族教育。1987年，他被临潭县人民政府聘为有70多年历史的临潭民族一校的名誉校长以后，更加不辞辛苦，呕心沥血。他热情奔波，认认真真办了许多实事。他发动群众并自己带头捐资 1.28 万多元，缓解学校面临的紧迫困难。他个人出资为学校制作课桌凳 50 套，改变几个学生用一张课桌的学习条件；他组织民族一校与兰州柏树巷小学建立长期业务往来，促进教学改革及业务提高。在每年教师节，敏生光亲自带上礼品到学校慰问教师，参加教师座谈会，倾听教师们的意见，帮助解决困难。他说服教民们将清真西大寺的一块地皮给学校用作师生的活动场地，还带领教民们给学校修路、拉砂石垫铺操场。

1993 年暑假，敏生光个人自掏腰包，出资 2000 多元，让辛苦操劳了多年的民族一校全体教师去西安、兰州等地参观旅游，开阔眼界，增长见识。在敏生光教长的关心和热情帮助下，极大地调动了教师的积极性。近年来，民族一校的学生考试成绩名列前茅。

1996 年民族一校在全州小学毕业班统考中，取得名次第一的好成绩，合格率、毕业率、升学率三项指标均达 100%。在全省小学奥林匹克数学竞赛中，一校参赛的一名学生荣获第二，作为该校名誉校长的敏生光，对此感到无比欣喜。他召集表彰会，请县上有关领导参加，为取得好成绩而辛勤育人的老师披红戴花，给予奖励，使全体师生和受奖者个人备受感动。为进一步巩固学生的学习成绩，动员西道堂的大专生和原有教师及研究生，每年利用寒假，为小学、初、高中学生举办多次补习班，收到了立竿见影的明显效果。仅 1993 年，西道堂信教群众的子女考入高等院校的就有 17 名，小学毕业生全部考取了初中。他利用假期，邀请考上大中专院校的回族青年到他家里做客，鼓励他们刻苦学习，并予以一定的资助。敏生光教长热心支持民族教育的精神和行动，得到了社会各界的好评和称赞，受到甘南州委、州政府和临潭县人大、县委、县政府表彰，县大人、县政府授予他“捐资助学，造福后代”的奖旗予以鼓励。

敏生光教长在长期关心民族教育中，深深地感到，重视小学教育只是培养人才的一个环节，但从社会进步、科学发展的角度衡量，还远远不够。要培养出合格的新时代有用人才，就必须从早从小抓幼儿的学前教育，对小平同志提出的“从娃娃抓起”的教导深有同感。他积极倡导，多方协调，在西道堂兴办民族幼儿园的方案得到了县里的批准和支持。在教众们的支持下，现已建成幼儿教室两间、宿舍 3 间，制作幼儿课桌椅 50 套和 20 余张幼儿床，并为孩子们购置了风琴、电子琴及各种玩具。高薪招聘幼师 4 人，其中大中专生各 1 人，高中毕业生 2 人，1994 年 4 月 8 日正式开学，现共招收幼儿 115 名。对教师教学，他要求教师们要循循善诱和苦口婆心，要有毅力和耐心，教师们按他的要求真诚教学。由此感动了学生家长和周围群众，“天兴隆商店”和一些个体户主动捐赠钱和缝衣用的绸缎，在“六一”儿童节民族幼儿园表演时（现改名为红星月会幼儿园），小朋友们穿着彩衣绣裙翩翩起舞，博得了观众阵阵掌声。这是临潭历史上第一个由民间宗教派别兴办的红新月会幼儿园。西道堂重视教育的做法，不仅使临潭，也使其他西道堂教众居住的地方形成重视教育的风气。在临夏州和政县城关镇西道堂群众居住的台二街村，小学入学率达 95%；49 户西道堂教众的家庭中，有 79 名男女青年读过初中或毕业于初中以上各类学校，其中读初中及初中毕业的 52 人，读高中及高中毕业的 15 人，读中专及中专毕业的 11 人，大学毕业 1 人，这在和政县教育落后的农村，是非常突出的现象。在临夏市枹罕罗家堡一带，共 73 户 337 人，西道堂的教众家庭中，学龄儿童已全部入学，有大学生 3 人，中专生 11 人，读初、高中的也逐年增加。

四

当敏生光教长看到临潭县各族群众看病困难后，他与卓尼县洮河林业局协商成立了“红新月联合医院”，并不定期地邀请省内外著名医学专家到临潭巡回医疗。西道堂将商业楼二层 25 间房子提供给医院作为办公和医疗用房、住院病房。聘请医护人员 7 人，其中医师 5 人，护士 2 人。院长由洮河林业局派出医生担任，后勤与协调工作由西道堂委派的副院长负责。该医院的挂号、治疗收费很合理，深受当地居民的欢迎，每天平均接诊 30 多人次。有的贫困人家前来就医治疗期间，医疗费和吃住全免费，感人的事迹很多。这所医院本着全心全意为民族地区患者服务的宗旨，医疗对象是汉、回、藏群众，不只是西道堂教民，受到人们的称赞。

当地结石患者多，敏生光建议医院广泛进行宣传工作，帮助群众改善饮水条件，并采取措施改变大量食肉习惯，减少常见病。

敏生光教长认为，宗教界人士自身也应对卫生工作多作宣传，多作解释。他响应政府号召，积极推行儿童计划免疫，宣传国家的计划生育政策及生态环境保护政策。在 1988 年 5 月间的伊斯兰教尔德节上，他对教民们作了关于推行计划免疫、增强儿童健康的宣讲。这份讲稿用阿拉伯文和汉文写成，阐明了儿童计划免疫活动并不违背伊斯兰教的基本教义，而且是一种行善积德的具体表现，动员穆斯林同胞消除顾虑，为子孙后代造福。由于他以特殊的身份积极宣传和推动穆斯林儿童的计划免疫工作，效果显著，甘南藏族自治州人民政府表彰敏生光为惠及桑梓的“草原健康使者”。他的讲稿汇编入甘南州卫生局、州防疫站的宣传资料中，还被联合国世界卫生组织收藏，后又拍成电视录像播放。

五

敏教长是一位学者型的事业家，富有远见卓识。他非常重视并亲自指导帮助教民开展各种经营活动。1980 年，临潭县农村实行了联产承包责任制，农业生产力显著提高，剩余劳力增多。敏教长号召教民们农商兼顾，迈出家门，走南闯北，或者长途贩运，或者设铺摆摊，不拘形式从事商业活动；不能远行者，则在城关一带开办商铺、饭馆、旅店、照相馆等服务性行业。这样为多余劳动力找到了就业门路，增加了教民收入，改善了教民生活。西道堂教民兴办的商业、服务业店铺，起初大多是个体经营、小本经营，10 多个春秋过去了，随着改革的深化、经营者个人资本的增加以及营销经验的积累，近几年来，西道堂的经济事业逐步走上了联合经营的道路。

现在，西道堂有两大支柱行业，一个是遍布各地的连锁店似的商号，另一个是汽车运输队。这两大支柱行业是西道堂教民联合经营的。几家、几十家出资办一个或几个公司（商号）。经营多个公司者则有母公司和子公司之分。成品货物由母公司购运给子公司，子公司遍布临潭、合作、兰州、陇西、武威、拉萨、昌都、亚东、阿坝、甘孜、西宁、格尔木、玉树等地。西道堂的汽车运输队，是临潭县批准成立的联营企业，在临潭城关设立办公机构，挂牌运营。该队现有 60 多辆东风载重卡车。除为散布各地的西道堂商店运输货物外，还承揽本县及外地的运输业务，运输任务应接不暇。车队天天满载，长年奔驰在甘、川、青、藏的公路上。车队经济效益相当好，不但个人收入和集体积累增加，且每年向县上交纳税金、管理费、养路费等 60 多万元。这些商店和汽车队对西道堂负有道义上的支持义务，根据年终结余情况，向西道堂做些力所能及的贡献，使西道堂的这笔收入成为一种基金。除此，西道堂本身每年还有寺产收入 5 万元。

西道堂利用以上收入积极赞助社会公益事业，开办幼儿园、医院、救济贫困户等。临潭是一个尚未脱贫的县，贫困户不少，而当地西道堂教民的生活水平却普遍较高。临潭的富裕户中西道堂教民所占比重也较大。近几年来，西道堂教民已有 95%以上的贫困户脱了贫，基本上解决了温饱问题，部分富裕户有了相当可观的积蓄，建造了颇为气派的楼房，购置了汽车、摩托车，电视机、洗衣机、收录机等家用电器也一应俱全，开始奔向小康目标。

六

西道堂创办的经济、文化事业大都是非常成功的，可以说，发展经济、倡兴文教已成西道堂本身教务应有之义，是一个融宗教、经济、文化于一体的穆斯林大家庭。

西道堂的教民聚居点散落在各个地方，有的只有几百人，有的上千人，但只要是西道堂的事情，人人都争着去做，言谈之间，无不流露出对西道堂的热爱。正是这种热爱，西道堂全体教民度过了一个又一个的曲折艰难，走向了今天的康庄大道。这其中，敏生光对西道堂的发展起到了重要的作用。

1978 年他担任教长以后，勇挑重担，运筹帷幄，制定了一个个发展方案，在他的带领下，走出了一条新路。

敏教长知识广博，头脑清醒，谈吐流畅，分寸适度，思想深刻，许多想法都富有建设性，有着独到之处。他能够获得人们的尊敬，是靠他的人格力量。他这种人格力量来自多种因素，即他的思想、文化、道德修养、意志经验等。正是因敏教长具备这种感召力的人格力量，人们尊重他，推崇他。

由于敏教长引导正确，在他周围聚集着一批人才在活动。如临潭西道堂的西大寺寺管会主任，被教民称为“二师傅”的马逢春。马逢春是新中国成立前的老北大学生，有着丰富的科学、经济学知识，以及多年的管理经验和风趣的谈吐，是一位活跃在西道堂经济领域的人才，他对西道堂经济活动的策划与发展也做出了极大的贡献。

今天的西道堂充满活力，显示出勃勃生机。著名的西道堂清真西大寺也已经重新修葺一新，教民们普遍感到心情舒畅。谈起这样的宗教生活和 10 多年来的经济发展、饮食起居的崭新的变化，教众们都说这是共产党和人民政府的好政策给他们带来的，但他们也忘不了敏阿訇这位好带头人。

本文选自中国人民政治协商会议甘肃省委员会文史资料和学习委员会编：《甘肃文史资料选辑》，第四十七辑，甘肃人民出版社，1997。

一分耕耘一分收获

——访藏族著名学者洲塔教授

尕藏尼玛[①]

洲塔教授出生于1949年，系甘肃省甘南藏族自治州夏河县人，早年在夏河县藏校和甘南师范学校学习，1975年至1983年先后就读于西北民族学院少语系和中央民族大学藏学系。在中央民族大学学习期间，师从当代著名藏族学者东噶·洛桑赤列先生，并接受季羡林[②]、王尧、王甫仁、毛尔盖·桑木丹教授的悉心指导，系统学习了藏族历史、宗教、哲学等藏学各科的重要课程，积累了扎实的藏学学科基础和研究功底。中央民族大学毕业后，他担任过甘南州碌曲县县委副书记、夏河县常务副县长等行政职务，1987年调入甘肃省藏学研究所并担任所长，2003年调入民族学全国重点研究基地——兰州大学西北少数民族研究中心，担任博士生导师，兼任国家社科基金评审委员会专家，甘肃省藏学研究会副会长，甘肃省民族学宗教学学会副会长。

经过近40年的潜心研究，洲塔教授在藏学研究领域取得了丰硕

---

① 尕藏尼玛，兰州大学西北少数民族研究中心博士研究生。

② 据洲塔教授回忆，当时中央民族学院（中央民族大学）为了给学生创造良好的学习条件，特意从北京大学邀请季羡林先生讲授古梵文，因此，自己有机会跟老先生学习古梵文知识并为此后的研究工作奠定了基础。

成果，陆续出版了《甘肃藏族部落的社会与历史研究》《藏族文学史》《甘肃藏族通史》《佛学原理研究——论藏传佛教显宗五部大论》《甘肃宕昌藏族家藏古藏文苯教文献》（全30册，其中包括了全书的总目提要）等10余部学术专著，在权威和核心期刊上发表学术论文60余篇。主持国家“十二五”重点图书出版规划项目“藏族民间口传文化汇典”、国家社科基金一般项目“甘青川藏区家藏苯教古藏文写本的抢救、编目与出版”、教育部重大课题“黄河藏区社会经济发展与现代化转型问题研究”、校内重大课题“甘肃宕昌家藏古藏文苯教文献整理研究”以及省部级重大课题“藏族对伟大祖国的贡献”、青海藏族地区“达玉部落史研究”、“阿柔部落社会历史文化研究”等，研究成果获第四届中华优秀出版物图书提名奖、全国高等院校优秀教材奖、甘肃省哲学社会科学一等奖等多种奖项。

洲塔教授在教学实践和研究工作中十分重视实地调查，他取得的科研成果无不建立在扎实的调查基础上。他时常给学生讲：“藏学的真正养分和源泉在民间。”为获取和积累藏区社会、历史、地理、文化、宗教等方面的第一手资料，年逾花甲、疾病缠身的他，却依然奔波于藏区的各个角落。譬如，2008年至2012年间，他带着科研团队先后两次进入西藏阿里地区考察，在民间搜集到近百函包括佛教前弘期、后弘期珍贵古藏文文献。一分耕耘，一分收获，无论是早期完成的《甘肃藏族部落的社会与历史研究》，还是近期发掘、整理的迄今为止国内最完整、最古老的大型苯教典籍《甘肃宕昌藏族家藏古藏文苯教文献》（全30册），都引起学界的巨大反响和强烈关注，并受到业内同行的普遍好评。

笔者：洲塔先生，您好！今天我受《西藏大学学报》编辑部委托，特向您作一次学术专访。刚刚得知，前不久您因长期过度劳累，致使心血管疾病复发，不得不住院治疗休养，今日冒昧造访，您却以极其谦逊和认真的态度接受采访，感激之余，作为晚辈更是万分钦佩。在此，我代表《西藏大学学报》编辑部全体编辑人员和藏学工作者向您表示感谢！

据悉，您大学毕业后有过一段从政经历，而且仕途前景绝好，但后来您却弃政从事学术研究。这是为什么？

洲塔教授：1983年我从中央民族学院（现中央民族大学）毕业后，先在甘南州碌曲县担任县委副书记，尔后调到我的故乡夏河县任常务副县长，要说我为什么要投身学术研究，那得从我的成长经历说起。因家中世代都有读书人，也称得上是书香门第，加之故乡拉卜楞寺本来就是著名的藏学学府，在这种氛围的耳濡目染下我渐渐喜欢上阅读，浩如烟海的藏文典籍给了我无穷的精神食粮。尽管我们这一代人在成长过程中经历了几次社会变革和政治运动，但不论社会局势怎样变化，我的读书和学习从未中断过。1956年至1968年，我先后在夏河藏校和甘南师范学校读书并完成中学学业。之后，国家的教育政策恢复，我也有机会先后进入西北民族大学（时为西北民族学院）和中央民族大学（时为中央民族学院）继续深造，特别是在中央民族大学学习期间有幸与藏族著名学者东噶·洛桑赤列先生结下了4年多的师生之缘。东噶先生非常严格，在北京学习期间我几乎没有回过家，在老师的悉心指导下我系统地学习了佛教哲学、藏族历史、敦煌古藏文、西藏历史档案、印度佛教史、藏传佛教各派源流及其教义等藏学重要课程，逐渐积累了一些藏学学科的基础知识理论和方法。这段学习经历也为我以后从事藏学研究打下了坚实的基础。中央民大毕业后，按照当时国家的统一分配政策，我从北京回到老家从事行政工作，但始终无法割舍热爱的藏学研究事业。记得那时需要经常下乡，工作之余，我就走村串户，深入百姓家中，搜集当地的相关文史材料。这样一来，我的正常工作和学术研究可谓收到一举两得的功效。但是，行政工作除了日常的工作任务外，还难免有各种各样的社会事务，会占据大部分的业余时间，无法让你安心投入其他工作。相反，我是个酷爱藏学研究事业的人，不太喜欢出入社交场合。所以，1987 年我毅然选择了科研岗位。

笔者：您的《甘肃藏族部落的社会与历史研究》一书出版后，当时在国内外学术界引起强烈反响，您的导师东噶先生更是赞誉此著作是“研究藏族发展史的好教材”。作为研究甘肃藏族历史的重要学术成果，这本著作的问世也让更多的人认识了您。请您简单介绍一下这部书的写作背景和研究经历。

洲塔教授：好的。我在中央民族大学学习时，经常跟东噶先生前往民族文化宫的图书馆查阅藏文资料，那时老师（东噶先生）叮嘱我说：“这些文献极其珍贵，其中有大量反映甘、青地区藏族部落社会历史的文献资料，以后恐怕再难有机会接触这些文献，你能否将其中有关你家乡——甘肃藏族部落的相关资料搜集并整理成卡片，日后找机会写一部有较高学术水准的关于甘肃藏族部落社会历史的研究著作。”这是老师交给我的第一份任务，同样也是寄予我的希望，是此书写作的真正缘起。自此，我便开始关注和搜集甘肃藏族部落的相关历史文献，几年下来，经过搜集、摘抄、整理和积累，对甘肃藏族部落历史及相关问题有了较为清晰的宏观认识，并在某些问题上形成了自己的观点。1986 年，由陈庆英先生主持的国家“七五”期间社会科学重点项目“藏族地区社会历史及佛教寺院调查研究”启动时，陈庆英教授邀请我加入课题组，并让我承担“甘肃藏族部落社会历史”子项目的部分撰写任务。当时，我就对之前已开展的研究成果进行了深化。1987 年我调入甘肃省藏学研究所以后，全身心投入学术研究工作，开始了长期的实地调查。在近 3 年的时间里，我带领藏学研究所科研人员驱车 16000 多公里，几乎跑遍了甘肃藏区的每一个角落，收集到大量珍贵的历史文献，并做了详细的田野调查笔记。这些都为后来撰写此书奠定了坚实的基础。

1991 年，我又完成了由陈庆英先生主编的《中国藏族部落》

一书中有关甘肃地区藏族部落的部分写作任务以后，开始思索向专题研究方向转变，开展更为深入和细致的研究。当时得到陈庆英先生的鼓励和敦促，自己也觉得各方面条件基本成熟，于是开始了《甘肃藏族部落的社会与历史研究》的写作工作。针对相关研究成果少、课题切入点特殊、没有可供选择和借鉴的书写体系等问题，进行了反复的推敲和讨论，初步确定了历史沿革、部落建置、部落分布、社会形态、宗教信仰、牧业经济、法律规范、军事制度、文化教育以及风俗习惯 10 个专题。在近 3 年的时间里，每个专题都发表了阶段性研究成果，作了反复的修改，最终完成了《甘肃藏族部落的社会与历史研究》一书的初稿。当时，我把书稿初样寄给老师（东噶·洛桑赤列）后，他非常高兴并撰写了该书的序言。该书于 1996 年公开出版发行。

笔者：《甘肃藏族部落的社会与历史研究》中所涉及的地域范围、部落数量、时间跨度以及文献丰度都使得这本书成为研究甘肃藏族部落历史不可多得的参考资料。请问这部研究成果为何从部落社会论起？

洲塔教授：部落社会是藏族社会的缩影，我们若想对藏民族的发展历史有一个清晰的概念，就必须对藏族部落社会历史有足够的认识。甘肃藏区自形成起就一直存在着部落制度，其影响渗透社会生活的各个层面，对甘肃藏区社会内部发挥了重大作用。甘肃藏族部落不论与国内其他民族的部落制相比，还是与藏区其他地方的部落制相比，都存在一定的差异。譬如，在甘肃藏区有吐蕃时代延续下来的古老部落，如甘南夏河的卡加六族部落，又有清代乃至民国时期形成的藏族部落，如甘南夏河地区的德尔龙部落。在部落的形成方式上也存在很大差异，既有像卡加六族那样的从西藏迁徙来的吐蕃部落，也有吐蕃军队占领河陇地区后在当地编制的部落，他们长期受藏区人文和自然环境影响变成了藏族部落。另外，还有元明中央政权在甘肃广大藏区实行土司和僧纲制度后形成的藏族部落和拉卜楞寺等藏传佛教大寺院建立后在信徒或属民中编建的部落——拉卜楞寺的塔哇部落，其中前一种类型的部落在甘肃藏区分布很广。

总的来说，甘肃藏区是保留部落制度较为典型的一个地区，部落制的长期存在对甘肃藏区社会产生了深远的影响，整个甘肃藏区社会通过部落制的方式得以存在和延续，也形成了今天甘肃省藏区的分布格局。部落制的影响历史上曾深入甘肃藏区社会的每一个角落，因此，我们可以说深入研究甘肃藏族部落社会历史对揭示藏族社会中部落制度的形成、发展和变化，以及研究安多乃至一区四省藏区的社会历史都有很大的借鉴意义。

笔者：如上所述，为完成《甘肃藏族部落的社会与历史研究》一书，您几乎走遍了甘肃藏区的各个角落，而且在日常的教学和科研工作中您也反复强调“藏学的真正养分和源泉在民间”。那么，在田野实地调查中发觉和吸收这些“养分”，需要注意哪些事项和方法步骤?

洲塔教授：藏族璀璨的文化遗产和独特的社会形态是藏学研究取之不尽、用之不竭的源泉，将探究的足迹留在大地上，这应成为社科研究者不变的准则。如果没有实地调查的资料作为研究基础，就难以开展全面深入的研究，也难以获得更大的成果。所以只有深入民间、深入基层才能抓到深藏于历史文化海洋中的“大鱼”。当然，深入民间搜集第一手资料是一项艰巨而复杂的工作，它除了树立严谨的工作态度外，还必须具备良好的身体素质和专业基础。

首先，要明确调查的问题，确定好主题。调查之前，搜集相关的文字资料，对调查对象和问题摸一个底，看缺什么，然后根据调查提纲的要求，列出一些具体的问题，以便在调查中集中、有效地开展调查工作，并获取准确的第一手材料。在实际工作中可能还会发现不适用或者需要增加的条目，这时我们必须依照实际情况随时加以修改和补充。其次，在调查中应以真诚平等的态度处理与被调查者之间的关系。一般情况下，藏区的自然环境和日常生活习俗都与我们熟悉的环境有较大的差异，物质生活条件相对比较落后。因此，我们在调研工作中一定要尊重当地老百姓，尊重他们的风俗习惯，克服民族中心主义，不要以主观想象的是非标准衡量当地的传统，要以诚取信，与当地居民建立友谊。搜集民间文献或文物资料时一定要征得所有人的同意，不能强行索取或采取其他不正当手段，对收集到的文献文物要做好记录，妥善保管。最后，调研者应当努力掌握与自己研究方向有关的民族语言文字，这样工作起来就很方便。如若在短时间内不能克服语言关，在调查工作中也可依靠当地文化水平较高、阅历较多的人做翻译。另外，我国藏区大都地处高海拔地区，自然地理环境艰险，科研人员要有吃苦耐劳的精神和健康的体魄。因此，平时我们要加强身体素质的锻炼，也要在艰苦条件下磨炼自己的意志品质。

笔者：《甘肃宕昌藏族家藏古藏文苯教文献》系列丛书出版发行后，在国内外藏学界引起了巨大反响。这些文献是怎么发现的？其中包含了哪些文献？

洲塔教授：《甘肃宕昌藏族家藏古藏文苯教文献》于 2012 年由甘肃文化出版社出版发行，全套有 30 册，包含了我们在宕昌藏族民间收集到的苯教古藏文典籍 31 函 560 卷 7100 余页。说起这批写本的发现还得回到 20 年前，1992 年元旦刚过，我为筹备写作《甘肃藏族部落社会文化史研究》一书前往宕昌进行相关田野调查，当时在城关镇、新城子和南河等几个乡意外发现大量存于当地居民家中的苯教古藏文写本，而且这些经函只有逢重要节日或重大事件才打开念诵，平日绝不轻易开启。当地藏族群众得知我们的来意后，欣然同意将那些古藏文经卷供我们拍照和记录。经初步翻阅，我们发现其中有一批较为罕见的司巴苯教[①]时期的文献。

① 司巴苯，srid pa bon，也称为世续苯教和原始苯教，是藏族的原始宗教，是在鬼神崇拜的基础上形成的原生性宗教，有学者认为司巴苯教其实质是苯教信仰的民间化或民俗化。

这些散落在当地藏族人家中的古藏文写本传承时间久远，数量可观，是研究吐蕃以前藏族语言、民俗、思想、宗教、哲学、科学技术等方面的弥足珍贵的资料。当时受很多主客观条件限制，未能对这批文献进行收集发掘。直到2009年5月，兰州大学将“散落在甘肃藏族民间的9世纪吐蕃藏文文献抢救发掘与整理编目”作为校内重大项目立项并给予资助，这才有机会对这批散落于宕昌民间的苯教古藏文手写本文献进行初步发掘和整理。苯教实际上经历了两个重要阶段，即原始的司巴苯教和佛教化的雍仲苯教，民间苯教祭祀者莱坞的经文属于司巴苯教。概览宕昌苯教古藏文写本，其首页常常写有“司巴因苯”(srid pa rgyuvi bon)，这就标明此类经文属于苯教九乘中的四个因乘(rgyuvi bon)，即夏辛乘、朗辛乘、楚辛乘、司辛乘。有些经文首页写有“这是黑水司巴苯教(chab nag srid ba rgyuvi kyi bon)的经文”，是属于四门一库中的黑水司巴苯教。民间还流传着这样的说法，莱坞的经书由辛饶米吾大师的父亲贾本托噶所创，我们也根据以上的信息可以确定，司巴苯教其实是苯教最早的形态。其中，夏辛乘包括占卜、历算、垛术、医术四部分；朗辛乘包括黑水净门、白水净门和缩命门、彭域替身门、本赛垛门四部分；楚辛乘包括近修；司辛乘包括丧葬仪轨等。苯教四因乘以招泰迎祥、求神乞医、增益福运、兴旺人才为主，而宕昌苯教文献经卷基本上就在这个框架之内，体现了原始司巴苯教的特点。其内容可以分为祭神类、招福类、禳解类、解秽类、招魂类和卦书类，这些苯教文献对于我们研究藏族原始宗教和吐蕃时期苯教有很高的参考价值。

笔者：与以往发现的苯教文献相比较，《甘肃宕昌藏族家藏古藏文苯教文献》在内容和形式上有哪些特征？对藏学研究又有何意义？

洲塔教授：首先，甘肃宕昌古藏文苯教文献所涉及的内容远远超出了我们之前所接触到的古藏文苯教文献。它既涉及打卦问卜、治病禳灾、婚丧嫁娶、典庆节日、祭祀山神等宗教民俗内容，还包括藏族原始宗教哲学思想、部落历史、生产技术和审美情趣等，几乎涵盖了早期藏族社会生活的各个层面。而且仅祭祀类文献就包括动土祭祀、杀生祭祀、节庆祭祀、祛病祭祀、禳灾祭祀、神灵祭祀、祈福祭祀、解秽祭祀、招魂祭祀、占卦祭祀、驱鬼祭祀、放赎祭祀 12 种类型。

另外，文书中还记载了藏族称谓的起源和演变、苯教意识形态的形成过程、藏族古代社会历史、早期多种图腾的名称和涵义及其发展的不同阶段等内容。当然，这些仅是粗略的初步评估后甄别分类的结果，若细加区分，应远不止于此。

其次，甘肃宕昌古藏文苯教文献蕴涵丰厚、特征鲜明，具体体现在三个方面。

一是传承年代久远，内容极为古老。通过文字特征、书写形式、遣词用句、纸张用料等方面的综合分析和考证，这些古藏文写本初步勘定成书于 7—9 世纪的佛教前弘期至后弘初期。其中，部分内容甚至可以上溯至 5—6 世纪。

二是内容丰富完整。其内容几乎涵盖古代藏族社会、历史、宗教、民俗、经济、生产生活等各个方面。

三是文献解读难度大。文献采用古藏文字体手抄而成，这种字体主要出现在第一次藏文厘定之前（9 世纪初）。由于年代久远，典籍中有些字迹模糊不清，需要根据上下文进行查漏补阙，辨认难度较大。同时，文中大量出现少见的合成字和缩写字，再者夹杂于其中的方言及古藏文词汇，更使文献解读工作困难重重。总的来说，这批古藏文写本页面古朴精美、装裱考究、版本珍稀罕见。其中的部分文献首页除写有文献名称外，还饰有人首蛇身、人身鸟首等色彩艳丽的各种图案和手持金刚杵、长蛇绕臂、腰系虎皮的画像，大量神秘难懂的苯教图符在写本中经常出现。据初步估计，这些图符应属苯教祭祀仪式中至关重要的内容，但其内涵及用法尚需进一步解读和考证。

笔者：如何考证《甘肃宕昌藏族家藏古藏文苯教文献》中收录的各苯教典籍的成书年代？

洲塔教授：甘肃宕昌家藏早期苯教古藏文写本文书中明确记载着在6世纪之前，雅砻地区被视为藏族古代文明尚未传播的盲区，古象雄分为上下两部分，上象雄为以阿里为中心的卫藏地区，下象雄指的是以安多为中心的广袤地区。书中还记述了藏民族称谓的起源、演变以及苯教意识形态的形成过程。早期苯教认为，不是人崇拜山神而是山神崇拜人，人才是住在世间的至高无上的存在，是吉祥、长寿和富裕的象征。佛教传入西藏后，受其影响这种人与神的关系颠倒过来了，变成人崇拜神。文献中还专门记述了远古时期多种图腾的名称、涵义及其发展的不同阶段，还提到当时在手工业制造中曾以图腾形象为样式来制作各种手工产品，如月亮形的镰刀等。在新城子乡发现了一部古藏文皮书写本，文字全部书写于牛皮上，封面深褐色，里册颜色较浅，其中还包括各种动物图符和古藏文注解，据收藏人讲是部推算时辰日期的历书。根据其样式和注解可以初步推断，它是出现于纪元前后的《玛桑天文历法》一书。另外，文献还记载了距今4000年前的古象雄文，这是距今3800年的象雄文的早期雏形，还有古藏文早期缩写及其演变等。总之，这批苯教文献发现后，在藏学界引起了一定的反响，得到北京、四川、青海、甘肃等地的相关专家学者及苯教法师的高度重视，并初步勘定甘肃宕昌古藏文苯教文献成书于7—13世纪，其中部分内容甚至可以上溯到5—6世纪。

笔者：文献发掘整理工作结束后，可能最重要的任务就是对文献内容的解读和钻研了。前面您也提到这批古藏文苯教文献中出现了大量厘定之前的古藏文及晦涩难辨的图形和文字。请问这些问题应采取哪种方法予以解决？

洲塔教授：文献的搜集、整理、编目仅仅是这项工作的开始，最终的研究成果以及所能达到学术水平全赖于今后的文献解读工作。针对写卷文字古老难懂，图符神秘难释，以往我们的做法是，邀请国际藏学研究会主席查尔斯·兰伯等国际学者的同时，把文献分送中央民族大学、中国人民大学、四川大学、青海大学和各大苯教寺院进行审读，力求做到文献内容、成书时间、分类编目更加科学准确。任何工作仅凭个人的力量是难以完成的，比如这批文书的发掘和整理工作也是在国家、单位、同事、学界友人等各方面的大力支持和帮助下才得以完成的，绝非是单凭我个人的能力达成的。其实，我们将这些搜集到的文献资料及时公开出版也是基于文献本身学术价值的考量，目的是为有志于推进藏学研究的广大学者提供新的平台，促进我国藏学研究事业。

笔者：据悉，由您主持的国家项目“藏族民间口传文化汇典”成果第一辑已经基本整理完成，并且该书第二辑喜获2013年度国家出版基金立项资助。您能否就该项目的主要内容以及后续的工作计划做简要介绍呢?

洲塔教授：近年来，国家和相关部门将搜集、抢救和整理少数民族传统文化遗产作为社会主义文化繁荣发展的主要举措。在这种良好的社会氛围下，以《格萨尔王传》为代表的藏族史诗得以抢救整理，数量巨大的通俗类读物和研究性著作纷纷出版，但将三大藏区民间口传文化资料熔于一炉，以文字、口述史料形式的整理出版工作尚未着手。因此，《藏族民间口传文化汇典》的出版对于进一步收集、整理、保护和发掘我国藏族非物质文化遗产具有一定的参考价值。该项目包含“安多藏区藏族口传文化研究”与“康区藏族口传文化研究”两个子课题。子课题是在总课题研究的基础上，以甘肃和青海为代表的安多藏区藏族口传文化和以四川为代表的康区藏族口传文化为研究对象，深入拓展，对总课题进行有益的补充与升华。就内容而言，《藏族民间口传文化汇典》将涵括民间故事、歌谣、舞蹈、谚语、谜语和传说六大类，基本涵盖了整个藏族民间口传文化。从目前收集整理情况来看，民间故事有一千余则，其他内容也均有五六百条。研究成果将采取汉藏两种文字成册出版，拟于2014年内出版藏文版30册和汉文版30册。

笔者：当前搜集和整理藏族民间口传文化有何意义？

洲塔教授：藏族口头传承文化传统由来已久，早在古象雄文字创制以前，藏族先民就以口耳相传的方式将他们所掌握的知识、经验和信仰传授给下一代。几千年前形成的以念颂为主的苯教信仰和后来的藏传佛教信仰中的吟唱传统，为藏族口传文化的发展提供了更为坚实的社会基础。直至现在，许多藏族传统文化仍然是以口传的形式传播和流传。可以这样说，藏族口传文化源于民间、盛于民间，内容丰富、类型多样，是藏族传统文化的重要组成部分。几千年来，藏族人民以独特的审美视觉创作了数以万计的民间故事、歌谣、谚语、谜语和传说，不断充实和丰富了藏族文明宝库。但由于口传文化基本采用口传身授方式，所以随着时间的推移和社会的发展，特别是在科学技术的飞速发展和外来文化的冲击下，许多宝贵的藏族文化遗产已经失传或濒临失传，许多优秀的口头文化遗产还没有来得及抢救就已悄然消失，部分珍贵罕见的民俗技艺和民间文艺伴随着老艺人生命的结束而成为历史的绝响。基于此，我们把抢救和保护藏族民间口传文化这项工作作为近期的中心工作。

笔者：藏民族的非物质文化遗产丰富多样，那么我们如何才能做到更好的传承和有效的保护？

洲塔教授：非物质文化遗产的抢救与保护是一项功在当代、利在千秋的伟大工程。由于我国非物质文化资源的开发与保护工作起步较晚，再加上大批优秀文化资源散存民间，受自然、历史和人为因素的破坏，不少遗产已经遭到严重的损毁。因此，目前藏族非物质文化遗产的保护和传承方面仍有大量工作亟待我们践行。首先，要对藏族民间非物质文化资源与保存现状进行调查摸底，发现保护和传承工作中所面临的问题和障碍，探析藏族非物质文化遗产保护与传承所涉及的政策、法律、技术、资金等方面的问题，提出切实有效的措施和方案，让政府和相关部门引起足够重视。其次，建立藏族非物质文化遗产数据库。运用现代声像等多媒体信息技术手段，把现存的非物质文化资料录制下来，进行真实、系统和全面的保存，为实现藏族非物质文化资源的共建共享平台做好基础工作。最后，要加大非物质文化遗产传承人的保护与资助力度。从某种意义上讲，保护与传承非物质文化遗产的关键就是做好传承人的保护工作。所以，各级政府应采取切实有效的措施，给非物质文化遗产传承人提供特殊的生活和政治待遇，让他们衣食无忧，培养更多的民族文化传承人。

笔者：今天的访谈就此结束，再次感谢您接受我们的采访。最后祝您身体健康、阖家欢乐、扎西德勒！

本文原载《西藏大学学报》，2014（1）。

草原的“好曼巴”

——记甘肃省玛曲县医生王万青

林治波[1]　李如旦

从东海之滨的大上海，到西部玛曲大草原，当年风华正茂的知识青年，任岁月雕刻成了沧桑的西北老汉——王万青默默扎根草原42年，为当地藏族群众看病送药，与藏族同胞结下深情厚谊，被当地群众亲切地称作“好曼巴”（曼巴，藏语“医生”之意）。

“到祖国最需要的地方去！”

“当时毕业后填报志愿，我没写具体地方，只写了两行字——祖国的需要就是我的志愿，到祖国最需要的地方去！”42年后，王万青对自己年轻时的抉择依旧无怨无悔。

1968年，24岁的王万青在上海医科大学完成6年学业后，被分配到甘肃省甘南藏族自治州工作。拿到了派遣证，他还不知道甘南在哪里。“从兰州到甘南一路大雪，汽车开了两天才到合作镇。”王万青回忆说，当时怎么也没有料到，甘南的天气会如此寒冷，上海人穿的棉衣到这就毫无作用了，“一路上冷得实在不行

① 林治波，《人民日报》社高级记者，《人民日报》甘肃记者站站长。

了，就跳一跳，搓搓手。”

在许多人眼里，草原上有蓝天白云，有牛羊成群，甚至还有美丽的姑娘，是个“罗曼蒂克”的地方。

然而，只有亲历者才知道甘南草原的另一面：高寒，缺氧，还有让人一时难以适应的饮食习惯和居住条件。

到达合作镇参加劳动一段时期后，领导见王万青不适应牧区生活，打算派他到甘南条件最好的迭部农区工作。不料，王万青却不同意：“我说了要报效祖国，就得拿出实际行动来，要看做得怎么样。”他主动要求到艰苦的地方去为群众服务。最后，数番辗转，王万青来到玛曲县阿万仓乡。

“牧民对我就像亲人一样”

在阿万仓乡，许多人并不知道王万青这个名字，但只要说到大脚“曼巴”，牧民们就会纷纷竖起大拇指，连连称赞他是个好“曼巴”。

阿万仓乡距离玛曲县城50多公里，绝大多数居民是藏族牧民。王万青刚去的时候，这里还没有通公路，只有一片茫茫草原，通行靠骑马或徒步。到达乡中心卫生院，眼前的情景让王万青大吃一惊：两间破旧的土坯房，最贵的医疗设备是血压计，药品奇缺，得用牦牛到县城去驮。

语言不通成为诊疗的巨大障碍。王万青只好在本子上把一些看病时常问的话用汉语音译成藏语，然后背下来，连说带比划，试着与前来看病的牧民交流。不到半个月，笨办法奏效，王万青能独立看病了。

“那时候，很多病在大医院可治好，但在草原上可能就是死路一条。我们只能尽力而为。”王万青说。

牧民加白回忆，1973年，他的舅舅阑尾炎发作被送到阿万仓卫生院。“当时我们不懂什么叫阑尾炎，只知道是肚子疼。听大脚‘曼巴’说要动手术，都吓坏了。”经耐心解释劝说，王万青成功为病人做了手术。

“这可是阿万仓历史上第一例阑尾手术！”加白说。

这次成功的手术，让牧民们记住了这个穿 45 码鞋的大脚“曼巴”。

直至 1990 年被调到玛曲县人民医院，整整 20 年间，王万青的足迹遍布阿万仓草原的每一个角落。他多次在牧民帐篷中救死扶伤：在牛粪堆上为大出血休克的产妇实施胎盘剥离术，在夏窝子（夏季放牧点）抢救患肺炎心衰的新生儿，为病人做肛瘘手术，从死神手里夺回患急性高原肺水肿牧民的生命……王万青戏称自己是全科大夫，“什么病都得看啊！”

“不管走到哪，都有藏族同胞给我驱赶狗群，热情拉我到帐篷里喝酥油茶、吃羊肉，晚上怕我冻着，还给我盖上厚厚的牛羊皮……牧民对我就像亲人一样。”王万青动情地说。

“草原就是我的家！”

2003 年，王万青退休了，但他依然积极乐观，爱说爱笑，时而表现出孩子般的俏皮。

当年，王万青娶了自己的“学生”、藏族女护士凯嫪为妻，在草原上安了家。

如今，老两口就住在玛曲县医院后面，小院里有一个很小的花园，种着些不知名的花草。走进屋里，一大间房子辟为客厅、书房、卧室，中间都只隔一门帘。书房里挂满了画和照片，大部分内容是草原、白云、牦牛、藏族妇女、孩子。王万青指着一张照片说，上面的美丽藏族女子就是自己的妻子凯嫪，两个孩子是自己的儿子。说着，老人脸上露出了幸福的微笑。

如今，王万青的两个儿子继承父志，先后来到父亲倾注了十几年心血的玛曲县人民医院工作。他唯一的女儿其美则嫁给了阿万仓一位牧民，留在了草原上。

早在1988年，王万青就获得“全国民族团结进步先进个人”荣誉称号。母校也没忘记他，2009年12月21日，校领导亲自为他颁发了“校长奖”。

面对荣誉，王万青淡然一笑，“我觉得一个医生治好病人是理所应当的，没必要夸奖我、感谢我。”

当年跟王万青同来甘南的4名同学，后来都陆续回了上海。留下来的，只有他一个。王万青有好几次机会可以回到老家上海，他都放弃了。

“其实我一直想念上海！前些年还觉得没回去有些遗憾，如今想通了，草原就是我的家。我要一直留在这里，还可以发挥余热，为藏族群众治病送药，直到心脏停止跳动。”王万青平静地说。

望着老人烙有高原红的清癯面庞，听着那带有浓浓上海口音的话语，不由让人联想起草原上随处可见的格桑花，平凡得令人感动！

本文原载《人民日报》，2010年8月13日。

高原渔歌

——记高级渔捞工程师阮亚寿

吴春岗　肖俊仁[①]

在海拔 3470 米的玛曲县大水渔场，省委书记握住了一双特别的手

1991 年 8 月 10 日下午，在广袤幽静的甘南草原上，几辆疾驶的越野车沿公路飞奔着。

这里是青藏高原东部的玛曲草原。

此刻，天气晴朗，风和日丽，朵朵白云在天空中飘荡着、移动着。草场上五颜六色的小花朵与茵茵绿草相互映衬，雪莲般的白帐房和缓缓移动的羊群，使这草原上的美丽与勃发的生机俱在。

车行不久，饱览草原美景的一行人调头转向右边，透过车窗的目光投向一个新奇无比的地方……

大水，一个昔日无人问津的荒草滩，现在却出现一座座整齐的建筑物，粉墙红瓦的试验房，排排整齐的职工宿舍，清洁、平整的院落，还有那富有江南韵味的亭阁，显示出富有现代化生活气息的草原景象。

---

① 肖俊仁，临夏《民族报》记者。

最能吸引人的是，沿溪流边的大片大片的梯田状鱼池。

这里就是玛曲县大水渔场虹鳟鱼养殖基地。

由不远处的山脚流入的山泉水碧蓝碧蓝的，轻风吹过的池面微波荡漾。清澈见底的池塘中，放进不久的鱼苗像满天星星一样多，闪来游去；成鱼池中鱼群密密麻麻，相互追逐。

它们就是虹鳟鱼，原产于北美洲，50 年代末期引入我国，在海拔 3470 米的高原上成功养殖还是首次，也是第一家。

几辆小车戛然停下。

这是中共甘肃省委书记顾金池考察甘南牧区工作的一个重点。领导们看过鱼池问设施，去了试验场又到职工宿舍，许多方面使他们好奇和惊叹。

临走，顾金池书记握住了一双手——一双裂口重叠、锯齿般粗糙的手，说道："你在高海拔地区成功地建起虹鳟渔场，取得这样大的成绩，了不得啊！希望你继续总结探索，为高原地区发展养殖业做出更大贡献。"

这位被握住手的就是玛曲县渔场场长、高级渔捞工程师阮亚寿。

面对省委书记的高度评价，阮亚寿的眼睛湿润了，一股暖流在心头激荡，那难忘岁月，那汗滚、寒流袭的场景，由模糊变得渐渐清晰……

他说，他所热爱的事业是从草原开始的

福建，绵延曲折的海岸线，是海路相接的地方。这里四季如春，气候适宜，陆上丰富的物产，海上齐全的海类，物质生活十分富裕。由于优越的地理条件，多少年来，一直是中国社会、经济的窗口之一。

1939 年 7 月 15 日，阮亚寿出生在福建省厦门的一个世代以捕

鱼为生的渔民家中。

大海，是阮亚寿童年的摇篮。戏不够的海水，捕不尽的鱼，陶冶了他，又锻炼了他。那辽阔浩瀚的蓝色世界，给了他无数个神奇的幻想。

同饱经战争忧患的父辈相比，阮亚寿是幸运的。在新中国灿烂阳光的照耀下，阮亚寿同众多的普通渔民儿女一起走进了校园。

转眼到了1959年，刚满20岁的阮亚寿从厦门集美水产航海学校毕业了。此时，建设新中国、奉献新中国的号召成了年轻人的心中渴望，都把到艰苦的地方去工作当做高兴和最满意的事，阮亚寿是最积极、最活跃的，他选择了大西北，他又把目的地定在了甘肃。

经过长途跋涉，他来到了西北重镇兰州。省上对来甘肃支援建设的人才非常重视。不久，他被组织派到上海水产学院进修鱼类养殖专业。

如鱼得水，阮亚寿感激不尽。

时光转逝。1961年，满载进修后收获的阮亚寿回到了兰州。那稀少的专业，志愿来西北工作的大志，难得的人才，省农业厅珍惜得不得了，阮亚寿被留在厅里工作。

当年，农业厅组织专业人员进行渔业资源普查，阮亚寿是其中的一员，其目标之一是甘南州。他和同志们一起来到黄河上游玛曲县进行渔业资源调查。

这里——

大草原一望无际。

弯弯的黄河古道蜿蜒不尽。

阿尼玛乡雪山雄浑苍劲，河曲马矫健漂亮，藏族牧民的热情、豪爽好客，给阮亚寿留下了美好的印象。

“蓝蓝的天上白云飘，白云下面马儿跑……”

在很早的时候，阮亚寿就向往着大草原，憧憬着大草原。此时此刻，真正置身于昔日幻想的天地里，尤其是展现在眼前的黄河，壮观美丽；脚下草茂水足，洼地水溢，令阮亚寿遐想不已。

作为搞水产养殖的，对这黄河上游清清的水、流动平缓的水，异常感兴趣，他们顺流向西在两岸调查。

这是一个美丽的地方，从青藏高原腹地而来的黄河在玛曲境内受西倾山阻挡来了个 180 度的大转弯后折向西流，复入青海，形成九曲黄河的第一弯。

黄河在玛曲县境内流经 423 公里，由于地势平坦，流速缓慢，又形成无数曲流汊河和沼泽，得天独厚的地理条件成为冷水性鱼类的良好栖息地。

石花鱼、鲤鱼、绵鱼、狗鱼，肉厚味鲜美，而且非常多，有时乘马过小溪，马蹄下去，就会踩出几条翻着鱼白肚、斤把重的鱼来。早在 1958 年，当地政府就开始建设玛曲渔场，在黄河里捕捞。

资源调查离不开与渔场场长打交道。由于阮亚寿专业上什么都懂，又对高海拔地区养殖鱼有独到见解，大令渔场场长惊讶，几天接触，竟提出要阮亚寿留下来。年轻的阮亚寿不暇思考，一口答应了。

他太爱自己的专业了，面对条件优越的大城市生活、工作“如意”的办公室工作，竟毫无留恋之意，手续一办，连省城多一天也没待，就到了渔场报道。

这一去就是 30 多年，这一留使他乡音渐改鬓发白。

玛曲渔场地处高海拔、高度寒冷地带，加上地处偏远，人烟稀少，交通不便，物资运输困难，吃的大多是青稞、燕麦，生活日用品也很缺乏。渔场工人们住的是夏不挡雨冬不遮寒、阴暗又潮湿的窝棚，取暖和做饭用的是草滩上的干牛粪。这里冬长夏短，一般植物难以生长，新鲜蔬菜极少。

多年的生活习惯一下子被打破，这对于生长在南方鱼米之乡的阮亚寿来说，无疑是一种严峻的考验。加之高寒缺氧，起初他常常气喘心跳，吃不下饭，睡不好觉，口干舌燥，高原反应严重，还脱了一层皮。过去细皮嫩肉的小伙子，不长时间，脸上竟黑里透红，满身是“土气”。

60年代的困难时期，甘南草原更加困难，阮亚寿忍受着艰苦生活的磨难，仍不停地工作着。为开发黄河上游渔业资源、为发展玛曲县的渔业，他一年到头奋战在漫长的捕捞河段上，他浪里打桨，风里撒网，涉水拉船，送走了一个又一个紧张忙碌的白天和夜晚。

在渔业生产中，阮亚寿把自己的书本知识同具体实践相结合，同渔业工人们一起摸索总结出了一整套适应高原条件的捕捞方法，并革新了渔具，极大地提高了劳动生产效率，使作业人员逐步减少到原来的十分之一，而捕鱼量却保持持续增长势头。

甘肃是一个渔业不发达的省份，鱼产量很低，玛曲县渔场占去当时全省产量的相当一部分，是发展渔业的重点，作为搞专业技术的，阮亚寿用了全部心血，付出了很大代价，渔场因为他富有成效的工作，越办越好。

史无前例的“文化大革命”开始了，政治斗争的风云殃及这个偏僻地方，阮亚寿被打成“反革命分子”，并下狱治罪。

几年的囚徒生活，他的精神和身体都受到了摧残，但志向并没有动摇……

创业，是从荒原上的一顶简陋帐篷开始的

冰雪消融，草原上溪流淙淙，报春的布谷鸟飞过草原，传送着清新的气息。平反出狱后的阮亚寿，又投身于渔捞工作。

他要追回那流逝了的宝贵时光，创造高原渔业发展的新纪录。当时面临的严峻现实是：十年浩劫使渔业资源遭到破坏，各类鱼量减少，渔场生产停滞，管理混乱，捕捞不科学，滥捕、乱捞，

一个好端端的渔场产量大降，经济效益几乎到亏损的地步。

他总结多年的经验，提出一个大胆的设想：

改变过去只捕捞不繁养的办场方式，实行捕捞与养殖并举的方法。同时，让现代化科技在渔业中发挥作用。措施是引进新鱼种，培植新鱼苗。

这里高寒缺氧，有其特殊的气候条件，阮亚寿查阅了大量资料，经过反复的分析比较，觉得这一地区养虹鳟鱼比较好。这种鱼生长期短，价格高，经济效益好，市场广阔，前景乐观。于是建议引进虹鳟鱼，进行人工繁殖、饲养。

虹鳟鱼属形目鲑科鱼类，我国于 1959 年从朝鲜引进，1963 年黑龙江人工养“鳟”首告成功，还发展到吉林、辽宁、山西等地。

虹鳟鱼还是少有的高级鱼类之一。由于肉质细嫩，味美、无腥，无小骨刺，好吃易洗，蛋白质和脂肪含量高，胆固醇含量几乎等于零，EPA（二十碳五烯酸）含量高于其他鱼类几倍以上，对病人伤口速合及孕妇和老年病患者身体健康极为有益，发展起来的话，可是一种极好的产业。

将在低海拔水域养殖的虹鳟鱼引进到高海拔的青藏高原，设想是大胆的，要实现目标是不容易的。党组织和场里领导支持他，又给了他许多便利，从而强化了阮亚寿闯“禁区”的决心。

经过联系，1977 年 4 月，在甘肃省水产研究所技术人员的支持下，309 条 4 寸虹鳟鱼鱼苗千里迢迢从山西太原运到了玛曲，放进了专设鱼池进行养殖试验。

不到两个月，大部分鱼苗死掉了，人们灰心丧气，还有怨天尤人的，认为玛曲海拔高，气候变化无常，无法养殖虹鳟鱼。

然而，阮亚寿并没有这么看，被黄河横穿的玛曲县，水域宽阔，水质天然，没有污染，大量的牛羊下水又是很好的虹鳟鱼饲料。他经过分析化验，并研究了虹鳟鱼的特性后认为，这里冬季结冰时间长，水中氧气不足，水温变化大，是鱼死亡的根本原因，为了克服这两个弊端和选好对策，他提出选场是虹鳟鱼养殖成败的关键，而且必须具备这样几个条件：

水源，需要清冽的冷水，不能浑浊，不受污染；水温，周年变动应在5℃～20℃范围内，全年平均水温在8℃～15℃之间；水量，越大越不易结冰，饲养效果越好。

大水附近有一地下喷涌的泉，水量大，水质清纯，不结冰，水温在9℃～11℃，终年流动，沿坡沟而下的流水达数里长，被阮亚寿确定为理想的养“鳟”场。

1978年11月，阮亚寿和3名工人带着幸存的56条虹鳟鱼，来到大水泉边，支起了一顶破旧的帐房。

时值寒冬，草原一片金黄。伴着荒凉与孤独他们冒着刺骨的寒风，迎着霜雪，开始了最初的建设。苦寒难当，创业者心里燃着一团团熊熊的篝火；缺少设备，就因陋就简，采用节省投资的网箱饲养。不久，必要的机房和几个简易鱼池建好了。

要搞好虹鳟鱼的人工繁殖和喂养，必须讲科学，讲技术，引进良种，繁殖好的良种。为此，阮亚寿阅读了大量的技术书籍，进行深入的研究。

针对饲养管理中存在的问题，他们对刚建起来的渔场严格制度，加强管理，一切按科学的规程办。在养殖技术上，除定时定量给鱼群喂玉米粉、麸皮、野菜和鱼外，还在种鱼产卵期之前，加喂高蛋白、多维生素的牛羊肝脏、胡萝卜、青菜等饲料。在人工授精、孵化过程中，坚持科学态度和管理方法，做到每道工序精益求精。

时间一天天地过去了，希望的种子在慢慢地生根、开花、结果。

1979年，在海拔3470米的大水试验点，第一代虹鳟鱼人工繁殖宣告成功。

多日的辛劳，多日的期待，梦幻成为现实。阮亚寿就像当年志愿来到甘肃时一样，喜悦之情久久不能自控。

初战告捷，他们又将试验扩大，建更大型的实验场。

为支持这项具有开拓性和广阔发展前景的科研项目，有关部门立专项、拨专款，支持建立“玛曲渔场大水虹鳟鱼试验点”。扩建工程开始了。

仅用一年时间，一座现代化虹鳟鱼试验场坐落在大水。

阮亚寿，这位立志于渔业的科技工作者，为了把全部身心都投入到工作上，将爱人和孩子们从甘南州府所在地接到大水。为了把试点办好，他先后几次赴内地，从外省引进养殖业发眼卵、鱼苗和种鱼等，进行人工繁殖。有了好的鱼种，有了过关的技术，阮亚寿又在喂养上下大功夫。

从 1982 年到 1985 年，大水虹鳟鱼饲养试验取得了进一步的成功。三年时间共育成亲鱼和后备亲鱼 3000 尾，二龄鱼 7500 尾，15 月龄鱼 7.6 万尾，鱼苗 60 万尾，提供商品鱼 4.2 吨，向省外提供鱼种 5.45 万尾。

由于阮亚寿和同事们的努力，玛曲渔场大水试验站经济效益大增，填补了在高寒地区成功饲养虹鳟鱼的空白，引起了省上重视。1985 年 9 月，受甘肃省科委委托，由兰州大学生物系、西北师范大学生物系及有关的 15 名专家、教授和技术人员组成的鉴定小组，对玛曲渔场大水虹鳟鱼试验点承担的“虹鳟鱼引种、繁殖、饲养试验”课题，进行了全面验收。

鉴定小组认为：大水试验点虹鳟鱼的引种、繁殖、饲养课题选题准确，试验方法科学，所取得的技术资料丰富，数据可靠。在国内高寒地区“引、繁、饲”是成功的，为发展高原养殖业和农牧民群众脱贫致富开拓了一条新门路。同时，在甘青川三省同类地区产生了积极影响。其技术手段达到国内先进水平。

奇迹，青藏高原的奇迹，玛曲渔场的奇迹，阮亚寿创造的奇迹。

赞语、掌声，簇拥着鲜花一起向阮亚寿涌来，他几次作为知识分子劳模代表参加自治州、兰州、北京等地的各种表彰大会、代表会。对这些，阮亚寿是当之无愧的。

虹鳟鱼的产卵孵化是在冬季。为保证时间和质量，阮亚寿的双手每天要在冰冷的水中浸泡七八个小时，翻动几百尾种鱼，采60多万个卵。到了晚上，脱去手套的手见了热气，疼痛得受不了。

冬季，穿上下水服进齐腰深的池中作业更是常事。冷水刺着他的身子，泡着他的下半身。有生活常识的人都知道，长期下去是要得病的，而阮亚寿不顾这些，心里只有工作。

长期的冷水作业和高寒地区的生活，使阮亚寿积劳成疾，早在1978年，他就患上了类风湿性关节炎。而那时正至虹鳟鱼引种繁殖的关键时期，没有外出治疗的时间，致使病情恶化。双手关节肿大变形，右髋关节无菌坏死，严重时只能卧床休息，但为了工作，一待病情有了好转，他就拄着拐杖去孵化室，去池边检查指导工作。

挚爱的事业，一味地奉献，阮亚寿把个人的痛苦抛掷在身后，为高原渔业发展发奋工作着。

远方，云蒸霞蔚，一幅美丽的图画

阮亚寿的病情引起了党和政府的高度重视。甘南州总工会想方设法，保护这位杰出的高原科技工作者，多次和中国煤矿工人北戴河疗养院专科病研究所联系，要送他去疗养治病。

1990年6月，阮亚寿进入煤矿工人疗养院。在那里，他又一次看到了祖国的大海，那波涛起伏蓝蓝的海水，白的浪花，还有海滩、渔帆，一切是那样熟悉而又有些陌生。眼前的一切，使阮亚寿想起了故乡——厦门。

离开厦门，在大西北已是30多个年头了。30多年里，他入了党，成了全省有名渔场的场长，几次被评为劳动模范，人称他为扎根高原的人。而对家乡，他只回过两趟。第一次是1975年，那时他刚平反出狱。当年从父亲眼里走出的是个英姿勃勃的孩子，而此时，走来的是身子壮实、皮肤粗糙、脸膛黝黢还带着“小太阳”，完全是一副高原牧马人的模样。老人的爱怜之情难以言状。

1988年，阮亚寿接到父亲病危的消息，第二次赶回厦门，看着病中的父亲，他的眼泪止不住地流。即将寿终的父亲要他侍奉在身边，不要离开。当时，渔场刚从美国引进了虹鳟鱼优良品种发眼卵30万粒，以替代已经退化的老品种，工作正在节骨眼上，他为了事业只得含泪匆匆踏上返回的路程。没想到到玛曲不久，就接到父亲病逝的消息。

从1988年3月到1991年底，大水虹鳟鱼品种经过更新换代，全部达到优质化。引进的美国普通品种的成活率和生长速度分别是朝鲜品种的2.25倍和2.72倍，新培育的优质亲鱼已开始产卵孵化。1991年，实现生产商品鱼40吨，创利税28万元，这都是前所没有的。还掌握了人工繁殖、成鱼饲养、亲鱼养成、鱼病防治等技术，以及饲料的制配等，继续发展的势头大增，为扩大养殖和扩大市场投放创造了条件。

1991年2月6日下午，中共甘肃省委、省人民政府在兰州隆重举行表彰甘肃省首批省级优秀专家仪式，在受表彰的61名有突出贡献优秀专家中，阮亚寿是甘南藏族自治州唯一名列光荣榜的。

从1991年7月起，阮亚寿开始享受国务院批准的每月100元的政府特殊津贴。

接踵而来的殊荣，使阮亚寿坐立不安了。他无时不在想，只有用百倍的工作，做出更大成绩，才能报答党和人民的期望。

一年来，他不顾疲劳和艰难，忘家、忘我地工作着，共产党员和优秀科技工作者的一切高尚品德都从他身上体现出来。

1991年，在制定渔场“八五”渔业发展的奋斗目标时，阮亚寿雄心勃勃地提出“八五”末年产虹鳟鱼500吨，年产值700万元，年收入400万元，年税利200万元。

基本建设总的目标是：建成一个包括养殖、加工、储藏、科研、服务一体化的高产、优质现代化渔场。

这是一张高原实干家的宏伟蓝图，这是一张将先进科技引进偏远地带的宏伟蓝图。创造高原奇迹的人和他的伙伴们，将展现一个更加辉煌的奇迹。

本文选自周辛平:《骄傲的黄土地》，兰州大学出版社，1993。

在藏学的田园里耕耘

——记藏学家索代

毛辉成[①]

索代，出生在闻名遐迩的拉卜楞镇的一个藏族家庭，50多岁的他有着坎坷的人生经历。中学毕业后，正值“文化大革命”开始，索代随着知识青年上山下乡的潮流来到了牧区，在夏河县科才乡跟牧民生活了4年，在那极其艰难而复杂的岁月里，他当过牧民，任过民办教师，干过赤脚医生，其间吃了很多苦，但藏族人民的朴实、善良、勤劳、豪爽给他留下了很深的印象。也是在那几年里，他对牧民的风俗习惯逐渐产生了浓厚的兴趣。

1977年，他调到夏河县委宣传部搞报道，跑遍了全县所有的山山沟沟、村村寨寨，到处留下了他的足迹。1978年，他首次在杂志上发表散文《明珠流彩》，用生花之笔描述了他美丽的家乡。1978年，国家在“文化大革命”后首次恢复了高考，这特大喜讯犹如缕缕春风，唤醒了广大有志青年，也圆了莘莘学子的大学梦，索代便是其中之一。在西北民族大学藏语文专业学习期间，索代如饥似渴、争分夺秒学习每门课程。4年的校园生活给了他系统的藏语文知识，为他后来在藏学领域的耕作打下了坚实的基础。

① 毛辉成，夏河县委报道组副组长。

毕业后，索代先后在甘南州文化局、州委宣传部从事《格萨尔》、藏传佛教文化和甘南藏戏的研究工作，其间他先后发表了多篇《格萨尔》的研究文章，在《格萨尔》研究领域里小有名气。

索代曾花费7年时间，全面通读了《格萨尔》出版和未出版资料，在严肃认真的分析比较的基础上，从文学和历史的角度，对《格萨尔》进行总体把握，提出了贯穿《格萨尔》的两种倾向、两种交织，即格萨尔进行的统一四方的战争，佛教战胜苯教的斗争；神话与现实的交织，战争生活与日常生活的交织。于是，索代的第一部专著《格萨尔王传论略》诞生了。该书对《格萨尔》的史诗性质、总体结构、人物体系、艺术特色及在藏族文学史上的地位作了详细的阐述，成为涉足《格萨尔》研究者们必读的论著，他也因此在国际《格萨尔》研讨会上备受关注，成为我国学术界研究《格萨尔王传》成绩突出的专家之一。

1990年，索代调到夏河县史办公室供职。

索代的父亲是1949年9月参加革命的老干部，曾在协助拉卜楞保安司令黄正清起义方面做了大量工作。索代从小受到父亲的熏陶和感染，加之故乡拉卜楞辉煌灿烂的佛教文化、独特秀丽的风光、丰富旖旎的民间艺术、多姿多彩的民俗是他创作的源泉，激发了他从事藏文化研究的热情。他深刻挖掘藏文化极其丰富的内涵，以独特的见解、敏捷的思维，对藏传佛教文化进行深入系统的研究。

研究中，他翻阅了大量与学术研究有关的资料书籍，包括藏、汉文等的古今中外参考书。索代说，他查阅的资料大概有几千万字，几乎通读了马克思、恩格斯、列宁、斯大林和毛泽东的全部著作。这为他研究藏学打下了坚实的思想和理论修养基础。对他来说，从来不知道什么是节假日，经常埋头于三尺案头，为了自己崇高的理想与追求而努力着。

索代不论是文学创作，还是藏学研究，他最突出的两个特点是：一是高度的爱国主义热情；二是坚持历史唯物主义。在他的作品中自始至终体现了对祖国的眷恋之情，歌颂和肯定历史上的爱国主义事件和人物，坚持批判分裂祖国的行径，对某些观点和客观事物进行科学的分析研究。他一贯主张“古为今用，洋为中用”，“去粗取精，去伪存真”，他是与共和国一起成长起来的藏族学者。多年来，索代先后在《西藏研究》《西北民族学院学报》《民族文学研究》《南亚研究》等学术刊物上发表论文近百篇。

索代对藏学研究情有独钟，在藏学研究这块沃土上扎根，并倾注了大量心血和汗水，取得了丰硕的成果。由于他对藏学持之以恒、孜孜不倦的研究，使他对藏族的文化渊源及走向有了更为清晰的认识。他认为，维系传统文化和现代文化的关键，就是要把藏族文化中的精华加以继承和弘扬。索代反复提醒大家，在当前由于各种各样外来文化，尤其是西方文化的冲击和影响，如果我们对民族文化不继续深入研究，藏族文化就会有被湮灭和淘汰的可能性，所以藏族文化正面临挑战。

正是基于这样强烈的思想意识，索代于1992年推出了第二本专著《拉卜楞寺佛教文化》。该书对藏传佛教的主要内容及文化价值作了较全面的、客观的论述。北京图书馆馆长任继愈先生阅读此书后称赞道：“这本书的内容很实在，介绍的情况也很全面，是一本很有用的系统的介绍藏传佛教的书。”

1993年，索代的第三本专著《南木特藏戏》被列入甘肃艺术研究丛书出版。索代在书中全面系统地整理、介绍了在安多藏区颇具影响的“南木特”戏，阐述了“南木特”戏的产生、特点及与西藏藏戏的关系，从而填补了中国戏剧史研究的一项空白。

索代多年来在研究《格萨尔》方面成绩突出，曾在1986年荣获中国社会科学院、文化部、国家民委和中国民研会联合颁发的荣誉证书。1989年，撰写学术论文《格萨尔总体构思探索》参加首届格萨尔国际学术会。1999年，撰写论文《〈敦煌古藏文历史文书〉与〈格萨尔〉的关系》参加敦煌学国际学术讨论会。1997 年 6 月，索代被文化部、国家民委、中国文联、中国社科院联合表彰，授予有“突出贡献的先进个人”称号。论文《藏文化特点分析》刊登在《西藏艺术研究》上，被评选为我国“九五”期间科研成果之一。由他主编的《夏河县志》约 120 万字，资料翔实，已通过省、州终审验收，于 1999 年 9 月由甘肃文化出版社出版发行，该书荣获“甘肃省社会科学三等奖”。

1999 年 6 月，索代的第四本专著《藏族文化史纲》（约 49 万字），由甘肃文化出版社出版发行，该书荣获“甘肃省优秀图书奖”。该书全面系统地介绍了藏族文化的形成、发展及特点。从青藏高原的自然环境开始，论述了远古藏族、古代藏族部落、苯教文化、吐蕃王朝时藏文化的大发展；介绍了藏传佛教各派的形成及特点，进一步论述了宗喀巴佛教思想及格鲁派佛教文化，布达拉宫的建成、藏文化的极盛时期；同时也述评了史诗《格萨尔》、藏戏、藏族民间文艺、藏族民俗风情，概括了藏文化的表现形式及基本特点。这本书将读者带入神奇瑰丽的青藏高原，从中人们既可了解博大精深、丰富多彩的藏族文化，也可了解藏族人民对人类文化的贡献。

本文原载《中国西藏》，2004（2）。

附　录

百年甘南建制沿革及行政区划

牛述林①

一、建制沿革

中华民国于1912年建立，中华民国二年（1913年）废府、州、厅的建制，代之以省、道、县制。今临潭县属兰山道，今舟曲县属渭川道，今夏河县属西宁道。1927年，拉卜楞设立设治局；1928年，夏河正式设县。时甘肃省辖今州内临潭、西固（今舟曲）、夏河3县及今卓尼县（包括迭部、舟曲部分地区）。卓尼于1937年成立设治局，进入“流”（设治局）“土”（保安司令部）并存的过渡性政权形式。

1949年中华人民共和国成立前夕，临潭、卓尼、夏河解放，12月10日西固县解放。时临潭、卓尼隶属岷县专署，夏河隶属临夏专署，西固隶属武都专署。1952年2月，中共甘南藏族自治区临时工作委员会成立，隶属中共甘肃省委。7月1日，中共甘南藏区工作委员会成立，辖中共夏河工委、中共卓尼县委、中共临潭县委。同年，中共洮源工委和欧拉工委成立。1953年，在洮源、欧拉两工委的基础上分别成立中共碌曲工委和中共玛曲工委。

1953年10月1日，甘南藏族自治区成立。甘肃省政府将夏河、

① 牛述林，甘南藏族自治州地方史志办公室主任。

省。县治设在新城，县辖6区3镇45乡。1934年开始推行保甲制。1935年，实行新县制，撤区改为1镇4乡，即新城镇、石门乡、洮滨乡、西平乡、莲峰乡。1937年3月，省府通令将乡镇改区署，遂又改为6区。同年10月改为4个区署。1939年7月，撤区置2镇7乡74保747甲。即新城镇、旧城镇、西平乡（驻羊永）、洮滨乡（驻新堡）、冶海乡（驻冶力关）、莲峰乡（驻甘沟）、铁城乡（驻王家坟）、同仁乡（驻卓逊）、石门乡（驻石门口）。其后又设垂巴乡（驻牙关）。除县属部分藏区双岔、西仓、郎木寺等地未设区乡未编保甲外，昝土司、小杨土司辖区设立同仁乡。1942年6月全县调整为69保685甲。1948年2月再次撤并，行政区划改为2镇5乡，即新城镇、旧城镇、西平乡、洮滨乡、莲峰乡、铁城乡、同仁乡。

1949年9月1日临潭解放。27日，宣布废除保甲制度，成立临潭县人民政府，基层行政建置设为4区20乡，第一区驻新城，下辖城关、寇家桥、新堡、资堡、总寨5乡；第二区驻旧城，下辖南关、西关、古战、和平、羊永、流顺6乡；第三区驻王家坟，辖王家坟、三岔、陈旗、罗堡沟4乡；第四区驻冶力关，辖冶河、冶海、甘沟、莲花、八角5乡。时县辖术布等处藏区尚未建政。1951年，新设旧城市，辖西关、南关、古战3乡；羊永区（第二区），辖流顺、羊永、和平3乡；设牙关乡（驻术布）由县直属。

1952年，乡级政权机构增加，划旧城市西关、南关两街为单列“街”的建置。第一区增设端阳、扁都2乡，第三区增设尹家沟乡，第四区增设岸门乡，加牙关直属乡，全县为4区25乡2街。时双岔区仍未建政。

1953年6月11日，临潭县人民政府从新城迁驻旧城，隶属甘南藏族自治区。区划又作变更。第一区增设秦关乡；第二区增设太平、羊升乡；第三区增设马营河乡；第四区的甘沟、岸门乡及第三区的罗堡沟乡划归新设的第五区。全县划为5区1市32乡（街）。

1954年，碌曲设立县级行政委员会，双岔、西仓、郎木寺划归碌曲。将第一区的资堡乡、第三区的龙元数村及牙关直属乡设置团结区。同时废止以数序称区，第一区更名新城区，第二区为三川区，第三区为洮阳区，第四区为冶力关区，第五区为羊沙区。

1956—1957年，乡、镇建制变更，改旧城市为城关镇，古战乡划归三川区，又将大多数乡作了调整，使乡管范围扩大。新城、三川、洮阳、冶力关、团结区各辖4乡，羊沙区辖3乡，城关镇未变。

1958年，撤区并乡，八角、莲花两乡合并为八角乡；冶河乡为冶力关乡；岸门、甘沟合并为羊沙乡；新城区改新城乡；洮阳区改为王家坟乡；新堡、总寨两乡合并为新堡乡；撤销资堡乡；术布、牙关两乡合并为术布乡；余为石门、陈旗、三岔、寇家桥、流顺、羊永、和平、古战、术布、城关等乡镇。9月7日后，临潭县属基层行政机构均改为人民公社建制。全县设金星（原八角乡）、冶海（原冶力关乡）、新光（原羊沙乡）、红星（原石门乡）、先锋（原陈旗乡）、春光（原流顺乡）、羊永（原羊永乡）、和平（原和平乡）、友联（原术布乡）、团结（原古战乡）、新堡（原新堡乡）、前进（原王家坟乡）、五星（原三岔乡）、红旗（原寇家桥乡）、新城（原新城乡）、城关16个人民公社。12月20日，卓尼撤县并入临潭，基层机构设置扩大，共设柳林、新城、洮阳、新洮、羊永、冶力关、城关、洮北、录遵、北山、上迭11个人民公社。

1962年，临卓两县分治后，临潭县基层建置变更为古战、牙关、术布、长川、羊永、流顺、新城、扁都、店子、新堡、总寨、三岔、王家坟、陈旗、石门、羊沙、冶力关、八角、城关19个人民公社。1963年，又增设范家嘴和卓洛2个公社。1965年，牙关并入术布公社，范家嘴并入城关镇。1971年，王家坟改称龙元公社。1972年，城关镇亦改称城关公社。1981年，城关公社复改为城关镇。1983 年，人民公社管理委员会均改为乡人民政府。

2005 年 12 月，撤销新城乡、冶力关乡，分别成立新城镇、冶力关镇。2006 年 10 月，将原新堡乡、总寨乡合并成立洮滨乡，将陈旗乡、龙元乡合并成立王旗乡，撤销扁都乡并入新城镇。至 2010 年底，全县辖 3 镇（城关镇、新城镇、冶力关镇）、13 乡（古战乡、术布乡、卓洛乡、长川乡、羊永乡、流顺乡、店子乡、三岔乡、洮滨乡、王旗乡、石门乡、羊沙乡、八角乡）、3 个居民委员会、141 个行政村、723 个村民小组。

卓尼县

1912 年中华民国建立后，卓尼地区仍为杨土司属地。1937 年卓尼设治局成立。1943 年推行保甲制，到 1947 年全境编查结果为柳林镇（驻桃日）辖 10 保 108 甲，洮南乡（驻达子多）辖 7 保 72 甲，洮北乡（驻古战川）辖 6 保 65 甲，北山乡（驻恰盖寺）辖 9 保 86 甲，录竹乡（驻麻路）辖 8 保 76 甲，贡巴乡（驻贡巴寺）辖 6 保 47 甲，插岗乡（驻拱坝）辖 7 保 82 甲，铁巴乡（驻铁巴）辖 6 保 71 甲，上迭乡（驻电尕寺）辖 12 保 140 甲，下迭乡（驻旺藏寺）辖 14 保 143 甲。设治局共辖 1 镇 9 乡 85 保 890 甲。

1949 年 9 月 11 日，洮岷路保安司令杨复兴率众起义，卓尼和平解放。1950 年，杨复兴宣布废除土司制度。10 月 1 日，中国共产党卓尼工委和卓尼藏族自治区行政委员会成立。

1951 年开始组建基层政府。至 1953 年底，卓尼共设 9 个区级政权（包括区级工作组）14 个乡级政权。1956 年 1 月，全县划为 1 镇 9 区 17 乡。5 区未划乡，仍按原旗制区划管辖。1957 年，将北山、录竹、上迭、下迭、插岗 5 区改旗划乡 27 个。1958 年，撤区并乡，新堡、柳林、洮南、洮北 4 区被裁，并将原 17 乡合并为博峪、纳浪、达子多、大族、申藏、阿子滩、洮砚、新堡 8 个直属乡。调整后卓尼县领1镇5区35乡。

1958年11月，全县乡镇均改建为政社合一的人民公社，县属8个人民公社：柳林公社（原柳林镇）、洮南公社（驻达子多，原区辖域）、洮北公社（驻阿子滩，原区辖域）、上游公社（驻麻路，原录竹区辖域）、恰盖公社（驻恰盖，原北山区辖域）、新洮公社（驻新堡，原区辖域）、上迭公社（驻电尕，原区辖域）、下迭公社（驻旺藏寺，原下迭、插岗2区辖域）。年底，卓尼县并入临潭县，同时将原属卓尼的下迭、插岗两区划入龙迭县。

1962年1月，甘南州重新划分行政区划，恢复卓尼县建置。全县划为1镇20乡84个乡属人民公社351个生产队。即柳林镇、盘园（后改为那子卡）、入吾（后改为扎古录）、沙冒、完冒、尼巴、刀告、柏林、新堡、洮砚、拉扎、纳浪、多坝、木耳、恰盖、康多、勺哇、阿子滩、卡车、大族、申藏乡。区划调整时临潭、卓尼两县辖地有小的变更，原临潭所属的温旗、羊化、草岔沟等村划入卓尼，原属卓尼的立洛、三石、小术布等村划归临潭。

1965年，卓尼对所属21乡（镇）进行撤并。多坝、木耳2乡合并为木耳乡；沙冒、完冒两乡合并为完冒乡；那子卡、阿子滩2乡合并为阿子滩乡；勺哇、康多2乡合并为康多乡；拉扎、洮砚合并为洮砚乡。撤并后县辖1镇15乡。1968年又将16个乡级政权改称人民公社，区划未变。1983年，撤销各级革命委员会，将人民公社改为乡（镇），恢复原1镇15乡的建置。

1985年，新堡乡更名藏巴哇乡。1986年，勺哇乡改为勺哇土族乡。1986年5月，城关镇更名为柳林镇。县辖乡镇增为17个。2002年6月，撤销扎古录乡、木耳乡，设立扎古录镇、木耳镇。调整后，全县辖3镇13乡1民族乡。2005年12月，将柏林乡与藏巴哇乡合并仍称藏巴哇乡，将卡车乡与大族乡合并更名为喀尔钦乡，将阿子滩乡改名为阿子塘乡。至2010年底，全县辖3镇11乡1民族乡：柳林镇、扎古录镇、木耳镇、尼巴乡、刀告乡、喀尔钦乡、完昌乡、阿子塘乡、申藏乡、恰盖乡、唐多乡、藏巴哇乡、洮砚乡、纳浪乡以及勺哇土族乡。有3个社区97个行政村461个村民小组。

夏河县

1912年中华民国建立后，夏河隶属西宁道。1916年，青海设甘边宁海镇守使辖拉卜楞地区。1927年在塔哇设置拉卜楞设治局。1928年成立夏河县。1936年划归甘肃省第五督察区。1939年改划第一行政督察区。

1941年，夏河县政区及拉卜楞教区共隶属十三庄、三科滩、阔才、大参、外思、妥姑、卓格尼玛、勒秀、欧拉、三乔科、西仓新寺、吉仓寺、麦秀、勒秀、妥曲、保拉、力哈、黑错、陌务（美武）、下卡加、隆哇、扎油、大麦滩、火儿藏、火儿藏四头、甘加六族、仁安帐篷区等部落。

1942年后，经过先后两次编查保甲，共14乡镇80保742甲。1948年设市镇区及共和、清水、黑错、博爱、麦西、欧拉7区。

1949年9月22日，夏河和平解放，夏河县人民政府成立。将民国时设置的7区14乡逐步调整为7区28区属乡3直属乡。第一区（原市镇区）辖第一、二乡；第二区（原共和区共和乡）辖第一、二、三乡；第三区（清水区）辖沙沟乡、隆瓦乡、牙首乡、观音乡、桥沟乡、清水乡；第四区（原黑错区）辖美武乡、美仁乡、上卡加乡、下卡加乡、那义乡、加科乡、合采乡；第五区（原博爱区）辖扎油乡、多合乡、俄诺合乡、措尔格乡、加门关乡；第六区（原麦西区）辖第一、二、三、四、五乡及阿拉部落；第七区（原欧拉区）未设乡；另设甘加、桑科、科才3个直属乡。

1954年，夏河县第七区划归玛曲行政委员会辖属；第二区的玛艾、尕海、郎木寺划归碌曲行政委员会管辖。1955年6月，将黑错街（原四区加科乡）改称合作镇。1957年，区、乡调整，变为1镇4区28乡（包括4个直属乡）1个区属镇1个区属部落。

1958年，夏河县将原乡镇组建成拉卜楞镇、红旗、跃进、先锋、卫星、东风6个人民公社。1959年1月，夏河县改为德乌鲁市，阿木去乎划入洮江县。1962年1月，全州重新调整行政区划，撤市改县，夏河县辖合作、拉卜楞2镇及甘加、桑科、达麦、九甲、清水、唐尕昂、那义、麻当、下卡加、上卡加、扎油、美武、美仁、博拉、加门关、吉利、完尕滩17乡。乡属人民公社105个，生产队492个。同年4月，划归洮江县的下巴沟、麦西、阿木去乎、牙利吉、科才5乡复划归夏河县，共辖2镇22乡。

1966年9月，拉卜楞镇易名萨尔吉镇。11月，吉利、下巴沟2乡合并为下巴沟乡，县辖乡镇成为23个。1968年3月，各乡镇革命委员会成立，又将原23个乡镇改称人民公社。1971年2月，萨尔吉人民公社易名城关人民公社。1975年复为城关镇。那义、合作两公社合并为合作镇。1980年3月，复将那义划出。8月，城关镇又改称拉卜楞镇。县辖2镇21个人民公社。

1983年9月，县属人民公社管理委员会改为乡镇人民政府。1986年1月，县属10个乡镇按藏族群众习惯称谓改名，县辖23个乡镇。1996年5月，县属合作镇及那吾、佐盖曼玛、佐盖多玛、卡加曼、卡加道、勒秀、加茂贡7乡划归新设立的合作市（县级）。2002年12月开始撤乡建镇，将九甲乡并入拉卜楞镇。2003年10月，将阿木去乎乡改为阿木去乎镇。2006年，撤牙利吉乡并入阿木去乎镇，牙利吉乡成为办事处。至2010年底，全县辖3镇10乡：拉卜楞镇、阿木去乎镇、王格尔塘镇、桑科乡、科才乡、甘加乡、达麦乡、麻当乡、曲奥乡、唐尕昂乡、扎油乡、吉仓乡、博拉乡；有65个村委会4个社区438个村民小组。

碌曲县

1912 年中华民国建立时碌曲属临潭辖区。全境分属 3 个土官、1 个寺院。辖区有西仓 12 部落（有土官 2 人）、双岔 8 部落（有土官 1 人）及郎木寺色赤部落。

中华人民共和国成立后，1953 年，始将临潭县所辖的西仓区分出，成立中共西仓工作委员会，6 月改称为中共洮源工作委员会，10 月成立洮源行政委员会，直属甘南藏族自治区。1955 年 6 月，碌曲县正式成立，县人民委员会驻西仓加科。1956 年，设西仓区、双岔区、郎木寺区 3 个区政府。1958 年，增设阿木去乎区。

1959 年 1 月 1 日，与玛曲县合并为洮江县，县政府驻地在尕海措宁。

1962 年 1 月 1 日，撤洮江县，恢复碌曲县，县府移至玛艾根萨。县属 12 个乡（阿木去乎、麦西、下巴沟、牙利吉、科才、玛艾、西仓、拉仁关、双岔、阿拉、尕海、郎木寺）50 个乡属公社 189 个生产队。同年 5 月，阿木去乎、麦西、下巴沟、牙利吉、科才 5 乡复划归夏河县。1968 年，又将乡改为人民公社，原公社改称生产大队，县辖 7 个公社 24 个生产大队 56 个生产队，区划未变。1983 年，公社再改为乡。

2003 年，设立郎木寺镇和玛艾镇，并在玛艾镇设立城东、城西 2 个社区。2006 年，设立郎木寺社区。至 2010 年底，全县共设有 2 镇 5 乡 2 场：玛艾镇、郎木寺镇、尕海乡、双岔乡、阿拉乡、西仓乡、拉仁关乡、双岔林场、李恰如种畜场；有 24 个村民委员会 3 个社区 95 个村民小组。

玛曲县

1912 年中华民国建立后，玛曲属甘肃西宁道辖。1927 年，拉卜楞设治局成立，玛曲划入夏河设治局辖区。1928 年 3 月，夏河县成立后，玛曲归夏河县辖区。

1943 年推行保甲制，夏河编组保甲，将玛曲编为欧拉乡，计 7 保 42 甲。

中华人民共和国成立后，玛曲为夏河县第七区。1952 年，甘南藏区工委组成欧拉工作委员会进驻河曲开展工作。1953 年成立中共玛曲工委和玛曲行政委员会。1955 年 6 月 12 日成立玛曲县人民政府，设尼玛、乔科、欧拉、齐哈玛 4 个工作组。至 1958 年设置尼玛、欧拉、阿万仓、乔科、齐哈玛 5 个乡。同年推行公社制，改为阿万仓、欧拉、乔科、卓格尼玛 4 个人民公社。1959 年 1 月与碌曲县合并为洮江县。1962 年撤洮江县，恢复玛曲县，辖尼玛、欧拉、阿万仓、群强、曼日玛、采日玛、齐哈玛 7 乡。其时将属玛曲的下藏科划入青海的甘德县。1983 年，人民公社改为乡，同时成立欧拉秀玛乡，将群强乡改称木西合乡。2003 年 9 月，尼玛乡撤乡建镇；11 月，尼玛镇设尼玛、卓格 2 个社区。同年，将兰州军区大水军牧场移交甘南州管理。至 2010 年底，全县辖 1 镇 7 乡：尼玛镇、欧拉乡、欧拉秀玛乡、曼日玛乡、采日玛乡、阿万仓乡、木西合乡、齐哈玛乡；有 36 个村委会 232 个村民小组。

迭部县

1912 年中华民国建立后，迭部大部分归卓尼杨土司管辖，部分归岷县管辖。1937 年，由卓尼设治局编制保甲，设上迭、下迭 2 乡，编为 26 保 283 甲。今洛大、腊子及桑巴的道藏、查哇 2 村仍属岷县。

1949 年中华人民共和国成立后，迭部仍属卓尼辖区。1952 年 9 月，中共卓尼县工作委员会向上、下迭分别派出工作组筹建区级政权。1954 年，上、下迭分别建立区党组。1956 年 1 月，两个区人民政府正式成立。1957 年 10 月，上迭区建立起扎尕那、哇巴、当多、买麻、白麻、中山 6 个乡人民政府；下迭区建起上卡巴、下沙录哇、桑坝、达拉、尖尼安子、多儿、阿夏 7 个乡人民政府。1958 年 11 月，两区均改为人民公社。1958 年 12 月，下迭区原属地及原属岷县的洛大、腊子、桑巴等地域并入舟曲县，组成龙迭县。1959 年 1 月，上迭地区并入临潭县。龙迭县将下迭公社设置为麻牙、卡坝、桑巴、达拉、洛大 5 个公社；临潭县将上迭公社分设为益哇、电尕 2 个公社。1961 年撤销龙迭县。1962 年 1 月 1 日迭部县成立，上、下迭划为县辖范围。1964 年，县辖益哇、电尕、卡坝、达拉、麻牙、多儿、阿夏、洛大、桑巴、腊子、尼傲、花园 12 乡。1968 年，又更名为人民公社。1983 年，复改社为乡。1986 年将麻牙乡更名旺藏乡。2003 年电尕乡撤乡建镇，除原辖村委会外，增设城东、城西 2 个设区居民委员会。2005 年 12 月将花园乡与旺藏乡合并仍称旺藏乡。至 2010 年底，全县共辖 1 镇 10 乡：电尕镇、益哇乡、卡坝乡、达拉乡、尼傲乡、旺藏乡、多儿乡、阿夏乡、洛大乡、桑坝乡、腊子口乡；有 52 个村民委员会 2 个社区居委会 229 个村民小组。

舟曲县

1912 年中华民国建立后，1913 年将西固分州改置西固县，隶陇南道，后改渭川道。1927 年废道，直隶于省，置 3 区，改里为村。1934 年推行保甲制，划 3 区 40 保 103 甲。第一区（福津区），第二区（官亭区），第三区（峰迭区）辖 6 保 9 甲。1937 年，将原宕昌县马土司辖地八楞、三角坪、武坪等旗划入西固，又增设第四区，驻三角坪。1938年，西固县划归第一行政督察区辖属。1940年，西固县厘定为五等县，县属乡镇改为福津、官亭2镇以及立节、峰叠、南峪、武坪、沙湾、富坪6乡，共60保768甲。

1949年12月，西固县解放；10日，中国共产党西固县委、县政府工作组进入西固，将乡镇组建为4区（城关、沙湾、官亭、峰迭）23乡。城关辖6乡，沙湾辖7乡，官亭辖5乡，峰迭辖5乡。原划归西固县的土司辖地，在1951年设立武坪自治区和阳山自治乡。西固县共辖5区25乡。

1952年7月，增设大川区，原峰迭区更名联合区。

1953年，甘南藏族自治区成立，西固县所辖的武坪自治区、城关区、联合区及阳山自治乡划入其辖域。同年5月，城关区增设北关、杜坝2乡，联合区增设曲瓦、老地、黑峪3乡，武坪区增设斜坡、池干、哈河坝3乡。

1954年6月，甘南藏族自治区舟曲行政委员会成立，下辖3区25乡。1955年12月，舟曲行政委员会改称舟曲县。1956年，将宕昌县的大川区（包括南峪、梁家坝、中牌、坪里4乡）划归舟曲县，同时将官鹅、大河坝2乡划拨宕昌县。舟曲县辖属乡镇变更为4区29乡。1958年，全县撤区，改为1镇16乡。年底，卓尼县属坤㮰岗区（包括阳山、阴山、铁坝、博峪4乡）划归舟曲县。

1959年1月，舟曲县与卓尼县属的下迭区合并，成立龙迭县。3月，全县改乡镇为人民公社。1962年1月，龙迭县撤销，迭部县成立，恢复舟曲县建制。

1984年初，撤销人民公社建置，改为乡级政权，乡下设行政村、自然村。4月5日，划入文县的博峪乡复归舟曲管辖。2003年6月撤乡改镇，将城关乡改为城关镇，大川乡改为大川镇。2005年，城关镇、大川镇正式成立。同年将弓子石乡、中牌乡合并更名为东山乡，三角坪乡、池干乡合并更名为果耶乡，铁坝乡、大年乡合并更名为曲告纳乡。至2010年底，全县辖2镇17乡：城关镇、大川镇、曲瓦乡、巴藏乡、大峪乡、立节乡、憨班乡、峰迭乡、坪定乡、江盘乡、东山乡、南峪乡、果耶乡、八楞乡、武坪乡、插岗乡、拱坝乡、曲告纳乡、博峪乡；有213个行政村395个自然村532个村民小组。

百年甘南大事记（1911—2010年）

牛述林　苏树民[①]

1911年

史料缺。

1912年

12月，甘肃省议会提出“停止喇嘛口粮衣单”制度的议案，并做出相应的决议。省议会决定从同年12月起废除“口粮衣单”制度，停止对喇嘛“口粮衣单”的供给，将费用的一部分改为喇嘛学习汉文的奖金。甘青各寺院口粮、衣着及土司岁俸等相继停给。

是年，废除科举，废止读经，并将学堂改为学校。临潭、西固两县的小学堂亦随之改名。遂后，临潭新城、旧城及西固等地先后设立了多所小学。

△[②]西固藏汉群众集结2000余人，为反抗军阀统治发起武装暴动，提出“抗粮抗款”口号，在平定、九原里修筑工事，抵抗官军，历时月余即败。

---

① 苏树民，甘南藏族自治州地方史志办公室干部。

② “△”表示该条目与上一条目时间相同。

1913 年

2 月 7 日，甘肃省改定各道县制，改置洮州厅为临潭县，首任县知事叶克信（原为洮州厅抚番同知），属兰山道管辖；改置阶州州判为西固县，县知事李震乙，属陇南管辖（旋改渭川道）。

7 月，四世嘉木样遣人进京向国民党中央政府致意，拥护共和。

11 月，为逐步实现“改土归流”计划，甘肃省议会决定停止土司“奉俸支银”制度，政府不再每年发给土司银两。

西固铁坝瓜子沟苟占鳌等拥立“真龙天子”进行复辟活动，卓尼土司奉省政府之命即行剿灭。

1914 年

5 月 22 日，河南中原复汉军大统领白朗率军向临潭开进，临潭旧城、新城组织地方武装与卓尼土司杨积庆联防。白朗军一入洮境，沿途频遭抵抗。

5 月 23 日，白朗军抵新城，县知事林凤韶及乡绅逃到旧城，白朗军即向旧城进发，在范家咀受民团夹击，双方损失惨重。

5 月 24 日下午，白朗军到达旧城，并与地方民团激战。

5 月 25 日，旧城大部分老教回民及妇孺到上下两座清真寺内躲避。因被阿訇欺骗而闭门焚寺，死者 2000 多人。阿訇毛毛和板归却潜逃出城。

5 月 26 日，白朗军攻陷旧城，因处境不利，恐官军进剿，召开军事会议后，于是日晚率军东返。

6 月，西军都统马安良因教派之争，派部属马忠孝部张顺元营突袭临潭旧城西道堂，枪杀西道堂教主马启西及其子、侄、教徒 17 人，并曝尸西河滩，洗劫巨额财物，掳走年轻女子，酿成积年教争。事后，旧城西道堂推马明仁、丁全功等为代表控诉于北京政府，至徐世昌执政时始判以“信仰自由，各行其是，往事不再追问”。至此，马明仁继任教主。

10月，由满洲贵族所组成的以“复清抗民”为宗旨的宗社党人吕光窜入拉卜楞寺，自称清室六皇子，在拉卜楞进行活动。

△北洋政府总统袁世凯颁赐第四世嘉木样“广济静觉妙严禅师”册印。

1915年

9月，迭部有民众抢劫录巴寺（今卓尼县卡车乡境）福音堂教士，酿成外交讼案，甘肃总督奉令派洮州厅振武军统领姚秉义剿办。姚会同卓尼土司杨积庆、临潭土司昝天锡率藏兵进击，追还被劫物资。

1916年

2月23日，拉卜楞寺第四世嘉木样尕藏图丹旺徐圆寂，终年60岁。

1917年

是年，拉卜楞地区成立邮政代办所，每周通邮1次。

1918年

6月，马麒派玉树防守警备司令马麟率宁海军马步兵约千人进驻拉卜楞，阿莽仓召集8部落及附近13庄藏兵近千人抵抗。两军激战甘家滩，双方均有伤亡，阿莽仓退守阿木去乎、马麟撤往塔哇休整。月余，阿莽仓发动阿木去乎等部落和热贡部落的一部分藏兵联攻马麟驻军。激战数日，阿莽仓部众伤亡惨重。

1919 年

是年，美国传教士僖得生将卓尼羊巴城“八棱碑”(《石堡战楼颂》碑)窃运美国。事发后，当地知名人士联名向政府揭露控告，未果。

△根据穆罕默德的“乌玛”思想，临潭西道堂开始将散居各地的教徒集中安置在堂内集体生产，过着吃、穿、住由西道堂配给、子女教育及婚丧大事均由西道堂负责的集体生活。

1920 年

农历二月，拉卜楞寺派德哇仓率领随员，前往西康理塘县彩玛村迎请年仅5岁的第五世嘉木样。农历九月二十二日，第五世嘉木样及其家属抵达拉卜楞寺。

1921 年

5月，马麒委马麟为征果洛司令，进剿结束后，将卡日藏、木拉、修群、康赛、康干、藏科日等部落划拨拉卜楞辖区。

6月，迭部电尕地区的藏族群众，反对洋人在当地建立教堂，拒绝给洋人做工并将所建教堂烧毁。

1922年

是年，卓尼土司杨积庆创办柳林小学，雍尊仁为第一任校长。同年，临潭县先后在孙家庄、下王旗、罗卜沟、石拉路、太平寨、水磨川、李岗、羊化、下川等地设立初级小学。

1923年

8月，拉卜楞设立电报局。

11月，拉卜楞邮政代办所升为三级邮局。

1924年

1月，马麒以拉卜楞藏民买枪事件为由罚银4万两、罚枪1000支、马1000匹，又罚全寺大小僧侣每人白银50两，因无力缴纳而外逃的僧人达2000余人。

2月，马麒抵达拉卜楞，向寺院提出第五世嘉木样的家属不能参与寺院事等5个条件。寺院密派罗占彪至临夏通过裴建准上告省长陆洪涛。

5月，黄位中借九世班禅来兰州之机，率第五世嘉木样及家属赴兰控告，未果。

是年冬，美国地理学会派遣以约瑟弗·洛克为首的考察团20余人由云南来甘南卓尼进行考察，前后达3年之久。临走时，洛克从卓尼禅定寺购走《甘珠尔》和《丹珠尔》全套藏文大藏经。

1925年

是年初，拉卜楞地区藏族头领联络美武、双岔等部落，并得到青海、四川一些部落的援助，调动各地藏兵万余，并成立“反马司令部”。马麒即派马麟率军万余再次镇压。黄位中父子被迫退往黑错，马麟部又占据拉卜楞寺。

是年秋，黄正清带领9人组成的拉卜楞代表团赴兰控告马麒，呼吁解决拉卜楞案件。甘肃省代省长刘郁芬委派第七方面军总指挥部政治处党务特派员宣侠父（中共甘肃省特别支部负责人之一）来拉卜楞处理此案。

1926年

5月2日，在宣侠父的帮助下，黄正清等人在兰州成立了“藏民文化促进会”，并在东教场举行的庆祝誓师大会上散发《甘边藏民泣诉国人书》。翌年10月，藏民文化促进会迁往拉卜楞。宣侠父曾经漫坪、夏河赴玛曲欧拉调查，宣传革命道理，号召藏民组织起来，发动230多个部落头人组成“甘青藏民大同盟”，拥立黄位中为盟主。

9月，刘郁芬为了取得控制松潘的主动权，令卓尼土司杨积庆修筑卓尼至松潘的公路，杨积庆征集大量民工，自备口粮，于年底完工。

是年，甘、青分省。根据当地僧俗民众的意见，拉卜楞划归甘肃省管辖。

1927年

4月，甘肃省派保安大队进驻拉卜楞，宁海军撤出。拉卜楞地区始置设治局，第一任局长张丁阳，国民党拉卜楞党部亦相继成立。

是年，甘南地区大旱，农区颗粒无收，牧区牲畜大量死亡，卓尼、临潭群众纷纷离乡逃难。

1928年

2月，拉卜楞设治局改为夏河县，辖今夏河、玛曲及碌曲部分地方。

△拉卜楞番兵司令部成立，黄正清任司令。

10月，马仲英被赵席聘击溃后，于10月24日率万余骑从河州退至临潭旧城。25日抵卓尼，杨积庆退守博峪。马下令焚烧土司衙署及城区房屋，杀死僧侣数人。29日，马部前往岷县。

11月18日，马仲英部马廷贤带40余骑自河州败逃临潭，在完禾洛（今卓尼完冒乡）遭到藏民截击，马与少数随从逃脱，所携眷属及财物被夺。

12月1日，马仲英与马廷贤率部从岷县闾井兼程赶到临潭新城；12月5日到卓尼，烧毁禅定寺居巴扎仓经堂、僧纲衙门及《大藏经》全部印版、佛殿、俏房等，杨积庆迁居博峪衙门。

同月，马仲英部被国民军吉鸿昌部冯安邦军追击，从临潭逃往夏河攻拉卜楞寺，藏民抵抗失败。马仲英烧毁拉卜楞寺部分经堂，遂西去青海。

是年，临潭全县有9197户52790人，西固县有6435户33031人。

1929年

5月，临潭回民马尕西顺聚众暴乱。20日，国民军章明卿部抵新城，被马尕西顺击败。刘郁芬派驻临洮的李松昆部前往清剿，马尕西顺逃往河州。

7月，杨积庆、李松昆受命办理马仲英事件的善后事宜，同临潭县长魏锡周在临潭旧城以召集难民“上庄”为名，制造了一起回民蒙难事件。

11月27日，河州马廷瑚率部数千人由沙冒入旧城，到处纵火屠杀，麻奴寺遭焚毁。12月2日，李松昆与卓尼支队长杨锡龄率部会剿马廷瑚，马部败逃岷县。

1930年

8月，马仲英部翻东山攻西固城，进攻数次被守城川军击退，马部撤走。1个月后，马部又至，克城后搜掠财物，当地百姓纷纷逃到乡间。

是年，刘郁芬调离甘肃，临潭县长崔璠弃职他往，将县印交与杨积庆，引发鲁大昌与杨争夺县印的战事。

△黄位中率拉卜楞部落武装攻击四川麦穷山寨，杀死土官父子，阿坝各土官联合集兵于黄河南岸与之对峙达3年之久。

1931年

是年，青海麦秀部落群众抢去夏河保安司令部的牧马数匹，并打伤牧民多人，13庄民兵数百人受命攻打麦秀。双方械斗达10余年，死伤30多人。

是年，鲁大昌暗中指使其驻防临洮的工兵营长乔南坡，将去兰州办事的杨积庆属部支队长杨锡龄杀害于临洮辛甸。

1932年

7月25日，甘肃省政府聘请第五世嘉木样为省政府顾问。

12月3日，驻防临潭的陆军新编十四师鲁大昌部独立骑兵营300余人在新城哗变，士兵大肆劫掠当地商户和居民后，携带枪支潜往临夏尹集一带。

是年，杨积庆动用大量劳力、物力、财力重建禅定寺和土司衙门，历时5年竣工。

△临潭县实行区乡联制，全县划分为6区。

1933年

冬，西固县设立文献委员会，负责编纂《西固县志》，历时5年，于1937年年底完成初稿。

是年，民国政府册封第五世嘉木样为“辅国阐化禅师嘉木样呼图克图”。

1934年

5月，拉卜楞设无线电台于来周村，直属国民政府军政部。

10月9日，甘肃省政府召开第一次县长会议，决定各县筹建卫生院，强迫实行男子剪辫、戒烟，女子放足、换平头。西固县曾多次开展剪辫放足活动。

杨积庆出资由兰州俊华印书馆铅印《洮州厅志》。《洮州厅志》编修于1907年，木刻印版毁于1914年“白朗事件”。

1935年

6月6日，中共中央政治局在两河口召开会议。会议作出了“必须派出一个支队，向洮河、夏河活动，控制这一地带，以利向东发展”的决议。

是月下旬，红四方面军500余人来到甘南玛曲境内寻找渡口，准备渡黄河。在齐哈玛寺院住宿3天，后因河水暴涨无法涉渡，遂返回四川阿坝。

9月5日，中国工农红军一军团从四川北部先期到达俄界（今迭部县高吉村）驻扎。

9月11日，毛泽东、周恩来等随同中央军委直属纵队和三军团同时到达俄界，与先期到达俄界的红一军团会合。当晚，中共中央向张国焘发出《中央为贯彻战略方针再致张国焘令其即行北上电》。

9月12日，中共中央在俄界召开政治局扩大会议。毛泽东在会上作了《关于与四方面军领导者的争论及今后的战略方针》的报告。

9月13日，红军离开俄界，于14日到达旺藏、麻牙一带休整待命。15日，中共中央令一军团二师担任前卫，第四团为先头团向岷县开进。

9月16日，红一方面军大部队途经崔古村时，仓官郭哇旦增率队藏避。红军发现贮有二三十万斤粮食的卓尼土司仓库。红军司令部决定自行开仓用粮，各部队将所拿取粮和钱款数额写在粮仓门板上，并留有瑞金苏区钞票。

9月17日，红四团政委杨成武、团长王淮湘指挥部队攻克腊子口后，到达哈达铺休整。

10月，临潭全县编为4乡1镇（即石门、洮滨、西平、莲峰四乡和新城镇），88保921甲。同年西固县实行保甲制度，全县编为60保768甲。

1936年

6月，国民政府派专员护送第九世班禅回藏，取道夏河。13日，拉卜楞僧众万余人在甘加滩举行隆重的欢迎仪式。

7月22日，中共中央致电，欢迎红二、四方面军北上。

7月30日，蒋介石从重庆电令鲁大昌堵截二、四方面军。鲁急调梁应奎、刘世余、蒋云台三个旅，在岷县、腊子口一带布防。同时电令杨积庆在迭部堵击红军。同日，红四方面军到达川、甘边界的秋吉寺。

8月初，红二、四方面军沿红一方面军长征路线先后经过迭部。杨积庆密令部属让道开仓，支援红军北上。

8月初开始，红四方面军先头部队三十军八十八师攻占腊子口，歼灭鲁大昌守军1个营。10日，八十九师攻占大草滩、哈达铺，消灭敌人千余。随即发起二郎山役，包围岷县县城，原鲁大昌部旅长李和义（字中方）率部在岷县西川起义参加红军。

8月14日，红四方面军在临潭县新城城隍庙召开千人大会。临潭县苏维埃政府成立。“中国抗日救国军甘肃第一路军”成立，李和义任司令员，张先进任政治部主任，部队千余人，有长短枪400余支。

8月20日，红四方面军十二师和妇女先锋团击败临潭旧城地方商界拼凑的“商团”武装，占领凤凰山，继与马步芳骑兵第一师激战。杨积庆秘密派人星夜向红军总部呈送书信和礼物。是月，红四方面军在临潭王家坟、流顺等地成立人民委员会，并发动“抗日募捐”活动。

△《大公报》记者范长江从成都开始中国西北地区考察旅行。先后抵达卓尼博峪、临潭旧城、夏河陌务等地。途中先后访问杨

积庆、马明仁和陌务土官杨步云。

10月2日，红四方面军离开甘南后，马步芳和鲁大昌以部署清乡“办善后”为名，洗劫临潭旧城和新城。

1937年

4月16日，国民政府授杨积庆幼子杨丹珠“呼图克图辅教普觉禅师”名号。

8月25日，杨积庆部属姬从周、方秉义等发动兵变，于是日午夜将杨积庆及长子杨琨夫妇杀害于博峪土司衙门。次日，姬、方二人在博峪土司公署召开大会，成立“卓尼临时维持委员会”，姬从周为主席，方秉义等32人为委员。同时以杨积庆“私通红军，勾结日本，图谋不轨”等八大罪状报省政府，要求承认其委员会。

9月14日，卓尼北山土官杨麻周率藏兵攻打卓尼维持委员会，姬从周被击毙，方秉义潜逃岷县鲁大昌处。

9月15日，省政府派田昆山来卓尼查办“博峪事变”，省政府审议决定：杨积庆次子杨复兴（时年8岁）准继任洮岷路保安司令职。由杨守贞（杨积庆二夫人）暂时摄政。取消土司制度，设卓尼设治局，局长暂由临潭县长薛达兼任。

1938年

5月11日，受中英庚款董事会委托来甘肃、青海考察教育的顾颉刚由岷县抵甘南。顾颉刚先后考察了临潭、卓尼、夏河等地的教育状况，历时月余。

是年夏，拉卜楞保安司令部倡导垦殖，举办工业，召集农民数百户先后在黄刺滩、马莲滩等地开垦，在拉卜楞集资筹办民生工厂，利用当地原料生产肥皂、蜡烛及毡、氆氇、褐、绒等物品，后因产品质量问题停产。

11月，甘肃省政府将临潭、卓尼、夏河等10县（局）划归第一行政督察区，将专员公署由临洮迁驻岷县。

△夏河县设立银行机构“官钱局办事处”，从事货币储蓄、汇兑、调拨业务。翌年，夏河官钱局办事处改名为汇兑所。

1939年

3月，甘川公路岷县至西固段开工。

同月，卓尼禅定寺经师宋堪布创办喇嘛半日制学校，有学僧70人。

是年，临潭县建立五等电报局，电话线路由岷县通临潭新城、旧城和卓尼。翌年，西固建立三等邮局。

1940年

年初，国民党中央资源委员会西北地质勘探队在西固县城驼岭山脚及峰迭两地，先后开采金矿，历时4年。

11月，夏河县设立拉卜楞卫生院。平均每天就诊患者30多人次，藏族病人占80%以上。

是年，国民政府号召在全国发动抗战捐献运动。黄正清组织“拉卜楞藏民致敬团”50余人，亲任团长到重庆捐献30架飞机款（每架3万元）。蒋介石接见了代表团成员。国民政府委任第五世嘉木样为蒙藏委员会委员，委任黄正清为军事参议院少将参议，并颁给拉卜楞寺院“输财卫国”匾额。

△青海同仁县加吾部落和夏河甘加部落因草山纠纷械斗，双方共死亡48人。翌年，甘、青两省主席谷正伦、马步芳出面解

决，由于双方均无诚意，问题未得解决。

△夏河县藏族群众在阿木去乎举行了规模盛大的赛马会。自此，将每年农历六月初六定为赛马射箭活动节。

1941年

年初，夏河县青年吴振刚等4人，在重庆蒙藏学校秘密成立藏族共产主义革命小组，团结藏族进步青年，开展反对国民党政府的斗争。

7月15日，临潭县人高凤西编著的《五凤苑汉藏字典》经顾颉刚推荐给国民政府教育部审查批准，在临潭新城维遐印刷局出版发行。

1942年

春，夏河县进行部落人口调查，全县总计有11730户52785人，各寺僧侣4200人，合计56985人。

5月30日，因草山纠纷，卓尼北山土官杨麻周派部属十数人将夏河陌务土官杨步云误杀在隆哇沟附近，其子杨世杰迭次上告。6月29日，岷县专员公署派临潭保安大队长罗元金带160余人前往北山缉拿杨麻周。保安队在恰盖沟遭藏民伏击，死伤30余人。省政府派保安处长吉章简来卓尼查办，决定由北山拿出银元1000元、马15匹、枪15支赔偿保安队损失。

6月5日，黑错四沟群众以反对政府当局在黑错扩建卫生院为由，在黑错寺院活佛赛赤主谋下举事。暴动群众占领制高点，包围军警驻所，击杀分队长李迪民，驱逐卫生院及县政府人员出境，并以焚烧市区为要挟，迫使拉卜楞保安司令部藏兵将黑错包围，暴乱平息。9月下旬，省政府派出山丹军牧场场长宋涛会同夏河县县长李永瑞办理善后，决定由黑错寺院和民众赔偿卫生院损失，并于 10 月在黑错成立骑警队，同时，省政府派保安二团一队驻扎寺院。

是月，甘肃省政府田赋粮食管理处土地编查队，对西固全县土地进行测绘，登记造册，实测总数为 188883.85 亩。

10 月，复在黑错召集会议，决定于 11 月同时着手编查保甲。翌年底夏河县编竣，全县 14 乡（镇）为 83 保 751 甲。卓尼县于 1944 年 5 月初编完洮河流域柳林镇、洮南乡、洮北乡、录竹乡，为 47 保 478 甲。

△卓尼所属水磨川寺活佛金巴加木措（俗称肋巴佛）在康多、勺哇一带组织了“草登草哇”（即“七部落会”），进行抗粮抗款斗争。临潭冶海乡（今冶力关）哥老会头目汪鼎臣及黄建伟、任效周等也在冶海、八角、足古川、甘沟、羊沙等地加强活动，扩大组织。

是年，夏河藏族群众在大夏河沿岸兴修渠道，可灌农田 8000 余亩。

△日本田中三郎来甘南，在白龙江流域采集植物和药物标本。

△《临潭县志稿》在聂迴凡主持下，由陈考三、贾易山等人草成。

1943 年

1 月，西固县卫生院成立。

3 月 28 日，肋巴佛带领 3000 余人在冶力关泉滩誓师起义。肋巴佛被推选为司令。汪鼎臣、任效周、王万一为副司令。

4 月 6 日，肋巴佛率义军到渭源峡城一带与王仲甲等会合，即挥师武都草川崖与陇南各地起义军大会师，称“西北各民族抗日义勇军”。肋巴佛被选为副司令兼洮岷路藏军司令。后因内部分裂，武器不足，与国民党军队作战失利而转入地下，肋巴佛仍回北山一带活动。

7月，甘南农民起义失败后，国民党第三军周体仁部万余人进驻临潭，在冶力关、八角、羊沙、卓尼、水磨川等地清剿。临潭县长郑执中亦组织成立清乡委员会，随军搜捕追剿。

△拉卜楞寺第五世嘉木样·丹贝坚赞撰写的《为宣传抗战告蒙藏同胞书》印行。

1944年

3月28日，临潭县临时参议会正式成立，马志青任议长，朱心泉任副议长。

6月16日，一架美国飞机在卓尼铁坝旗五花山坠毁。经查，该飞机系美国最新式超级空中堡垒式，是6月15日夜由昆明起飞轰炸日军后返航失踪的四架飞机之一。

11月3日，为响应蒋介石“十万知识青年从军”的号召，甘肃省政府电令各县成立征集委员会。临潭、卓尼、西固应征青年被编入汉中“青年军”二〇六师，夏河县60名青年应征。

全省调整行政督察区，西固县划归第八区行政督察专员公署（公署驻武都），临潭、夏河、卓尼归属不变。

1945年

4月12日，兰州至夏河公路通车。

△五世嘉木样发动全寺僧众植树造林，先后在卓玛山栽种松柏等树30余万株。

8月15日，日本投降，甘南各地集会欢庆抗战胜利。

10月，西固、临潭两县参议会正式成立，西固议长沈容海、副议长韩际，临潭议长马志清、副议长朱心录。

12 月，岷夏公路卓尼至夏河段竣工通车。

是年，西固县农民利用当地所产盐土采用土法制盐，10 斤盐土约制盐 2 斤，当地群众几乎家家备有制盐工具。所产食盐除自己食用外，还运销境外换取粮食。

黄正清被选为国民党中央六届候补执行委员。

1946 年

7 月 30 日，甘肃省资源委员会开始勘探大夏河发电工程。

△省政府以整修文化馆为名，指派军队驻扎莲花山林区砍伐木料，使该林区遭到严重破坏。

△夏河与四川阿坝发生纠纷。拉卜楞寺院向阿木去乎地区征兵 2001 名，由吉哇、更察布率领前往阿坝。

1947 年

2 月 27 日，岷夏公路全线通车。

是年春，肋巴佛经陇右地区中共地下党领导人高健君、牙含章介绍加入中国共产党。4 月，在去延安学习的途中因车祸在平凉安国镇遇难，时年 31 岁。

△杨复兴同参谋长杨生华、驻兰办事处处长姚天骥、夏河吴振刚、黑错寺院霍尔藏活佛，以“卓尼 48 旗代表团”名义赴南京晋见蒋介石，并提出在陆军大学深造的要求，得到蒋介石的应允后，于是年冬到该校受训。

4 月 14 日，第五世嘉木样·丹贝坚赞圆寂。甘、宁、青 3 省政府、西藏地方政府、西北行辕及南京国民政府先后派代表前来祭奠。拉卜楞寺禁屠 40 天。

秋，国民政府在全国进行选举国大代表活动。11月，选举在甘南各地进行。翌年3月15日，甘肃省选举事务所公布国民代表大会代表名单，甘南地区当选的有：夏河黄正明（阿莽仓活佛）、黄正清、杨世杰，卓尼杨复兴、马全仁，临潭高峻峰，西固刘克仁。

△拉卜楞寺第四世琅仓活佛完成了对甘南地区传统藏戏的改革，编写《达巴丹保》《罗摩衍那》和《松赞干布》等藏剧演出本。

△由夏河县长李永瑞主修的《夏河县志略》草成。

△西固县发动沿途劳力，以义务及工赈方法将甘川公路的两河口至西固支线及福津至巴藏公路修成。同年，两河口大桥工程竣工。

是年底，夏河县共有1419户64025人，其中藏族占76%，蒙古族占19.7%，余为回族、汉族。

1948年

春，第五世嘉木样治丧委员会编写出版藏汉两文的《辅国阐化正觉禅师第五世嘉木样呼图克图纪念册》。

5月，西固名医杨俊德逝世，出殡时城内群众近千人自发送葬。杨俊德生于1882年，行医数十年，以其精湛的医术和高尚的医德深受群众尊崇。

6月2日，国民党陕、甘、川边区绥靖公署成立，将西固等四县划入管辖区。

10月24日，卓尼禅定寺辅教静觉禅师丹珠呼图克图举行坐床典礼。

10月30日，夏河与四川阿坝发生纠纷。经甘肃、四川两省政府派员协商决定：阿坝地区的政权归属四川省，教权归拉卜楞寺院。

冬，美国资本家雷诺驾驶由B—24型轰炸机改装的四引擎探测机，在甘肃、青海和四川北部一带藏区测绘、拍照。

1949 年

3 月，省保安司令部派刘济清任洮岷路保安副司令。杨复兴在刘济清、杨生华的协助下，从临潭、卓尼、岷县招收学员 60 名，举办“卓尼军官训练班”。

△临潭西道堂教主敏志道奉马步芳令组建混成旅，从教徒中选拔 99 名青年送青海受训，因兵员太少，结业后，复派回旧城。

春，中共陇右工委领导牙含章等人指派刚吸收的中共候补党员、拉卜楞保安副司令张子丰做黄正清的思想工作，为争取夏河县和平解放做准备。

5 月 15 日，民运航空大队从兰州试航夏河，降落桑科滩。

6 月 2 日，拉卜楞寺高僧拉果仓·久美成来嘉措为十世班禅授沙弥戒，并取法名。

7 月初，驻临洮县城的中国人民解放军第一兵团司令员王震、中共岷县地下党组织均先后派人赴卓尼，策动杨复兴起义。与此同时，原省保安副司令周祥初亦派人联络杨复兴一同起义。

△夏河县陌务土官杨世杰托吴振刚率人携带从国民党散兵手中缴获的三四十支步枪，前往临夏欢迎解放军进驻甘南藏区，王震亲自接见了吴振刚。

7 月中旬，马步芳为成立骑兵旅，扩充兵员，派韩启功到临潭、卓尼强行抽拔壮丁，很多青壮年出逃躲避。

7 月 29 日，中国人民解放军第一野战军向甘肃进军，国民党一一九军王治岐部逃至临潭、卓尼一带，祸害百姓，两县民众多携家逃往卓尼洮河南岸躲避兵祸，时谓“跑王军”。

9 月 1 日，黄正清派张子丰、副官长黄立中和拉卜楞寺代表黄正奎、张子益及当地藏族代表韩志华、回族代表苏国仁等到临夏，与解放军洽谈起义事宜。

9月11日，周祥初、孙伯泉（第一行政公署专员兼区保安司令）、杨复兴谈判成功。周、孙、杨和曹鼎、陈叔钵率领所属部队共6000余人及各县（局）长通电起义。岷县、临潭、卓尼和平解放。彭德怀复电嘉勉。起义部队改编为中国人民解放军西北独立第一军。

9月14日，杨复兴等由岷县返卓尼后，在禅定寺召开僧俗群众大会庆祝和平解放，成立卓尼军管会，并筹办了第一期地方干部训练班。

9月18日，藏族知识分子黄培德、韩志华、吴振刚和杨生华等8人被送往兰州学习，受到彭德怀司令员接见。彭指令成立藏民问题研究班。并广招学生，改研究班为藏民学校（后易名西北人民革命大学兰州分校三部）。第一野战军联络部长范明任校长。

9月中旬，中共岷县地委派郭曙华等21人来临潭开展工作。27日，中国共产党临潭县委员会（简称中共临潭县委）和县人民政府成立。高增汉任县委书记，郭曙华任县长。

9月20日，夏河县和平解放。23日，中国共产党夏河县工作委员会（简称中共夏河县工委）和县人民政府成立，霍德义任书记，黄祥任县长。同时将拉卜楞保安司令部改编为夏河民兵司令部。

9月28日，夏河县工委经请示临夏地委同意，筹备成立东藏自治运动联合委员会，桑吉意喜为主任委员，牙含章、黄正清为副主任委员。

10月1日，夏河县召开东藏各部落代表大会。会议向全国政协会议发了致敬电。

△卓尼自治区行政委员会成立，杨复兴任主任，赵毓文任副主任。

12月10日，西固县解放，中国共产党西固县委员会（简称中共西固县委）、县人民政府成立。首任县委书记石峻，县长李广植。至此，甘南各县均告解放。

1950年

1月，原卓尼第二十代土司杨复兴宣布废除土司制度。

2月，夏河民兵司令部改建为夏河县人民武装部。

△夏河县及卓尼自治区划归甘肃省人民政府直辖。

2月25日，临潭县划归临夏专区隶属。

7月16日，夏河县甘加部落与青海同仁县加吾部落，因历史遗留的草山纠纷又将萌发，省人民政府派出秘书长陈成义同中国人民解放军第一野战军联络部长范明抵达夏河，偕同青海省同仁县方面代表进行两省边境草山纠纷的调解工作。

是月，中央访问团转达了周恩来总理对卓尼已故土司杨积庆在当年红军长征途经迭部时开仓济粮一事表示感谢，并给杨复兴赠送了毛主席丝织肖像1幅、紫红缎4匹；给杨景华、雷兆祥、赵国璋也赠予了纪念品。

10月1日，中共卓尼工作委员会与卓尼自治区行政委员会同时宣布成立。赵毓文任工委书记，杨复兴任行委主任，赵毓文兼行委副主任。同时将原洮岷路保安司令部改编为卓尼民兵司令部（隶属省军区），杨复兴任司令员、赵毓文任政委。

10月15日，中央访问团西北分团抵达临潭。先后在临潭、卓尼、夏河等地访问。表达了党中央、毛主席对少数民族的亲切关怀，并广泛宣传党的民族政策和宗教政策。

是年，甘南开通5条邮路。夏河至临夏、夏河至临潭、临潭至岷县、临潭至康乐、西固至两河口，全长380.16公里。

△国家接管洮河林场、冶力关林场并成立了第一家木材采运企业——洮河林业局，下设下巴沟、车巴沟、卡车、新堡、羊沙、冶力关林场。

是年，中国人民解放军修通了土门关至夏河，再由夏河至碌曲尕海滩的简易公路。

1951 年

1 月，迭部地区开办了第一所学校——洛大小学。

△西固县武坪自治区成立。

是月末，台湾国民党军部委任马良为“中华反共救国军 103 路司令”，指挥甘、川藏区反革命武装叛乱。

△甘南各县普遍开展宣传美军侵略朝鲜罪行，并开展集资捐献飞机大炮活动，爱国青年积极响应“抗美援朝，保家卫国”号召，踊跃参加中国人民志愿军。西固应征青年 186 名（编为一连）。

5 月 1 日，夏河县 5000 人参加庆祝“五一”国际劳动节活动，当众焚毁历次没收的鸦片毒品 3000 两。

7 月 1 日，中国共产党甘南藏区工作委员会成立。徐国珍任书记，赵子康任副书记。

7 月 7 日，夏河县成立“抗美援朝保家卫国分会”，发动各族群众捐献了购买两架战斗机的资金。黄祥县长带头捐献 1000 万元，贡唐仓活佛捐献羊 500 只、牛 100 头、牛皮 500 张。

9 月 19 日，西固县土地改革运动开始。在 20 个乡 92 个行政村 328 个自然村施行土地改革，6624 户贫雇农分得土地。

10 月 1 日，卓尼召开第三次各族各界代表会议。广泛讨论征收公粮、深入宣传抗美援朝、清匪肃特、建立基层政权等项工作。

10 月 30 日，十世班禅应邀来拉卜楞寺选定第六世嘉木样。

11 月，甘南各县先后在机关、企事业单位和工商界开展反贪污、反浪费、反官僚主义的“三反”和反偷税、反行贿受贿、反盗窃国家财产、反偷工减料、反盗窃国家经济情报的“五反”运动，历时 164 天。

△拉卜楞寺院为“抗美援朝”捐献银币 4 万余元。

1952年

2月，临潭土地改革工作经过自报公议、“三榜定案”程序，全县农区划定地主成分229户，富农215户，中农4425户，贫农3689户（其中汉族3352户，回族337户），雇农1472户，小土地出租、工商业者、宗教职业者、自由职业者共计2172户。

△原卓尼土司杨复兴主动捐献与临潭插花地区的“兵马田”，并动员耕种“兵马田”的原属民确实达到地主成分者，献出土地5000亩；临潭西道堂亦主动献出土地1700亩、耕牛150头、木车50辆、银币2万元及部分粮食。

3月6日，拉卜楞寺院举行第六世嘉木样坐床典礼，西北军政委员会、甘肃省政府、省军区派代表团参加，并赠送锦旗祝贺。

△马良股匪在碌曲西仓新寺公然以匪“103路”番号，大肆网罗盗匪、兵痞、流氓、逃亡地主，拼凑反革命武装700余人。

3月29日，夏河县第四区公署（今合作）召集各族群众800余人，宣传禁毒并当场焚毁鸦片烟土960两。

4月，中共夏河县工委创办《夏河报》、中共卓尼工委创办《新卓尼报》，开始出刊发行。

△马良股匪策动西仓、双岔9部落头人，聚众2000余人，阻止人民解放军进军，并打伤战士20余人，夺走机枪1挺、步枪2支。

5月5日，西固县召开关于“土改”“三反”整风运动及生产总结为主题的第二届干部扩大会议，历时35天。

5月18日，西固县城关群众及机关干部集会，迎接从朝鲜战场凯旋的西固籍志愿军。

是月，中国人民解放军西北军区司令部气象处抽调刘永辅等3人在夏河县桑科滩建立“甘肃省夏河气象站”。这是甘南有史以来的第一个气象机构。

6月27日，西北军政委员会甘南藏区访问团两个分团，从西安来甘南，第一分团由黄正清任团长，第二分团由马辅臣任团长，分赴夏河、临潭、卓尼藏区进行访问。

6月29日，中共中央在《甘南藏族工作的指示》中指出：必须坚持三条基本政策，即广泛的统一战线政策；发展贸易、卫生、改善群众生活和生产上的困难；培养爱国的各个阶层的藏族干部，争取群众，孤立匪特。

△中共洮江工作委员会成立。

8月1日，西北军政委员会甘南藏区访问团与双岔、西仓两部落达成协议，政府工作组及部队遂进驻洛措和双岔大庄开展工作。

是月，台湾国民党军部先后7次空投特务人员18名及武器近千件，支援马良股匪。

△省粮食局抽调干部，协助剿匪部队后勤部门，在临潭旧城、黑错、双岔、阿木去乎、西仓、洛大等地设立7个支前供应站，组织汽车944辆、驮畜4179头运送面粉、大米及马料。

9月9日，西北访问团调解夏河13庄与青海同仁县麦秀部落长达23年的纠纷，使双方解仇和好。

10月13日，马良属部匪徒潜伏在夏河县阿木去乎的根阴山地带活动，伏击博拉区政府，干部王维勤、刘兴德等遇难。

11月15日，夏（河）临（夏）公路通车。

12月25日，甘南藏区在夏河拉卜楞召开甘南藏区各族各界联谊会，出席代表241人，选举成立甘南藏族自治区筹备委员会，黄正清当选筹委会主任，朱侠夫、杨复兴、黄祥为副主任。

是月，新架起夏河县至临夏长途电话线4.0单铁线1条，102.23杆公里。

1953年

1月，西北军区甘青剿匪指挥部在夏河成立，彭绍辉任司令员，廖汉生任政委，徐国珍任第一副司令员，高维嵩任第一副政委，朱声达任第二副司令员，朱侠夫兼任第二副政委，黄正清任第三副司令员，龚兴业任参谋长。

1月9日，甘南藏区各族各界由藏、回、汉3个民族57个代表组成的参观团，在达吉团长、杨生华和杨世珩副团长率领下，前往北京向毛主席献旗致敬，并参观内蒙古的两个纯牧区旗，以及上海、杭州、南京等大城市、佛教寺庙、清真寺及工业建设成就，历时82天。

2月，夏河县牧区畜群患染口蹄疫，死损严重。

3月5日，甘南藏族自治区剿匪委员会在夏河成立，黄正清任主任，委员56人。

3月9日，中国人民解放军某部投资30亿（旧币），抢修了西仓至四川省阿坝唐克间196.2公里的公路。

5月1日，《甘南报》汉藏两文版创刊。

5月28日，省人民政府霍维德副主席一行22人来夏河，检查甘南各项工作，并在郎木寺、阿木去乎等地慰问当地驻军和群众。

是月，甘肃省政府决定甘南行政区划为夏河、临潭、卓尼3县和欧拉、洮源、舟曲3个行政委员会，并将武都、岷县、西固、会川、宕昌5县所属1区31乡划入甘南。

△西北区畜牧部将“南番马”正式命名为“河曲马”。

6月，甘南藏区工作团在黄正清团长带领下，编为12个工作组，在迭部、玛曲等地配合剿匪宣传党的各项政策，开展群众工作。历时76天的剿匪战斗以击毙匪首马元祥、马虎山、边仙桥、宋令如、高俊峰5人，活捉匪首马良、马硕卿、敏海峰、杨贵卿及台湾派遣特务孙荫祖等 1385 人而胜利结束。

△夏河、临潭、卓尼 3 县人民政府改称“人民委员会”。

6月 1 日，甘南藏族自治区筹备委员会举行第二次扩大会议，决定正式成立欧拉、洮源、舟曲 3 个县级行政委员会，后又将洮源改名为碌曲、欧拉改名为玛曲。

6月 16 日，夏河至郎木寺、郎木寺至四川省阿坝公路工程修筑竣工。

6月 23 日，中国人民银行甘南中心支行成立，原夏河支行裁撤。

7月 4 日，西北行政委员会张治中副主席偕同秘书长常黎夫等一行 10 余人，来夏河视察工作，同时访问当地民族宗教界上层人士，了解群众生活。

7月 16 日，西北行政委员会甘南藏区访问团到达卓尼上、下迭部（今迭部县），先后走访了 14 个旗、34 个村寨和 18 个寺院，访问僧俗群众，发放救济款 2000 万元（旧币）。

8月 1 日，中国人民解放军甘南军分区在夏河桑科滩成立，黄正清任司令员，徐国珍、杨复兴、吴子明任副司令员，朱侠夫兼任政委。

△中央人民政府教育部民族教育司方兴严司长一行 7 人来甘南夏河视察文化教育，并专门走访了拉卜楞寺院以及嘉木样活佛等宗教界人士。

△根据中央军委、政务院命令，气象部门从部队建制转为地方建制。

9月 25—30 日，甘南藏区各族各界人民代表会议在拉卜楞召开。与会各族代表 332 人。甘肃省主席邓宝珊、省委秘书长何承华等莅临会议，会议代行人民代表大会职权，选出黄正清任甘南藏族自治区人民政府主席，王治国、杨复兴、黄祥任副主席，杨生华任秘书长。选举朱侠夫任政协委员会主席，杨丹、金巴襄佐、丁立夫任副主席。

10 月 1 日，中共甘南藏族自治区地方工作委员会成立，书记王治国，代理书记谢占儒，副书记赵子康、董宏杰等；同时增设了纪律检查委员会（1957 年 7 月 1 日改为监察委员会）、生产合作部、财贸部、青年工作委员会、妇女运动委员会和行政干校等工作机构。夏河县各族各界万余人在柔扎滩广场举行庆祝国庆及自治区人民政府成立盛大集会。

△中国新民主主义青年团甘南藏族自治区工作委员会建立，首任书记李浩然。

11 月 21 日，甘肃省人民政府正式批准“甘南藏区实行区域自治计划”，将省直辖的夏河、卓尼和临夏专署所辖临潭全部划归甘南，并将西固（今舟曲）的城前区、武坪藏族自治区、峰迭联合区、阳山自治乡、武都坪牙藏族自治乡、岷县洛大直属乡、官鹅乡、大河坝乡、西泥沟、会川新堡 4 个藏民乡以及宕昌 4 乡，一并划归甘南管辖。

12 月 16 日，甘南先后成立了以部队为主体及党政干部参加的武工队 12 个共 390 人，在军分区领导下，开展搜剿散匪工作。

12 月 25 日，卓尼民兵司令部隆重召开剿匪英模及第三届民兵代表大会，出席英模代表 47 人，民兵代表 37 人。

△临潭县设立戒烟所 5 所，对染有鸦片烟毒重瘾的 700 余烟民，分期分批入所戒烟。

△甘南境内农业地区建立农业生产互助组 3838 个，参加农民占全区总户数的 41.92%，并在临潭县扁都乡和舟曲县的坪定乡试办了初级农业生产合作社。

△甘南局部地方发生反革命武装叛乱，卓尼扎尕那（今迭部县境）、车巴沟及夏河县下巴沟等地叛匪围攻驻地部队和县府驻地，杀害干部。

△甘南地区牛肺疫病在玛曲、卓尼、夏河大面积流行，牲畜死损严重。3 县（区）党、政部门立即组织兽防技术人员，分头加

1955 年

1月，甘南藏族自治区人民政府及下属各级人民政府一律改称“人民委员会”。

1月16日，十世班禅大师及随行官员和家属，在中央民委副主任刘春的陪同下，来拉卜楞寺院朝拜一周余。

1月17—22日，夏河县人代会首届一次会议召开。与会代表115人，选举产生夏河县人民委员会组成人员，黄祥当选县长。

1月20日，卓尼县人民代表大会召开，杨复兴当选县长，卓尼县人民委员会正式成立。

1月26日，十四世达赖喇嘛丹增嘉措抵达拉卜楞寺院。

6月10日，碌曲县召开首届一次人民代表会议，阿才当选县长，碌曲县人民委员会正式成立。

6月12日，玛曲县召开首届一次人民代表会议，黄正明当选县长，玛曲县人民委员会正式成立。

6月25日，政协甘南藏族自治区委员会会议在夏河召开，赵子康兼任主席。

7月1日，甘南藏族自治区更名为甘南藏族自治州，下设工作部门122个，并召开首次人民代表大会，黄正清当选州长，王治国、杨复兴、黄祥、王如东当选副州长，杨生华任秘书长。

7月11日，临潭、卓尼两县公安机关配合侦查，破获了名为“香灯会”的反革命组织。

7月14日，省工业厅资源勘查队401小队来郎木寺开展普查煤田工作，在双岔牧区发现质量较高的烟煤层。

9月15日，国务院川、康、甘、青四省边境工作团来玛曲视察和开展工作，配合当地党、政机关帮助解决了边界草山纠纷。

9月19日，郎（木寺）玛（曲）公路竣工，公路全长52公里。

1956年

1月1日，甘南全州开展农业合作化运动。共建立初级社86个，入社农民4153户，占全州总农户的10%左右。

3月，玛曲县第一所帐篷小学成立，入学藏、汉男女儿童11人。这所帐篷小学附设干部家属识字班，入学妇女15人。碌曲县西仓创办的第一所小学开学，藏、汉、回族男女儿童43人入学。

3月22日，甘肃省人民委员会核准将宕昌县大川区的梁家坝乡、中牌乡、坪里乡、南峪乡（1788户9277人）划归舟曲县管辖；又将舟曲县属大河坝、官鹅两乡划归宕昌县管辖。

6月1日，中共甘南工作委员会改称“中共甘南藏族自治州地方委员会”（后简称州委），谢占儒任书记，州辖6县工委均改称县委。

6月9日，碌曲县西仓、拉仁关部落由少数人煽惑策动叛乱活动，并与达参等部落串联，集兵700余人，在晒银滩开枪伏击29辆运粮汽车，制造了“晒银滩事件”。

6月14日，夏河县王格尔塘至合作公路竣工通车，全长34.7公里。

6月18日上午8时前后，碌曲县人民委员会派赴西仓帐房工作人员白忠义、李民、余成林等5人在途中遭潜匪伏击，全部遇害，并夺去长枪5支、短枪4支、卡宾枪2支，乘马7匹及其他物品多种。

是月中旬，甘南州各机关开始由夏河迁入新址合作镇办公。

6月25日，临潭县人民委员会以“民办公助”方式，动员全县民工2000余人，筑全长68公里的新（城）冶（力关）公路。

是月，甘南全州完成了对私营工商业和手工业社会主义改造工作。

△舟曲、夏河两县部分地区农作物遭受雹、洪、霜冻等灾。玛曲县牛、羊患口蹄疫，草原遭火灾，国家发放救济款384589元，其中中央直接拨给碌、玛两县贫苦牧民赈济款143500元，半农半牧区拨赈济款150289元。

10月2日，甘南藏族自治州人代会二届一次会议召开，会议认真讨论贯彻中央关于牧区“慎重稳进”的工作方针，并选出州人委组成人员，黄正清当选州长，杨复兴、黄祥、王如东、杨培发当选为副州长。

11月4日，毛泽东、朱德、邓小平、林伯渠、李富春等党和国家最高领导人，在北京接见了甘肃省农业区民族宗教人士参观团，舟曲代表高连山、李加羊等人受到接见。

12月11—15日，甘南州召开首届民族民间歌舞观摩演出大会，参加会演的演员有民间艺人和文艺爱好者共108人。节目有舞蹈、歌曲、音乐、秦剧等40余个，藏族演员旦巴自奏自唱《歌唱毛主席》被评为优等，《法王智美更登》《康巴道康》等15个节目被推选出席省民间歌舞戏曲观摩会演。

是年，甘南全州成立常年民族学校8所、业余夜校59所、识字班6处，有专业扫盲教员45人、业余教员503人，共扫除文盲21263人。

1957年

1月，政协甘南州委员会在合作召开首届全体委员会议，选出常委（主席暂缺）、副主席金巴襄佐、杨丹珠、丁立夫。

3月，从两河口到舟曲、上卓梁到迭部县电尕寺两条公路干线先后通车；卓尼洮河木笼桥亦竣工通行。

4月23日，中共甘南州委研究决定，成立“检查肃反运动领导小组”。

4月27日，中共中央发出“关于整风运动”的指示。全州各县立即掀起以正确处理人民内部矛盾为主题，以反对主观主义、宗派主义和官僚主义为内容的“整风运动”。

6月，甘南州组织扫盲大军奔赴第一线，采取“包教包学”“小先生制”等方法，掀起扫盲高潮，脱盲人数49050人。

7月11日，夏河县境突降冰雹，地面积雹15～30厘米，雹粒大如鸡卵。25里内的农田受灾，粮食全部绝收。23—24日，舟曲县南峪寨、梁家坝两乡降雹成灾。

是月，政协甘南州委员会召开二届一次会议，新聘87名委员，谢占儒兼任主席，杨丹珠、丁立夫任副主席。

8月15日，中共甘南州委责成州公安、检察、法院三方组成工作组，赴临潭县协助清理“西北人民自立委员会”（又称“西北甘、青、宁剿共救国军”）匪特案。

10月5日，甘南州人民医院在合作旧街建成开诊。

10月10日，甘南州、县组织成立“支援社会主义建设青年委员会”接待办公室，接待来自河南的特遣支边人员，这批支边青年分批到州境垦荒种地。

10月15日，根据中共中央“整风、反右通知”精神，全州各县将教职工集中到各县城“反击右派”，运动逐步升级，中小学教师轻则开除下放严管，重则以“反革命罪”判刑劳改。254人被划为“五类分子”，占教职工总数的38%。

11月2日，甘南全州各县第一期社会主义教育大辩论先后开展。结合本地实际和突出问题，辩论合作化优越性、粮食统购统销、工农关系、肃反与法制4个问题，舟曲县在城关、大川两区进行，参加群众10980人。

12月，中共甘南州委二届一次党员代表大会揭发以王如东为首的“右倾反党集团”，并批判了以香巴才仁为首的“地方民族主义集团”，后均被落实平反。

是年，夏河拉卜楞寺院喜金刚学院失火被焚，人民政府拨款7万元修复。

1958年

2月12日，全州各县城乡广泛掀起群众性消灭“四害”（苍蝇、蚊子、老鼠、麻雀）运动，干部皆有灭“四害”任务，消灭“四害”数字逐日公布。

是月，甘南全州各级学校普遍开展“勤工俭学”活动，开荒种地、搞园艺、办工厂。全州开设校办农场83处，小手工厂782处，总产值合计40656元。

3月18日晚，卓尼县副县长杨景华到车巴沟尼巴村巡视工作，被当地叛乱分子包围杀害，随行干部无一幸免。录竹全区发生武装叛乱，上迭区（今迭部县）扎尕那、北山地区也相继叛乱，包围驻军和地方政府。25日，叛乱波及州内其他地区。叛乱分子焚毁学校、抢劫商店、袭击驻军，先后杀害干部、群众、军人200余人，甘南军分区公安部队等迅速发出动员令，赶赴叛乱地区，配合当地民兵协同平叛。

是月，舟曲县人民委员会派员前往河南省尉氏县迎接支建青年5000人，分配到洛大、瓜咱、武坪、八楞等地厂矿参加工农业生产劳动。

7月1日，甘南州人代会召开三届一次代表大会，与会代表206人，黄正清当选州长，杨复兴、杨培发、卢世仁当选副州长，胡培棠当选州人民法院院长，并选出黄正清等17人为出席省三届人民代表大会的代表。

是月，临潭全县遭罕见雹灾，历时两小时，地面积雹尺余，农作物绝收。

是月，甘南州第三届人民代表大会召开。会议作出“反封建斗争”的决议，结合平叛工作，普遍开展了“反封建、反宗教特权，摧毁一切封建余孽，解放劳动人民”的斗争。

9月1日，合作一中建成开学，开设高一、初一两班，有学生69人。

9月3—7日，中共甘南州委召开各县工交部长会议，动员全民大炼钢铁。掀起“户户炼，人人炼，全民大开、大采、大冶炼”的新高潮。碌曲县成立钢铁办公室，舟曲县被列入全省大炼钢铁重点地区。

9月5日，根据中共甘肃省委指示精神，全州撤销了区、乡人民委员会，一律改建成“政社合一”的51个人民公社基层政权组织。

9月11日，中华人民共和国首届全国人民代表大会常务委员会第101次会议批准《甘南藏族自治州人民代表大会和人民委员会组织条例》共4章39条，经共和国主席令公布施行。

9月19日，中共甘南州委批准，以曾参加过“西北民族救国委员会救民军”反革命组织的罪名，逮捕了临潭县长马国璋、副县长苏继东，后于同年12月14日，经县委追查核实系部分人制造的假案，于当年底，报经州委批准落实平反。

9月27—31日，中共甘南州委转发省委“关于办好农村公共食堂”的指示后，舟曲县率先在农村实行了公社食堂化，全州兴起大办公共食堂之风，共建2683处，就餐人数占全州总人口的92.3%，实行“吃饭不要钱，不定量”的所谓共产主义。

10月20日，全州196座佛教寺院中，除保留拉卜楞寺院、禅定寺、黑错（即合作）寺、郎木寺外，其余192座全被废除，其僧侣被遣返原籍还俗。

10月24—25日，合作镇各族各界5000多人举行盛大集会，欢庆取缔“歌老会”“香火门”“嘛呢会”“居士林”“高灯会”等反动会道门。

12 月 20 日，国务院决定撤销卓尼县建制与临潭县合并，县府驻旧城。

△碌曲与玛曲两县合并，改称洮江县，县府迁往尕海措宁。国务院第 83 次会议决定：将原卓尼县属插岗、铁坝等 4 旗及下迭 8 旗（今迭部县属）划归舟曲县管辖；并改舟曲为龙迭县。

是年，全州各县普遍遭受不同程度的雹、旱、涝、虫灾害，受灾面积共达 75201 亩。春播之际，又受流窜散匪干扰，不少田园荒芜，发生灾荒。

△全州一年出生了 10452 人，第一次突破有史以来的万人大关。

1959 年

1 月，国务院批准原夏河县名改称德乌鲁市（县级），张光清任市长。

3 月 20 日前后，河南省支边青年 12300 人，陆续分配到德乌鲁市和临潭县安家落户，参加劳动生产。

△夏河县在甘加、桑科、美武、阿木去乎，临潭县在洮北、录竹等地建立了 7 个综合机耕国营农场，分配给支边青年，开荒种地。

△龙迭、临潭两县各自组成旺藏、电尕、洛大公路修建指挥部，各领民工分段修建洛（达）电（尕寺）公路，于 1960 年 5 月 1 日竣工通车，全长 95 公里。

7 月 25 日，甘南州党、政机关为全面贯彻执行党的宗教信仰自由政策，进一步加强对喇嘛僧人的团结教育，在拉卜楞等寺院成立了“寺院管理委员会”，下设行政、宗教两个组织分管其事。

8 月 5 日，甘南州人民代表大会三届二次会议召开。会议补选了杨万青（藏）等 3 名出席省人代会代表，黄建业等 6 人为州人民委员会委员。

9 月 17 日，根据中华人民共和国主席发布的特赦令，甘南州先后两批特赦 52 名人犯。

9 月 19 日，甘南州邮电局、邮电机械修配厂的 3 名职工，试制装成简易单路载波电话机、会议电话扩大机、步话机、简易人工发报机、四用收音机等 6 种新产品，向国庆十周年作了献礼。

11 月 26 日，甘南州第一座日产 10 万斤的面粉厂正式投入生产。

11 月 20 日，甘南州第一座冷库在德乌鲁市建成并投入使用。

1960 年

1 月，中共甘南州委决定成立甘南藏族自治州垦荒指挥部，赵子康任总指挥，吴作启任副总指挥。

2 月 3 日上午 7 时 51 分，龙迭县境内发生地震，震级 5.25 级，震中烈度 6 度，震中位于北纬 33.6°、东经 104.4°。城关区有民房倒塌，官亭山石崩落。

2 月 18 日，甘南部分牧区先后发生口蹄疫，州、县两级政府先后派出 17 个疫情检查小组，并组织兽医 100 余人、防疫员 3000 多人，配合群众万余人，设立检疫站 240 处，开展检疫消毒达 1 个月时间。

3 月 12 日，洮江县在桥头建起一座能带动 16 盘磨石的自动水磨，日产面粉 3 万斤。

7 月 7 日，成立甘南藏族自治州家畜育种辅导站。甘南机械制造厂易名“地方国营甘南通用机械厂”。

△甘南州人委成立驻兰州办事处，负责全州各项物资的采购调运工作。

甘南州机械厂试制 K–13 型离心水泵成功，每小时输水量 45 吨，输水高度 19 米。

12月7日，根据中央军委“关于加强民兵工作”的指示，甘南州从退伍军人中选出150名基层武装干事，加强全州民兵建设工作。与此同时，全州3.3万多民兵投入大规模的兴修水利和农田基本建设活动。

△甘南州贯彻中共中央“大办农业、大办粮食”的方针，全州21个国营农场，开垦农田22.5万亩。州县机关、厂矿抽出劳动力790余人，自带干粮、工具，分赴各地参加生产劳动。

临潭县录竹粮站大扎寺仓库发生火灾，烧毁库房90余间，粮食15349公斤，被省粮食厅通报批评。

1961年

5月8日，甘南州委向各县（市）发出“坚决贯彻以牧为主，农牧结合，发展多种经营的方针”，立即停止开荒，解决农、牧之间的矛盾及牧民生活困难等问题。

7月4日，甘南州人代会四届一次会议在合作召开。会议听取并审议了州人委、州中级人民法院的工作报告，改选州人委组成人员，黄正清当选州长。

7月30日，中国佛教协会会长喜饶嘉措大师莅临合作。

是年，甘南各地旱灾面积较广，秋后又遭霜、雪侵害，农业、畜牧业损失严重，全州4775.96亩农田几无收成。国家调拨棉布146420尺、棉花11935斤、成衣11210件、皮衣1207件、羊皮9978张、牛皮510张、棉被735床、鞋袜1195双，组织专人全部发到灾民手中。

△两（河口）郎（木寺）公路11公里处的泄流坡山体滑坡，堵塞了白龙江，使水面增高15米，摧毁公路500米，交通中断。

1962年

1月1日，经国务院核准，甘南藏族自治州德乌鲁市恢复原名夏河县；临潭、卓尼两县分设，恢复卓尼县原称；上迭6个乡与下迭6个乡合并组成迭部县；撤销洮江县，碌曲、玛曲县分设；撤销龙迭县，恢复舟曲县。

5月，甘肃省副省长、甘南州州长黄正清一行，赴玛曲、碌曲、迭部、夏河4县视察工作，并同各界人士就恢复发展畜牧业生产进行了多次商谈。

5月25日，甘南州委成立“处理平叛、反封建斗争遗留问题领导小组”，并抽调49名干部，分赴卓尼、碌曲、玛曲和夏河美武、扎油两乡，进行复查平叛、反封建斗争中遗留问题的试点工作。

是月，夏河县下卡加寺、甘加作海寺、扎油寺、阿木去乎俄秋寺，卓尼县白石崖寺、牙路寺、车巴沟红教寺，玛曲县阿万仓寺先后开放。

△玛曲县尼玛乡因炭疽病传染，死损牲畜213头（匹、只），群众因食病羊肉，9人死亡。

1963年

2月21日，甘南州及各县劳动业务（包括工资、编制、精减业务）归并到民政部门。各县物价、工商行政业务由商业局办理。

2月21日—3月27日，迭部县益哇、洛大两乡先后发生森林火灾5次，被焚林木面积3900余亩。

7月20—30日，甘南州第五届人代会第一次会议召开。会议审议并通过州人委领导成员，黄正清当选州长，王如东、杨复兴、卢世仁当选副州长，杨生华任秘书长，贾田夫为州中级法院院长，张添信为检察院检察长，并补选出席省三届人代会代表26人。

8月13日，中共中央批准张建纲任中共甘南州委书记，并免去孙久德州委书记职务。

10月1日，在合作举行中华人民共和国成立14周年暨甘南藏族自治州成立10周年大庆，国家民委副司长路达，中共中央西北局统战部处长刘钢民，省代表团团长、省委书记王世泰等率团莅临大会。

1964年

1月，卓尼县木耳、纳浪等乡猩红热疫病流行，发病139人，死亡32人。

4月13日，中共临潭县第十次党代会为历次政治运动中受害的1190名干部和群众，作了甄别平反。

4月15日，中共甘南州委召开第三届党员代表大会，张建纲当选州委书记。

7月1日零时，甘南全州进行第二次人口普查，普查结果：全州总户数为74348户，总人口323095人，其中男性155731人，占人口总数的48.20%；女性167364人，占人口总数的51.80%。

9月20日，中国人民银行甘肃省分行下发《关于抓紧办理少数民族退售银饰工作的通知》。州支行配售卓尼白银5220两、舟曲2000两、玛曲2000两、迭部1000两。

11月15日，在合作召开全州学习毛主席著作先进单位和积极分子代表会议。

1965 年

1 月 5 日，中共甘南州委决定成立甘南州政治训练班，加强对民族宗教中、上层人士的教育改造。

是月，省畜牧厅着手组建“甘南夏河县甘加乡牧民定居点建设样板”（至 1966 年总投资 41.44 万元，建成房屋 15788 平方米）。碌曲县尕海草原亦建设综合样板定居点。

10 月 26 日—11 月 6 日，甘南州人代会六届一次会议召开。会议听取并审议了州人委、法院等部门的工作报告及自治州两年来国民经济计划的执行情况和 1966 年的年度计划安排（草案），会议选举了州人委领导班子，香巴才仁（一名李应芳）当选州长，杨复兴、卢世仁、李培贤当选副州长，贾田夫当选法院院长，张添信当选检察院检察长，并补选出席省三届人代会代表。

△政协甘南州五届一次会议召开，赵子康当选主席，王如东、杨丹珠、达吉当选副主席。

11 月，甘南州在临潭、玛曲两县开展“社教”（社会主义教育）工作。两个社教团都成立了“临时人民法庭”，配合州、县两级人民法院专门审理“四清”案件和对“四类”（地、富、反、坏）分子的改造工作。

11 月 22 日，甘南州人委召开第十九次党组会议，决定撤销劳改管理机构，在押人犯部分迁送山丹，部分转移临夏大西滩农场改造。

1966—1976 年（略）

1977年

2月6日，州广播电台职工苏治，在合作地区收到省大尖山电视转播台电视信号，经（局）台技术人员研究测试，最后确定在红土尕庄山头建立差转台。6月19日，甘南广播电台正式转出电视信号。从此，合作地区的各族群众看到电视节目。

3月10日，中共甘南州委发出关于深入开展学习雷锋的群众运动的通知。全州掀起学雷锋的高潮。

是月，全州牧区牲畜发生了2号病，牛奶产量减少，乳制品年产量仅完成225吨，企业亏损4.1万元。

△牲畜口蹄疫病从四川传染到玛曲县伟当籽种场，继而迅速蔓延到全县和碌曲、夏河、临潭、卓尼、迭部等县，致使547630头（匹、只）牲畜发病，死损15189头（匹、只）。

是月，玛曲渔场在省渔业公司协助下，从山西省太原市引进虹鳟鱼种，开始进行驯化养殖。

3月22日，中共甘南州委发出《关于抓紧清查“四人帮”工作的通知》，清查与“四人帮”有牵连的人和事。

7月24日，中共甘肃省委任命杨应忠代理甘南州委书记、州革委会主任。

△甘南州革委会开始调整“上山下乡”政策。对城镇待业知识青年不再实行下放插队。因过去大批“上山下乡”的知识青年返回城镇，加上“十年动乱”时期积累的大量待业人员，就业成为突出的社会问题。

11月8日，为加快畜牧业发展，牧业社、队和农转牧社、队免缴公购粮（共计65万斤），社员口粮头年自给，第二年自给一半、供应的一半为240万斤，第三年全部供应（共计480万斤）。

12月，中共甘南州委召开全州揭批“四人帮”广播大会。

1978年

1月，夏河县被定为全国18个畜牧业现代化综合试点县之一。

1月17日，中共甘南州委“落实干部政策办公室”成立。对“文化大革命”期间受审查及结论处理不当的问题，以及历次运动中受审查、处理欠妥的问题，一律进行复查给予落实。截至1980年共立案查处2149件，占应查总数的98.7%。

6月4日，中共甘肃省委书记、兰州部队第一政委肖华从哈达铺取道腊子口，沿当年红军长征时跋涉过的故道访问了腊子口、麻牙寺、茨日那等处，抵达迭部。

△依据全国人代会五届一次会议通过的中华人民共和国第三部《宪法》，从县到州依次恢复检察机构。

8月25日，中共甘南州委召开合作地区职工大会，为在1968年5月“文化大革命”中“造反派”在合作地区砸烂公、检、法事件中受害的5名领导干部和16名工作人员公开平反昭雪。

9月7日，卓尼县发生暴洪灾害，淹没农田8561亩，毁坏水渠19条、桥梁27座、河堤178.2米、输电线路9.5公里、变压器6台、通信线路7.5公里，死亡3人，冲走粮食155万斤、饲料8万斤，受灾121个队3800户20058人，损失折价165万元。

10月1日，合作地区各族群众万余人集会，热烈庆祝新中国成立29周年及自治州成立25周年，并举行了盛大游行。全国人大常委会、国务院、国家民委先后发来贺电并派任英，省委、省革委会派赵处琪前来祝贺。

1979年

3月25日，中共甘南州委印发《关于纠正错划阶级成分的意

议听取并审议了州人大常委会、州政府、法院、检察院等工作报告，并讨论通过《甘南藏族自治州自治条例（草案）》。

1982年

3月，国务院将拉卜楞寺列为全国重点文物保护单位。

3月10日，州境连续降雪3天，降雪量达15～35毫米，迭部县花儿干山一带积雪压断线路，州、县电话中断30余小时。

6月16日，甘南州政府颁布《关于做好食盐加碘防治地方性甲状腺肿的规定》，并于即日起施行。

7月1日零时，甘南州开始进行第三次人口普查。普查结果：全州有20个民族515454人，其中藏族230550人，汉族247666人，回族35761人，土族539人，撒拉族384人，满族215人，东乡族150人，保安族61人，蒙古族48人，其他11个民族共计80人；男性261399人，女性254055人。

9月20日—10月21日，班禅额尔德尼·确吉坚赞副委员长第二次来甘南进行视察，国家民委副主任薛剑华，全国政协常委、省政协副主席黄正清，省委统战部副部长、民委主任沙里士，全国政协常委、佛协副会长、省政协副主席嘉木样六世，全国政协委员、省政协常委贡唐仓·丹贝旺旭陪同视察州属各县，听取各县的工作汇报，并在合作地区干部职工大会上作勉励讲话。

10月，根据中央军委、国务院文件精神，成立“中国人民武装警察部队甘南支队”，下辖直属一、二中队以及7个县中队。

11月16日凌晨5时，因一流浪汉夜宿舟曲县林业局代古寺林场生火取暖，造成火灾，焚毁木料1.61万立方米，给国家造成损失128.05万元。

是年，临潭县属莲花山林场被划归省林业厅经营管理，建成风景林自然保护区。

△经省人民政府批准，卓尼县划定郭卓沟为“紫果云杉自然保护区”，面积37635亩。

1983年

1月14日，中共甘南州委、州政府、州纪委抽调干部组成7个工作组，分赴州属7县108个乡（镇）督查计划生育工作。

2月2—4日，中共甘南州委召开扩大会议，讨论制定“关于放宽农、牧区经济政策的决定”。

3月，甘、川两省对玛曲县齐哈玛草山纠纷问题在成都进行了最后一次协商，两省同意中央指示，“各划出25万亩草山给齐哈玛群众放牧”，遂签订了《关于甘、川两省解决齐哈玛草场问题的报告》。国务院于同年6月发文批准。

4月1日中午，国营七九二矿电站值班人员倾倒煤渣，引起森林火灾。燃烧延续了8天，毁林面积达10公顷。

4月22日，甘南畜牧学校教师杨建仁、魏志刚、丁志毅在玛曲县两头牦牛胆囊内埋放核心物，开创“人工培植牛黄”试验的先例。

6月25日，玛曲县在海拔4200米高的忠格扎拉山建成电视差转台，草原牧民看上了电视。

7月21日，甘南州人代会九届一次会议在合作召开。与会代表314人，会议选举产生了州人大常务委员会领导班子，卢世仁当选主任，张文献、杨丹珠、张添信、马成龙、强作仁、庞俊茂当选副主任，会议选举金巴为州长，张月安、马登昆、郭念刚、赵振业为副州长。

10月1日，甘南州举行建州30周年庆祝活动。全国人大民委、国家民委代表团团长文正一一行4人，省委、省人大、省政府、省政协、省军区代表团团长李子奇等一行80余人抵达合作，临夏州、天祝、肃南、肃北、阿克塞、东乡、积石山、张家川等兄弟民族州、县代表团参加了庆祝活动。

是月，班禅副委员长受中央委托，对夏河县甘加与青海省循化县之间、夏河县桑科与青海省泽库之间、夏河县科才与青海省河南县之间历史遗留下来的草场纠纷，会同甘肃省政协副主席嘉木样六世、青海省人大副主任夏茸尕布和政协常委嘉雅等，在青海循化县文都公社俄麻察日村，召集争议6方群众代表以民主协商方式洽谈，结果圆满，并彻底消除了纠纷根源。

△州卫生局组织医务人员在碌曲、卓尼两县的5个乡56个自然村，普查出大骨节病患者757人，占病区总人口数的7.77%，在夏河、临潭、卓尼3县进行了结核病普查工作，共查治活动性结核病患者1868例，其中有传染性的病人1080例。

1984年

1月，中央领导人习仲勋、杨静仁在北京召集甘、青两省负责人，就两省边界问题进行了磋商，提出了具体解决措施。

△省政府从文县划出原属卓尼县的博峪乡归舟曲县管辖。

3月16日，白龙江林业管理局迭部达拉林场索道沟采伐区，民工违章吸烟造成森林火灾，烧毁面积达1万余亩。省军区、省政府会同甘南党、政、军机关组成灭火队伍，动员迭部、舟曲两县3000余名民兵奔赴火场，日夜奋战，将大火扑灭。

4月21日，经省人民政府同意，夏河、卓尼、迭部3县的24个乡242个生产队于本年转为牧业生产队，对农转牧的乡、队群众口粮由国家按牧民口粮标准平价供应。

△甘南州委、州政府在碌曲县主持召开全州牧区草原承包工作会议，并在全州全面开展草场承包工作。

△甘南州，分社建乡工作全部完成，将原640个生产大队

2774个生产队改建成662个村民委员会3100个村民小组。

7月19日，甘南州第四届工代会在合作召开，其时全州基层工会发展到342个，有会员15277人。

7月30日—8月5日，甘南州人代会九届二次会议召开，会议传达全国六届人大二次会议精神，学习国务院《政府工作报告》《民族区域自治法》《兵役法》。州政协七届委员列席会议。

△“民革”（中国国民党革命委员会）甘南小组筹建成立，直属“民革甘肃省委员会”领导。

8月20—26日，迭部县腊子、洛大、益哇等乡连遭雹灾，受灾农田面积达2892亩。省、州拨给救灾款25万元，救灾粮40万斤，大豆种子10万斤。

10月29日，甘肃省拨给甘南少数民族困难户赊销棉布721万尺（每人70尺），絮棉103万斤（每人10斤），控制金额556.2万元。

△甘南州体育学校投掷运动员郑凤霞代表甘肃省参加了全国田径比赛，夺得金牌一枚。

1985年

1月25日，甘南州九届人大常委会八次会议召开，会议任命李德奎为代理州长，张文启为副州长，并接受金巴辞去州长的请求，免去马登昆副州长职务。

3月，合作民族师范专科学校建成开学。

4月7日，拉卜楞寺院大经堂失火。灾情发生后，甘南、临夏两州及兰州市组织灭火队伍赶赴现场，配合当地武警、干部、群众1万余人投入救火，至10日下午始被扑灭。损失部分珍贵文物，大经堂尽成废墟。后由国家拨款1300万元重建，于1990年建成。

6月，舟曲县连续发生3次地震，震级5级、2.9级和4.3级，4所小学的36间校舍被震塌，7间成为危房。

7月2—9日，政协甘南州委员会七届三次会议召开，会议补选金巴为主席。

7月8日，甘南州九届人大三次会议召开，会议补选了常务委员，李德奎当选州长。会议接受张添信辞去人大副主任职务。

9月10日，中共中央、国务院无偿赠予甘南藏族自治州卫星电视地面接收设备，合作卫星电视地面接收站顺利开通。

同日，全州各地教师隆重集会，热烈欢庆第一个教师节。

10月1日，合作南山广播调频转播台正式开通。

10月16日，中国人民解放军英模汇报团来合作，黄登平、嘎旺、康同华等作了英模事迹汇报。

△临潭县卓洛回族乡、古战回族乡、长川回族乡和卓尼县勺哇土族乡分别建立。

1986年

5月16日，中共中央总书记胡耀邦一行来甘南视察时指出“九十年代看不到藏族牧民居住条件的根本改变是不行的”。自治州遂于8月成立改善群众住房领导小组并开展工作。

6月12—19日，甘南州九届人大四次会议召开，审议并批准《甘南州国民经济和社会发展第七个五年计划纲要（草案）》及李德奎辞去州长职务的请求，同时会议选举胡培珍为自治州州长。

6月15日，甘南州属7县人民武装部划归地方建制。

6月下旬，卫生部部长崔月犁一行5人由省卫生厅长李彦等陪同来甘南视察工作，并提出“建立预防保健中心”的方案，后在州防疫站原址建成大楼一座。

9月，甘南州、县两级同时开展查禁赌博及制止贩卖鸦片的专项斗争，先后在临潭、卓尼两县抓获贩卖鸦片罪犯11人，并召开群众大会，公开捕办。

是年，甘南州林业勘测设计队，完成迭部县属多儿、益哇、尼傲、桑坝4个乡，舟曲县属九二三林场金钱沟、瓜子沟两处营林站，卓尼县属新堡林场的森林资源二类调查，查清这些地区的森林资源及其消长情况。

1987年

1月8日凌晨2时19分3秒，迭部县境发生5.8级地震，有感范围超过12000平方公里，震中在迭山主峰久波隆附近（即光盖山、扎尕那、叶库和祖西一带）。最大滚石体积超过100立方米，最长地裂缝宽9厘米、长达400米，有12只牦牛被砸死。

5月，卓尼县城遭受历史上罕见的特大洪灾，造成直接经济损失48.7万元。县城大街小巷淤泥堆积达6800立方米，粮站、医院、银行等单位全被水淹，死8人，伤64人，牲畜死损6243头（匹、只），倒塌房屋3939间。

6月25日—7月2日，甘南州人代会九届五次会议召开，会议选举出席省人大七届代表22名，补选杨镇西为州人大常委会秘书长，并接受强作仁辞去州人大常委会副主任职务。

7月10—13日，省委、省政府在合作召开全省民族自治州、县经济开发会议，省委书记李子奇、省长贾志杰与会作了重要讲话。会议研究了坚持改革开放、加快民族地区经济发展步伐的问题，并决定“七五”期间集中力量，解决农、牧民温饱问题，逐步走上致富之路。

是年，甘南州农业机械厂改建为水箱厂，生产农用拖斗、汽车、拖拉机水箱和板式换热器等三大系列10多个品种。其中东75水箱芯子、东105水箱先后被评为部优和省优产品。

1988 年

5 月 25 日—6 月 2 日，甘南州人代会十届一次会议召开，会议讨论通过《甘南州人民代表大会选举办法》，选举卢世仁为州十届人大常委会主任，郭念刚、杨丹珠、杨积德、万作良为副主任，杨镇西为秘书长，张文启、敏政为副州长，刘永贤为州法院院长，陈作霖为州检察院检察长。

是月，迭部县腊子口乡久里才沟发生重大毁林案件，共被盗伐原木 12824 根，盗锯木板 572 块，合计木材 1675.67 立方米，砍伐幼树 9030 株，毁林面积达 3212.4 亩。甘肃省政府将此案定为特大盗伐、滥伐林木案，对此案有关责任人提出了处理意见。

7 月 6 日，卓尼县城突降暴雨，半小时内降水达 51.3 毫米，最高洪峰量达 170 立方米／秒～ 180 立方米／秒，洪水将数万方泥石冲进县城。洮河南、北两岸 80%以上的机关单位、民房悉遭洪灾，死 41 人，57 户住房被毁，全部损失约 675 万元。

7 月 16 日，青海省河南县群众在夏尔子沟以南草场打死碌曲县放牧群众 4 人，打伤 6 人，并强行赶走绵羊 1300 余只。后于 11 月在西宁市进行双方商谈，产生了《协商处理“7 · 16”事件善后事宜会议纪要》。

8 月，甘南州体育学校回族学员吴建文被选入国家少年田径队，参加在日本举行的“中日田径对抗赛”，为中国队夺得两枚金牌。

10 月 1 日，《甘南藏族自治州民族区域自治条例》正式颁布。

12 月 4—5 日，全国人大民委会副主任李贵一行 3 人来甘南视察工作，并听取州人大常委会、州政府关于贯彻民族区域自治法、民族教育、森林保护方面的工作情况汇报，李贵就如何加强民族工作、搞好区域自治讲了意见。

1989年

2月，甘南州藏医研究所特聘西藏自治区藏医专家措诺、次朗二人，在合作配制名贵藏成药“七十味珍珠丸”及“仁钦章觉”两种珍宝丸。

6月，在临潭县冶力关惠家庄，一次出土北宋铁币达万斤（约40万枚），其中包括北宋4代皇帝7个年号18种版别。

10月1日，甘南州施行《〈中华人民共和国婚姻法〉结婚年龄变通规定》，规定州内藏族及其他少数民族公民结婚年龄男不得早于20周岁，女不得早于18周岁。

1990年

4月，甘肃省人大常委会主任许飞青一行来合作视察后转赴临潭、卓尼等县，就乡（镇）人大主席团及常务主席的工作等问题进行视察。

7月1日零时，甘南州进行第四次人口普查，全州总人口为580706人。在总人口中，男性296681人，女性284025人；城镇77116人，乡村503590人。

9月11—13日，舟曲县大川炭窑山发生重大山体滑坡，致使白龙江断流，淹没南峪乡政府、卫生院及南峪村193户民房；两（河口）郎（木寺）公路有2公里及便道500米、泥石流渡槽1座均被淹没，交通中断32天。

10月1日，甘南州属7县人民武装部又划归军队建制，仍由甘南军分区领导。

1991 年

1 月 22 日，合作地区实现国内长途电话全自动拨号。

5 月 7—15 日，政协甘南州八届四次会议在合作召开，副主席马登昆代表政协甘南州常务委员会作工作报告。会议赞同州政府副州长敏政所作的《关于甘南州十年规划和“八五”计划纲要的报告》，增选赛仓·洛桑华丹为副主席。

5 月 10—17 日，甘南州十届人大四次会议在合作召开，开幕式由州人大常委会主任卢世仁主持，147 名代表出席会议。会议审议通过州政府副州长敏政所作的《关于甘南州十年规划和“八五”计划纲要的报告》以及州人大常委会、法院、检察院工作报告。

6 月 11—12 日，兰州军区司令员傅全有、副司令员兰仲杰到甘南军分区视察工作，傅全有题词：“军民同心，富国强兵”。

6 月 13 日 19 时 40 分，舟曲县南峪乡与大川乡交界处的大椤山山体发生大面积滑坡，主滑区长 700 米，平均宽 190 米，滑体平均厚度约 36 米，滑体方量约 480 万立方米，白龙江堵塞断流 9 小时，淹没房屋 1403 间、耕地 150 亩、公路 2 公里、吊桥 1 座，直接经济损失 400 万元。

6 月 14 日，甘肃省省长贾志杰、省抗旱防汛指挥部第一副总指挥李佐栋及有关水利专家到舟曲指挥抢险救灾。兰州军区天水某部工兵营奉命到达南峪灾区开展抢险救灾。

△国家计生委主任彭珮云到夏河视察计划生育工作。

是月，洮河沿岸 7 个乡（镇）发生“牛出败”疫情，死亡牛 270 头。

6 月上旬至 7 月下旬，临潭、卓尼境内部分地方出现持续高温干旱天气，无降雨期达 30 余天。

8 月 4—7 日，省委书记顾金池先后到夏河、卓尼、临潭、碌曲、玛曲、迭部县以及 12 家厂矿企业、5 个村庄牧场调研，参观考察拉卜楞寺院。并为甘南州委题词："维护稳定、加快发展"。

9 月 7 日，甘青边界夏尔资段发生草山纠纷械斗事件，碌曲县拉仁关乡唐科村牧民死亡 5 人、伤 3 人。

10 月 10 日，临潭县在新城乡新城隍庙举行"苏维埃旧址"匾额揭帷张挂典礼仪式，省委副书记卢克俭题写匾额、参加典礼并讲话。省人大常委会副主任杨复兴、州委书记郝洪涛等题词赠匾。

10 月 20 日，舟曲县南峪乡灾民 54 人移民迁往安西。

是年，甘南州兽医师杨如桐和于永祥、贡如草研制布氏菌培养基获得成功。布鲁氏菌专用培养基—TP 干粉，在农业部兰州兽医生物药品厂试产成功，打破了该项产品完全依赖进口的局面。

1992 年

3 月 20 日，兰州军区陈超副司令员在省军区兰仲杰副司令员的陪同下，到甘南军分区视察工作。

4 月 7 日，碌曲县发生特大雪灾，平均降雪厚度 20 厘米，死亡羊 8626 只，死亡牛 2059 头。

5 月 26 日，中共甘南州委书记郝洪涛带领甘南州赴北京丰台区友好考察团前往丰台区进行友好考察。考察团还晋见了杨成武将军，杨将军题写"腊子口战役纪念碑"。

7 月，临潭县被列入"世界银行贷款中国结核病控制项目示范县"。

8 月 1 日 19 时至次日早晨，夏河县合作镇、那吾乡等 14 个乡镇突降暴雨，降雨量达 62.7 毫米。平地积水达 50 多厘米，州水电局、电力公司、毛革厂、贸易货栈等低洼地带水深均在 1 米以上。有 46 个村委会 171 个村民小组 3842 户 19963 人受灾，造成直接经济损失 73.5 万元（不包括农作物）。

9月9日12时45分，夏河县联运二队私营甘肃41—02001号驼铃牌大客车执行合作至卓尼的客运任务，当行至省道徐合公路364千米+300米处，滚入64.9米长的山坡下，造成42人死亡、13人受伤、客车完全报废的特大恶性交通事故。

9月16日，夏河县汽车联运二队甘肃41—00897号大客车承担合作至玛曲的客运任务，17时许，当行至尕（海）玛（曲）公路40千米+188.2米处，因强行超车，车辆驶出可行路面滚落在垂直高度64.8米、坡长112米的山坡下，造成33人死亡、27人受伤、车辆完全报废的特大恶性交通事故。

9月24日，甘肃省省长贾志杰和省委副书记卢克俭来合作民族师专视察。

10月8日，夏河县阿木去乎335千瓦变电所通过验收，阿木去乎、博拉、牙利吉、吉仓4乡的2万余名群众结束了无电的历史。

11月10日，甘肃省军区甘南独立营成立。

12月8日，迭部县委决定修复俄界会议遗址和茨日那毛泽东旧居。

1993年

1月1日，甘南州粮食价格开放，价格随行就市，购粮数量不限制，全国通用粮票、甘肃省粮票以及居民粮证结存的粮食指标不再流通、使用。

3月19日，甘南州公安局举行首次授警衔仪式。全州共有495名人民警察被授予警督、警司、警员警衔。

4月15日，中国佛教协会副会长、甘肃省人大常委会副主任、甘肃省佛教协会会长、甘肃省佛学院院长嘉木样·洛桑久美·图丹却吉尼玛到临潭县西道堂清真寺视察。

5月24日，政协甘南藏族自治州第九届委员会第一次会议在合作召开。丹正嘉当选政协第九届委员会主席，嘉木样·洛桑久美·图丹却吉尼玛、马登昆、杨丹珠、郎木赛赤·洛桑南杰龙仁桑盖、赛仓·洛桑华丹、杨炳南、包建荣、嘉洋、杨濯汉、杜培林当选为副主席。

5月25日，甘南藏族自治州第十一届人民代表大会第一会议在合作召开。会议选举贡卜扎西为州人大常委会主任、杨镇刚为州人民政府州长、杨镇西为州人大常委会秘书长、尤大刚为州中级人民法院院长、杨晓峰为州检察院检察长。

是月，按照中央统一要求，州纪检委和州监察局合署办公。

7月24日，贡唐仓·丹贝旺旭活佛为贡唐宝塔举行开光仪式。

是月，甘南州画家刘鹤龄被收入《世界当代书画名家大辞典》，他的作品入选《世界当代书画名家作品集》，并被提名为“世界书画名人”。

8月26日，甘南藏族自治州建州40周年大庆活动在合作举行。

是月，全州各小学开始实施九年义务教育新大纲和新教材。

△甘南州畜牧局提出、州畜牧兽医科学研究所主持制定的《河曲藏獒甘肃省地方标准》，由甘肃省质量管理局发布，这是中国审定的第一个犬种标准。

1994年

4月24日，玛曲县曼日玛乡参智合寺院发生大火，据不完全统计，损失财物价值达587万余元。

6月5日，兰州军区司令员刘精松、参谋长钱树根率工作组来甘南军分区检查指导工作。

6月15日19时30分左右，位于玛曲县阿万仓乡黄河两岸的黄河村一带骤降冰雹，雹粒最大的如乒乓球大小，冰雹持续40分钟。成灾草场面积约9万亩，受灾198户1075人，损毁帐篷64顶，死亡牛402头、羊720只，直接经济损失48.3万元。

是月，临潭县被列为全国贫困县。

7月11—14日，贡唐仓·丹贝旺旭活佛在水草丰美的桑科草原举行了规模空前的第十次时轮大讲经，僧俗听众约达40万人。

8月11日，中国共产党甘南藏族自治州第八次代表大会在合作召开，会议由杨镇刚主持，郝洪涛代表七届州委作《维护稳定，加快发展，为实现第二步战略目标努力奋斗》的报告。

9月9日，甘肃省省长张吾乐和省经贸委、计委、财政厅等厅局领导在中共甘南州委书记郝洪涛、州长杨镇刚的陪同下到合作民族师专视察。

9月14日，中共甘南州第八届委员会第一次全体委员会议召开，郝洪涛当选为书记，杨镇刚、丹正嘉、傅九大、张性忠当选为副书记。

9月25日21时30分，卓尼县禅定寺哲学院经堂失火，烧毁建筑、文物、宗教用品价值280余万元。

10月4—10日，甘肃省人大常委会主任卢克俭在中共甘南州委书记郝洪涛、州长杨镇刚和白龙江林业管理局负责同志的陪同下，到甘南考察工作。

是月，卓尼县8乡1镇发生“流行性出血热”疫情，全县有173人染病，其中5人死亡。临潭境内也有发生。

12月15日，甘南州“八五”期间最大的工程建设项目峡村水电站与兰州电网联网运行成功，标志着该电站由建设期转入试产期，并产生经济效益。

是年，卓尼县多架山水电站竣工发电，该电站装机7500千瓦，是全州装机最大的一座水电站。

△临潭县查办临潭县公安局贪污案：群众举报临潭县公安局局长、刑侦队正副队长、治安股股长贪污罚没款10万余元。经查

证证实该案共计贪污罚没款9.2万余元。涉案人员均作了有罪判决。该案成为自1979年检察院重建以来全州乃至全省社会影响最大的反腐案件之一。

1995年

1月1日，甘南报社电脑排版系统正式投入运行，并采用树脂版印刷，摆脱了铅与火的落后条件，向光与电的现代化迈出重要一步。

1月23日，甘肃省林业厅批准建立甘肃黄河首曲自然保护区。自然保护区面积37.5万公顷，为科级建制，机构设在玛曲县畜牧局。

3月16日，临潭县213名移民到酒泉丰乐乡新建家园。

是月，碌曲县连降大雪，积雪厚度达25厘米以上，死亡大牲畜7894头（匹）、羊9797只，受灾人口4163人，造成直接经济损失395.6万元。

5月24日，政协甘南藏族自治州九届三次会议在合作开幕。甘南州政协副主席马登昆作常委会工作报告。

5月25日，甘南藏族自治州第十一届人民代表大会第三次会议在合作开幕。州长杨镇刚向大会作《政府工作报告》。

是月，中国伊协、中央民族大学、社科院世界宗教研究所、兰州市民委和甘肃省民族研究所5家单位组成的专家学者考察小组，来临潭城关西道堂、卓洛、太平、尕路田及碌曲县拉仁关的清真寺考察。

9月8日上午9时，临潭县三岔乡岳家河石沟青海锑矿开采点发生重大烤箱爆炸事件，当场炸死来采蘑菇的扁都乡和店子乡6名妇女，重伤1人。

10月18日，卓尼县尼巴乡尼巴村与江车村群众发生械斗，造成6人死亡、28人受伤。

11月2日，兰州军区李乾元参谋长到甘南军分区检查指导工作。

11月28日，迭部县多儿乡台力傲村发生特大火灾，整个村子（52户）房屋化为灰烬，死亡1人，直接经济损失高达314万元。

1996年

1月14日，青海省果洛藏族自治州达日县上红科乡群众与玛曲县齐哈玛乡群众在同一借牧地久治县康赛乡辖区发生械斗，双方致死5人，各有财物损失。

3月6日，临潭县移民54户222人顺利搬迁至张掖市。

3月11日12时05分，玛曲县境内出现大风天气，平均风力达7～8级，最大风速达25米/秒，最大风力达10级，大风持续近6小时。

5月28日，国家民政部民行批〔1996〕35号文件批复，经国务院批准，同意甘肃省人民政府设立合作市（县级），以夏河县的合作镇及那吾、佐盖曼玛、佐盖多玛、卡加道、卡加曼、勒秀、加茂贡7乡为合作市行政区域，市人民政府驻合作镇。

6月18日，舟曲县憨班、丰迭、江盘、城关等乡遭受冰雹，引发山洪成灾。冲毁引水渠道2250米、公路15千米、桥涵3孔，花椒、林果被冰雹打落殆尽，农民房屋被淹，造成直接经济损失208万余元。

7月6日17—20时，合作地区突降暴雨，降水量达82.9毫米。冲毁机关单位围墙450多米，冲塌施工便桥1座，冲毁防洪堤42米、道路20多米，冲塌房屋12间。洪水灾害造成直接经济损失74.74万元。

7月30日，甘南州人民政府在州公安局召开庆功大会，为州公安局政保科快速破获“7·13”重大案件荣立集体一等功庆功。

是月，甘肃省政府审查批准，以拉卜楞寺闻名于世的甘南州夏河县城成为甘肃省第三批省级历史文化名城。

10月31日，甘南州气象台地面卫星接收系统安装并开始运行。

12月，玛曲、夏河两县和合作有线电视台开通加密电视频道，全州有线电视入网户达1.3万余户。

1997年

1月1日，甘南报社正式出刊电脑排版印刷《甘南报》。

1月9—10日，中共甘肃省委书记、代省长孙英和副省长洛桑灵智多杰到甘南州慰问困难企业和贫困群众。

4月8日，甘南州政协九届五次会议在合作开幕。州政协副主席杜培林作州政协第九届委员会常委会工作报告。

4月9日，甘南藏族自治州第十一届人大五次会议在合作开幕。会议由大会执行主席、主席团常务主席贡布扎西主持，州长贡保甲作《政府工作报告》。

7月24日，位于海拔2700米处的迭部县阿夏林场一工段先后发现4只大熊猫。这4只大熊猫背部、尾部、腹部皆白，耳朵、眼眉等其余部分均为黑色，体态笨拙可爱。

10月6日，甘肃省政协副主席、全国政协常委、甘南藏族自治州首任州长黄正清在兰州逝世，享年94岁。

10月7日，兰州军区温宗仁政委在省军区李忠政委的陪同下到甘南军分区视察工作。

是年，迭部县被列为“长江上游水土保持预防保护县”。“长治”四期工程启动实施，项目总投资316.28万元，治理面积81.28平方公里。

1998 年

1月1日，合作市正式挂牌成立，市党政机关各项工作全面开始运行。合作镇、那吾乡、卡加道乡、卡加曼乡、佐盖曼玛乡、佐盖多玛乡、勒秀乡、加茂贡乡从夏河县分出，辖属合作市。

2月12日，玛曲县阿万仓乡红原村与五星村发生草原火灾，1.5万多亩冬春草场被烧毁。

5月15日，甘南藏族自治州第十二届人民代表大会第一次会议在合作召开。

是日，甘南州召开领导干部会议，宣布中共甘肃省委对甘南州委领导班子调整的决定，由罗笑虎同志担任中共甘南州委书记，杨镇刚同志不再担任中共甘南州委书记职务。

7月31—8月1日，全国政协副主席、中央统战部部长王兆国来甘南视察工作，考察了省佛学院、甘南佛阁藏药有限公司，参观拉卜楞寺贡唐塔。

8月16—18日，甘肃省省长宋照肃在副省长洛桑·灵智多杰陪同下，深入夏河、碌曲、迭部、合作等县市调研。

10月1日，甘肃省人民政府颁布全省天然林禁伐令，自治州境内全面停止对天然林的采伐。

12月23日，临潭县青石山电站举行奠基仪式。

1999 年

3月7—8日，联合国儿童基金会、卫生部派员6人到甘南州夏河县检查督导项目工作。检查组先后实地察看了麻当、王格尔塘、桑科等卫生院，牧区接种点以及县医院、防疫站、保健站的传染病报告，消灭脊髓灰质炎和消灭新生儿破伤风等工作。

5月19日，临潭县东部店子乡业仁村群众在山上发现1只成年大熊猫，被村民带回村中妥善养护，之后将大熊猫移交甘肃省野生动物管理局。

6月11日，全国政协副主席、民革中央常务副主席周铁农赴甘南州夏河县考察了解有关工作。

6月12日下午4时，卓尼县柏林乡境内普降暴雨，下午6时30分发生特大洪水，高达4米的洪峰从山中呼啸而下席卷了柏林、巴都两个村，使573户2515人受灾，5人死亡、1人下落不明，直接经济损失达169.43万元。

7月8日，九届全国人大常委会委员、甘肃省人大常委会副主任嘉木样，在中共甘南州委书记罗笑虎等人陪同下，到合作民族师专视察工作。

9月20日，中国共产党甘南藏族自治州第九次代表大会在合作召开。

是月，甘肃省政府召开疏勒河移民安置工作会议，省上给临潭县分配计划指标3420户17000人，1999年下达指标50户300人。省“疏管局”项目综合开发管理处及饮马农场人事部负责人专程来临潭进行了考察。

11月18日，甘南州气象台电视天气预报节目正式开播。

12月15日，《甘肃省甘南藏族自治州实施义务教育法条例》公布实施。

2000年

1月1日，全国政协委员、甘肃省人民代表大会常务委员会副主任杨复兴在北京逝世，享年71岁。

2月18日，甘肃省人大常委会主任卢克俭一行到夏河拉卜楞寺看望过春节的省人大常委会副主任嘉木样·洛桑久美·图丹却吉尼玛、州人大常委会副主任德哇仓以及宗教界上层人士和干部群众。

3月1日，全国政协常委、中国佛教协会副会长、中国藏传佛教工作委员会副主席、甘肃省政协副主席、甘肃省佛教协会副会长、拉卜楞寺第六世贡唐仓·丹贝旺旭活佛，在拉卜楞寺圆寂，享年75岁。

4月，政协甘南州第十届委员会第三次会议召开，会议选举董怀德为主席。

5月1日，国家正式取缔粮油供应证制度，全州范围内相应停止此项粮油供应工作。

5月25日，公安部部长贾春旺、部长助理杨焕宁等一行在甘肃省委常委、政法委书记陈学亨、副省长洛桑·灵智多杰和省公安厅厅长蔚振忠等的陪同下，到夏河县进行调研。

7月17日，全国人大常委会副委员长蒋正华、中央统战部副部长胡德平率民主党派、全国工商联负责人和无党派人士西部考察团，在中共甘肃省委副书记陆浩，政协甘肃省委员会副主席、中共甘肃省委统战部部长杜颖，甘肃省人大常委会副主任嘉木样·洛桑久美·图丹却吉尼玛、杨作林等有关领导的陪同下到甘南州考察工作。

8月7—9日，甘肃省省长宋照肃率领省计委、财政、扶贫、水利、乡镇、林业等部门的负责人，在甘南州领导罗笑虎、丹正嘉、贡保甲等的陪同下深入临潭县青石山电站建设工地、洮州商城、莲花山旅游开发区和农户，就实施西部大开发中民族地区如何加快发展进行专题调研。省人大常委会副主任嘉木样·洛桑久美·图丹却吉尼玛一起在临潭进行了调研。

8月11日，甘南州政府委托陕西省城乡规划设计研究院修编的合作城区总体规划完成，并通过评审。

9月1日，合作市中心广场建设工程开始施工建设。

9 月 11 日，中国佛协常务理事、省佛协副会长、甘南州佛协会长、省佛学院副院长、州政协副主席杨丹珠，在卓尼禅定寺圆寂，终年 67 岁。

10 月 17 日，《甘南州志》出版发行并举行首发式。

11 月 2 日，甘肃省委书记孙英到舟曲县视察指导工作。

12 月 3 日，合作市佐盖多玛乡仁多玛村发现流行性出血热疫情。

2001 年

2 月 13 日，中共甘南州委研究决定设立甘南州人民政府驻北京联络处。

4 月 1 日，中共甘肃省委常委、省军区司令员赵拴龙到甘南州检查县市人武部全面建设以及“军民共建兰郎文明线”工作进展情况。

4 月 3 日，政协甘南藏族自治州第十届委员会第四次会议在合作开幕。州政协副主席桑丹向大会作十届三次会议以来工作报告。州政协副主席旦正甲作州政协十届三次会议以来提案工作情况报告。

4 月 4 日，甘南藏族自治州第十二届人民代表大会第四次会议在合作开幕。

4 月 28 日下午 3 时，发生持续 30 多分钟的特大雹灾，致迭部县电尕、益哇、卡坝 3 个乡绝大部分农作物受灾。

5 月，夏河县阿木去乎法庭副庭长旦巴荣获全国“五一”劳动奖。

7 月，临潭县“万人拔河”载入上海大世界吉尼斯纪录。

8 月 15—17 日，甘肃省委书记宋照肃、省人大常委会主任卢克俭带领省直有关部门负责人，到夏河、合作、碌曲、玛曲、迭部、舟曲 6 县市检查指导工作。

是年，全州全面启动实施城镇职工基本医疗保险制度。

2002年

3月19日，甘南藏族自治州第十二届人民代表大会第五次会议在合作召开。

8月14日，甘肃省人大常委会主任卢克俭在甘南调研民营经济发展情况。

是日，甘肃省省长陆浩到甘南州视察调研，洛桑·灵智多杰副省长等随行。

9月14日，遵照省粮食局通知精神，在全州范围内对退耕还林（草）农牧户给予粮食补助。

10月8日，贡唐仓活佛转世工作指导小组第二次会议，由中国佛教协会副会长、甘肃省佛教协会会长、指导小组组长嘉木样·洛桑久美·图丹却吉尼玛活佛主持，在夏河拉卜楞寺召开。

2003年

1月2日，甘肃省副省长、甘南州委原书记罗笑虎主持召开州级领导干部大会，省委常委、组织部长徐守盛宣布省委关于陈建华任甘南州委书记的决定。

1月6日，国家级自然保护区管理局——“甘肃尕海则岔国家级自然保护区管理局”揭牌成立。

4月11日，甘南州委秘书处、州政府办公室发出《关于加强非典防治工作的通知》。

4月15日，迭部县林区达拉林场森林管理保护区因高压线短路引发特大森林火灾，这次火灾过火面积达2222.1公顷，受害面积696公顷，受害活立木蓄积23000立方米；直接损失高达280.1

万元，间接损失 1840.3 万元，这是新中国成立以来甘南州历史上最大的一次森林火灾。

4 月 22 日，甘南州委、州政府成立甘南州“非典”防治工作领导小组，州委书记陈建华任组长。

6 月 24 日，装机容量 5.25 万千瓦、总投资 3.7 亿元的迭部县达拉河口水电站正式开工建设。

6 月 29 日，兰州军区司令员李乾元到甘南军分区视察工作。

是月，全州城镇职工基本医疗保险医药费报销正式开始。

7 月 7 日，甘南州政府下发《关于合作一、二中初高中分设的批复》。秋季开学时合作一、二中顺利完成初高中分离分设。

7 月 10—17 日，甘南藏族自治州第十三届人民代表大会第一次会议在合作召开。

7 月 29 日晚，临潭县冶力关镇境内遭遇 30 年一遇的特大暴雨，导致山洪暴发，共有 3809 人受灾。其中，死亡 8 人，失踪 3 人，农作物受灾面积 0.49 万亩，倒塌房屋 534 间，冲毁河堤 15 公里，直接经济损失 2460.34 万元。

8 月 12 日，甘南藏族自治州成立 50 周年庆典暨中国甘南第四届香巴拉旅游艺术节在合作市当周草原举行。

8 月 15—20 日，第十一世班禅额尔德尼·却吉杰布到甘南州夏河县拉卜楞寺院学习考察。

8 月 16 日，甘南独立营骑兵连赴酒泉地区参加中央电视台、兰州军区电视剧制作中心拍摄电视连续剧《最后的骑兵》。

8 月 25 日，迭部县洛大乡磨沟村突降暴雨，26 日凌晨 5 时暴雨引发百年一遇的特大暴洪，冲毁苗圃 322.7 亩、苗木 6454 万株，直接经济损失高达 1908.2 万元。

11 月 13 日，甘南州卓尼、临潭两县部分乡村发生 Ms5.2 级地震，卓尼县洮砚、柏林两粮站 13 间库房地基下陷，墙体裂缝，水泥脱落。

12月，第一部系统反映甘南州政协工作的《甘南政协志》正式出版发行。

是年，临潭县在酒泉地区安西县疏勒河七道沟临潭县移民基地学校增设初中部，取名为“临潭县移民区九年制学校”。

2004年

2月9—11日，玛曲县欧拉秀玛乡、木西合乡、采日玛与齐哈玛两乡交界地区发生草原火灾，造成过火草场总面积3533.33公顷，受灾123户676人，受灾牲畜2.38万头（只），直接经济损失326.40万元。

2月14—19日，甘肃省委常委、政法委书记洛桑·灵智多杰一行10人，到夏河县、合作市、卓尼县调研社会治安防控体系建设和夏河县阿木去乎车匪路霸的整治情况及卓尼县车巴沟巩固“尼江”地区治安整治成果等情况。

3月4日下午，玛曲西部木西合—欧拉秀玛之间发生Ms4.8级地震。震中位于北纬34度，东经101度，距县城110千米。由于人烟稀少，又是白天，未造成人员伤亡和财产损失。

4月7日，政协甘南藏族自治州十一届二次会议在合作召开。

4月8日，甘南州第十三届人大二次会议在合作召开，州长沙拜次力代表州人民政府向大会作政府工作报告，全国政协常委、省政协副主席德哇仓应邀出席大会。

4月26日，全国政协副主席、中央统战部部长刘延东来甘南州就维护民族团结，提高农牧民生产生活水平，进一步巩固藏传佛教寺庙爱国主义教育成果等问题进行调研。

6月15日，甘肃省从中央划拨的8亿元“农牧村寄宿制学校建设工程”工程款中，为甘南州安排1.6亿元支持自治州农牧村中小学寄宿制学校建设，这是甘南州自新中国成立以来一次性获得投入最多的一笔教育项目资金。

6月21日，迭部县旺藏乡曹世坝村发现两只大熊猫，体重200多公斤。

7月22日，夏河县扎油、唐尕昂、达麦等乡遭受特大暴雨袭击，造成6人死亡、1人失踪，13个村1387人受灾，死亡牲畜20460头（只），倒塌房屋506间，直接经损失2881.64万元。

7月29日，由合作市主办的“2004中国·甘南第五届香巴拉旅游艺术节”在当周草原开幕，在本届旅游艺术节经贸洽谈会上签约项目6项，总投资17600万元。

8月7—8日，外交部部长李肇星到甘南州夏河县考察工作，甘肃省省长徐守盛陪同考察。

8月29日，在第十二届中国兰州经济贸易洽谈会上，甘南州共签约项目22个，签约总金额达21亿多元，其中有两个项目列入全省重大项目签约之中。

9月，玛曲县黄河首曲药源开发有限公司研制的“香巴拉珍宝胶囊”通过省级鉴定，科技成果达到国内领先水平。

9月7日，岷县、卓尼交界（北纬34.7度，东经103.9度）发生Ms5.0级地震，宏观震中位于卓尼县洮砚乡峡地村一带，极震区烈度为Ⅶ度。震源深度33千米。造成死亡1人、伤36人，直接经济损失6600.189万元。

10月27日，甘南州医院发现1例出血热病例。

是月，民贸公司、医药公司、食品公司、糖烟酒公司及物资公司5家企业改制，企业产权和土地均拍卖转让。

12月28日，甘南州装机容量最大、投资规模最大的迭部九龙峡水电站（装机容量81000千瓦，概算投资61500万元）开工建设。

是年，迭部县腊子口革命遗址风景区建成，总投资280万元的腊子口战役纪念馆综合楼竣工，投资33万元的腊子口景点河堤工程竣工验收，并建成腊子口景区移动通信设施。

2005年

4月7日，中国人民政治协商会议甘南藏族自治州第十一届委员会三次会议在合作开幕。

4月8日，甘南州第十三届人民代表大会第三次会议在合作召开。

8月9日，中国佛教协会副会长、中国藏语系高级佛学院院长、甘肃省佛教协会会长嘉木样·洛桑久美·图丹却吉尼玛活佛在拉卜楞寺大经堂灵塔殿主持仪式，以银盆选丸的方式正式认定第六世贡唐仓·丹贝旺旭的转世灵童贡保东智。

11月1日，《甘肃省甘南藏族自治州藏语言文字工作条例实施细则》颁布，自2006年1月1日起实施。

12月，甘南州对农村义务教育阶段贫困家庭学生实行“两免一补”，全州46077名农牧村贫困家庭学生享受免费教科书并免除学杂费。

2006年

4月12日，甘南州直及7县1市1010名行政、事业类干部参加公开选拔副县处级后备干部知识测试，这标志着甘南州公开选拔副县处级后备干部工作的首次展开。

4月21日，甘南州第一座330千伏送变电工程在迭部县洛大乡正式开工。

6月，甘南州电视台藏语频道正式开播。

7月10日，合作市出现强雷阵雨伴冰雹天气，冰雹最大直径达40毫米，受灾面积1348公顷，死伤畜禽1528只（头），冲毁房屋125间，受灾1873户8732人，造成直接经济损失512万元，其中农业经济损失 477 万元。

7 月 25 日，全国人大常委会副委员长何鲁丽率领的全国人大常委会民族区域自治法执法检查组在甘肃省人大常委会副主任杨作林，省政协副主席、民革甘肃省主任委员俞正等的陪同下，到甘南州就民族区域自治法的贯彻实施情况进行视察。

7 月 31 日，甘南州组织部队、民兵举行了声势浩大的“甘南反恐——2006 演习”活动，甘肃省军区副司令员王乃勤检阅部队并讲话。

8 月 30 日，碌曲县全县突降冰雹、暴雨，降水量达 84.4 毫米，引发山洪、泥石流、塌方等自然灾害。死亡 14 人。

9 月 3 日，德哇仓活佛在碌曲县盖古滩举行“时轮灌顶大法会”。

9 月 15—20 日，“中国 · 九色甘南香巴拉首届汽车越野穿越赛暨藏獒故里行”大型活动在甘南州举行。

9 月 30 日，美国麻省理工学院教授、中科院外籍院士丁肇中到夏河县参观考察。

11 月 12 日，第七世贡唐仓活佛坐床仪式在夏河县拉卜楞寺举行。

是月，中共甘肃省委书记陆浩、省人大常委会副主任杨作林、省委秘书长孙效东到夏河县视察调研工作。

12 月 16 日，甘南州首座太阳能光伏电站在合作落成。

是年，根据人事部、财政部《关于印发〈完善艰苦边远地区津贴制度实施方案〉的通知》，甘南藏族自治州合作市、卓尼县、夏河县艰苦边远地区津贴标准由三类区津贴标准调整为四类区津贴标准；玛曲县、碌曲县艰苦边远地区津贴标准由四类区津贴标准调整为五类区津贴标准。

2007年

1月17—22日，政协甘南州十二届一次会议在合作召开。州政协副主席车建军主持开幕式，中共甘南州委书记、州人大常委会主任陈建华，州委副书记、州长沙拜次力出席会议。丹智草当选为政协甘南州十二届委员会主席。

1月18日，甘南州十四届人大一次会议在合作召开。选举产生新一届州人大、州政府领导班子及州法、检两长。陈建华当选为州第十四届人民代表大会常务委员会主任，沙拜次力当选为州人民政府州长。

4月10日，临潭县城关镇古城三社寺稞发现一古墓被盗。4月12日，甘肃省文物鉴定委员会实地察看盗掘现场后断定为宋金时期砖室墓，具有较为重要的历史、科学、艺术价值，这是甘南地区发现的宋金时期最具特色的墓葬。墓葬遭到严重破坏，墓室大揭顶被揭开，随葬器物被洗劫，彩绘砖雕被部分破坏。

4月28日，临潭县境内发现一部清代光绪丁亥年（1887年）间石印线装《宋本十三经注疏》，书籍中缝有“钦定四库全书经部”字。整部书籍保存完整，分元、辰、利、亨四函包装，是学者、专家、教授研究国学和儒学的重要古籍之一。

8月6日，中共甘肃省委书记、省人大常委会主任陆浩，省委常委、秘书长姜信治，省政协副主席、省发改委主任邵克文及省直有关部门负责人到引洮工程建设工地考察调研。

8月13日，“‘九色甘南香巴拉’中国·玛曲第四届格萨尔赛马大会”在玛曲县开幕。

8月22日，全国人大常委会副委员长司马义·艾买提在甘肃省人大常委会副主任程有清陪同下到甘南州视察工作。

是日，“第八届中国·九色甘南香巴拉旅游艺术节暨首届卓尼风情旅游艺术节”在卓尼大峪沟举行。

11月15日，甘南州第十四届人民代表大会第二次会议在合作召开，会议选举甘南藏族自治州出席甘肃省第十一届人民代表大会代表。

12月20日，中共甘肃省委书记、省人大常委会主任陆浩，省委副书记、省长徐守盛一行，在州委书记、州人大常委会主任陈建华、州长沙拜次力的陪同下，到合作市调研了解经济社会发展情况。

2008年

1月11日，政协甘南州十二届二次会议在合作开幕。

1月14日，甘南州十四届人大三次会议在合作开幕。

1月15日，中共甘肃省委副书记、省长徐守盛在九甸峡水利枢纽工程建设现场考察，了解项目进展情况。

△中共甘南州委副书记、州长沙拜次力和夏河县藏族中学校长鲁毛草当选为中共十七大代表。

2月20日，中共甘肃省委书记、省人大常委会主任陆浩，省政协主席陈学亨一行到夏河县检查抗灾减灾工作。

3月2日，甘南藏族自治州第十四届人大常委会第九次会议在合作召开。会议决定任命毛生武为甘南藏族自治州人民政府副州长、代理州长。

3月16日，甘南州发生严重打、砸、抢、烧暴力事件。中国人民解放军甘南军分区积极组织民兵成建制配合公安、武警，担负全州卡点封控、重要部位警戒及在城、乡、村、组的巡逻执勤维稳任务。

5月12日，四川省阿坝州汶川县发生Ms8.0级强烈地震。甘南州7县1市均有强烈震感，舟曲县受灾严重。舟曲县接到18个乡镇灾情汇报，有13人因灾死亡，17人重伤，4人轻伤。

5月22日，中共甘肃省委副书记、省长徐守盛在舟曲、迭部两县检查指导抗震救灾工作。

5月28日，中共甘肃省委书记、省人大常委会主任陆浩在省委常委、省委秘书长姜信治和省直有关部门负责人陪同下，赴迭部、舟曲两县检查指导抗震救灾工作。

6月24日，深圳市委常委、常务副市长李峰带领深圳市对口援建考察团在甘肃省副省长泽巴足陪同下，深入舟曲县衔接灾后重建对口援建工作。

7月9日，中共中央政治局常委、全国政协主席贾庆林和全国政协副主席、中央统战部部长杜青林，在中共甘南州委书记、州人大常委会主任陈建华，州委副书记、代州长毛生武，州政协主席丹智草陪同下到甘南州夏河县调研藏区维护社会稳定工作。

7月19日，“高空王子”阿迪力与徒弟雅各布横跨临潭县冶力关国家4A级风景区冶木河大峡谷，创高海拔地区两人相向交叉高空走钢丝世界纪录。

7月29日，甘肃省人大常委会副主任、省佛教协会会长嘉木样·洛桑久美·图丹却吉尼玛，在中共甘南州委常委、统战部长王扎东，州人大常委会副主任代茂陪同下，到夏河县阿木去乎镇看望慰问当地干部群众。

8月12日，“第九届中国·九色甘南香巴拉旅游艺术节暨合作市建市十周年”庆典活动在合作举行。州领导陈建华、毛生武、丹智草、楚才元等出席庆典活动。

8月29—31日，国务院扶贫开发领导小组副组长、国务院扶贫办主任范小建，在甘肃省副省长泽巴足陪同下检查指导舟曲、迭部两县贫困村灾后重建规划实施工作，看望慰问受灾群众。

2009年

1月4日，政协甘南州十二届三次会议在合作召开。

1月5日，甘南州十四届人民代表大会第五次会议在合作召开。

3月9日，中共甘肃省委书记、省人大常委会主任陆浩一行到甘南州调研寺教民生工作。

3月21日，武警部队司令员吴双战到甘南州慰问驻甘南武警官兵。

5月19日，甘南州公开审理3起“3·14”打砸抢烧严重暴力犯罪案件，并依法作出判决。

5月23日，全国人大常委会副委员长司马义·铁力瓦尔地到甘南州视察指导工作。

6月19日，临潭冶力关举行张纪中版《西游记》外景拍摄基地新闻发布会。

6月25日，合作市遭遇建市以来最大的一次洪涝灾害。受灾107户，农作物受损面积208.27公顷，各类牲畜死损313头（只、匹）、失踪1009头（只、匹）；冲毁道路1400米，毁坏桥涵3座、暖棚2座。这次洪灾造成合作基础设施损失540万元。

8月8日，“甘肃临潭·冶力关2009中国拔河公开赛暨洮州拔河节”在冶力关开幕。

8月30日，“第十届中国·九色甘南香巴拉旅游艺术节暨首届藏乡江南舟曲风情旅游艺术节”在舟曲县拉尕山开幕。

12月25日，省道306线徐合公路岷县至合作段二级公路开工建设，项目总投资16.7亿元，其中甘南境内投资14.5亿元。

2010年

1月10日，中共甘肃省委副书记、省长徐守盛在省人大常委会副主任崔玉琴、省政协副主席李永军的陪同下，带领省政府秘书长李沛文及省直相关部门负责人到甘南州调研，州领导陈建华等陪同。

2月21日，中共甘肃省委书记、省人大常委会主任陆浩，省委常委、省委统战部部长刘立军，省委常委、省委秘书长姜信治等，到夏河县看望慰问宗教界人士并座谈。

6月7日，《甘肃省甘南藏族自治州自治条例（修订）》藏汉两文单行本发行仪式在合作举行。

8月7日23时40分至次日零时20分，舟曲县东北部山区突降特大暴雨，持续40多分钟，降雨量达97毫米，引发三眼峪、罗家峪等4条沟隙特大山洪泥石流地质灾害。泥石流进入舟曲县城并涌入白龙江形成堰塞湖，造成巨大人员伤亡和财产损失。

8月8日中午，中共中央政治局常委、国务院总理温家宝，中共中央政治局委员、国务院副总理回良玉亲临舟曲抢险救灾一线，指导抢险救灾。

8月9日清晨，水利部部长陈雷、副部长刘宁，副省长泽巴足，武警部队司令员王健平在现场指挥瓦厂挖掘爆破工作。

8月15日，全国举行哀悼活动，深切哀悼在舟曲特大山洪泥石流灾害中遇难的同胞。胡锦涛、江泽民、吴邦国、温家宝、贾庆林、李长春、习近平、李克强、贺国强在北京等地，同全国各族人民一起，向甘肃舟曲特大山洪泥石流遇难同胞表示深切悼念。

8月22日，中共中央政治局常委、国务院总理温家宝再次到舟曲主持召开会议，研究灾后恢复重建工作。

8月30日，经过23个昼夜的连续奋战，白龙江堰塞湖排险以及河道清淤工作取得了决定性胜利，舟曲县城全面退水，213 省道恢复全面通行。15 时，解放军副总参谋长章沁生在舟曲城江桥上正式宣布，白龙江堰塞湖应急排险以及河道清淤疏通任务全面完成。

11 月 5 日，白龙江舟曲城区段堰塞河道清淤工程完成。

12 月 25 日，甘南天然气管道工程开工仪式在王格尔塘镇举行。

鲜为人知的藏族百年实录征编细节[①]

陈克仁

一、一波三折的实录征编牵头单位

严格意义上讲，“藏族百年实录”征编是三个层面上的工作。其一是国家层面的藏族百年实录史料征编，全称为《藏族百年实录》，由全国政协组织实施，具体由西藏自治区政协牵头，青海、甘肃、四川和云南省政协协作完成。其二是甘肃省级层面的藏族百年实录史料征编，全称为《藏族百年实录·甘肃卷》，此项工作本应由甘肃省政协负责完成，诸多原因所致，交由甘南州政协牵头完成，实际上就是由我承担完成征编任务。其三是甘南州级层面的百年实录史料征编。为了使《藏族百年实录·甘肃卷》史料征编范围更宽泛、稿件内容更丰富及稿件形式更加多样化，我又提议启动《百年甘南实录》工作，这项工作与上面两项工作相比，涉及的面更宽广、工作量成倍增长、征编任务更艰巨，所花费的人力、物力和财力也将是无法预测的。

2015 年 10 月，因编纂《西部大开发在甘南》工作，我到省政协文史委办公室袁维辉主任处。交谈中他邀我参加即将要开展的《藏族百年实录》史料征编工作，我当即就谢绝了。谢绝的原因非

---

① 本文为已发表文章，所涉数据等与此次出版的《百年甘南实录》有所不同。

常简单，以甘南州政协文史委当时的人力和政协在后勤服务方面的诸多困难，完成这项工作简直比登天还难。

2015 年 11 月上旬，我随赵宏才副主席去迭部县督办政协委员提案办理工作，顺便也有约稿的因素，返回合作的途中，赵宏才副主席接到州政协办公室文档科桑吉草科长的电话，通知去省政协开《藏族百年实录 · 甘肃卷》启动大会，并未提及需要文史委主任参加。赵副主席回到合作后专门研究了会议传真电报，通知内容很明确，甘南州只有分管主席参加；而与此事紧密关联的是，临夏州却是分管主席和文史委主任两人参加。这中间的原因我是明白的。此份会议电报还同时明确：《回族百年实录 · 甘肃卷》由临夏州政协牵头完成，而《藏族百年实录 · 甘肃卷》则由甘肃省民委牵头完成。

就在会议召开前的两天时间内，形势出现逆转。首先是省政协电话通知甘南州政协文史委主任也要参会，说是拟发电报时遗漏了。其次是省政协文史委樊东虎副主任直接给赵宏才副主席打电话，说全国政协不同意省民委牵头实施，必须由甘南州政协完成，需要尽快商议后答复。赵副主席感到工作任务巨大，自己又不好私自做主，即电话请示了刚刚到任的杨继军主席，杨主席立即做出决定，说："这是好事，我们牵头做。"赵副主席随即向省政协做了电话答复。最后是省政协办公厅很快又发来了会议补充通知的电报，白纸黑字，《藏族百年实录 · 甘肃卷》的牵头单位由省民委变更为甘南州政协。于是我也去省政协参加了《藏族百年实录》征编工作的启动会议。此为 11 月下旬的事。

省上的启动会议开了，地方的准备工作却十分艰难。回来后，方案按时拿出了，与征编工作有关的一大摊子事却迟迟定不下来，一直到春节过后，此事也无眉目。这中间，省政协多次电话催问工作进展，我只能如实相告。农历正月十五过后，在赵副主席的催促和过问下，州委办分别于 2016 年 2 月 24 日印发了《关于抽调工作人员参与〈百年甘南实录〉〈藏族百年实录·甘肃卷〉征编工作的通知》（甘南机发〔2016〕7号），3月29日印发了《关于转发〈百年甘南实录〉〈藏族百年实录·甘肃卷〉史料征编方案的通知》（甘南办发〔2016〕20号），但征编工作何时启动，以何种方式启动，政协机关却并无明确目标。3月下旬，眼看工作无法开展将延误工作进程，省政协又随即召开了推进会议，说是推进，实际上临夏州承担的《回族百年实录·甘肃卷》、我州承担的《藏族百年实录·甘肃卷》均未启动。这次会上，省政协明确给两州各15万元启动经费，用以发放征编人员的工作报酬。随后，经赵副主席数次争取汇报，杨主席于2016年3月31日主持召开了主席办公会议，明确了有关工作事项，并确定了启动会议的时间及内容。4月12日，《藏族百年实录·甘肃卷》暨《百年甘南实录》史料征编工作启动会议在合作召开。会议邀请省政协文史委张正雄副主任和办公室石磊主任及省民委藏族研究所马秉勋副所长参会。会议规格比较高，州政协所有在家副主席、各县市政协主席、州直近20个部门负责人参加了会议，参会的省政协文史委领导也认为，会议规格非常高，效果非常好，是十多年来罕见的。

二、良莠不齐的工作进展

州委办的征编方案下发了，各县市也有动作，可普遍的反映是不知咋写。能写作的人太少了，找不出几个，再就是能写的人也不愿参加。大多数县市政协文史委主任的岗位，只是县市委安排干部的平台，并未考虑工作的实际需要。

2016年7月底至8月初，在省政协文史委张正雄副主任带领下，我们一行8人（其他成员还有：州政协副主席赵宏才，省政协文史委办公室主任石磊，甘南州政协文史委主任陈克仁，甘南州两个百年实录征编办陈晖、拉毛草，两名司机）专程前往陇南市徽县、武都区、文县及甘南州6县市（玛曲县、夏河县因为时间关系未去）督导实录征编工作。总体情况是：陇南市无论是组织领导、人员调配、后勤保障，还是思想认识、稿件质量，均好于我州。截至9月中旬，省内陇南市、天祝县、岷县均已将稿件纸质版和电子版发到征编办，而甘南州县市稿件报送却不容乐观。从当时汇总的情况看，大部分县市的工作仅仅停留在发文件上，实质性启动的有临潭县、合作市、夏河县，缓慢启动的有迭部县和碌曲县，卓尼县、玛曲县、舟曲县基本未启动。已经上报稿件的有迭部县、合作市和碌曲县，但稿件均为草稿，质量良莠不齐，后期修改的难度很大；舟曲县上报的稿件中史料稿件较多，且大多有电子版，但新征稿件数量极少；其他县市均无稿件上报。

由于征编经费到位比较迟，加之10月底以前后勤保障乏力，2016年州征编办工作人员只到合作市和夏河县督促过工作；受迭部县政协邀请，专门为全县文史人员搞了一次业务培训。12月初，为准备召开推进会做前期调研，我们才有幸去6个县（舟曲、临潭未去）搞了一次督查。州上的征编方案明确，2016年10月底所有征文结束，可从实际督查的情况看，似乎有较大难度。因为，玛曲县、卓尼县因换届等因素，工作根本未开展。所以，我们有意将截稿时间推迟为2017年2月底。原本计划召开的工作推进会也被迫顺延。

时间到了2017年2月底，百年实录征编时间已经过半，州征编办扫描稿件已超过120万字，新征稿件字数超过60万字。可县市稿件征编存在几大不如意之处：一是上报稿件进展不平衡。新征稿件中碌曲县、迭部县有一些稿件，玛曲县、卓尼县、夏河县无一篇稿件；合作、舟曲县所征稿件数量不多，质量一般；州直单位稿件报送数量少，诸多单位领导重视不够，一定程度上造成无史料稿件可选的缺憾。这一现象，与其他地区稿件优中选优、征编人员强中选强的状况形成鲜明的对比，一定程度上折射出一个地区文化的发展现状。二是匆促成稿，应付差事。上报的稿件数量不足，质量较差，县市又因人力和经费所限未做认真编辑，给选稿造成诸多难度。三是稿件体裁不合“三亲”史料体例，工作总结居多。所报稿件中真正意义上称得上文史作品的少之又少。四是字数冗长，不加取舍。稿件能罗列的尽可能罗列，编辑起来十分费时、费力，无法做到去粗取精。粗略统计，截至 2017 年 6 月中旬，全州共征集稿件 818 篇，其中史料 480 篇，新征 150 篇；分项统计，州直 510 篇，县市 308 篇。

三、与征编有关的话题

首先，工作启动后，省政协办公厅只于 2015 年 11 月 10 日印发《关于印发〈回族百年实录 · 甘肃卷〉和〈藏族百年实录 · 甘肃卷〉史料征编方案的通知》（甘政协办发〔2015〕62 号），2016 年 3 月 10 日印发《关于印发〈藏族百年实录 · 甘肃卷〉征编大纲的通知》（甘政协办发〔2016〕14 号），成立了由黄选平副主席担任主任的征编委员会，象征性地于 2015 年 11 月 16 日召开《回族百年实录 · 甘肃卷》和《藏族百年实录 · 甘肃卷》史料征编启动会议，2016 年 3 月 24 日召开《回族百年实录 · 甘肃卷》和《藏族百年实录 · 甘肃卷》史料征编推进会。上述工作中最务实的举措就是为我州解决了 15 万元的工作经费。

其次，甘南州州级层面工作责任大、难度大、强度大。州上的工作必须靠实，丁是丁、卯是卯。为了切实抓好此项工作，甘南州不仅发文专门抽调工作人员，同时印发《史料征编方案》，从征编宗旨、组织机构、征稿内容、征稿对象、征集时限、征集方式、征编框架、时间安排、征编要求等方面对实录征编均作出具体安排。州委在《史料征编方案》中，成立了甘南州《藏族百年实录·甘肃卷》《百年甘南实录》史料征集编辑委员会。日常工作由设在州政协的编辑部负责，由我兼任编辑部主任，并担任两套丛书的主编。

这次征编工作专门从州直有关单位、县市抽调和聘请部分有业务专长的人员参与征编工作。编辑部又根据工作需要设综合组（负责日常稿件接收、传送、寄邮等业务，历史稿件扫描、编辑、校对）、藏文史料征集编译组（从事藏文稿件的查询、甄别、翻译工作）、汉文史料征稿组（从事汉文稿件的查询、征集、甄别、校对工作）、编辑组（从事新征稿件的编辑工作）、特邀编辑组（从事统稿工作，主要把新征稿件的政治关和文字关，历史稿件的审核和取舍）5个专门工作小组。抽调人员由州征编办拿出初步方案，报州委同意后专门发文抽调。

综合组由6名同志组成：

冉毅峰　　甘南州政协办公室副主任

敏建新　　临潭县志办干部

陈　晖　　合作市佐盖曼玛乡政府干部

拉毛草　　迭部县工商局电尕分局干部

才让卓玛　州政协文史委办公室干部

王　莉　　州政协文史委办公室公益性岗位人员

藏文史料征集编译组由2名同志组成：

旺　杰　　州政协文史委原主任、退休干部

杨雍巍　　州藏语委办公室主任

汉文史料征稿组由4名同志组成：

虎玉生　　甘南广播电台总编室原副主任、高级编辑

杜　娟　　合作市档案局原局长

张　斌　　舟曲县文化馆馆长

包文文　　甘肃经济日报驻甘南记者站站长

编辑组由 6 名同志组成：

马廷义　　临潭县志办原主任

王　力　　甘南日报社网络部主任、编报室副主任

马胜杰　　甘南州残疾人联合会劳动就业服务部副主任

虎玉生、敏建新、张斌 3 名同志在完成综合组和汉文史料征稿组工作任务的同时，参与编辑组工作。

特邀编辑组由 3 名同志组成：

张来成　　州委党史研究室副主任

何联芳　　州志办副主任

祁殿臣　　州志办公室退休干部

此后，因为正常申报经费需要走规定的程序且经费未能按时到位，加之机关服务人员办事协调意识存在误区，征编工作时常处于半停顿、半实施状态。工作启动后，张斌同志因为调到州政协理论研究室工作，业务繁忙，无暇顾及具体工作，遂退出征文组。才让卓玛和王莉二人 2016 年 5 月后抽调参与州直单位锅庄舞比赛，造成工作延误，后又因其他原因遂于 8 月前后退出综合组。根据工作需要，6 月补充王晓薇（合作市卡加曼乡政府干部）到综合组临时承担文字扫描工作。综合组校对人员空缺岗位（按照方案，每篇稿件必须校对 5 次，分别由 5 人承担，王莉调整后岗位空缺）长期向社会聘请或从其他组调剂，直至结束也未补全。进入审稿阶段，何联芳因为工作脱不开身未能到位，遂抽调吴建国（甘南州发改委原副主任、西部开发办原主任）参与审稿。

甘南州藏族百年实录征编工作，尽管杨继军主席亲自主持召开了两次办公会议，研究了诸多解决问题的方案和办法，但工作始终处于举步维艰的境地。直至 2016 年 10 月下旬，州政府追加拨付本年度两个实录征编专项经费 100 万元后，工作才有了实质性推进。

最后，征编工作开展以来，各县市印发了关于开展两个实录

征编的文件和方案，个别县还计划出版自己的百年实录。各县市普遍成立了组织机构。其间，迭部县、碌曲县和卓尼县分别召开了工作启动及人员培训会议，个别县也召开了征编座谈会。截至2017年6月底，州级征稿510篇，合作市上报稿件35篇，夏河县上报稿件28篇，玛曲县上报稿件16篇，碌曲县上报稿件27篇，迭部县上报稿件19篇，舟曲县上报稿件12篇，卓尼县上报稿件85篇，临潭县上报稿件86篇。这些稿件中，能够选入三部实录的好稿寥寥无几。

四、西藏汇稿会和北京定稿会

对正在征编的全国卷《藏族百年实录》而言，召开汇稿会和定稿会是既定的程序。

2016年9月25—28日，根据会议通知要求，我省由省政协黄选平副主席带队，省政协文史委副主任张正雄，文史委办公室主任石磊、调研员皋再羽，黄选平副主席秘书罗宏及我，一行6人，专程前往西藏拉萨参加《藏族百年实录》汇稿会。这次汇稿会通报了《藏族百年实录》征编进展，印发了依据各省政协上报作品经过初选确定的《藏族百年实录·目录》，与会人员讨论了下一步工作目标。会议期间印发的《藏族百年实录·目录》涉及甘肃16篇，四川18篇，青海15篇，云南12篇，其余200多篇为西藏稿件。大家审阅目录后各有感受在心头，均觉得西藏的稿件多选合情合理，其他四省的稿件也选得比较准确，但相对而言，四省的有些重点选题被遗漏了，希望再做补充。大家普遍感到，既然是藏族的百年实录，尽量不留缺憾为好。

会议讨论时，我省政协文史委张正雄副主任依据黄选平副主席的安排，专门就我省稿件补充要求做了说明。10月中旬，我又专程到省政协就稿件补充一事与张副主任进行了协商，回来后又做了重点安排。根据计划，我们又在16篇的基础上，重点补充14篇稿件，多为我省藏区重要节点的“三亲”史料。需要补充的这些稿件，有些是已经征集到纸质版但尚未扫描、校对的稿件，有些却是连纸质版都未征集到的作品。征编办想尽一切办法主动出击，积极主动地约稿和查找稿源，至12月底，所需要补充的全部稿件基本准备就绪，随后，按预定时间上报西藏政协。

西藏拉萨汇稿会结束后，9月29日—10月2日，我们一行专程前往西藏阿里地区及下属普兰县、札达县学习考察，在普兰县考察了尼泊尔商城、中尼边境贸易及普兰县境内神山圣湖旅游开发，在札达县考察了札达境内的土林景观和古格王朝遗址。这次赴西藏参加汇稿、考察，机会十分难得。虽说我是第二次进藏，但也明显遇到许多困难和问题，主要原因是个人身体素质差，加之患有高血压，在海拔3000米以上的西藏高寒缺氧区身体极度不适，尤其是在海拔5000多米的阿里地区，更是感觉出行艰难，胸闷、气短、头痛一直困扰着我。

北京定稿会于2017年5月6—7日召开，全国政协文史委及参与协作的五省藏区编写人员参会。会议深入、细致地讨论了《藏族百年实录·目录》，与会专家及四省文史人员均对目录提出了建议和各自的补充诉求，对下一步充实完善史料内容达成了意向性协议。会议达成的共识是，西藏政协在收录稿件时充分考量藏区整体发展内涵，力求准确、全面、充分地吸纳四省藏区的重要特色稿件，使《藏族百年实录》显得更加丰富多彩。说白些，就是突出藏民族整体的特色，而非西藏地域特色，充分做好加减法，减少西藏可有可无的稿件，适当增加四省稿件。西藏政协也做出相应让步，同意在篇目及内容方面做适当调整，力争扩大四省藏区稿件，尽力使实录更趋完善。会议决定，本书稿6月底脱稿，随后交中央统战部审查，力争10月底交给出版社，年底前出版面世。这次修订的目录中，收录我省的稿件只有7篇。会议期间，经与西藏政协文史委商议，同意甘肃补充3篇、备选1篇。6月16日，西藏政协文史委廖丽女士电话通知，甘肃补报稿件选定2篇，分别为《我所亲历的合作市三十年变迁》（陈克仁）和《卓尼和平解放纪实》（杨复兴、杨生华）。

五、省、州两部实录目录的出炉

省、州两部实录的选编均遵循了文史资料“存史、资政、团结、育人”的准则，内容涵盖百年甘肃藏区和甘南社会发展的方方面面。

《藏族百年实录·甘肃卷》目录依据甘肃省政协事先印发的征编大纲逐项逐条选稿。该实录设定综述、藏族概览篇、奋斗历程篇、民族区域自治篇、经济发展篇、社会事业篇、文化艺术篇、宗教习俗篇、人物春秋篇、甘肃藏族百年大事记等篇目。2017年4月27日，在兰州召开的汇稿会上，我州向与会人员发放了《藏族百年实录·甘肃卷》的目录初稿，目录收录稿件221篇，初选字数约120万字。其中，甘南稿件179篇，字数约100万，占83%；天祝县稿件23篇，字数约10万，占8.3%；其他地区及省直单位稿件16篇，字数约5万，占4.3%；留给省民委藏族研究所3篇，字数约5万，占4.3%。会议议定，征编工作10月底结束，同意甘南州征编办提出的征编上报程序和拟编入字数，并要求临夏、甘南两州征编人员互相学习、取长补短。

汇稿会之后，我们及时对目录内容进行了有效梳理，调整、充实了史料选题，补充、完善了稿件相关信息资料，确定了史料准确字数。经过大量细致、具体的工作，最后敲定实录实际收录的史料篇目及字数（稿件来源及所占比例见表1）。

六、专家终审及《百年甘南实录》的卷册确定

2017年10月底，我们按照专家各自特长将《百年甘南实录》汇编稿分送特聘的王洲塔、尕藏才旦、杨士宏、索代四位藏学专家终审，当面与专家商定审稿截止时间为2018年3月底，审稿报酬按人均3.5万元（含税）支付。2018年4月初，按照事先约定，我们首先支付了四位专家的审稿报酬，然后专程赴兰州面见了尕藏才旦和索代二位藏学专家，当面听取了他们对《百年甘南实录》编辑、出版的意见、建议，并将书面审订意见带回了合作。因为气候的原因，王洲塔和杨士宏二位教授当时尚在四川成都休养，他们也以电子邮件形式发来了自己的书面意见、建议，并对汇编稿件的篇目设置提出了自己的设想，对稿件已有目录按自己多年的编稿经验重新进行了编排。王洲塔、尕藏才旦二位教授还分别提供了自己珍藏的史料稿件，史料弥足珍贵，进一步补充和丰富了《百年甘南实录》的史料内容。

兰州回来，我们充分吸纳专家意见建议，大幅度调整、补充、完善了史料的框架和内容，对专家补充的史料及时安排人员做了编校。概括起来做了如下几项工作：一是对全书卷次做了调整、完善。将原来的5卷10册压缩为7册（见表4），每册按30万字体量整理稿件，总计210万字，已征稿件中结余的150万字计划整理成文史资料择机出版。二是对原有篇目和稿件进行了优化重组。书内篇目重新布局，去粗取精，重复及相近的合并，将原计划出版的《文教春秋》和《名人笔下的甘南》两卷取消，稿件压缩到其他分卷中；目录顺序编排基本上采纳了专家意见建议，调整幅度较大。三是补充了部分新稿件，比如洲塔教授推荐的《甘青藏边区考察记》（马鹤天），尕藏才旦教授推荐的《四世嘉木样易帜拥护共和》（尕藏才旦）、《汪峰亲自过问草山纠纷》（尕藏才旦）

等；同时，还补充了《多吉才让：共和国第一位藏族部长》（吴春岗）、《高原渔歌——记高级渔捞工程师阮亚寿》（吴春岗、肖俊仁）等重要人物的史料。这些史料都是我们以前未征集到的作品，具有较高的存史价值。四是对个别稿件的用语、地名、时间、人名等做了进一步核实。比如，有关红色记忆的稿件、卓尼杨土司的稿件，曾先后数次与杨士宏教授电话交流沟通，确保了稿件的准确无误；洲塔教授推荐的《甘青藏边区考察记》一文，提供的电子版与甘肃人民出版社 2003 年 8 月版影像资料存在诸多出入，加之原有印刷品因印刷年代较久且质量不佳，很多字迹模糊难辨，给编校工作带来一定难度，为此，我们又专门从网上邮购了中国国际广播出版社 2016 年 1 月出版的书籍，并对两个版本对照编校，疑难问题方才得到解决。

2018 年 8 月，由州政协副主席赵宏才带队，州政协秘书长全永康、拟定单一来源采购供应商甘肃万联广告策划有限责任公司总经理丁万虎和我 4 人，专程前往全国政协中国文史出版社考察、学习文史资料出版、印刷工作，顺便衔接我州《百年甘南实录》的出版事宜。在北京期间，中国文史出版社专门安排了双方见面会，副总编辑韩淑芳、总编办主任李小红、责任编辑徐玉霞参加会议。双方本着真诚、善意的合作原则就我州《百年甘南实录》出版的有关事宜进行了广泛、深入的沟通和探讨，并就下一步合作达成了意向性目标。可以坦诚地说，这次考察学习不虚此行，达到了预期目的。

在北京期间，我们还参观了全国政协文史馆。

表 4 《百年甘南实录》分卷篇数字数统计表

内容 分项 / 卷数	栏目	篇数	字数	卷内汇总	
				篇数	字数
卷一	序言	1	1120	11	298070
	综述	1	16780		
	考察随笔	9	280170		
卷二	甘南见闻	28	75098	70	302495
	甘南回忆	22	106372		
	红色记忆	20	121025		
卷三	农民起义	14	67376	42	283369
	甘南钩沉	11	109940		
	甘南人物	7	34645		
	甘南大事记	7	55228		
	历史珍档	3	16180		
卷四	甘南解放	9	48523	67	297526
	建政岁月	14	73757		
	社会变迁	19	96117		
	城乡记忆	22	62529		
	抗美援朝	3	16600		
卷五	领导视察	13	48631	77	303446
	亲力亲为	23	85238		
	社会巨变	24	100547		
	移民脱贫	17	69030		
卷六	开放岁月	25	100280	65	293897
	社会事业	17	77445		
	民俗风情	23	116172		
卷七	教育记事	19	75266	53	305647
	高教园地	9	43303		
	人物春秋	19	112079		
	文件	3	5675		
	建制沿革	1	8578		
	大事记	1	59901		
	后记	1	845		
合计	30	385		385	2084450

七、鲜为人知的细节

一是征编经费不确定情况下的尴尬处境。因为州上确定的工作经费拨付需要一个过程，使本来就举步维艰的工作很难打开局面，严重影响了工作的进程。

二是重点稿件征编的难度。我州重点稿件涉及新中国成立前和新中国成立后两部分。新中国成立前稿件查找难度非常大，耗时长，花费的精力也大。比如，从网络搜索到新中国成立前卓尼杨土司有一篇署名文章，题目是《安多藏区卓尼之现况》，刊载在当时《西北月刊》上，可四处寻找就是找不到原文。后来，西北民大杨士宏教授提供了一篇自己写的文章，文中有上述文章的全文引述，可在扫描校对过程中发现与我州卓尼县政协编辑的《卓尼文史资料选辑》第一辑中刊出的史料出入较大，很巧合的是杨教授的复印件里面又正好缺少两个页码，为此，我们只好以卓尼史料为蓝本，尚不清楚的地方再对照杨教授的稿件整理。这样，几经反复，该文才成为收录到本书中的样子。又如，有一篇史料题目为《洮州纪略——一个农村工作者的报道》的史料，民国三十六年（1947 年）发表于《西北通讯》第六期的文章，作者为陆泰安。本文是我在创作《话说铁城》一书时引用关于“高庙神会”内容时见到的，可就是难找原文。后来，征编办的敏建新同志查找到了出处，但原文一直无下落。为此事，我几次专程到兰州张掖路旧书市场寻找，无果；继而到省图书馆寻找，也无影像资料。最后，省图书馆影像部的同志提醒说，楼上有一个新中国成立前的旧资料阅览室，兴许能找得着。果真找到了，每页拍照费 10 元，二话没说，用手机拍了；回来转换到电脑上，放大，字迹非常模糊，好多字难以辨认。无奈，第二次重复上次的工作，这次用照相机拍照，且以照相机作抵押，拿原件到楼下又复印了一份，结果总算满意了。

三是征编环境的不如意。比如，两个百年实录开始抽调人员时，因为政协在发放以前征编史料报酬时未给社会留下好的口碑，所以询问诸多有一定特长者，均不愿再做，造成该项工作被严重延误。

八、几点感悟

（一）说关键

做好征编工作，什么是关键？我认为，领导重视就是关键。这次征编工作，州委、州政府、州政协领导都非常重视。州委为此三次发文，抽调人员、制定方案、明确职责，工作超前安排；州政府在财力并不宽松的情况下，已安排专项经费200万元，确保工作有序开展；州政协主席杨继军、徐强，分管副主席赵宏才尽其所能为开展工作做谋划、搞协调，殚精竭虑。这一切成为这项工作得以顺利告竣的关键所在。如果说此项工作在主观认识方面没有上述这样的高度，作为百年文史的重大工程，想要顺顺利利地完成那一定是天方夜谭。

（二）说保障

保障是什么？保障就是人、财、物都到位的前提下尽其所能搞好后勤保障，有时甚至要从大局着眼树立举债保障的意识。总之，服务工作无小事。这里面牵涉具体工作人员的认识问题，看你是从单位和工作的大局着眼呢，还是打个人的小算盘，权衡个人的小利益？2016年10月以后，因为经费有了保障，加之州政协办公室的同志工作经验丰富、服务大局的意识强，所以，工作得以紧张有序开展。

（三）说基础

征编文史资料，基础是什么？我认为，基础就是从业人员一定要有超强的爱岗敬业精神，一定要有善坐冷板凳的优良品格。这项工作是苦差事，不是谁想干就能干的，这就要求编采人员要耐得住寂寞、守得住清贫、挡得住诱惑、扛得起担当，要有十倍甚至百倍的敬业精神方可做好工作。可以肯定地说，抽调到征编办的这些同志具备上述条件，是一支勇于担当的好干部队伍，也无愧于组织的信任和重托。

（四）说动力

一部大部头的史料书籍，如要赢得广泛的社会赞誉，关键看你有无看点，看点就是好作品多不多，有无广泛性。这两部实录从开始即引起了社会的普遍关注，咨询的、撰稿的、荐稿的、推荐史料的比比皆是，所以，稿源是有保障的，当然质量也就有了保障。2016 年 11 月开始，州政协班子及办公室班子换届，领导对两个百年实录重大现实意义和深远历史意义的认识进一步提高，顶层设计、决策领导、综合协调和后勤保障均超过以往，这一切都成为促使两个百年实录按期完成征编和顺利面世的动力。

2016 年 11 月草成于羚城
2018 年 10 月改定于兰州五一山下

本文选自陈克仁：《我的甘南》，中国文史出版社，2018。

后记

由甘南州《百年甘南实录》编委会组织编辑的全州百年重点文史工程——《百年甘南实录》（七卷本），经过8年的艰辛工作，付梓出版。

本书在编纂过程中，得到甘南州委、州政府和州政协的关心、关怀和大力支持，得到全州县市政协及甘南州委党史研究室、甘南州地方志办公室、甘南州文联、《甘南日报》社等单位全力、全面的帮助，得到甘南州档案局、甘南州图书馆的鼎力协助。值得一提的是，2023年4月28日，中共甘南州委常委会议专门听取了编委会关于该丛书编纂出版的情况汇报，并就编委会组成人员作了变更和充实；2023年5月31日，政协甘南州第十五届委员会第18次主席会议对该丛书进行了终审定稿，讨论通过了出版印刷的相关事宜。

甘南州委办公室2016年3月专门发文，成立《百年甘南实录》征编委员会和负责组织实施工作的编辑部，制定工作方案，明确工作要求，确定选题方向，广泛征集文稿，并从相关县市抽调审稿、编辑和校对业务人员。

《百年甘南实录》编辑部工作人员，足迹通及省内兰州、定西、陇南等市和州内各县市，深入一线和广大群众中采编史料，不放过任何有历史价值的资料。特别是还得到了省内著名藏学专家、党政军重要领导人以及他们的家属、后人、身边工作人员多方面的帮助、指导，在此表示衷心的感谢！

在编纂过程中，我们坚持突出亲历、亲见、亲闻的“三亲”性，把握史料性、统战性、可读性、收藏性，力求发挥好“存史、资政，团结、有人”的社会功能。

《百年甘南实录》所涵盖的内容时间跨度长、涉及面广，编纂工作量巨大，特别是需要将部分藏文文史资料译成汉文进行编辑，因此，我们对原著进行编辑时尚未做到一一联系作者，恳请原作者给予理解。我们采取了尽可能注明资料出处和作者的原则，但由于编纂时间非常仓促，难免有遗漏之处。虽然我们与国内、省内、州内相关新闻出版媒介达成资源共享的共识，但在使用中文新闻出版界资料或网络资料以及少量的海外资料时，因多种原因仍有部分原作者未能及时取得联系并得到许可，对此希望给予谅解，并请互为转告，稿酬查询及其他有关稿酬的未明事项，请与甘肃省甘南州政协文史委联系。

《百年甘南实录》编委会征集到稿件一千余件，篇篇珍贵，字字珠玑，难以割舍，但本丛书因为体量所限，只选录了部分作品，大量征集到的史料未能选录，倍觉遗憾。在此，我们对未能入选作品的作者、口述者、翻译者致以诚挚的谢意。

《百年甘南实录》毕竟是一项全州性的文史工程项目，在重现百年甘南历史变迁和各族人民团结奋斗的历史中，是一部不可多得的指南书，也是甘南儿女记住岁月印痕的珍贵文化遗产。由于编创人员编写水平和掌握资料的局限性，本丛书所征集的史料难免挂一漏万，书中不妥之处也实所难免，敬希广大读者批评指正。

《百年甘南实录》编辑部

2023年5月

主编简介

陈克仁，笔名古原草，甘肃省临潭县人，现为甘肃省甘南藏族自治州政协文化文史资料和学习委员会主任，《百年甘南实录》（七卷本）编辑部主任、主编，第十三、十四、十五届甘南州政协委员。1987 年 7 月西北师范学院中文系汉语言文学专业毕业，当过中学教师，做过新闻记者，曾任县委宣传部长和职教校长，从事文史工作长达十余年。主编《西部大开发在甘南》《记忆甘南》《甘南履痕》《百年甘南实录》（七卷本）等二十余辑文史类书籍，文史作品被《藏族百年实录》（全四卷）、《决战贫困——甘肃扶贫开发纪实》（上下册）等近 20 种史料类专辑收录。出版的个人新闻作品集《甘南记忆》和文史专著《话说铁城》《我的甘南》，获得业内人士和社会好评。

百年甘南实录．7卷

策划：李万瑛　才让加　罗焰
责任编辑：唐海琴
字数：416千字
印张：32

图书在版编目（C I P）数据

百年甘南实录．1-7卷 / 中国人民政治协商会议甘南藏族自治州委员会编．-- 北京：民族出版社，2023.3
ISBN 978-7-105-16937-5

Ⅰ．①百… Ⅱ．①中… Ⅲ．①甘南藏族自治州－地方史
Ⅳ．①K294.22

中国国家版本馆CIP数据核字（2023）第053857号

百年甘南实录．1-7卷

策　　划：李万瑛　才让加　罗焰
责任编辑：罗焰　乔丽　千日　张国兵　毛乐燕　唐海琴
封面设计：吾要
出版发行：民族出版社
地　　址：北京市东城区和平里北街14号
邮　　编：100013
电　　话：010-64271909（汉文编辑一室）
　　　　　010-64224782（发行部）
网　　址：http://www.mzpub.com
排　　版：甘肃万联广告策划有限公司　北京东方乾坤文化传媒有限公司
印　　刷：三河市华东印刷有限公司
经　　销：各地新华书店
版　　次：2023年6月第1版　2023年6月北京第1次印刷
开　　本：787毫米×1092毫米　1/16
字　　数：2656千字
印　　张：203.75
定　　价：1620.00元（全套）
书　　号：ISBN 978-7-105-16937-5/K·2918（汉1680）